广视角·全方位·多品种

皮书系列为"十二五"国家重点图书出版规划项目

权威·前沿·原创

社会保障绿皮书

GREEN BOOK OF
CHINA SOCIAL SECURITY SYSTEM

中国社会保障发展报告（2012）No.5

CHINA SOCIAL SECURITY SYSTEM DEVELOPMENT REPORT
(2012) No.5

社会保障与收入再分配

主　编／王延中

社会科学文献出版社
SOCIAL SCIENCES ACADEMIC PRESS (CHINA)

图书在版编目（CIP）数据

中国社会保障发展报告. No. 5，：2012 社会保障与收入再分配/王延中主编. —北京：社会科学文献出版社，2012. 9
（社会保障绿皮书）
ISBN 978 - 7 - 5097 - 3709 - 5

Ⅰ. ①中…　Ⅱ. ①王…　Ⅲ. ①社会保障 - 研究报告 - 中国 - 2012 ②社会保障 - 国民收入分配 - 研究报告 - 中国
Ⅳ. ①D632. 1

中国版本图书馆 CIP 数据核字（2012）第 199820 号

社会保障绿皮书
中国社会保障发展报告（2012）No. 5
——社会保障与收入再分配

主　　编 / 王延中

出 版 人 / 谢寿光
出 版 者 / 社会科学文献出版社
地　　址 / 北京市西城区北三环中路甲 29 号院 3 号楼华龙大厦
邮政编码 / 100029

责任部门 / 人文分社（010）59367215　　责任编辑 / 范　迎　黄　丹
电子信箱 / renwen@ ssap. cn　　责任校对 / 岳宗华
项目统筹 / 宋月华　范　迎　　责任印制 / 岳　阳
经　　销 / 社会科学文献出版社市场营销中心（010）59367081　59367089
读者服务 / 读者服务中心（010）59367028

印　　装 / 北京季蜂印刷有限公司
开　　本 / 787mm × 1092mm　1/16　　印　　张 / 20. 75
版　　次 / 2012 年 9 月第 1 版　　字　　数 / 356 千字
印　　次 / 2012 年 9 月第 1 次印刷
书　　号 / ISBN 978 - 7 - 5097 - 3709 - 5
定　　价 / 69. 00 元

目录

皮书数据库阅读**使用指南**

CONTENTS

序一
重视并发挥好社会保障在调节收入分配中的作用

陈佳贵

改革开放使得中国的经济社会发生了巨大的变化，各项事业的发展取得了显著成绩，城乡居民收入不断增加，社会保障制度不断完善，社会保障在保障人民群众基本生活、促进社会和谐稳定等方面发挥着越来越重要的作用。但是，受历史和现实等诸多因素的制约，目前我国社会保障制度还存在着基本制度尚不健全、社会保险覆盖面不高、社会保险待遇转移接续困难、社会保障总体水平不高等问题。进一步完善社会保障制度、充分发挥好社会保障制度的作用，仍是我国经济社会发展领域的重大问题。

完善和健全社会保障制度是一个长期而艰巨的任务，制度设计和执行一定要具有科学性和可持续性，这是这个制度发挥应有作用的基础和前提。但是，在剧烈的社会变迁、经济社会结构变化和利益格局调整过程中，社会保障制度建设必然具有一个时期的主要目标和重点任务。中国社会保障制度的改革和发展历程与中国经济发展和经济体制改革保持着很强的一致性，这也是社会保障制度功能与作用的重要体现。

社会保障制度作为国民收入再分配的重要机制，是调节不同群体劳动者和城乡居民收入分配的重要手段，在调节不同层次的收入分配中均发挥着不同程度的作用。在初次分配领域，社会保障发挥着直接或间接的调节作用，通过包括工资、福利、保险等在内的薪酬体系的设计，可以提高劳动者的总体报酬，实现初次分配领域中的直接调节。间接地看，社会保障通过合理的制度设计对低收入群体、贫困人口、失业人员、患病人员等群体提供帮助，促进其人力资本的提升，增加个人和家庭收入；社会保障通过减轻家庭负担而间接促进家庭收入的提升；

社会保障通过免除劳动者的后顾之忧而为其提供良好的劳动环境，进而提高劳动效率、增加个人收入。在再分配领域，科学、合理的社会保障制度设计可以充分体现其公共性、福利性、公平性和互助性的本质属性，可以通过发挥政府的主导和调节作用，运用社会保障的资源和机制，扶弱济困，保障各类风险；通过政府财政转移支付机制和社会保障运行机制，实现对弱者和贫困人口的直接帮助，进而实现不同人群之间的收入分配调节。

但是，社会保障制度在收入再分配中的功能发挥与作用大小，不是自然而然的，有赖于这一制度的设计理念、制度框架和运行机制，有赖于这一制度体系内部不同保障类型、不同层次具体制度各自功能的整合与综合作用。比如，社会保障制度的覆盖面和动用资金、资源的总规模，决定了这一制度能够发挥作用的上限。追求公平导向的制度建设与更加强调某一制度运行效率的制度建设，使其再分配功能可能明显不同。在养老保险制度中，现收现付的制度与基金积累的制度，其再分配效果就可能很不相同。另外，每一种社会保障制度再分配作用的具体运行机制也是千差万别。因此，社会保障制度再分配功能的评价需要具体制度具体分析。

改革开放以来，我国逐步探索改革传统的社会保障制度，逐步建立了与市场经济体制相适应的现代社会保障制度，以社会保险、社会福利、社会救助为主体的社会保障制度体系框架基本建立，社会保障法制建设取得了显著进展，为保障和改善民生、促进收入分配调节奠定了重要的制度基础。随着覆盖面的不断扩大，越来越多的人成为社会保障的对象，纳入到社会保障的收入分配调节系统之中。无论是社会保险，还是社会福利、社会救助，覆盖面都在不断扩大。以社会保险的覆盖范围为例，根据人力资源和社会保障部、国家统计局的数据，企业基本养老保险年末参保职工人数从1989年的4816.9万人增加到2011年的21574万人，新型农村社会养老保险制度2011年年底达32643万人；医疗保险制度已基本实现全覆盖；其他社会保险覆盖人数也明显增长。随着社会保障覆盖面的日益扩大，越来越多的人纳入到现代社会保障网络之中，成为社会保障的参与者、社会保障基金的贡献者和社会保障待遇的获得者，必将使社会保障在调节收入分配中发挥更大作用。

社会保障资金是调节收入分配的重要资源，社会保障的资金构成主要包括社会保障财政资金、社会保险基金和社会捐赠等其他来源的资金，这几个方面的资金规模均在不断扩大。社会保障财政资金规模的扩大，在调节收入分配中发挥着越来越重要的作用。改革开放以来中国政府用于社会保障方面的财政支出不断增长，社会保险基金的收支与累计节余规模日益扩大，成为调节居民收入分配的重要资源。

随着中国社会保障制度的不断建立健全、社会保障覆盖面的不断扩大和社会保障资金的不断增加，社会保障在经济社会发展中的作用日益凸显，在整个国民收入分配格局中占据越来越重要的地位。同时，我们又发现中国社会保障在调节收入分配中的作用还不理想，甚至存在一定程度的负面作用。一些学者的研究认为，部分社会保障项目在调节收入分配中发挥着逆向调节作用，不仅没有缩小初次分配带来的收入差距，反而进一步扩大了居民之间的收入差距。这些问题应当引起重视。自 20 世纪 80 年代中期以来，我国不同居民之间的收入差距在不断扩大，20 世纪 80 年代中期我国的基尼系数只有 0.16，2000 年上升到 0.44，2008 年在 0.49 左右。不同群体之间的收入差距越来越大，甚至同一群体内部的收入差距也非常显著。现代化过程中收入差距的扩大是多种原因造成的，但是我们不能不承认社会保障在调节收入分配、缩小收入差距方面没有充分发挥作用也是重要原因之一。本书各篇调查报告和分析报告，提供了丰富详实的素材，有兴趣的读者可以借此作进一步的分析和思考。

加强收入分配制度改革已成为未来国家经济社会发展的重要任务，未来需要进一步完善社会保障制度，充分发挥其收入分配调节作用，实现人人公平享有社会保障，让全体国民公平共享改革发展成果。

明确和践行公平共享的理念是充分发挥社会保障制度调节收入分配作用的重要前提。公平就是要让不同地区之间、不同部门之间、不同职业群体之间的社会保障水平不出现过大的差距；要求社会保障制度遵循弱者优先的原则，对一些低收入群体和贫困人口给予更多的关注和帮助。共享就是要实现社会保障的广覆盖，让全体国民都纳入社会保障的范围，共同享受社会保障的权益，分享经济社会发展的成果。

在坚持公平共享理念的基础上开展科学合理的制度设计，是发挥社会保障制度调节收入分配作用的关键因素和核心任务。未来中国社会保障的制度设计需要综合考虑政治、经济、文化、社会等诸多因素，结合现实状况和未来发展趋势，基于未来经济社会长远发展和社会保障制度可持续发展的目标，展开顶层设计，做好战略规划。

未来中国社会保障制度的改革和完善需要从以下几个方面着手：一是要加强社会保障制度的整合与衔接。目前社会保障制度的碎片化现状，在实践中存在诸多问题，不利于社会保障收入分配调节作用的发挥，未来应该进一步加强社会保障制度的整合与衔接，增强社会保障制度的公平性。二是要建立和完善城乡统筹的社会保障制度。城乡统筹发展是我国经济社会发展的必然要求，也是社会保障制度发展的必然要求。针对目前我国社会保障制度的城乡分割与城乡差距较大的现实，未来需要建立和完善城乡统筹的社会保障制度，尤其是在城市化与工业化进程加快的背景下，社会保障的城乡统筹发展就显得更加迫切。三是要完善社会保障制度的筹资机制。应该在遵循公平优先、权利与义务相结合的基础上，对中低收入人口和贫困人口给予特别支持。基于目前社会保障缴费率较高的现实，应该适当调整基本社会保障项目的缴费率。在筹资模式上，应该加大社会统筹的成分，适当降低个人账户的缴费比例，以增强社会保障制度的互助共济功能。可以探索“累进”的缴费方式，收入越高，征缴的比例越高，对低收入人口和贫困人口实行“负缴费”。四是要建立科学的社会保障待遇补偿机制。完善的筹资机制只有与科学的待遇补偿机制相结合，建立二者的有效联动机制，才能较好地发挥其调节收入分配的作用。在养老保险方面，总体上来说，应该完善现有的固定给付与缴费确定相结合的待遇确定模式，建立待遇享受与待遇适度关联的“累退”型待遇享受机制，可以探索建立适度的最低待遇担保机制。在医疗保险方面，应该增强其互助共济功能，缩小甚至取消个人账户；应该降低或取消起付线，提高或取消封顶线，扩大药品和服务的报销范围，探索新的医疗保险支付方式。在失业保险方面，应该提高补偿水平，缩短补偿时间，注重发挥失业保险基金的促进就业功能。在工伤保险方面，应该坚持预防、补偿、康复相结合的方针，根据伤残程度进行补偿，简化补偿程序，平等对待所有类型的职工。在最低生活保障方面，应该完善瞄准机制，建立动态调整机制，避免“贫困陷阱”。五是完善社会保障待遇调整机制。应该在坚持总体待遇水平逐步提高的同时，建立差异化的待遇调整机制，重点提高低收入群体和贫困人口的社会保障水平，使之向社会平均水平看齐。

充分发挥社会保障调节收入分配的作用，需要进一步加大政府财政对社会保障的投入，建立民生财政体制。目前我国社会保障的发展不足和收入分配调节作用的欠缺，与政府对社会保障的财政投入不足密切相关。在建立和完善覆盖全体城乡居民的社会保障体系的过程中，需要大量的财政投入，逐步探索建立社会保障财政投入的长效机制，为社会保障事业的发展提供充分、适度、持续的财政保障。基于目前社会保障财政投入总量不足、投入不均衡的现实，未来需要加大对社会保障的财政投入，调整财政投入结构，明确财政投入的重点项目、重点地区与重点人群，来实现调节收入分配的功能。财政投入应该向城乡中低收入群体倾斜，满足中低收入群体的社会保障需求，提高中低收入群体的收入水平；应该向农村倾斜，大力发展农村地区的社会保障事业；应该向中西部地区倾斜，支持中西部地区的社会保障事业发展，提高中西部地区城乡居民的收入水平。

序二

进一步重视社会保障体系建设与改善民生*

郑功成**

国计与民生，自古以来就是相提并论的，但历史上真正重视民生的时期并不多见。我在总结近30多年的国家发展历程时，曾经用如下四句话加以概括：民生维艰是中国改革开放的根本动力，民生改善是30多年改革与发展的主要成果，民生升级是现阶段面临的最大挑战，而保障与改善民生正在成为国家发展的核心使命。几年前，我提出过教育是民生之基，就业是民生之本，收入分配是民生之源，社会保障（含医疗保障、住房保障）是民生之安全网等观点。短短几年过去了，这些领域都无一例外地取得了巨大进展，政府在民生领域的财政投入力度、制度建设速度、惠及民生广度都前所未有。特别是社会保障领域，农民养老保险试点具有划时代意义，《社会保险法》成为我国社保体系从长期试验性状态走向定型、稳定、可持续发展新阶段的重要里程碑，低保制度已覆盖全民并向综合型社会救助迈进，三大医疗保障制度接近覆盖全民，社会保障水平总体上有了大幅度提高，亿万人民实实在在地得到了实惠。因此，“十一五”期间在应对巨大灾难、国际金融危机等一系列艰难挑战的背景下，中国确实开启了民生为重的新时代。

2011年3月全国人大通过的国家“十二五”规划纲要，可以称得上是一份未来五年的民生愿景报告书，它不仅首次使用“民生篇”并赋予其丰富、实在的内容，而且在其他篇章中事实上也处处透露出以保障与改善民生为出发点与落

---

* 本文系作者2011年4月29日出席国务院领导主持召开的“十二五”国家级重点专项规划编制工作座谈会的发言稿。收入本书时由王延中、单大圣进行了编辑处理。

** 郑功成，中国人民大学劳动人事学院。

脚点的基本观点。因此，“十二五”规划纲要确实描绘了美好的民生愿景。

然而，现阶段我们面临的是民生诉求的全面升级，它几乎涵盖了教育、就业、收入分配、社会保障、生态环境及其他公共服务等各个方面，并集中表现为对社会公平正义、合理分享财富、稳定安全预期和提升生活质量的迫切追求，从而既是必须妥善应对的重大挑战，也是国家发展进步的客观标志。根据国家“十二五”规划纲要及若干重大专项规划内容，本文就如何进一步完善社会保障制度和改善民生提出相关建议。

一　进一步改善民生与调节收入分配的建议

1. 高度重视统筹考虑保障与改善民生的制度体系与政策措施，并在国家层面进行顶层设计

近年来，各地对民生的重视程度明显提升，但在保障民生的制度安排与政策措施方面却普遍缺乏统筹考虑，制度之间、政策之间的分割，不仅影响了实施效果，而且还制造了一些新的矛盾。因为与民生相关的各种制度安排虽然应当分工并明确各自的职责与使命，但因都是面向城乡居民并必然要基于保障与改善民生的共同目标，客观上存在着内在的逻辑关联性，若统筹得当，制度之间会因相互补充或相互替代而相得益彰，综合效果必定优良；若缺乏统筹，则极易轻重失当、缺漏与重复并存，甚至因秩序紊乱导致职能异化，衍生出新的利益冲突。例如，就业、收入分配、社会保障的相互脱节，就很难形成真正长效、公正的民生制度保障；社会保障体系因多部门分割，必然导致政策分割，亦在很多方面出现了不良的症状；面向学龄前儿童的幼儿园等事业是学前教育还是儿童福利事业，亦无定论，我就不赞同定为学前教育而主张定为儿童福利事业，因为3～6岁的孩子不应过早地纳入应试教育范畴，而应当享受能够让其快乐成长的社会福利，等等。因此，有必要从战略高度对整个民生事业加以统筹考虑，并立足于综合效果的提升，从相互协调的角度在国家层面上对与民生相关的各种制度安排进行顶层设计。

2. 高度重视提供稳定的安全预期，以此达到安定民心、提升信心、促进和谐的目的

温总理说过，信心比黄金更宝贵。而信心源于稳定的安全预期。一个没有稳定安全预期的社会，只能是充满不安与风险的社会；一个缺乏稳定安全预期的制度体系，不可能营造出民心安定、人人安分守己的和谐局面。当前一些社会问题的恶化和社会矛盾的尖锐化，除了现实中确实存在着一些突出的民生问题未能得到妥善解决外，在很大程度上是由于缺乏稳定安全预期带来的不安、焦虑所放大的。例如，人们不知道未来收入是多少，养老是否有保障，疾病风险能化解到什么程度，住房供给能满足到什么状态，教育、就业等相关权益什么时候才能公平享有，等等。因此，无论是从现实出发，还是从国外经验出发，政府应当为人民提供稳定的安全预期，稳定的安全预期是安定民心、提升信心、促进和谐的法宝。哪怕是近年甚至"十二五"期间解决不了的，也要有明确的目标、方向与思路以及渐进的措施，这既是对人民的承诺，也是对政府的约束。2009 年确立的"三年医改目标"就是预期，它实际上在一定程度缓和了公众对"看病贵"、"看病难"的不满；2011 年温总理在政府工作报告中明确提出建设保障性住房、棚户区改造住房 1000 万套，明确"十二五"期间城镇保障性住房覆盖率达到 20%，同样正在起到缓和公众对住房消费的焦虑症的作用，因为稳定的安全预期是安心与信心的源泉，因此，保障与改善民生的规划需要着重考虑提供稳定的安全预期。

3. 高度重视促使保障与改善民生的基本制度安排走向定型化，这就要求进一步强化中央政府的制度设计责任，淡化地方"摸着石头过河"的"创新"

只有定型的制度安排，才能真正带给人们稳定的安全预期。改革开放 30 多年来，试点先行、逐步推进是一条宝贵的经验，但针对民生保障的相关制度安排若长期试而不定，总是处于不断调整中，不仅会损害制度的严肃性与可靠性，而且会因地方的"过度创新"而造成制度碎片化，留下后遗症。在社会保障等领域中，当前深化改革的困难就大多与 20 世纪八九十年代放任各地"创新"直接相关，国家与人民付出的代价非常大。因此，建议在"十二五"期间努力推进与民生相关的制度体系，尤其是基本制度安排走向定型。为此，重大制度安排不宜放任各地自行"摸着石头过河"，而是需要进一步强化中央政府的制度设计责任，尽可能步入法制化轨道。

4. 就业领域，在努力增加就业岗位的同时，重点宜放在提高就业质量和改善就业环境上

一方面，随着劳动力供求关系的新变化和中西部地区工业化进程的加速，就业岗位的净增长应当会持续，当前“用工荒”蔓延全国在一定程度上预示着就业岗位在快速增长，而就业质量不高及农民工不能安居乐业则不仅损害了劳动者的权益，也影响着城镇化进程，并造成现代化进程的非健康状态。另一方面，与就业相关的政策环境不公，是放大就业领域结构性矛盾的重大因素，如社会保障权益不公、收入分配失衡及其他公共服务的缺失，直接制约着大学生的就业空间。为此建议：一是明确将提高就业质量作为“十二五”期间的追求目标，通过严格实施《劳动合同法》，强化劳动监察，维护劳动关系稳定，这是维护劳动者权益并实现工资正常增长的基本条件；二是淡化灵活就业，强化安居乐业，推进户籍制度改革，让农民工真正融入我国工业化、城镇化进程；三是启动第二次劳动就业体制改革，以实现同工同酬同制同权为新一轮改革的追求目标，消除同工不同酬、同制不同权的现象；四是尽快营造公平的就业制度环境，包括加快实现社会保障制度的普惠性并提升这一制度的公平性，加快推进基本公共服务的均等化，以公平的外部环境扩张就业空间；五是将社会服务业特别是为老年人、残疾人、儿童服务的行业纳入产业振兴计划，以促进社会组织健康发育成长，这是缓和结构性矛盾并可以新增大量就业岗位的领域，同时也是满足民生需求、改善民生质量的重要方面，值得高度关注并采取得力措施推进。

5. 在收入分配领域，需要下定决心、加大力度、多管齐下，适宜采取中医式“抽丝祛病”与西医式“外科手术”相结合的综合疗法

在初次分配领域，不宜过急过猛，也不宜只考虑工资，而是宜行“抽丝祛病”的中医疗法，政府可以通过提高最低工资标准的有效性、强制参与社会保险、适当调整税收政策、努力提高就业质量和引导用人单位建立职业福利机制与劳资双方建立工资谈判机制等措施，最终形成结构优化并保持相对稳定的“工资 + 社会保险 + 职业福利”三位一体的劳动报酬体系，促使劳动报酬总体水平逐步提高而不是简单地讲工资增长。在再分配领域，宜采取“外科手术”式的西医疗法，在消除腐败、杜绝浪费、避免低效投入的同时，还需要削减经济建设、公共行政等方面的公共开支，让国家财政进一步向教育、就业、社会保障、公共卫生及其他基本公共服务等民生福利倾斜，公共财政应当是民生财政、效益财政。有必要明确“十二五”期间城乡居民收入增长快于 GDP 增长速度，明确初次分配中政府、企业与劳动者个人的合理分享比例，明确劳动者总体报酬水平的上升机制与速度，明确财政支出调整的目标与结构优化方向及具体指标等。

6. 需要进一步细化民生指标，包括预期性指标与约束性指标

“十二五”规划纲要的一个重要特点是淡化了经济增长指标而强化了民生福利指标，但还需要通过相关专项规划进一步细化。例如，在已有指标的基础上，将基尼系数、劳动报酬、基本公共服务均等化程度、城乡收入差距及劳动者收入差距的控制等列为预期性指标，将城乡居民收入增长、财政性民生福利支出、基本社会保障制度覆盖面等列为约束性指标。指标就是指挥棒，一定有利于扭转当前许多地方仍然只重 GDP 增长的发展取向。同时，建议将城乡居民的生活环境纳入民生指标体系，建设宜居城镇、宜居乡村，并据此作为考核地方政府政绩的重要方面。在温饱问题得到解决后，包括空气、水、土壤等在内的生态环境优良与否，是影响人民幸福感的至关重要的因素。经济发展不能总是以牺牲环境为代价，在经过 30 多年的持续高速增长后，我国应当已经具备走新兴工业化道路的物质基础。根据我的调研发现，东部有的发达地区虽然物质生活水平早已进入小康甚至富裕阶段，但环境遭破坏后正在导致居民痛苦指数上升；中西部许多地区正在急起直追，大规模工业化已经进入加速时期，个别地区的生态环境面临着被严重破坏的危险，若简单地重复东部发达地区的老路，伴随物质水平快速上升而来的可能是痛苦指数的持续攀升。因此，需要高度重视生态环境的保护，在工业化与城镇化进程中建设宜居城镇，在新农村建设中突出宜居乡村，这应当成为重要的民生指标。

7. 基本公共服务应当努力提升均等化程度

在教育领域，重点是基础教育设施的均等化和贫困家庭子女、流动人口子女、残疾儿童的教育机会均等，关键是教育资源的均衡配置和教师队伍的均衡建设，让适龄受教育者均能享受公共的教育机会。在就业服务方面，重点是将公共就业信息网络向乡镇延伸，同时在尊重职业技能教育客观规律的条件下培养大量高素质劳动者。在社会保障服务方面，重点是业务经办专业化与基层服务综合化、信息化。在公共卫生方面，重点是乡镇（街道）、村（社区）公共卫生设施建设标准化，服务内容规范化，实施过程便捷化等。在这方面，作为国务院统筹城乡发展综合试验区的成都市的探索值得引起重视，其在基本公共服务均等化方面的许多做法具有在全国推广的价值。

二　进一步加强社会保障体系建设的建议

社会保障不仅是解除人民后顾之忧的基本制度安排，也是当代社会促使财富得到合理分配的基本制度保证。在我国社会保障体系建设进入快车道并需要走向定型、稳定、可持续发展阶段的大背景下，“十二五”期间的任务特别繁重，它不仅需要继续推进各项制度建设，更需要在以往长期试验的基础上实现基本保障制度的定型、稳定。如果制度定型不当，其代价将是试验性阶段的倍数，并完全可能演变成巨大的社会风险。对“十二五”期间的社会保障体系建设，我提出如下建议。

第一，统筹考虑社会保障体系建设，尽快从国家层面设计整个社会保障体系。例如，养老金与老年服务分别肩负着为老年人提供经济来源与服务保障的职责，老年服务的滞后，已经对养老金的持续提高及“老有所养”产生了部分的抵消作用；城镇居民基本医疗保险与农村居民合作医疗的政策分割、经办分割，正在造成日益严重的浪费现象，并为医疗保障制度的整合留下了隐患等。因此，从战略高度来统筹考虑各项社会保障制度的建设，从国家层面对整个社会保障体系进行顶层设计已经迫在眉睫。

第二，严格奉行“老人老办法、新人新办法、中人过渡法”的原则。社会保障因关系到每个人的切身利益，它以追求公平、共享为目标，但也必须考虑历史公正与现实公平的差异性。我国社会保障改革中一个迄今未能处理好的重大问题，就是在制度变革中没有充分体现出“老人老办法、新人新办法、中人过渡法”的原则。如机关事业单位职工与企业职工的养老待遇差距，就是两个群体自改革以来各自延续而缺乏统筹考虑历史公正与现实公平关系的结果，机关事业单位职工的高退休待遇被年轻人承袭下来，而老一代企业职工却因制度变革而承受着收益损失，进而造成日益严重的社会矛盾。如果能够在制度安排中明确划定新职工与老职工的界线，分别享受同等待遇，则既体现了合理的差异性，又可以实现制度的公平性。那种同班同学走出校门因在不同单位工作而享受悬殊的社会保障待遇，特别是养老金待遇的现象，实在不能继续下去了。因此，建议“十二五”期间按照“老人老办法、新人新办法、中人过渡法”的原则检讨现行制度安排，明确划定新人、老人的政策界线，对收益受损的老年人给予相应补偿，消除特殊权益的代际承袭现象，代之以新人新制度、老人老制度、中人有过渡办法可供选择，这样才能平稳地推进社会保障制度沿着合理的路径向目标迈进。

第三，在基本养老保险制度建设方面，从当前多元无序的制度体系迈向由公职人员基本养老保险、职工基本养老保险、农民基本养老保险组成的三元有序组合的制度体系具有必要性，同时需要尽快完善相关制度设计。例如，将公务员、参公人员与国有非营利机构工作人员作为一个整体（简称“公职人员”），单独建制；依据《社会保险法》推进职工基本养老保险制度，实现全国统筹，这不仅是统一劳动力市场的内在要求，也是巨额养老保险基金实行投资运营、保值增值的前提条件；农民养老保险实现制度层面上的全覆盖，但不宜强迫年轻农民参保，因为我国的工业化、城镇化进程在加快，大量年轻的农村劳动者必将融入工业化、城镇化进程。同时，各项养老保险制度还面临着完善的必要。尤其是各地以往建立的所谓失地农民养老保险、农民工养老保险、小城镇养老保险、综合保险等，均与《社会保险法》相冲突，急需清理并加以整合。

第四，在基本医疗保险制度建设方面，急需统一城乡医疗保障的经办机制，建立统一的医疗保障信息系统。与此同时，伴随着城乡居民医疗保障政府补贴的提高，应当加快城乡居民医疗保障制度统一的步伐。促进城乡医疗保障制度的一体化和提高医疗保障水平应当成为“十二五”期间的重要任务。

第五，在社会救助方面，迫切需要以最低生活保障制度为核心建立综合型社会救助制度，让有需要的低收入困难群体能够从不同项目中获得帮助，而不是简单地叠加在最低生活保障制度上或者添加新的“补丁”。同时，推进社会救助制度的城乡一体化，不宜再让这一面向最困难群体的制度仍然处于城乡分割状态。还需要指出的是，“十二五”期间应当根据我国的实际情况将贫困线标准提高到1美元/（人·天），并据此扩大社会救助的范畴，切实保障最困难群体的基本生活，同时明确划分中央与地方在救贫与消灭贫困现象过程中的责任。

第六，大力发展老年服务事业，并将其作为保障与改善老年人的生活状况和优化经济结构、扩大就业的重要方面。我国60岁以上的老年人已达1.7亿人，老年空巢家庭占40%以上，一些城市甚至高达50%或更高，许多老年人的养老金在逐年上升而生活质量因服务需求无法得到满足而持续下降。因此，大力发展老年服务事业已经成为改善民生的重要方面，为此需要出台相关政策、制定相关规划、加大公共投入、吸引社会资源、培养专业人才等。同时也要防止非理性的冲动，如一些地方兴建超大规模的养老院，就不符合老年服务事业的客观需求与规律。中国应当尊重居家养老的传统，让老年服务设施社区化。

第七，在其他社会福利领域，残疾人与儿童是值得重点关注的两个群体。前者需要有社会化的残疾人服务体系和专门的残疾人福利制度安排，不宜将残疾人福利混合在其他社会保障制度中；后者需要有专门的儿童福利事业，而不宜简单地将其归入国民教育体系。

第八，重视利用中国社会保障改革与发展战略研究成果。中国社会保障改革与发展战略研究是于 2007 年 5 月由我国理论学术界启动并经中央领导同志做出重要批示后正式实施的一项大规模战略研究，《中国社会保障改革与发展战略》（含总论卷、养老保险卷、医疗保险卷、救助与福利卷）作为我国众多专家学者与社会保障工作者集体智慧的结晶，对我国社会保障改革与体系建设从现在到 21 世纪中叶的发展提供了一套完整的思路，从总体上阐述了制度建设的基本理念、基本原则及战略目标、战略步骤与战略措施，并对重要的制度安排进行了顶层设计，可以为我国社会保障体系的长远发展提供理论背景和决策依据。同时，近年来我国社会保障领域的理论研究日益深入，优秀成果不断涌现，建议国家有关部门能够更加重视理论研究成果，并在制定社会保障发展规划及年度任务时加以参考与充分利用。

G.1
社会保障调节收入分配的机理与作用

王延中　龙玉其 等*

摘　要： 社会保障是调节收入分配的重要工具，随着社会保障制度的不断建立健全、社会保障覆盖面的不断扩大和社会保障资金的不断增加，社会保障在调节收入分配中的重要性不断提高。社会保障调节收入分配的功能体现在收入分配的多个层次中。覆盖范围、筹资机制、补偿机制、融合性与便携性、转轨方案等因素不同程度地影响其收入分配调节作用。国外社会保障的发展在调节收入分配、缩小收入差距、促进社会公平中发挥着重要作用。我国社会保障制度的发展在调节收入分配中发挥了一定的作用，但是，还存在诸多问题，比如，覆盖面不足、发展不均衡、制度设计不完善，不利于社会保障调节收入分配作用的发挥。未来需要完善社会保障财政投入机制，完善社会保障的制度设计，扩大社会保障制度的覆盖面，改进社会保障的管理与服务。

关键词： 社会保障　收入分配　作用机理　效果

改革开放以来，我国经济社会快速发展，城乡居民收入不断提高；与此同时，不同居民之间的收入差距在不断扩大，20 世纪 80 年代中期我国的基尼系数只有 0.16，2000 年上升到 0.44，2008 年高达 0.49 左右。[①] 收入差距的扩大主要

* 王延中，中国社会科学院劳动与社会保障研究中心；龙玉其，首都师范大学管理学院。单大圣、侯建林、侯慧丽、江翠平、石金群等参与了课题讨论，并提供了部分研究资料。

① 李实：《城镇内部差距拉大：当前中国收入分配差距新动向》，2011 年 3 月 29 日《中国社会科学报》。

表现在城乡之间、地区之间、部门之间、行业之间、不同要素之间，甚至不同群体内部的收入差距也越来越明显。① 收入差距过大的问题已经引起了全社会的高度关注。居民收入差距不断扩大的原因是多方面的，其中一个重要原因就是再分配调节机制不健全。社会保障本来是调节收入分配的重要手段，也是对财富进行再分配的有效途径，但由于与计划经济体制相关联的传统社会保障制度的瓦解，社会保障制度对收入分配制度的调节作用弱化。在体制转型过程中建立的新社会保障制度尽管发展速度很快，对保障劳动者和国民的基本生活发挥了一定作用，但由于制度设计的不完善、覆盖面窄、财政投入不足等多方面的原因，社会保障在调节收入分配中的作用还不理想。本报告在分析社会保障调节收入分配的机理基础上，围绕社会保障如何发挥好收入分配的调节作用提出意见和建议。

一　社会保障是调节收入分配的重要工具

随着社会保障制度的不断建立健全、社会保障覆盖面的不断扩大和社会保障资金的不断增加，社会保障在经济社会发展中的作用日益凸显，在调节收入分配中的重要性不断提高。

社会保障覆盖面的日益扩大，使越来越多的劳动者和全体国民被纳入现代社会保障网络之中，成为社会保障的参与者、社会保障基金的贡献者和社会保障待遇的获得者。同时，社会保障基金规模的不断扩大，使社会保障制度成为调节劳动者和国民收入分配的重要工具。改革开放之后特别是进入 21 世纪以来，我国社会保障支出规模不断扩大。2010 年最宽口径的社会保障支出占全国财政总支出的 42.59% 和 GDP 的 9.49%（见表 1），对收入分配的影响更加明显。

社会保障调节收入分配的功能体现在收入分配的多个层次中，包括初次分配、再分配，甚至三次分配，其中，社会保障在促进居民收入再分配方面的作用更加明显。

在初次分配领域，社会保障发挥着直接或间接的调节作用，社会保险和职业

① 龙玉其：《中国收入分配制度的演变、收入差距与改革思考》，《东南学术》2011 年第 1 期。

表 1　中国政府社会保障性支出情况

单位：亿元，%

年份	口径一	口径二	口径三	占财政总支出的比重			占 GDP 的比重		
				口径一	口径二	口径三	口径一	口径二	口径三
1978	18.91	—	129.40	1.65	—	11.53	0.52	—	3.55
1986	35.58	—	432.53	1.61	—	19.62	0.35	—	4.21
1992	66.45	—	916.77	1.78	—	24.50	0.25	—	3.41
1994	95.14	—	1456.20	1.64	—	25.14	0.20	—	3.02
1996	128.03	—	2005.35	1.61	—	25.26	0.18	—	2.82
1998	595.63	2210.98	4527.34	5.52	17.81	36.47	0.71	2.62	5.36
2000	1517.57	3604.52	6493.56	9.55	20.05	36.13	1.53	3.63	6.54
2002	2636.22	5590.43	9604.93	11.95	22.36	38.41	2.19	4.65	7.98
2004	3116.08	7223.71	12368.39	10.94	22.16	37.95	1.95	4.52	7.74
2006	4361.78	9950.23	16898.14	10.79	21.63	36.73	2.06	5.18	7.97
2008	6804.29	15098.51	26865.76	10.87	21.30	37.90	2.26	5.02	8.94
2010	9130.62	21639.32	38273.52	10.16	24.08	42.59	2.26	5.37	9.49

说明：口径一包括抚恤和社会福利救济支出、行政事业单位离退休费、社会保障补助支出；口径二是在口径一的基础上增加除财政补助之外的社会保险基金支出，计算口径二比重的分母（财政总支出）包含了除去财政补助之外的社会保险基金支出；口径三是在口径二的基础上增加了教育、卫生支出。这里需要注意的是2002年的社会保障财政支出相对比重较大，与国家财政对社会保险基金补助支出的大幅增加有关。

资料来源：根据历年《中国财政统计年鉴》、《中国统计年鉴》、《中国卫生统计年鉴》有关数据整理；其中1998～2008年社会保险基金支出的数据来源于2008年《中国财政年鉴》，2010年数据来源于全国财政支出决算报告；由于不同年份统计口径不同，有些年份数据有所差异。

福利可以影响和改变初次分配的格局。[①] 通过包括工资、福利、保险等在内的薪酬体系的设计，来提高劳动者的总体报酬，进而实现初次分配领域中的调节。间接地看，社会保障通过合理的制度设计对低收入群体、贫困人口、失业人员、患病人员等群体提供帮助，可以促进其素质技能的提高和人力资本的提升，提高获取更高收入的能力，有利于增加个人和家庭的收入；社会保障通过减轻家庭负担而间接地促进家庭收入的提升；社会保障通过免除劳动者的后顾之忧而为其提供良好的劳动环境，进而提高劳动效率、增进个人收入。

在再分配领域，社会保障的本质属性和制度设计决定的收入再分配调节作用更是不言而喻。科学、合理的社会保障制度设计可以充分体现其公共性、福利

① 郑功成：《论收入分配与社会保障》，《黑龙江社会科学》2010年第5期。

性、公平性和互助性的本质属性，可以通过发挥政府的主导和调节作用，运用社会保障的资源和机制，扶弱济困，保障各类风险；通过政府对社会保障的财政转移支付机制和社会保障的资金筹集与待遇支付机制，实现对弱者和贫困人口的直接帮助，进而实现不同人群之间的收入分配调节。其中社会保险通过权利与义务关系的非完全对应性进行资金筹集与待遇支付，可以体现其调节收入分配的作用；社会福利和社会救助由于显著的福利性，其收入分配调节作用更加明显和突出。

从第三次分配或第四次分配[①]来看，主要体现在慈善事业和民间互助方面，在政府的倡导和政策引导下，通过社会和民间自愿的捐赠来筹集资金，帮助社会的弱势群体，进而实现更高层次的收入分配。资金筹集除了来自于社会和民间外，政府的投入也是一个重要渠道，包括直接的资金、物资投入和间接的政策支持与税收支持。在一个慈善事业发达的国家和社会，也将筹集到大量的慈善资金，帮助更多的社会贫困人口，对收入分配产生更加明显的作用。在中国的经济社会发展环境中，如果能够形成良好的慈善法制和环境，大力发展慈善事业，必将更好地实现社会保障的收入分配作用。

二　社会保障在收入再分配中的作用机理

（一）社会保障在收入再分配中的机理分析

社会保障调节收入分配的作用是多方面的。覆盖范围、筹资机制、补偿机制、融合性与便携性、转轨方案都可能不同程度地影响其收入分配调节作用。

从覆盖范围看，社会保障制度的覆盖面越宽，纳入社会保障制度的劳动者和国民越多，社会保障制度对这些劳动者和国民收入分配的影响就越大。社会保障在收入再分配中的影响力与其覆盖面大小是相辅相成的关系。

从社会保障影响收入再分配的程度和水平看，社会保障基金规模越大，社会保障在收入再分配中的作用就越突出、越明显。社会保障基金规模受社会保障政策和资金筹集机制的影响，社会保障政策是一个国家宏观经济政策和社会发展战略的重要组成部分，是政治决策的重要内容。社会保障的资金筹集机制具体表现

① 青连斌：《国民财富的四次分配》，《人民论坛》2009 年第 19 期。

在筹资模式、筹资来源、缴费比例、缴费基数等方面。筹资模式主要包括现收现付制、基金积累制和部分积累制三种类型。现收现付制筹资模式的互助共济作用比较大，对收入分配的调节作用比较大；基金积累制筹资模式则与之相反，所筹集的资金进行个人账户积累，并获取相关收益，个人账户完全由个人享有，主要是个人生命周期内的收入调节，同代之间互助共济功能有限；部分积累制筹资模式则结合了现收现付制与基金积累制的特点，收入分配调节作用适中，收入分配调节作用的大小具体取决于现收现付与基金积累的比例大小。资金来源是考虑其收入分配调节作用的重要因素。社会保障的资金主要来自于政府、雇主和个人等渠道。政府对社会保障的投入越多，社会保障发挥的收入分配调节作用也就越大，而且政府通过社会保障调节收入分配也更便利。如果社会保障的资金更多地来自于个人，则其发挥的收入分配调节作用就相对较小。缴费基数是缴费型社会保障制度设计的重要参数，对社会保障制度的收入分配效应产生一定影响。总体来看，选择根据本人收入为基数进行缴费的收入分配作用较为明显，收入越高，缴费贡献也越大，低收入者则缴费贡献较小。如果统一按社会平均工资缴费，则收入分配效果相对较差。缴费基数对社会保障对收入分配调节作用的影响，还体现在缴费基数上限与下限的设定方面。不过，缴费基数的选择及其所体现的收入分配效应还需要考虑与之相对应的待遇设计和筹资模式。在缴费基数选择基础上的费率设定直接影响到社会保障筹资水平的高低，也影响到社会保障制度收入分配调节作用的发挥。此外，筹资方式的选择，即是通过税收筹资还是通过缴费筹资，也可能影响到收入分配，但存在争议，具体作用机制有待进一步探讨。

社会保障在收入再分配中的调节作用，主要是通过待遇补偿机制实现的。筹资机制与待遇补偿机制的结合能够更加全面地说明社会保障的调节收入分配作用。待遇补偿机制对社会保障调节收入分配作用的影响主要包括待遇确定的模式、替代率的设计、待遇资格的审查、待遇调节机制等方面。不同类型的待遇确定模式的收入分配调节作用区别较大。一般而言，给付确定型的待遇确定模式实行固定数额或固定比例的待遇给付，与个人缴费没有必然联系，对于一些缴费较少的个人，相对获益更大。缴费确定型的待遇确定模式则与个人缴费的多少相关联，收入分配调节效果较差，而且很容易拉大收入差距。混合模式综合了二者的特点，调节收入分配的作用相对适中，具体的作用大小取决于二者的比例大小。替代率或者说补偿率对收入分配的影响比较复杂，需要考虑待遇确定模式、计算基数等相关因素，而且，不同的社会保障项目有所区别。就养老保险制度来说，并非替代率越高，其收入分配调节的作用就越大，相反，甚至还有可能会更加有利于高收入者，拉大收入差距。但对于医疗保险制度而言，在制度范围内的补偿率越高，越有利于患者减少医疗支出，减轻医疗负担，从而在一定程度上实现从健康人群向患病人群的收入转移。待遇调节机制对社会保障的收入分配调节作用影响明显，待遇调整的方式和具体机制直接影响其调节收入分配的效果。此外，待遇资格的审查程序的合理性与公正性也在一定程度上影响社会保障制度的收入分配效应。

社会保障的管理体制也在一定程度上影响其收入再分配作用。社会保障制度的融合性与便携性均对社会保障收入分配调节作用产生影响。融合性是指社会保障制度的包容性，即社会保障制度将全体国民平等纳入社会保障制度的程度，也可以近似地理解为协调性、开放性、整合性，是与独立性、封闭性、分割性相对应的。一项社会保障制度越融合，越能较好地照顾不同群体之间的利益，发挥社会保障制度促进公平的作用，促进居民收入的合理分配；相反，社会保障制度的独立性、封闭性、分割性、碎片化容易造成不同阶层利益的分割、扩大居民之间的收入差距、导致社会保障制度对收入分配的“逆向调节”。便携性是指不同社会保障制度的衔接性、社会保障关系转移的顺畅性，它直接影响到社会保障调节收入分配作用的发挥。社会保障关系转移不顺畅，不利于维护一些特殊群体的社会保障利益，比如农民工、非正规就业人员、流动人口，这些群体恰恰是需要社会保障的群体，也是收入相对较低的群体。

社会保障制度管理体制的转变或转轨，也在一定程度上影响其收入再分配作用的发挥。对于经济体制转轨的国家来说，社会保障制度转轨方案如果设计科学合理，将有助于促进社会保障调节收入分配，增强社会保障制度的公平性；[①] 相反，则有可能加剧不同群体之间的社会保障待遇差距。[②] 社会保障制度改革和转轨的核心任务是要处理好制度转轨过程中的资金筹集与待遇问题，实际上就是转轨成本的分担与转轨过程中不同群体（“老人”、“中人”、“新人”）之间的权益

---

① 从本质上讲，社会保障制度的改革和转轨过程，就是一个纠偏的过程，有利于纠正社会保障实践中不公平的现象和问题，促进社会保障调节收入分配。

② 彭浩然、申曙光：《改革前后我国养老保险制度的收入再分配效应比较研究》，《统计研究》2007年第2期；何立新：《中国城镇养老保险制度改革的收入分配效应》，《经济研究》2007年第3期。

处理。在转轨成本的分担方面，需要考虑转轨成本的承担主体和转轨过程的时间长短。转轨成本的分担主体主要包括政府、雇主和个人。一般来说，完全由政府来负担转轨成本，有利于促进转轨过程中的收入分配，但是政府财政压力较大。如果完全由个人来承担，则容易增加个人（尤其是低收入者）的负担，不利于调节收入分配。当然，也需要考虑由个人负担的方式。对转轨过程中不同群体的权益处理是制度改革和转轨的重点，直接影响到“老人”、“中人”和“新人”的收入分配。

社会保障的收入再分配功能，包括横向调节与纵向调节两个方面。社会保障对收入分配的横向调节主要是指在同一时期内对不同群体之间的收入调节，包括同代人口内不同人群之间的收入调节和同一时期不同代际之间人口的收入调节。同代人口内不同人群之间的收入调节是社会保障制度收入分配调节作用中最常见的一种类型，主要是指同一时期内的高收入人群、健康人群、在职人群等向低收入人群、患病人群、非在职人群的收入调节。同一时期不同代际之间人口的收入调节主要是指年青一代向年老一代的收入调节；当然，也不排除出现由于制度设计的不完善导致年老一代向年青一代的逆向收入转移。社会保障对收入分配的纵向调节作用是指对不同时期的收入分配调节，包括对个人（本人）的纵向调节和对整个社会内不同代际之间的纵向调节。个人生命周期内的收入调节是指从年青时期向年老时期的收入调节。对全社会内的纵向调节是指不同时期不同代际之间的收入调节，主要是从社会整体和宏观的角度考察社会保障的收入分配调节作用，这种类型的收入分配调节原理相对复杂，可能难以为人们所理解。需要从社会整体的角度，结合人口因素、经济因素综合考虑。人口老龄化和经济形势的变化都可能会造成社会保障对不同时期内不同代际之间的收入分配调节作用，可能会出现一个时期内的一代人对另一个时期的另一代人的收入转移。

（二）不同类型社会保障制度收入再分配功能的作用机理

1. 社会救助的扶危济困性直接缩小收入差距

扶危济困、保障城乡居民的最低生活是社会救助制度的根本目标，直接针对社会贫困人口和弱势群体，是整个社会保障体系中收入分配作用最直接、最明显的项目，其调节收入分配的作用机制也相对简单。

从社会救助的资源配置方式来看，主要依靠政府的财政投入，再辅之以社会捐赠等其他的社会资源，通过政府财政转移支付或慈善事业、社会互助等形式来帮助贫困和弱势群体，受帮助的对象不需要履行任何缴费义务，社会救助具有权利与义务的单向性，社会救助对象“只享受权利、不履行义务”。发展社会救助是国家和社会的责任，国家通过以税收为主的筹资方式，通过向国民（尤其是高收入者）征税，对贫困人口进行帮助，提高他们的收入或获取收入的能力，实现从高收入者向低收入者的收入转移。

现实中社会救助制度要真正较好地发挥其调节收入分配的作用，需要在具体实践中加以完善和规范，涉及社会救助的范围、救助标准（水平）、救助方式、瞄准机制等方面。社会救助的范围越广，发挥收入分配调节作用的机会就越大；反之，则越小。在广覆盖的基础上，还应该提高救助标准。救助方式的选择也在一定程度上影响收入分配效果，即是采取积极救助（或主动救助），还是消极救助（或被动救助），都可能会影响其收入分配效果，能力救助不仅对再分配产生影响，而且也有利于调节初次分配，迈克尔·谢若登的“资产与穷人理论”为此提供了借鉴。① 瞄准机制对社会救助制度调节收入分配的作用十分关键，社会救助能否真正帮助那些需要帮助的人，需要有一个科学的瞄准机制。

2. 社会保险的互助共济性使其在调节收入分配中发挥重要作用

社会保险制度强调权利与义务的结合，具有调节收入分配、缩小收入差距的作用。社会保险制度的特点要求不同的劳动者和国民履行相应的缴费义务，但又不是缴费与待遇的完全对等关系，往往要求高收入群体履行更多的缴费义务，而低收入群体的缴费则相对较低，且能获得更多的保障待遇。健康人群的缴费有助于对患病人群提供帮助。社会保险制度调节收入分配的机制是复杂的，需要考虑筹资模式、资金来源、责任分担、筹资水平、待遇确定模式、待遇调节机制等方面。而且，社会保险制度中不同项目（养老、医疗、失业、工伤、生育）的收入分配调节机制也有所差异。

养老保险制度是社会保险制度的核心，无论从覆盖对象、受益人数，还是从基金收支规模来看，都是社会保险（甚至社会保障）制度的重中之重。养老保险制度对收入分配的调节需要对前面那些因素进行全面的考虑。这里，主要从资

① 〔美〕迈克尔·谢若登：《资产与穷人——一项新的美国福利政策》，高鉴国译，商务印书馆，2005，第351～355页。

金筹集模式和待遇确定模式这两个主要方面进行分析。现收现付制的筹资模式和给付确定制的待遇确定模式通过养老保险资金的统一筹集和支付行为，具有较大的收入分配调节作用；基金积累制的筹资模式和缴费确定制的给付模式则主要是个人生命周期内从年青时期（在职时期）向年老时期（非在职时期）的收入调节。需要注意的是现收现付制与给付确定制并非一一对应关系，基金积累制与缴费确定制也并非完全对应关系，它们之间存在不同的交叉组合。很多国家的养老保险制度往往是不同筹资模式和待遇确定模式的混合，确定其收入分配作用的大小则更加复杂。

对医疗保险制度收入分配作用的衡量，需要结合不同的医疗保险制度类型，及其选择的筹资机制、待遇补偿机制。从医疗保险制度模式来看，包括了国家（全民）医疗保险模式、社会医疗保险模式、商业医疗保险模式、合作医疗保险模式、储蓄医疗保险模式等不同类型，不同的医疗保险模式，由于其筹资机制、补偿模式等方面的不同，其收入分配调节的作用大小也有所不同。关于医疗保险，一个重要的内容是医疗服务问题，即医疗服务资源的配置，这也是医疗保险制度调节收入分配的一个重要方面，是采取政府提供或购买医疗服务，还是完全由市场提供医疗服务，对收入分配的调节作用差异也是较大的，一般而言，前者的收入分配调节作用较大。

3. 社会福利的公共性与福利性有助于缩小收入差距

社会福利是指国家和社会通过社会化的福利津贴、实物供给和社会服务，满足社会成员的生活需要并促使其生活质量不断得到改善的一种社会政策。① 公共性与福利性是社会福利的重要特征，因而社会福利制度在调节收入分配中的作用也比较明显，其作用机制也相对简单（相比社会保险制度而言），主要是国家通过组织和调动福利资源（现金、实物和服务）为国民提供福利的行为，国家财政投入是社会福利的主要资金来源，通过税收面向全体劳动者筹集，以财政转移支付的方式直接调节不同群体之间的收入分配，一些人（高收入者）履行更多的纳税义务，却享受较少的社会福利，而另一些人（贫困人口、弱势群体）则没有履行纳税义务，却享受较多的社会福利。社会福利不仅包括面向全体国民的普通福利，比如教育福利、住房福利、职业福利等，也包括一些面向特殊人群的

① 陈良瑾：《社会救助与社会福利》，中国劳动社会保障出版社，2009，第82页。

特殊福利，比如老年人福利、妇女儿童福利、残疾人福利等，这些群体有着更加迫切的福利需求，对这些人提供的福利有利于直接和间接地增加他们的收入，具有更加明显的收入分配调节作用。

从社会福利制度的内涵来看，主要通过现金福利、实物福利和服务福利等方式为国民提供帮助。其中，公共服务日益成为社会福利制度中的重要内容，尤其是在人口老龄化、工业化日益加快的背景下，国民对公共服务的需求在快速增长。国家对社会服务资源的组织和分配影响到社会福利制度调节收入分配的作用。公共服务提供的公平、均等与否，直接影响到社会福利制度的收入分配效果。

三　社会保障收入再分配作用的国际经验

国外社会保障的发展在调节收入分配、缩小收入差距、促进社会公平中发挥着重要作用，主要表现在以下几个方面。

（一）发展和完善社会保障是许多国家缩小收入差距的重要手段

一些国家在经济社会发展过程中，不同程度地出现了收入分配不公平的现象，在缩小收入差距的过程中，国外采取了很多措施，比如调节税收、促进就业、发展经济、财政转移支付等，发展社会保障是其中的一项重要措施。而且，社会保障的发展水平越高，收入差距越小，社会越公平。国外的经验表明，社会保障的水平与收入分配差距负相关，即社会保障水平越高，居民的收入分配差距越小，反之则越大。① 而且，社会保障调节收入分配的作用在一定程度上要大于其他措施，David Jesuit、Vincent Mahler 根据相关数据对 13 个发达国家 1980 ~ 2000 年的财政再分配进行对比研究后发现，发达国家社会保障调节收入分配差距的作用要大于税收。② 作为福利国家的瑞典，其调节收入分配的措施主要是社会保障，其所起的作用高达 80% 以上，而税收所起的作用只占 10% 左右。德国

① 高霖宇：《发达国家社会保障水平与收入分配差距关系及对中国的启示》，《地方财政研究》2011 年第 7 期。

② David Jesuit and Vincent Mahler, *State Redistribution in Comparative Perspective: A Cross-NationalAnalysis of the Developed Countries*, Luxembourg Income Study Working Paper, 2004,(392).

社会保障调节收入分配差距的作用要比税收显著。美国调节收入分配差距更多的是依赖于税收，当然社会保障所起的作用也非常突出，美国的基尼系数下降的过程中社会保障的贡献高达40%以上。[①] 以日本为例，二战以来，日本逐步建立了全面的完备的社会保障体系，并不断提高社会保障水平，日本社会保障制度对调节收入分配差距起了关键的作用，日本政府通过对各项社会保险制度的调整与改革，改善了初次收入分配不平等的状况。据日本厚生省的调查，经过社会保障调节后的基尼系数大体上比再分配前的基尼系数低0.02～0.07，再分配率在4%以上。从年龄差别看，70岁以上人群加上社会保障所得的收入与原始收入相比要大得多。[②]

（二）社会保障（社会救助）是预防和缓解贫困的有效举措

很多国家在发展社会保障的过程中，在对全体国民提供普遍的社会保障的同时，更加注重对低收入人口和贫困人口的帮助。国家财政通过社会救助或最低生活保障等形式直接给了低收入人口和贫困人口以生活帮助，有效地预防和缓解了贫困。英国在建立了面向全体国民的，生、老、病、死、伤、残等内容全面的社会保障体系的同时，更加注重对低收入和贫困人口的保障，特别是20世纪90年代后期以来，其社会保障更加关注低收入人口和贫困人口。2002年法国的最低生活保障对于单身人士的标准是每月406欧元，无子女的夫妻是608欧元，老年人补贴是每月569欧元，最低失业救济金是每天24欧元。有效的救济救助制度，使法国的贫困率有所下降，贫困人口大幅减少。[③] 1993年美国国会通过了第一个比较系统地解决不发达地区发展问题的法案——《联邦受援区和受援社区法案》，为了促进落后地区的开发，美国政府通过政府支援来进行。自20世纪五六十年代以来，各联邦对州和地方政府的财政补助不断增加，据美国行政管理预算局估计，1997年联邦财政补贴达到2752亿美元，占联邦政府支出比重的16.3%。[④] 一些发达

---

① 陶纪坤：《西方国家社会保障制度调节收入分配差距的对比分析》，《当代经济研究》2010年第9期。

② 刘乐山：《国外调节收入差距的财政措施及启示》，中国经济规律研究会第十八届年会会议论文，第647～651页。

③ 王小卓：《法国政府收入分配的财税调控目标——社会公平》，《涉外税务》2005年第10期。

④ 姜爱林：《发达国家调节收入分配差距的做法及其对我国的启示和政策建议》，《高校社科动态》2010年第1期。

国家的数据显示，社会保障支出水平与贫困率呈负相关关系，即社会保障支出水平高的国家，其贫困率较低；而社会保障支出水平较低的国家，其贫困率较高。[①]

（三）社会保障财政投入是发挥其收入分配调节作用的重要因素

适度的资金投入是社会保障可持续发展的重要因素，也是发挥社会保障调节收入分配作用的重要基础。政府是发展社会保障的重要责任主体，加强社会保障财政投入是各国政府的重要职责，也是政府财政支出的主要内容。社会保障财政投入直接影响到社会保障的效果和收入分配调节作用。尤其是一些对低收入群体和贫困人口的保障项目，更加需要政府的财政投入。国外的经验表明，凡是注重社会保障调节收入分配作用的国家，政府对社会保障的财政投入比例也更高，社会保障财政支出的大小直接影响到其收入分配作用的大小。2004 年芬兰社会保障体系的资金来源和供款比例分别是：国家财政占 55%、雇主缴款占 22%、参保人缴款和其他渠道占 10%、地方政府财政占 3%、政府的流动性担保占 8%。[②] 在瑞典的社会保障收入来源中，缴费占 42%，一般性税收占总收入的 52%，资本收益占总收入的 6%。[③] 英国中央财政每年对社会保障的转移支付均较大，每年耗费中央政府的大量财力以维持其高福利水平。这些国家通过大量的政府财政投入对社会保障制度进行完善，获得了较好的收入分配调节效果。

（四）社会保障制度的不同类型和制度模式调节收入分配的机制各不相同

从总体上来看，社会保障制度的主要模式包括福利国家型、社会保险型、储蓄积累型、国家保障型等不同类型。瑞典、芬兰等北欧福利国家型社会保障制度强调全体国民社会保障权益的公平性与普惠性，主张建立和完善覆盖全民、保障内容全面、待遇水平较高的社会保障制度。通过相对集中统一的资金筹集与支出

---

① 高霖宇：《发达国家社会保障水平与收入分配差距关系及对中国的启示》，《地方财政研究》2011 年第 7 期。

② 刘强：《瑞典、芬兰居民收入分配状况及调节政策考察报告》，《经济研究参考》2006 年第 32 期。

③ 刘志英：《社会保障与贫富差距研究——典型国家的实践与中国的政策主张》，武汉大学博士学位论文，2004。

行为，为包括贫困人口、弱势群体在内的全体国民提供资金保障、物质保障和服务保障。以德国为代表的社会保险型社会保障制度在强调权利与义务相结合的同时，通过资金的筹集和使用，发挥其互助共济、风险共担的作用，具有不同程度的收入分配调节作用。至于社会保险型社会保障制度收入分配的调节程度，则取决于社会保障的具体制度设计，不同的制度设计，其收入分配调节的程度差异也比较大。以新加坡、智利等为代表的储蓄积累型社会保障制度主要是一种制度化的自我保障，国家通过建立相应的社会保障制度和激励措施，促使国民进行缴费积累，在国民需要时获得相应的保障待遇，强调个人的“自助”，是完全的基金积累制，主要依赖个人的缴费进行筹资，社会保障待遇的获得主要依据个人账户的余额，包括个人的缴费、利息以及获得的投资收益。储蓄积累型社会保障制度在全社会范围内的收入分配调节作用较差，但在一定程度上调节着个人生命周期内的收入分配。以苏联和计划经济时期的中国为代表的国家保障型社会保障制度由国家和单位为体制内的国民提供全面的社会保障待遇。国民几乎不需要履行任何缴费义务，资金筹集以国家和单位为主，实行现收现付制。社会保障待遇提供与个人缴费无任何关联（或关联较小），而是与个人的年龄、户籍、职业等因素相关。从整体上来看，虽然国家保障型社会保障制度体现出了制度内的平等性与较强的收入分配调节作用，但由于其覆盖面的局限性，社会整体范围内的收入分配效果不太理想。不同社会保障制度模式的收入分配调节效果是不同的，其中福利国家型社会保障制度的收入分配调节效果最好。

四　中国社会保障的发展及其在调节收入分配中的作用

改革开放以来，国家不断加强各项社会保障制度改革，实现了从国家—单位包办的传统社会保障制度向责任共担的现行社会保障制度的转型，一些社会保障制度从无到有、从不完善到完善。建立了城镇职工基本养老保险制度、城镇职工基本医疗保险制度、城市居民最低生活保障制度、工伤保险制度、失业保险制度。进入21世纪以来，党和国家加快了以社会保障体系为核心的民生建设，社会保障制度改革的步伐不断加快。先后建立新型农村合作医疗制度、农村居民最低生活保障制度、新型农村社会养老保险制度、城镇居民基本医疗保险制度、城镇居民社会养老保险制度、城镇职工基本养老保险制度和城镇职工基本医疗保险制度，医疗救助、教育救助、社会福利等制度也在不断探索和发展中。2010 年颁布的《社会保险法》是社会保障制度发展过程中的一个重要事件，将有助于推动社会保障制度的持续健康发展。随着各项社会保障制度的建立、健全，社会保障的覆盖范围在不断扩大，如前所述，越来越多的人被纳入社会保障系统之中，成为社会保障的受益者，为未来加强社会保障的收入分配调节作用奠定了重要基础。以下主要从最低生活保障、养老保障、医疗保障、失业保障、教育保障等方面介绍社会保障所发挥的收入分配调节作用。

（一）最低生活保障与收入分配

最低生活保障制度针对的是贫困人口和遭受意外风险的人群，直接帮助这些人摆脱贫困危机。最低生活保障资金主要是政府财政投入，其中以地方财政为主，中央财政对中西部地区进行适当转移支付。随着最低生活保障制度的建立与完善，国家的财政投入不断增加，1999 年国家和社会全年用于最低生活保障的支出仅为 23.7 亿元。2010 年各级财政共支出城市低保资金 524.7 亿元，共发放农村低保资金 445.0 亿元。[①] 覆盖范围是考察其收入分配作用的重要因素。城乡最低生活保障的范围在不断扩大。1996 年共有 84.9 万城镇居民获得了最低生活保障救助，2010 年年底全国城市共有 1145 万户、2310.5 万低保对象。2002 年农村最低生活保障人数为 407.8 万人，2010 年年底全国农村有 2528.7 万户、5214 万人得到了农村低保。[②] 最低生活保障的标准也在不断提高，城市居民最低生活保障标准从 2006 年的 169.6 元/人・月增加到 2010 年的 251.2 元/人・月，平均补差水平从 2006 年的 83.6 元/人・月增加到 2010 年的 189 元/人・月；农村居民最低生活保障的平均保障标准从 2006 年的 70.9 元/人・月增加到 2010 年的 117 元/人・月，平均补差水平从 2006 年的 34.5 元/人・月增加到 2010 年的 74 元/人・月（见表 2）。[③] 在农村扶贫方面，历年农村贫困标准也在不断提高，1978 年为 100 元，2012 年达到 2300 元，接近国际贫困标准。低保户的主观评价是衡量最低生活保障制度收入分配作用的另一个重要因素。低保户对低保制度不满

---

① 数据来源：民政部历年《民政事业发展统计报告》。

② 数据来源：民政部历年《民政事业发展统计报告》。

③ 数据来源：2011 年《中国民政统计年鉴》。

意（包括不满意和非常不满意）的仅占8%，说明低保制度在保障贫困人口的生活方面确实发挥了一定的作用，受到城乡贫困人口的普遍欢迎。

表2　最低生活保障制度的发展情况

年份	保障人数(万人)		平均保障标准(元/人・月)		平均支出水平(元/人・月)	
	城　市	农　村	城　市	农　村	城　市	农　村
2001	1170.7	304.6	147.0		29.6	
2002	2064.7	407.8	148.0		43.9	
2003	2246.8	367.1	149.0		58.0	
2004	2205	488	152.0		65.0	
2005	2234.2	825	156.0		72.3	
2006	2240.1	1593.1	169.6	70.9	83.6	34.5
2007	2272.1	3566.3	182.4	70.0	102.7	38.8
2008	2334.8	4305.5	205.3	82.3	143.7	50.4
2009	2345.6	4760	227.8	100.8	172.0	68.0
2010	2310.5	5214	251.2	117.0	189.0	74.0

资料来源：2011年《中国民政统计年鉴》。

（二）养老保障与收入分配

养老保障对收入分配的影响体现在养老保险和老年福利两个方面，并分别发挥着不同的收入分配调节作用。这里主要介绍养老保险制度调节收入分配的状况，主要从覆盖范围、资金筹集、待遇计发等方面来体现。

越来越多的企业职工和城乡居民纳入养老保险的范围内。企业职工基本养老保险的参保职工人数从1989年的4816.9万人增加到2011年的21565万人（见表3）；新型农村社会养老保险制度参保人数2011年年底达32643万人。① 养老保险主要采取责任共担的筹资机制，实行社会统筹与个人账户相结合的模式，在一定程度上发挥了养老保险的互助共济作用。国家财政对养老保险的投入也在不断增加，历年财政对社会保险基金的补助（绝大部分用于养老保险）不断增长，从1998年的21.6亿元增加到2010年的2809.8亿元。② 除机关事业单位外，其他

① 数据来源：历年《中国劳动统计年鉴》、2011年《国民经济和社会发展统计公报》。

② 数据来源：财政部历年全国财政决算数据。

养老保险制度的待遇实行给付确定与缴费确定相结合的待遇确定模式，基础养老金与个人账户养老金相结合，既具有个人账户的激励性，也具有统筹共济性。而且，养老金待遇标准不断增长，据统计，全国企业退休人员月人均养老金从1995年的321元增加到2008年的1100元，8年间增幅超过300%。① 国家连续7年调整企业退休人员基本养老金水平，2011年全国月人均养老金达到1531元。②

一些学者的研究也证明了养老保险的收入分配作用，其中杨震林、王亚柯（2007）认为，养老金财产对中国城镇企业职工家庭的财产分布产生了较大的再分配效应，它使得家庭财产分布的基尼系数下降了8个百分点，使得家庭财产分布的不平等程度下降了20%。③ 王晓军、康博威（2009）通过测算认为我国现行的社会养老保险制度安排存在明显的收入再分配特点。④

表3　全国城镇职工基本养老保险情况

单位：万人，亿元

年份	年末参保人数			基金收支情况		
	合　计	职　工	离退休人员	基金收入	基金支出	累计结余
1989	5710.3	4816.9	893.4	146.7	118.8	68.0
1991	6740.3	5653.7	1086.6	215.7	173.1	144.1
1993	9847.6	8008.2	1839.4	503.5	470.6	258.6
1995	10979.0	8737.8	2241.2	950.1	847.6	429.8
1997	11203.9	8670.9	2533.0	1337.9	1251.3	682.8
1999	11722.9	8859.2	2863.7	1871.9	1863.1	644.2
2001	12904.3	9733.0	3171.3	2235.1	2116.5	818.6
2003	13881.4	10324.5	3556.9	3209.4	2716.2	1764.8
2005	15715.8	11710.6	4005.2	4491.7	3495.3	3506.7
2007	18234.6	13690.6	4544.0	7010.6	5153.6	6758.2
2009	21567.0	16219.0	5348.0	10420.6	7886.6	11774.3
2010	25707.0	19402.0	6305.0	13420.0	10555.0	15365.0
2011	28391.0	21565.0	6826.0	16895.0	12765.0	19497.0

资料来源：2010年《中国劳动统计年鉴》。2011年数据来自《人力资源和社会保障事业发展统计公报》。

① 阎丽仙：《养老金待遇调整机制研究》，中国社会科学院MPA毕业论文，2009。

② 数据来源：人力资源和社会保障部新闻发言人尹成基在2012年1月20日新闻发布会上公布的数据。

③ 杨震林、王亚柯：《中国企业养老保险制度再分配效应的实证分析》，《中国软科学》2007年第4期。

④ 王晓军、康博威：《我国社会养老保险制度的收入再分配效应分析》，《统计研究》2009年第11期。

（三）医疗保障与收入分配

医疗保障在收入分配中发挥着非常重要的作用，不仅影响个人的健康，间接地影响人们的收入，而且影响家庭的负担程度，直接影响人们的收入。目前，我国形成了职工基本医疗保险制度、城镇居民基本医疗保险制度、新型农村合作医疗制度和城乡医疗救助制度相结合的“3 + 1”社会医疗保障体系，为缓解城乡贫困人口的医疗负担、改善收入分配状况作出了积极的贡献；特别是农村合作医疗制度、城乡医疗救助制度的建立为城乡低收入人口的医疗提供了重要的制度保障。

随着各项医疗保险制度的建立健全，医疗保险制度的覆盖面不断扩大，基本实现了全民覆盖，是各项社会保障制度中覆盖面最高的。城镇职工基本医疗保险的参保人数从1993年的290.1万人增加到2011年年底的25227万人。城镇居民基本医疗保险2009年年末参保人数达到18209.6万人，2011年年底达到22116万人（见表4）。新型农村合作医疗制度从2003年开始试点，2005年以后覆盖面迅速扩大，到2010年年末，全国开展新型农村合作医疗制度的县（区、市）达

表4　历年全国城镇居民基本医疗保险基本情况

单位：万人

年份	合　计	城镇职工基本医疗参保人数			城镇居民参保人数
		合　计	职工人数	退休人员人数	
1993	290.1	290.1	267.6	22.5	
1995	745.9	745.9	702.6	43.3	
1997	1762.0	1762.0	1588.9	173.1	
1999	2065.3	2065.3	1509.4	555.9	
2001	7285.9	7285.9	5470.7	1815.2	
2003	10901.7	10901.7	7974.9	2926.8	
2005	13782.9	13782.9	10021.7	3761.2	
2007	22311.4	18020.3	13420.3	4600.0	4291.1
2009	40147.0	21937.4	16410.5	5526.9	18209.6
2011	47343.0	25227.0	18948.0	6279.0	22116.0

资料来源：2010年《中国劳动统计年鉴》，2011年《人力资源和社会保障事业发展统计公报》。

到2678个，参合人数约为8.36亿人，参合率为96.3%（见表5）。[①] 医疗救助比医疗保险更加具有调节收入分配的功能。自2003年以来，我国相继在农村和城市分别建立了医疗救助制度。2005～2007年，城市医疗救助人次几乎每年增长一倍，2008年以后仍保持较快增长，而医疗救助支出更是大幅增长。同一时期，农村医疗救助制度也发展迅速，救助人次2010年比2005年几乎翻了三番。[②]

表5 新型农村合作医疗情况

指标 \ 年份	2004	2005	2006	2007	2008	2009	2010
开展新农合县(区、市)数(个)	333	678	1451	2451	2729	2716	2678
参合人口数(亿人)	0.80	1.79	4.10	7.26	8.15	8.33	8.36
参合率(%)	75.2	75.7	80.7	86.2	91.5	94.0	96.3
当年筹资总额(亿元)	40.3	75.4	213.6	428.0	785.0	944.4	1308.3
人均筹资(元)	50.4	42.1	52.1	58.9	96.3	113.4	156.6
当年基金支出(亿元)	26.4	61.8	155.8	346.6	662.0	922.9	1187.8
补偿受益人次(亿人次)	0.76	1.22	2.72	4.53	5.85	7.59	10.87

说明：2009年全国开展新农合县（区、市）数减少13个，原因是这13个县（区、市）城乡居民已统一实行城镇居民基本医疗保险。

资料来源：2010年《中国卫生统计提要》。

在快速扩大覆盖面的同时，医疗保险的待遇水平也在不断提高，主要体现在：医疗保险的报销封顶线逐步提高；诊疗目录和药品目录范围拓宽；提高报销比例，降低自付比例，简化报销程序。这些变化不仅有利于提高社会医疗保险的待遇水平，在同一制度内还有利于增强公平性和再分配功能，尤其是提高健康人群对患病者、小病患者对于大病患者的再分配力度。

（四）失业保障与收入分配

失业保障制度主要包括失业保险和失业救助两个部分，发挥着预防失业、促进就业、保障失业的功能。就调节收入分配而言，失业保障制度是社会保障体系中较为特殊的一种；它不仅可以直接调节收入再分配，而且在调节初次分配上也具有更加明显的作用。

---

① 数据来源：国家统计局《2011年国民经济和社会发展统计公报》。

② 数据来源于2006～2011年各年《中国卫生统计年鉴》、2005～2010年各年《中国民政事业发展统计报告》。

保障失业者在一定时期内的基本生活是失业保障制度的重要目标之一，失业保障为失业者提供一定的失业保险金或失业救济金，其中失业保险金是通过互助共济的形式向失业者提供帮助，实际上是一种从在职者向失业者的收入转移；失业救济金则更多地是通过政府财政提供资金，对失业者提供直接的收入支持；另外，失业保障还能避免失业者由于丧失劳动收入而使生活陷入困境，预防贫困的发生，降低贫困发生率。以上这几种形式都有助于提高失业者的收入水平，实现收入再分配。就业是最好的保障，从促进就业的角度来看，失业保障通过职业培训、职业介绍、就业补贴等形式促进失业人员恢复就业，劳动者获得就业是其直接参与社会财富分配的途径；失业保险金、失业救济金、失业期间的医疗补助，也可以帮助失业人员尽快就业，获得劳动收入。此外，失业保障通过职业培训的形式，可以增强在职人员的劳动技能与综合素质，有利于提高就业竞争力，预防失业，稳定就业，可以通过对企业给予支持，减少企业裁员。失业保障的以上这些举措和功能都不同程度地调节着收入的初次分配与再分配。

20 世纪 90 年代以来，全国失业保险的参保人数、发放失业保险金不断增长。1994～2010 年参保人数从 7967.8 万人增加到 13375.6 万人，2011 年参加失业保险的人数达到 14317 万人；1994～2010 年全年发放失业保险金从 5.1 亿元增加到 140.4 亿元（见表 6）。失业保险制度为保障失业人员的基本生活、促进国有企业改革的顺利进行、维护社会稳定发挥了重要作用，也在一定程度上促进了国民收入的初次分配与再分配。

表 6　历年全国失业保险基本情况

单位：万人，亿元

年　份	年末参保人数	年末领取失业保险金人数	全年发放失业保险金
1994	7967.8	196.5	5.1
1996	8333.1	330.8	13.9
1998	7927.9	158.1	20.4
2000	10408.4	329.7	56.2
2002	10181.6	657.0	116.8
2004	10583.9	753.5	137.5
2006	11186.6	598.1	125.8
2008	12399.8	516.7	139.5
2010	13375.6	431.6	140.4

资料来源：2011 年《中国统计年鉴》。

（五）教育保障与收入分配

教育是民生之本，财政投入是国家调节收入分配的重要手段，公共教育的财政投入对收入分配结构产生重要影响，主要表现在以下几个方面：[①] 加大公共教育投入可以进一步改善我国的财政支出结构，强化财政的公共性与收入再分配功能；加大公共教育投入可以普惠民生、促进共享，改善城乡居民的收入分配结果；加大公共教育投入可以直接改善教育工作者的收入状况，有助于扭转我国劳动者报酬占初次分配比重长期偏低的分配格局；加大公共教育投入等于国家进行人力资本投资，必然对未来的社会分配结构产生积极而深远的影响；加大公共教育投入还可以带动慈善公益事业的发展，使更多的社会或民间资源投向教育领域，如实行捐赠配额奖励必将吸引更多的社会捐款，这是第三次分配。

自1992年以来，我国财政性教育经费支出规模是持续扩大的，从1992年的728.75亿元增长到2009年的12231.09亿元，增长了15.78倍。2010年，全国财政教育支出12550.02亿元，主要用于以下几个方面：一是支持全面实现城乡免费义务教育，农村义务教育经费保障机制各项改革目标提前一年全部实现；二是进一步完善家庭经济困难学生资助政策体系；三是贯彻落实《教育规划纲要》精神，大力推进义务教育均衡发展；四是促进提高高等教育质量；五是加强职业教育基础能力建设。[②] 普通高等学校在校生人数从1978年的85.6万人增加到2010年的2231.8万人，增加了25倍；职业中学在校生人数从1980年的45.4万人增加到2010年的729.8万人，增加了15倍。[③] 从国家提供的教育帮助对缓解家庭教育负担的情况来看，认为有帮助的占82.7%。可见，国家的教育帮助对减轻家庭教育负担是有作用的。

五　中国社会保障调节收入分配存在的主要问题

中国社会保障的发展虽然在保障国民生活、提高国民收入、调节收入分配方面

① 郑功成：《公共教育投入对社会分配结构的影响》，《社会保障研究》2011年第1期。

② 《2010年财政支持教育事业发展情况》，见 http://www.mof.gov.cn/。

③ 数据来源：2011年《中国统计年鉴》。

发挥了重要作用；但是，在现实中，社会保障调节收入分配的作用不宜高估，在中国现实中社会保障的收入分配调节作用不理想，甚至出现了对收入分配的“逆向调节”作用（宋晓梧，2010）。有学者认为，我国社会保障制度存在着大量的累退效应，不是促进劳动者在公平的原则下得到社会福利，相反却是距离公平的原则越来越远（香伶，2006）。目前的基本养老和医疗保险给中高收入阶层居民带来的好处大于给低收入阶层居民带来的好处，反而扩大了收入差距（王小鲁、樊纲，2005），最低生活保障制度在保障贫困人口的基本生活方面发挥了一定作用，但在收入分配调节方面的作用并不明显（李实、杨穗，2009；陈建东、马骁、秦芹，2010）。调查对象普遍认为社会保障制度在缩小居民收入差距中的作用较小。调查对象认为社会保障在减轻家庭负担中的作用很大和比较大的只占25.6%，认为社会保障制度在缩小居民收入差距中的作用很大和比较大的只占17.9%。目前中国社会保障在调节收入分配方面存在的问题主要表现在以下几个方面。

（一）社会保障的覆盖面总体不足

从总体上来看，我国社会保障制度的覆盖面还不足，由于种种原因，相当一部分人还没有参加社会保险，还有贫困人口没有纳入最低生活保障范围中来，更有大量的人口没有享受到应得的社会福利。在养老保险方面，与城镇就业人员数（2011年年底为35914万人）和全部就业人员数（2011年年末全国就业人员为76420万人）相比，目前养老保险制度的覆盖面仍然有限，还有大量的城乡就业人员和城乡居民没有纳入进来。在失业保险的覆盖面方面，也只有60%左右，在实践中，一些灵活就业人员、乡镇企业人员、机关事业单位人员还没有纳入进来，并且大学生是否应该纳入失业保险的范围还有待商榷。工伤保险还没有将全部城镇就业人员纳入进来，生育保险制度的覆盖率也非常有限。

社会保障制度的覆盖面之所以较低，这与社会保障制度对一部分人的疏忽有关，社会保障对一些群体的覆盖明显不足。一些中低收入群体、贫困人口，由于其经济能力的欠缺，往往没有纳入社会保险的范围，而这些人恰恰是最需要社会保障的人。社会保障覆盖面的不足，与社会保障制度保障基本生活、预防和缓解贫困的功能是相违背的。另外，由于社会保险制度的不完善，户籍制度、劳动力市场的不完善等原因，非正规就业群体、灵活就业人员、农民工等群体中还有大量人员没有纳入社会保障范围。这一问题是当前社会保障制度发展和完善过程中的一个突出问题，如果不解决这一问题，势必影响到社会保障制度的完善和其作用的发挥，不利于城市化、工业化进程的加快和市场经济体制的完善。另外，对一些特殊群体，比如学生、儿童、残疾人等群体的社会保障覆盖面也不足。

（二）社会保障的发展不均衡

中国社会保障的发展极不均衡，从而影响到社会保障的收入分配调节效果，具体表现在以下几方面。

第一，社会保障的项目发展不均衡。社会保障包括社会保险、社会福利、社会救助等内容，不同的社会保障项目所发挥的保障功能有所侧重，保障对象也有所不同。社会保险主要针对劳动者和就业人员，保障其基本生活；社会福利主要针对一些特殊人员（比如老年人、残疾人、妇女、儿童），面向全体国民；社会救助主要针对贫困人口和不幸人群。目前来看，社会保险的发展相对较快，在国家投入、覆盖面、保障水平、制度建设等方面都要好于社会福利和社会救助。相比之下，针对贫困人口和弱势群体的社会救助、社会福利发展不足，不利于收入分配的调节。社会救助的覆盖范围窄、保障水平低。老年人福利、残疾人福利、妇女儿童福利的发展不足。另外，住房福利、教育福利亦发展不足。

第二，社会保障的城乡发展不均衡。由于各种历史和现实的原因，我国城乡发展极不平衡，而城乡社会保障发展的不均衡是其中的一个重要方面。长期以来，我国社会保障制度主要面向城市人口，广大的农村人口被排除在社会保障范围之外。在城市，建立了包括养老、医疗、失业、工伤、生育等在内的社会保障制度；最低生活保障制度也率先在城市建立，并且保障水平大大高于农村；各项福利在长时间内成为城镇人口的专利，农村人口极少能享有。教育、医疗、住房保障的城乡差距比较明显。虽然通过这些年的努力，农村在养老、医疗、福利等方面有了比较大的进步，但与城市相比，农村社会保障的发展仍然滞后。

第三，不同群体的社会保障不均衡。一些群体由于职业的优越性和较高的收入，更加容易纳入社会保障的范围，并且由于其较高的缴费而享受相对较高的保障待遇。公职人员由于其职业的优越性而获得较高水平的社会保障待遇，而履行的社会保障缴费义务却较少，甚至不需要履行任何缴费义务。相反，一些低收入群体、非正规就业人员、灵活就业人员，还没有完全被社会保障覆盖，即使被覆盖，其享受的待遇也比较低。1990 年企业、事业和机关的年人均离退休费分别为 1664 元、1889 元、2006 元，到 2005 年，企业、事业和机关的年人均离退休费分别为 8803 元、16425 元、18410 元，事业单位的年人均离退休费是企业的近两倍，机关的年人均离退休费则更加高于企业。①

（三）社会保障制度设计不完善

制度设计的不完善，使得社会保障调节收入分配的作用大打折扣，甚至出现一些负面作用。社会保障制度设计的不完善主要表现在以下几个方面。

第一，制度设计过于分散，缺乏总体考虑。我国社会保障制度的碎片化现象非常严重，存在着较大的地区差别、城乡差别、人群差别，正因为这些差别的存在，使得社会保障调节收入分配的效果欠佳。由于现行许多社会保障项目是为部分人员“量身订制”的，相互分割，缺乏共享性，在工业化、城镇化、劳动力自由流动的背景下，已经出现了诸多弊端。制度的碎片化影响了社会保障制度的公平性，也造成了对一些群体的忽略。一些高收入群体（公职人员、国有单位职工）在收入较高的同时获得较高的社会保障，而中低收入群体（农民、农民工、流动人口、非正规就业人员）不仅收入较低，而且获得的社会保障待遇也较差。

第二，筹资机制不合理。目前社会保障筹资机制的问题主要体现在以下几个方面：一是不同群体的筹资责任分担不合理，公职人员几乎无需由个人履行任何缴费义务就可以享受全面、高水平的社会保障待遇；低收入人群需要按要求缴费，否则不能享受待遇；社会保障制度在改革的过程中过分强调个人的筹资责任，不利于调节收入分配。二是财政投入机制不健全，政府在社会保障方面的财政投入总体不足，与国外相比，还有较大的差距，② 这是导致一些低收入人群和贫困人口难以获得较好的社会保障的重要原因；不同层级政府之间也缺乏一个科学的责任分担机制；社会保障的财政投入重点不突出。三是社会保障的筹资水平过高，容易对一些低收入群体造成压力。根据目前我国社会保险制度的设计，五项社会保险的费率高达 40% 以上，如此之高的费率水平令很多企业和个人望而

---

① 龙玉其：《公务员养老保险制度国际比较研究》，社会科学文献出版社，2012，第 235 页。

② 财政部社会保障司课题组：《社会保障支出水平的国际比较》，《财政研究》2007 年第 10 期。

生畏。四是筹资水平的差异性导致保障待遇的差异性，主要体现在不同的医疗保险制度方面，城镇职工与城乡居民医疗保险筹资水平的差异性直接导致了他们之间享受医疗保障的差距。五是缴费上限、下限、基数的设计不完善；现行大多数社会保障项目都设定了个人缴费的上限、下限和缴费基数，但在具体设计中并没有完全从制度的公平性和待遇补偿机制方面进行整体考虑；社会保障缴费上限、下限的过高、过低都可能不利于贫困与低收入人群；在缴费基数的选择上，没有考虑不同收入群体之间的差异性，没有将高收入群体的全部收入纳入进来，没有形成“累进”的缴费机制。此外，社会统筹与个人账户的设计所体现出的公平性不足。

第三，待遇补偿机制不科学。目前由于待遇补偿机制的不科学所导致的待遇不公平现象突出，往往是收入越高，缴费越多，获得的社会保障待遇和服务更多；相反，低收入人口和贫困人口却只能享受较低的保障待遇，甚至不能享受任何待遇。筹资机制的不科学主要表现在以下几个方面：一是目前社会保障的待遇确定以缴费确定的模式为主，待遇享受与缴费的关联性较大，这种待遇确定模式不利于贫困人口提高收入，虽然有社会统筹的因素，但力度还不大，互助共济的作用不足。二是社会保障待遇的计算方法不利于调节收入分配，没有形成“累退”的待遇享受机制；养老保险待遇计算基数的选择不尽合理，城镇职工的基础养老金参照上一年度职工平均工资计算，而城镇居民、农村居民则发给固定较低的基础养老金；在医疗保险方面，往往设定起付线与封顶线，而且门诊大多数不给予报销，不利于中低收入群体减轻医疗负担；有研究表明，农村合作医疗在减轻农村家庭医疗负担的同时，也呈现出一定的受益不公平性。① 在社会救助与社会福利方面，基本上还没有形成科学的待遇享受机制，三是最低生活保障标准过低，低保政策虽然能改善部分低收入人群的生活状况，对缓解城乡贫困发挥了一定的作用，但对缩小收入差距的作用并不明显。② 总体上来看，一些社会保障

---

① 任苒、金凤：《新型农村合作医疗实施后卫生服务可及性和医疗负担的公平性研究》，《中国卫生经济》2007 年第 1 期；汪宏等：《中国农村合作医疗的受益公平性》，《中国卫生经济》2005 年第 2 期。

② 李实、杨穗：《中国城市低保政策对收入分配和贫困的影响作用》，《中国人口科学》2009 年第 5 期；曹艳春：《我国城市居民最低生活保障标准的影响因素与效应研究》，《当代经济科学》2007 年第 2 期。

项目追求过多的节余而没有充分发挥其保障作用。四是待遇调整机制不完善。目前社会保障的待遇调整措施大多数是临时性的、随意性的，并没有形成科学的调整机制，社会保障的待遇调整落后于经济社会发展，养老金、最低生活保障待遇的调整不及时和不规范，不利于低收入群体的待遇享受。

第四，公共福利服务水平不高。我国社会保障不仅制度设计不合理，而且管理与服务能力也存在欠缺。社会保障管理混乱，统筹层次低，不仅公平性较差，而且效率较低，导致了待遇发放不及时、保费征缴不力、社会保障信息不公开、社会保障的实施程序不规范等问题的出现，影响了社会保障的收入分配调节作用。同时，公共服务投入不足，人员少、素质差，也进一步制约了我国公共服务水平的提高。

六　充分发挥社会保障调节收入分配作用的建议

基于前述社会保障调节收入分配的现状，尤其是针对存在的问题，这里提出一些完善社会保障调节收入分配作用的相关建议。

（一）完善社会保障财政投入机制

基于目前社会保障财政投入总量不足、投入不均衡的现实，未来需要完善社会保障的财政投入机制，通过调整财政支出结构，加大对社会保障的财政投入，建议建立社会保障财政预算。同时，需要调整社会保障财政投入的结构，增强社会保障财政投入的绩效。通过调整财政投入的结构和方向，明确财政投入的重点项目、重点地区与重点人群，来实现调节收入分配的功能。财政投入应该向城乡中低收入群体倾斜，满足中低收入群体的社会保障需求，提高中低收入群体的收入水平；应该向农村倾斜，大力发展农村社会保障事业，将发展农村社会保障与新农村建设相结合，提高农村居民的收入水平；应该向中西部地区倾斜，主要是指中央财政应该通过转移支付渠道支持中西部地区的社会保障事业发展，提高中西部地区城乡居民的收入水平。加强社会保障财政投入，应该在中央和地方政府之间合理划分支出责任，要在明确中央和地方政府社会保障事权的基础上，明确各级政府在不同社会保障项目中的财政投入责任。从我国的实际情况来看，考虑到财政支出能力和社会保障的实际需要，应该进一步加大中央政府的社会保障财政支出力度，通过转移支付来平衡地方政府之间的财政支出水平，进而缩小地区之间的差距。

（二）完善社会保障的制度设计

完善社会保障的制度设计需要从以下几个方面着手。

一是加强社会保障制度的整合与衔接。针对目前社会保障制度的碎片化与非均衡发展问题，应该进一步加强社会保障制度的整合与衔接，增强社会保障制度的公平性。而在社会保险方面，尤其需要加以整合。在养老保险方面，应该加强机关事业单位养老保险制度改革，通过改革建立与城镇职工基本养老保险相协调的公职人员养老保险制度，城镇居民社会养老保险与农村居民养老保险可进行整合，可探索建立“基础统一、多元多层”的养老保险制度，筑牢养老保险制度的公平底座。在医疗保险方面，应该探索新型农村合作医疗与城镇居民基本医疗保险的整合，应该进行中央机关单位的公费医疗改革。在社会救助方面，需要对不同的救助类型（贫困救助、医疗救助、灾害救助、教育救助、住房救助等）进行适度整合，加强社会救助的法制建设。在社会福利方面，也需要进一步整合。

二是建立和完善城乡统筹的社会保障制度。社会保障的城乡统筹发展，一方面迫切需要加强农村社会保障制度建设，建立和完善农村的养老保障、医疗保障与基本生活保障制度，扩大农村社会保障的覆盖面，提高农村社会保障的水平。另一方面，迫切需要建立和完善城乡统筹的社会保障机制。对一些社会保障项目进行城乡整合，比如最低生活保障制度的城乡整合、居民养老保险制度的城乡整合、居民医疗保险制度的城乡整合。对于农村进城务工人员和城乡流动人员，需要建立相应的社会保障制度。此外，还应该完善城乡均等的公共服务。

三是完善社会保障制度的筹资机制，加强对低收入人口的支持。社会保障应该在遵循公平优先、权利与义务相结合的基础上，对中低收入人口和贫困人口给予特别关注，建立科学的责任共担机制。基于目前社会保障缴费率较高的现实，应该适当调整基本社会保障项目的缴费率，尤其是城镇职工基本养老保险制度，还有下降的空间；机关事业单位人员应该纳入社会保险的范围中来，履行适当的缴费义务；城乡居民的养老保险制度、医疗保险制度的缴费可适当逐步提高。在筹资模式上，应该加大社会统筹的成分，适当降低个人账户的比例，以增强社会保障制度的互助共济功能，有利于调节收入分配。① 在缴费基数方面，可以选择以个人收入为缴费基数，不设上限（比如社会平均工资的 300%）与下限（比如社会平均工资的 60%），有利于低收入群体减轻缴费负担；甚至可以探索“累进”的缴费方式，收入越高，征缴的比例越高。

四是建立向低收入人口和贫困人口倾斜的社会保障待遇补偿机制。在养老保险制度方面，总体上来说，应该完善现有的固定给付与缴费确定相结合的待遇确定模式，建立待遇享受与待遇适度关联的“累退”型待遇享受机制，即收入越高，缴费越高，获得的待遇比例（替代率）越低。可以探索建立适度的最低待遇担保机制。在医疗保险制度方面，应该增强其互助共济功能，缩小甚至取消个人账户；医疗保险费用的报销方面，应该降低或取消起付线，提高或取消封顶线，扩大药品和服务的报销范围；探索新的医疗保险支付方式，比如可以实施后付制、按人头付费；应该适当降低门诊和慢性病的报销门槛。在失业保险制度方面，应该提高补偿水平，同时缩短补偿时间，注重发挥失业保险基金的促进就业功能。在工伤保险方面，应该坚持预防、补偿、康复相结合的方针，根据伤残程度进行补偿，简化补偿程序，平等对待所有类型的职工。在最低生活保障方面，应该完善瞄准机制，建立动态调整机制。

五是建立科学的社会保障待遇调整机制。应该在遵循公平共享经济社会发展成果的原则下，设计科学的待遇调整机制，使之与经济社会发展相适应。总体来说，社会保障的待遇调整是刚性的，即是向上调整，而非向下调整。在坚持总体待遇水平提高的同时，需要建立差异化的待遇调整机制，重点提高低收入群体和贫困人口的社会保障水平，使之向社会平均水平看齐。综合国内外社会保障待遇调整的实践，应该根据社会平均工资的增长和物价指数相结合进行调整，这有利于提高低收入者的待遇水平。

（三）进一步扩大社会保障制度的覆盖面

未来在逐步解决制度覆盖范围内不合理的待遇差距问题的同时，要更加关注制度缺失带来的相当一部分人群无法享受社会保障的问题，建立覆盖城乡全体居

① 杨俊：《社会统筹养老保险制度收入再分配效应的分析》，《社会保障研究》2011 年第 1 期。

民的社会保障体系。[①] 虽然我国社会保障制度的发展在扩大覆盖面方面取得了较大的成绩，但是，距离真正的全民覆盖还有一些距离，扩大社会保障覆盖面已进入攻坚阶段。目前各项社会保障制度的框架已经基本建立，下一步需要在完善制度设计的同时，采取有力措施解决进一步扩大社会保障覆盖面的难题。扩大社会保障覆盖面，需要采取强制性与自愿性、激励性相结合的原则，加大财政支持力度，将一些长期在社会保障之外的人群纳入进来。应该在目前《社会保险法》的基础上，将所有城乡就业人员纳入社会保险的范围。在实践中应该通过采取政策支持措施将农民工、乡镇企业就业人员、灵活就业人员、大学生、儿童、城乡居民等群体纳入社会保障的覆盖范围中来。现在的农村社会养老保险、城镇居民养老保险应该尽快实现全覆盖。最低生活保障制度应该将全体贫困人口纳入进来，实现“应保尽保”。通过各种努力，构筑纵横交织的社会保障安全网。

（四）改进社会保障的管理与服务

未来我国需要进一步加强社会保障的管理与服务，增强社会保障在实践操作中的公平性与效率性。一是需要进一步理顺管理体制。在养老保险方面，还需要对机关事业单位人员、企业职工、城镇居民、农村居民的制度安排进一步统筹管理；在医疗保险方面，应该进一步整合机关事业单位、城镇职工、城镇居民、农村居民的医疗保险制度；在社会救助方面，应该对贫困救助、住房救助、医疗救助、教育救助、灾害救助等进行适度整合管理。在养老保障和医疗保障方面，是否按照老年保障（包括养老保险、老年福利等）、健康保障（医疗保险、医疗救助等）进行整合管理也值得思考。二是要尽快提高社会保障的统筹层次。具体来看，在养老保险方面，尤其是城镇职工基本养老保险制度，应该尽快实现全国统筹。[②] 城乡居民养老保险制度的统筹层次需要进一步提升，从目前的县级统筹上升到市级统筹或者省级统筹。城镇职工基本医疗保险制度应该上升到省级统筹，城乡居民医疗保险制度应该上升到市级统筹或省级统筹。城乡居民最低生活保障制度的统筹层次也需要适当提高。三是要加强社会保障经办机构的整合与能

---

① 信长星：《关于就业、收入分配和社会保障制度改革中公平与效率问题的思考》，《中国人口科学》2008 年第 1 期。

② 郑功成：《实现全国统筹是基本养老保险制度刻不容缓的既定目标》，《理论前沿》2008 年第 18 期。

力建设。未来迫切需要进一步整合各类社会保障经办机构，实现社会保险、社会救助、社会福利经办机构的整合，在基层（乡镇、街道）可以考虑将全部社会保障事务整合到一个机构经办。在整合社保经办机构的同时，需要加强经办机构的内涵建设，未来需要大量培养专业化的社会保险经办人员，从制度、人员、机构、设施等方面进行努力，构建公平、高效、快捷的社会保障服务体系，规范社会保障的经办程序，完善社会保障的瞄准机制，防范社会保障对收入分配的逆向转移。

G.2

中国社会保障制度的再分配效应及公平性评价*

王延中　侯慧丽**

摘　要： 由于特殊的经济社会背景，我国形成了城乡二元的社会保障制度，相互分割，不同群体之间社会保障制度差异较大，造成了各种保障制度之间严格的界限，不同职业身份的人享受到不同的再分配方式。与现实中的社会保障制度和待遇水平相比，目前我国城乡居民对于社会保障制度的满意度和公平性的评价并不完全一致。从对养老保险制度和医疗保险制度的满意度和公平感的分析来看，农业户籍的人没有比非农业户籍的人认为养老保险制度更不公平；同样在对医疗保险制度的认同认知中，农业户籍的人比非农业户籍的人更表现出满意。因此，需要在改革中全面考虑、统筹协调、平衡好不同群体成员内部与不同群体之间的利益关系，要尽量消除制度的碎片化和分割性，缩小群体间的逆向再分配效应。政府需要从客观的不平等和民众主观的不平等两个方面来努力减少社会保障不平等。

关键词： 劳动报酬　国际比较　特征　问题

作为一种防范风险、救助贫困、维护社会安定的制度，社会保障制度实质上是一种收入分配制度。通过再分配，社会保障制度产生了一定的再分配效应。我

* 本报告数据来源于2011年中国社会科学院重大国情调研项目支持的五个省区市（内蒙古、河南、福建、陕西和重庆）近2000份问卷调查资料。宋娟、张奎力、高和荣、高文书、刘琴分别组织完成了上述五地的问卷调查，并撰写了调研报告。侯慧丽、龙玉其等对问卷进行了分析处理。在此基础上，由王延中、侯慧丽等完成了问卷分析报告。

** 王延中，中国社会科学院劳动与社会保障研究中心；侯慧丽，中国社会科学院人口与劳动经济研究所。

国的社会保障制度在经历了从国家—企业保险向社会保险转变之后，基本建立了城镇居民基本养老保险、城镇职工基本医疗保险、失业保险、工伤保险等比较完善的城镇社会保险制度，同时近些年在农村也逐步建立了新型农村养老保险制度和新型农村合作医疗制度等社会保险制度，在低保、社会救助等方面也形成了一套救助救济保障制度。在目前我国收入差距较大的时期，这些社会保障制度到底发挥了怎样的再分配效应？人们对社会保障制度在调节收入分配中的作用与效应如何看待？基于上述问题，中国社会科学院重大国情调研课题组于2011年对内蒙古、河南、重庆、福建和陕西五省区市近2000户城乡居民进行了入户问卷调查。本报告是这次调查的初步结果，这里主要对社会保障再分配效应和城乡居民对社会保障制度满意度、公平感的主观感受与评价两部分进行分析。基于上述分析结果，本报告最后提出了加快社会保障制度建设与深化改革的思考与建议。

一　中国社会保障发展中的制度分割的形成

我国社会保障制度的建立有其历史背景。由于新中国成立初期，发展重工业和城市偏向的政策，我国的社会保障制度也形成了城乡二元的保障制度，城市居民保障要比农村居民的保障全面而且彻底。在计划体制下，城市劳动年龄人口基本上都被纳入就业单位，形成了企业保险、国家兜底的保障制度。市场体制转轨时期，国有企业被赋予自由的用人权力，劳动力的流动促使劳动力市场形成并发展，原来基于企业的保险制度不得不顺应潮流而改革。改革从企业职工开始，机关事业单位仍保留原来的退休金制度。企业职工逐步由单位保障制度转变成适应市场体制的社会保险，并且逐步放开了城乡户籍的限制，进入企业的劳动力都可参保。这样便形成了针对企业就业人员的城镇基本养老、医疗保险等保障制度。同时，在农村，也开始逐步建立各种保险制度，2003年新型农村合作医疗制度开始试点，到2008年已经全面覆盖农村地区。[①] 2009年，国家开始在农村试点新型农村养老保险制度，2020年之前基本实现对适龄农村居民的全覆盖。[②] 根据

① 中央政府门户网站，http：//www. gov. cn，2009年7月13日。

② 中央政府门户网站，http：//www. gov. cn，2009年9月4日。

2012年“两会”审议通过的《政府工作报告》，2012年完善社会保障体系的目标更加明确，即在年底前实现新型农村社会养老保险和城镇居民社会养老保险制度全覆盖，扩大各项社会保险覆盖面。除了各种社会保险险种，各地区和城乡也都实行了建立在各地社会平均工资值上的最低生活保障制度等救助救济制度。《政府工作报告》同时提出要进一步加强城乡低保和社会救助工作，加快发展社会福利事业和慈善事业。

从制度的形成看，我国社会保障制度是一个分割性、碎片化的制度。各种社会保险制度之间具有对不同身份、职业等的排斥性，如企业人员必须参加城镇企业职工基本社会保险制度，目前机关事业单位职工正在进行参加职工社会保险改革试点，仍然沿用传统的退休金制度等劳动保障制度，而从事农业的农村居民无法参加城镇的任何社会保险。进入城镇的农民工可以在自愿参加农村社会养老保险的同时，根据务工常住地的有关要求，参加当地的职工或个体从业人员的基本养老保险等社会保险制度。

二　中国社会保障制度的再分配效应

社会保障制度的分割造成了各种保障制度之间严格的界限，不同职业身份的人享受到不同的再分配方式。最有代表性的当属社会养老保险制度，其再分配方式颇为不平等。从以上对社会保障制度发展中形成的分割性来看，机关事业单位人员养老保险制度、城镇居民基本养老保险制度、新型农村养老保险制度是三种典型的养老保险制度，分别代表着不同的社会群体的参与。从调查的描述性统计来看，不同的职业身份决定了参加养老保险制度的种类（见表1）。

社会保障制度的分割性将享受社会保障的人群也分割开来，最明显的分割特征是职业身份，由职业身份决定能够参加到哪一类保险中，从表1中可以看出，城镇职工基本养老保险的构成主体是企业职工和机关事业单位人员，机关事业单位人员参加城镇职工基本养老保险是因为企业改制过程中，一部分事业单位企业化，因此也就参加了城镇职工基本养老保险。新型农村社会养老保险的参加主体是农民，机关事业单位养老保险的参加主体是机关事业单位人员。简单地可以通过这三类人群的收入与养老金待遇之间的关系来看养老金的再分配效应。从收入

表 1 从业人员参加养老保险制度的类型

保险类型＼人员	农民	企业职工	机关事业单位人员	公务员	个体户	私营企业主	自由职业者	其他	村组(社区)干部	合计
城镇职工基本养老保险	22 2.60%	344 41.10%	147 17.60%	22 2.60%	19 2.30%	8 1.00%	34 4.10%	176 21.10%	64 7.70%	836 100.00%
新型农村社会养老保险	258 62.30%	26 6.30%	9 2.20%	1 0.20%	38 9.20%	1 0.20%	24 5.80%	46 11.10%	11 2.70%	414 100.00%
城镇居民基本养老保险	19 6.30%	25 8.30%	12 4.00%	5 1.70%	48 15.90%	9 3.00%	38 12.60%	136 45.20%	9 3.00%	301 100.00%
机关事业单位养老保险	5 1.90%	22 8.30%	141 53.20%	63 23.80%	1 0.40%	1 0.40%	1 0.40%	25 9.40%	6 2.30%	265 100.00%
商业养老保险	3 8.80%	8 23.50%	4 11.80%		9 26.50%	2 5.90%	2 5.90%	6 17.60%		34 100.00%
其他养老保险制度	5 12.80%	1 2.60%	1 2.60%		2 5.10%	2 5.10%	3 7.70%	25 64.10%		39 100.00%
合计	312 16.50%	426 22.60%	314 16.60%	91 4.80%	117 6.20%	23 1.20%	102 5.40%	414 21.90%	90 4.80%	1889 100.00%

资料来源：中国社会科学院 2011 年度重大国情调研项目《社会保障与收入再分配》五省区市调查数据。

水平来看，这三类人群中，农民最低，机关事业单位人员最高（见图 1），而养老金也是农民最低，机关事业单位人员最高，月均收入高的群体，领取的养老金也多。

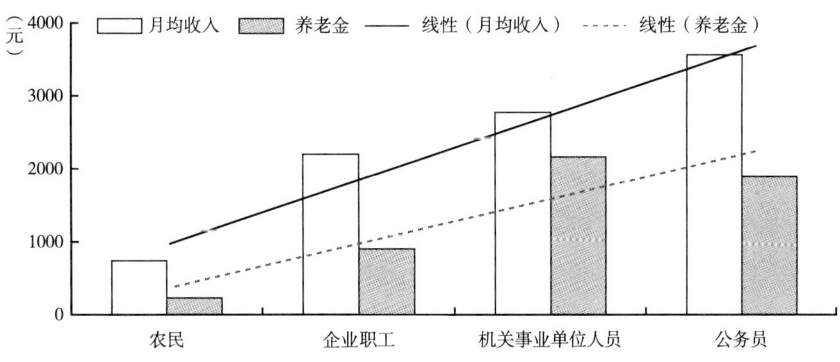

图 1 不同职业类型月均收入与养老金

资料来源：中国社会科学院 2011 年度重大国情调研项目《社会保障与收入再分配》五省区市调查数据。

然而养老金的给付存在国家财政的再分配。2010 年颁布的《社会保险法》中明确规定，基本养老保险和农村养老保险都有政府补贴的部分。但是补贴程度存在很大差别。机关事业单位人员个人不缴纳养老金费用，而给付完全由国家财政再分配，企业职工由于养老基金的缺口，国家财政补贴的力度逐年加大，2011 年，参保离退休人员达 6299 万人①，同年社保基金各级财政补贴 1954 亿元②，平均每人每月可获得财政补贴 258 元，而新农保政策中规定中央对农民基础养老金的补贴为每人每月 55 元，地方财政不低于每人每月 30 元③，如此悬殊的财政补贴明显表现出不同地位群体间的再分配差异。当然，由于目前国家没有实现基础养老金全国统筹，各地养老金水平并不统一。经济发达地区养老金数额绝对水平更高一些。北京市自 2007 年开始对符合条件的全市户籍城乡无保障老人人均发放 200 元养老金，其他沿海省份也有类似政策。

三　中国社会保障制度的满意度和公平感评价

以上对社会保障制度再分配效应做了一个客观状况的分析。对社会不平等所进行的研究显示，客观的基尼系数的高低并不能说明社会的公平程度，因为还存在人们对不平等状况的主观态度，人们认为不平等是不公平的时候才会产生社会不公平感，而当人们认为一定不平等是合理产生的时候，这种不平等不会使人们产生不公平感。那么不同社会经济地位的人对客观存在的分割性的社会保障制度的主观态度是什么呢，这也是研究社会保障制度再分配的一个主要方面。

满意度和公平感的研究是主观态度的研究，因此，调查中所用的因变量基本都是对态度的描述。对于最大多数人来说，他们对社会保障制度最直接的接触是社会养老保险制度和社会医疗保险制度，对这两种制度的态度也就代表了人们对社会保障制度的基本态度。我们首先介绍被调查对象关于社会保障制度的公平感的描述，进而通过人们对社会保障制度的满意程度，分析人们对社会保障制度的公平感。

① 《2011 年国民经济和社会发展统计公报》，http：//www. gov. cn/gzdt/2011 －02/28/content_ 1812697. htm。

② 《2010 年度中国老龄事业发展统计公报》，http：//www. cncaprc. gov. cn/info/15042. html。

③ 《国务院关于开展新型农村社会养老保险试点的指导意见》，http：//www. gov. cn/zwgk/2009 －09/04/content_ 1409216. htm。

（一）人们对社会养老保险制度的满意度和公平感

对于养老保险制度的满意度首先是对自己所得到的养老金数量的满意程度。调查过程中，在领取了养老金的人中，认为养老金完全能够满足生活需要的只占17%，而直接回答不能满足的占到39.1%。就养老金的数量来看，近40%的人都认为养老金过少，甚至不能满足生活需要。如果按参加不同类型的养老保险来看，参加新型农村社会养老保险的人认为不能满足生活需要的态度最强烈，占到78.9%，其次，是城镇居民基本养老保险的参加者认为不能满足生活需要的占到56%，参加机关事业单位养老保险的人中只有3.8%认为不能满足需要，但是却有53.8%的人认为完全能够满足需要。从不同养老保险制度的参加者自身对养老金的感受也可以明显地看出养老金待遇的差异（见表2）。

表2 您认为养老金能否满足您的生活需要?

单位：N，%

参保类型	态度			合计
	完全能够满足	勉强能够满足	不能满足	
城镇职工基本养老保险	39 16.30	128 53.60	72 30.10	239 100.00
新型农村社会养老保险	1 1.40	14 19.70	56 78.90	71 100.00
城镇居民基本养老保险	8 10.70	25 33.30	42 56.00	75 100.00
机关事业单位养老保险	28 53.80	22 42.30	2 3.80	52 100.00
合　计	78 17.00	202 43.90	180 39.10	460 100.00

资料来源：中国社会科学院2011年度重大国情调研项目《社会保障与收入再分配》五省区市调查数据。由于参加商业养老保险和其他养老保险的人数非常少，这里没有列出。表3、表4同。

如果把“不太公平”和“很不公平”归为不公平，把认为“很公平”、“比较公平”和“一般”的人都认为是公平，那么结果发现，几乎有36.4%的人认为与周围的人相比，自己领取的养老金不公平，这一数字与认为养老金不能满足生活需要的比例比较接近。然而，我们仍能看出即使除去“说不清楚”的人（占8.7%），仍然有54.9%的人认为自己领取的养老金是公平的。分类来看，参加机关事业单位养老保险的人80%都认为是公平的，但是我们却没有发现养老金待遇最低的新型农村社会养老保险的参加者中认为不公平的比例是最大的，而且有65.2%的参加者认为是公平的，高于城镇职工基本养老保险和城镇居民基本养老保险的参加者的态度，相比其他制度参加者，新型农村社会养老保险参加者更愿意用“说不清楚”来说明自己的态度（见表3）。

表3　与周围人相比，您觉得您领取的养老金是否公平？

单位：N，%

参保类型	态度			合计
	公平	不公平	说不清楚	
城镇职工基本养老保险	125 51.40	103 42.40	15 6.20	243 100.00
新型农村社会养老保险	45 65.20	14 20.20	13 18.80	72 100.00
城镇居民基本养老保险	33 42.90	37 48.10	7 9.10	77 100.00
机关事业单位养老保险	40 80.00	7 14	3 6.00	50 100.00
合　计	243 54.90	161 36.40	38 8.70	442 100.00

资料来源：中国社会科学院2011年度重大国情调研项目《社会保障与收入再分配》五省区市调查数据。

从对养老金收入所得和对养老金的公平感来看，人们对养老金制度的评价总体上是正面的。对目前养老保险制度的评价中，再次表现了这一结果。如果将“非常满意、比较满意和一般”归为“满意”，将“不太满意、很不满意”归为“不满意”的话，那么有23.6%的人对目前养老保险制度表示不满意，76.4%的人认为是满意的。也就是说对养老保险制度总体来看，人们还是比较认可的。分类来看，机关事业单位人员的满意人数占比最高，而参加新型农村社会养老保险的人的满意占比也达到82%，并不是最低的人群，相比来看，参加城镇职工基本养老保险的人群满意比例最低，不满意比例最高（见表4）。

表 4　您对目前养老保险制度的评价

单位：N，%

参保类型	态度		合计
	满意	不满意	
城镇职工基本养老保险	183 70.40	77 29.60	260 100.00
新型农村社会养老保险	59 82.00	13 18.10	72 100.00
城镇居民基本养老保险	66 82.50	14 17.50	80 100
机关事业单位养老保险	50 87.70	7 12.30	57 100.00
合　计	376 76.40	116 23.60	492 100.00

资料来源：中国社会科学院 2011 年度重大国情调研项目《社会保障与收入再分配》五省区市调查数据。

对养老保险制度的主观态度的评价中，由于大多是已经领取了退休金的人，所以对养老保险制度的评价更多的是代表了已经退休的人的态度，但是社会医疗保险制度由于是即时受益的，即参加就可以受益，所以对社会医疗保险制度的感受和评价相对来说更能代表不同年龄和社会经济地位的人的态度。

（二）人们对社会医疗保险制度的满意度和公平感

对于社会医疗保险制度的感受首先来自于人们对看病时看病报销比例的程度，对医疗消费的补助能力，也就是医疗负担的减轻作用。表 5 说明，仅从对医疗费用的报销比例来看，人们的态度大多集中在适中和低水平，有 48.6% 的人选择了适中，有 42.7% 的人选择了报销比例低，认为很高和很低的选择都比较少，也就是说大部分人对目前医疗费用的报销比例都认为不高，处于中等偏低的报销水平。并且认为保险水平低的看法不论在何种医疗保险制度中都存在，即使在公费医疗中，仍然有 40.3% 的人认为报销比例低。

表5 您认为医疗费用的报销比例

单位：N，%

参保类型	态度			合计
	高	适中	低	
公费医疗	19 11.90	76 47.80	64 40.30	159 100.00
城镇居民基本医疗保险	58 11.70	199 40.00	240 48.30	497 100.00
城镇职工基本医疗保险	86 15	240 41.00	259 44.30	585 100.00
新型农村合作医疗	66 5	828 55.80	591 39.80	1485 100.00
合　计	244 9	1371 48.60	1204 42.70	2819 100.00

资料来源：中国社会科学院2011年度重大国情调研项目《社会保障与收入再分配》五省区市调查数据。由于参加商业医疗保险和其他医疗保险的人数较少，这里省略。表6、表7同。

虽然人们普遍认为医疗费用报销比例不高，但是对医疗保险在减轻医疗负担方面的作用的认同程度却增加了，有23.30%的人认为很大程度上减轻了医疗负担，认为适中和比较小的人的比例及对医疗费用报销比例持负面态度的人的比例都有所减小。城镇职工基本医疗保险和城镇居民基本医疗保险的参保者中认为医疗保险在减轻医疗负担方面的作用小的占比最高，虽然公费医疗的占比最小，但是新型农村合作医疗的参保者的占比也与其相差不大（见表6）。

表6 您觉得医疗保险在减轻医疗负担方面的作用

单位：N，%

参保类型	态度			合计
	大	适中	小	
公费医疗	55 33.10	58 34.90	53 31.90	166 100.00
城镇居民基本医疗保险	121 24.20	169 33.80	210 42.00	500 100.00
城镇职工基本医疗保险	156 26.20	199 33.40	241 40.40	596 100.00
新型农村合作医疗	315 20.90	675 44.70	519 34.40	1509 100.00
合　计	668 23.30	1129 39.40	1069 37.30	2866 100.00

资料来源：中国社会科学院2011年度重大国情调研项目《社会保障与收入再分配》五省区市调查数据。

综合以上两个问题的态度，人们对目前自己所参加的医疗保险制度的评价总体上是满意的。在人们对目前医疗保险制度总体评价的问题中，持“满意”和“一般”态度的人各占44.8%和39.70%。这种状况在各种医疗保险制度中都基本一样。同样，公费医疗人员和新型农村合作医疗参保人员的不满意比例最低，而城镇居民和城镇职工的不满意比例则较高（见表7）。

表7　您对目前所参加的医疗保险制度的评价

单位：N，%

参保类型	态度			合计
	满意	一般	不满意	
公费医疗	83 49.70	67 40.10	17 10.20	167 100.00
城镇居民基本医疗保险	174 34.20	237 46.60	98 19.30	509 100.00
城镇职工基本医疗保险	183 30.40	294 48.90	124 20.60	601 100.00
新型农村合作医疗	824 54.80	505 33.60	175 11.60	1504 100.00
合　计	1289 44.80	1143 39.70	445 15.50	2877 100.00

资料来源：中国社会科学院2011年度重大国情调研项目《社会保障与收入再分配》五省区市调查数据。

虽然在调查中，由于养老和医疗保险制度的分割性，不同的调查者所参加的保险类型可能不一样，对不同制度的满意程度也只是针对自己所参加的保险制度而做出的评价，因而不是对某一项具体保险制度的态度，但是这也恰恰能说明人们对当前种类繁多的碎片化保险制度的总体认同。

（三）社会保障制度满意度和公平感的群体间差异

一般说来，最底层的人们并不认为自己受到的待遇是最不公平的，农民比城镇居民更容易接受不平等，在对社会养老保险制度和社会医疗保险制度的满意度和公平感的描述性分析中，也发现了同样的结果。对社会保障制度不满意程度最严重的是城镇职工，养老待遇和医疗保险待遇最低的农民反而更容易接受目前的这种养老保险制度和医疗保险制度。

在描述性分析的基础上，我们在控制一些个人特征相关变量的基础上对群体间是否存在这种差异进行 logistic 的回归分析。

从表 8 的分析结果来看，在控制了其他相关变量的情况下，农业户籍的人比非农业户籍的人在对养老保险制度的态度上具有公平感的可能性更大，收入水平与对养老保险制度的公平态度也显著相关，但是两者不是线性的关系。不同职业群体的人之间的公平感没有差异，性别之间、年龄之间以及地区之间都没有表现出这种差异。虽然受过初中教育和高中教育的人与只受过小学教育的人之间的态度的差异不显著，但是受过大学本科及以上教育的人比小学文化程度的人更能感受到不公平，这一点却比较明显。

表 8　对社会养老保险制度的公平感的 logistic 回归分析

	B	S. E.	Exp(B)
户口性质(非农业 =0)			
农业户口	2.085**	0.796	8.041
职业(农民 =0)			
企业职工	-1.212	0.679	0.298
事业单位员工	-0.985	0.766	0.373
公务员	6.184	26.002	484.938
个体户	-1.858	1.51	0.156
私营企业者	-1.466	1.151	0.231
其他	-1.083	0.665	0.339
性别			
男性	-0.196	0.271	0.822
年龄	-0.072	0.079	0.93
年龄平方/100	0.06	0.063	1.062
收入的自然对数	0.459*	0.224	1.582
地区			
河南	-5.792	15.545	0.003
厦门	-7.167	15.543	0.001
重庆	-7.11	15.542	0.001
受教育程度			
初中	0.558	0.372	1.747
高中	0.548	0.407	1.73
本科	1.463*	0.675	4.318
研究生及以上	0.578	0.574	1.782
常数项	6.389	15.816	594.99
-2 Log likelihood			365.779
Cox & Snell R Square			.202
N			325

说明：*** <.001　** <.01　* <.05。因变量为是否公平。

在对医疗保险制度的满意度上，也表现出大致相同的特点。表 9 显示在控制了相关变量的情况下，农业户籍的人比非农业户籍的人表现出对医疗保险制度的更高的满意度，虽然收入与满意度之间没有呈现出显著的相关关系，但是不同职业的人群之间却表现出显著的满意度的不同。公务员比农民有更高的满意度，而企业职工比农民更不满意于目前的医疗保险制度，在对医疗保险制度的满意度上没有表现出很强的与收入、性别、年龄和教育程度之间的相关关系。

表 9　对目前医疗保险制度的满意度的 logistic 回归分析

	B	S. E.	Exp(B)
户口性质			
农业户口	0. 355 *	0. 186	1. 426
职业			
企业职工	-0. 576 **	0. 211	0. 562
事业单位员工	0. 089	0. 268	1. 093
公务员	1. 011 **	0. 493	2. 749
个体户	0. 196	0. 266	0. 822
私营企业主	1. 141	1. 049	3. 13
自由职业者	-0. 364	0. 305	0. 695
学生	-0. 531	1. 113	0. 588
其他	-0. 126	0. 207	0. 882
性别			
男性	0. 086	0. 126	1. 09
年龄	-0. 009	0. 022	0. 991
年龄平方/100	-0. 002	0. 022	0. 998
收入的自然对数	0. 068	0. 085	1. 07
地区			
河南	0. 774 **	0. 281	2. 17
厦门	0. 196	0. 279	1. 216
重庆	0. 294	0. 279	1. 342
受教育程度			
初中	-0. 177	0. 196	0. 837
高中	-0. 157	0. 224	0. 854
本科	-0. 394	0. 27	0. 674
研究生及以上	-0. 106	0. 288	0. 9
常数项	1. 409	0. 862	4. 093
-2 Log likelihood			1808. 885
Cox & Snell R Square			. 036
N			2276

说明：*** <. 001　** <. 01　* <. 05。因变量为是否满意。

从对养老保险制度和医疗保险制度的满意度与公平感的分析中可以看出，对于社会保险制度的态度认同的差异主要存在于不同户籍的人群中，以及不同职业群体和收入水平的人群中。农业户籍的人没有比非农业户籍的人认为养老保险制度更不公平，同样在对医疗保险制度的认同认知方面，农业户籍的人比非农业户籍的人更表现出满意。公务员的满意程度最高。至于个人的一些基于性别、年龄等特征方面的态度差异均不显著。

四　中国社会保障制度的再分配效应与公平性的思考与建议

第一，目前我国学术界与社会各界十分关注社会保障制度调节收入分配的功能与作用。但是，对于社会保障制度的再分配效应到底是逆向再分配还是正向再分配的认识并不统一，而这也不是一个简单的概括就可以回答的。在目前我国的社会保障制度分割性、碎片化程度严重的情况下，需要对再分配做深入全面的分析才能深刻地多角度地认识再分配效应。从进一步缩小群体间收入差距的角度看，我国的社会保障政策要尽量消除制度的碎片化和分割性，缩小群体间的逆向再分配效应。通过社会保障制度来缩小收入差距的着眼点就应首先放在消除制度的分割上。即使不能建立统一的保险制度，也应该使制度之间的再分配待遇的差距缩小。

第二，与现实中的社会保障制度和待遇水平相比，目前我国城乡居民对于社会保障制度的满意度和公平感的评价并不完全一致。从总体上看，城乡居民虽然认为养老金待遇较低，养老金不能够满足生活需要，医疗保险的报销比例较低，但是人们却并没有对当前的养老保险制度和医疗保险制度心怀强烈不满和不公平感。与以往社会不平等研究中的结论一致的是，农民这个处于社会最底层的，在社会保障制度中获益最少的群体反而不是感到最不公平和最不满意的群体。这也验证了对目前的社会保障制度的公平感是由个人通过与个人自身相比及自己周围人相比产生的，而不是由客观的社会经济地位决定的。对当前社会保障制度的满意度和公平感的认知也存在城乡差异，这种城乡差异的结果与客观上的社会保障制度造成的城乡之间的差异结果正好相反。在社会保障制度的改革与发展过程中，农村近年来逐步建立了新农合与新农保的社会保障制度，但是其待遇距离城市保障的待遇还相差很远，客观上的事实是城乡之间的社会保障仍然存在巨大的不平等。然而，农民却并没有感到自己的待遇是最不公平的，相反，他们对社会保障制度的不满意程度要小于城镇居民和城镇职工。这与直接通过客观状况的不平等来判断是相反的。其中的原因值得进一步研究。

第三，城镇居民和城镇职工是对目前社会保障制度最不满意和认为最不公平的人群。城市的社会保障制度一直被认为是最完善的。但是在市场经济体制改革之后，社会保障制度也发生了很多变化，由原来的国家兜底的“从摇篮到坟墓”式的保障逐渐发展成为国家、企业、个人共担责任的“统账”结合的社会保险制度，保障的风险由个人承担了一部分。同时，医疗保障制度改革过程中，出现了医疗服务市场化的趋势，与改革前的医疗体制相比，利益化的医疗市场使得人们防范医疗风险的能力降低，尤其对于中低收入人群来说，产生了巨大的社会心理压力，因此对改革后的保障体制产生不满。城市中的机关事业单位人员的社会保障体制基本沿用改革前的国家完全再分配的原则，机关事业单位人员的满意度最高，而企业员工与城镇居民与其相比，其待遇与再分配利益都较少，所以会产生强烈的不公平感。同时，20 世纪 90 年代以来，不少企业员工丧失了改革前的国家兜底的养老和医疗保险，因此会产生强烈不满。在城市中，失业、收入差距加大，暴富阶层的出现等都使得城市人口更容易产生不满情绪。由此看来，农民和城市人口对社会保障制度的态度及评价是由个人自身比较和周围环境比较而形成的，需要在改革和发展过程中全面考虑、统筹协调，平衡好不同群体成员内部与不同群体之间的利益关系。

第四，政府在促进平等和公平方面如何扮演好角色是一个很重要的问题。政府在减少社会不平等中负有重要责任。虽然农民对社会保障制度没有像城市人口那样感到不公平，但这并不意味着对于农民可以不用给予太多的保障，而把社会保障的利益倾向于城市人口，这样必将引起收入差距加剧，社会越来越不平等。政府对于减少社会不平等的责任需要从客观的不平等和民众的不平等两个方面来努力。一方面，通过各种手段缩小收入差距，加大社会保障力度，尤其对于农民，实现其社会保障水平与城市的接近，缩小基尼系数，努力达到客观上的不平等程度的减小。国家和政府近些年来，在农村实行的新农合、新农保制度就是对空白的农村保障制度的弥补，是在努力缩小城乡社会保障制度不平等带来的差距。减少客观不平等，是减少人们不公平感的基础。另一方面，对于主观态度，主要把握的是社会保障制度改革的方式和目标，努力让人们在改革的过程中，与自己以前的状况相比，不会产生强烈的相对剥夺感，同时，与周围的人群相比，不会产生强烈的落差感。对于城市中不公平感较强的城镇职工和城镇居民，加大他们内部的再分配，缩小他们群体内的养老金待遇的差距，也是减少他们不公平感的途径之一。

G.3

中国劳动报酬份额的变动及其国际比较

张车伟　张士斌*

摘　要： 有关中国劳动报酬份额，不同来源的数据计算出的结果并不相同。在考虑到统计口径变化的影响并对劳动报酬数据进行调整后，中国劳动报酬占 GDP 份额的下降趋势大大减弱，并且保持了相对稳定的特征。在过去 100 多年中，成功工业化的国家劳动报酬占 GDP 份额要么长期保持高水平稳定，要么逐渐上升并最终在较高水平上趋于收敛。中国目前正处于快速工业化过程中，但国民收入分配格局却出现了失衡的局面，突出表现为劳动报酬占 GDP 份额长期处于低水平。中国劳动报酬之所以占 GDP 份额在低水平上保持稳定甚至出现下降趋势，既有长期因素的影响又有短期因素的影响，既有市场因素的作用又有非市场因素的作用。劳动报酬份额占 GDP 份额水平低意味着劳动者的收入水平相对较低，这是中国劳动力成本优势的源泉，也是造成中国消费需求不足的根本原因。提高劳动者报酬水平不仅是解决收入分配问题的关键，也是转变经济发展方式、提升经济增长质量的本质要求。

关键词： 劳动报酬　国际比较　特征　问题

目前，我国劳动报酬收入占 GDP 份额下降似乎已经成为社会的共识，并被认为是收入分配不合理的主要表现。然而，劳动报酬收入占 GDP 份额是否下降的问题和如何度量劳动报酬有很大关系，不同的度量方法会得出不同的结论。正因为如此，并非所有人都认同中国劳动报酬占 GDP 份额出现下降的结论。有研究指出，中国劳动报酬份额下降主要是统计误差造成的，其主要原因在于家庭经

* 张车伟，中国社会科学院人口与劳动经济研究所；张士斌，中国社会科学院人口与劳动经济研究所。

营纯收入中农林牧渔收入自20世纪90年代初以来在GDP中的比重直线下降了10个百分点，当在劳动收入中扣除农村家庭经营收入后，劳动收入份额不仅没有下降，反而会出现上升趋势，全社会公司化和工薪制就业的劳动者报酬在GDP中的比重呈现上升趋势。

中国劳动报酬份额变动的真实情况到底如何？已经完成工业化的国家在工业化过程中劳动报酬占GDP份额是如何变动的？中国和这些国家相比，劳动报酬占GDP份额的变动呈现什么样的特征？这些特征又是由哪些因素造成的？回答这些问题显然有助于我们理解中国初次收入分配格局中劳动报酬占GDP份额变动的性质，进而有助于制定改革收入分配的政策。

一　改革以来中国劳动报酬份额的变动

一个国家在一定时期内创造的财富首先在参与生产的要素之间进行分配，这就是国民收入的要素分配或者说是功能性分配。在这一分配过程中，劳动要素获得劳动报酬，资本要素获得利润，政府因为为生产活动提供了法律和秩序也参与这一分配过程，并以间接税的形式取得收入。劳动报酬占GDP份额常常被用来度量国民收入初次分配中不同要素分享经济发展成果的程度，劳动报酬份额高劳动者分享的成果就多，劳动报酬份额低则劳动者分享的成果就相对较少。

目前有关中国劳动报酬份额实际上并没有一个公认的数据，不同来源的数据给出的结果并不相同。归纳起来看，目前了解中国劳动报酬占GDP份额所依据的数据主要有这样三个来源：一是投入产出表数据，二是资金流量表数据，三是地区收入法国内生产总值数据。

投入产出表，反映的是国民经济各部门之间的投入和产出的关系，是一定时期国民经济系统实际运行情况的缩影。中国国家统计局相继成功编制了1987年、1990年、1992年、1995年、1997年、2000年、2002年、2005年和2007年的价值型投入产出表。投入产出表测算劳动报酬比重的优点是数据准确全面，但是投入产出表目前只有9个年份的数据可以获得，而且投入产出表还存在数据滞后性问题。图1是从投入产出表数据中计算得出的在不同年份里我国劳动报酬占GDP份额的变动状况。从该图可以看出，劳动报酬占比自1997年以来出现了大幅度的下降局面，从1997年的54.87%下降到2007年的41.36%，10年下降了13.51

个百分点。但如果从 1987～2007 年这一时间段来看，则下降幅度大大减少，仅从 47.23% 下降到 41.36%，仅仅下降不足 6 个百分点。

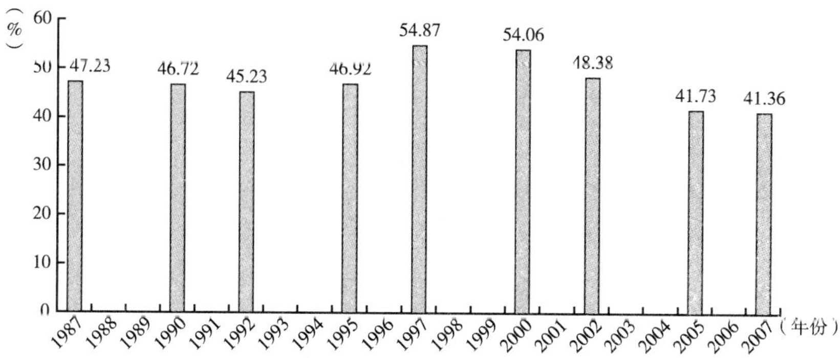

图 1　投入产出表中劳动报酬占 GDP 份额

资金流量表一方面记录了各机构部门以增加值为起点，经过初次分配，形成初次分配总收入，之后经过再分配形成可支配收入的过程；另一方面还反映了初次分配中各种要素收入，以及再分配阶段各种转移支付项目在部门间的分配情况，资金流量表可用来分析国民收入份额分配格局及其变化原因。2004 年经济普查后，国家统计局根据普查结果对资金流量表中的劳动报酬数据进行了修改，并对之前的数据进行了回溯调整，所以，目前能够得到两个序列的资金流量表数据，一个是经过回溯调整的数据，另一个是没有经过回溯调整的数据。

国家统计局自 1992 年开始编制资金流量表数据，最新的数据截止到 2008 年。图 2 是两个序列资金流量表数据中得到的劳动报酬占 GDP 份额的变动情况。从该图可以看出，没有经过回溯调整的序列在 2004 年有一个突然的大幅度下降，经过回溯调整的数据则变得比较平稳。根据图 2 的结果，经过回溯调整后中国劳动报酬占 GDP 份额在 1992 年为 54.79%，1995 年为 52.78%，到 2008 年下降到 47.79%。资金流量表数据存在的一个问题是非经济普查年份的劳动报酬数据常常根据劳动报酬增长率和居民可支配收入增长率相同来推算得到，这往往导致对劳动报酬的高估。

在地区收入法国内生产总值数据的核算中，GDP 被分为这样几个部分：劳动者报酬、生产税净额、固定资产折旧和营业盈余。所以，从地区收入法国内生产总值的核算中可以直接计算出劳动报酬占 GDP 份额，这一来源的数据也是目

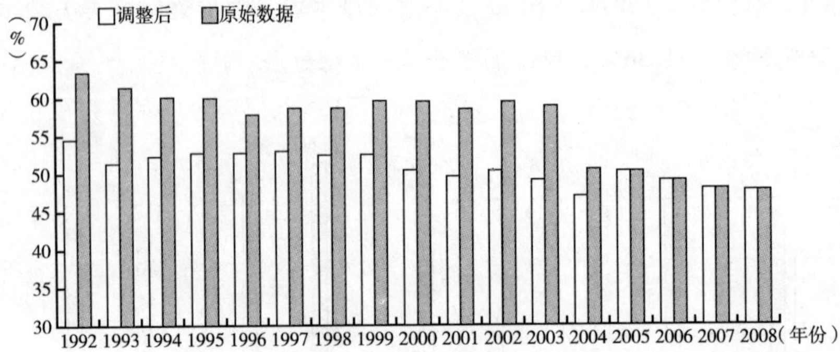

图 2　资金流量表中劳动报酬占 GDP 份额

前人们使用最多的数据源。利用省份收入法 GDP 加总计算劳动报酬比重，具有时间连续且跨度长等优点。但是需要注意的是，我国采取分级核算体制，地区 GDP 核算易受地方干预等，可能出现地方 GDP 加总高出全国核算数据的情况，从而可能影响省份加总法测度全国劳动报酬比重的准确度。图 3 是地区收入法 GDP 核算的劳动报酬占 GDP 份额变动情况。

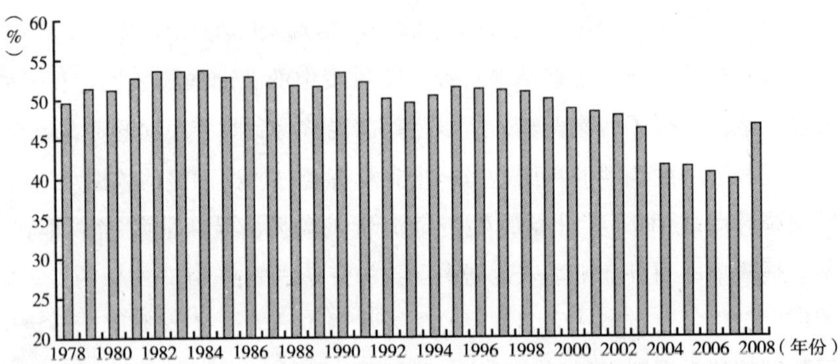

图 3　地区收入法 GDP 核算的劳动报酬占 GDP 份额

根据地区收入法 GDP 核算数据，1978 ~ 1984 年中国劳动报酬占 GDP 份额从 49. 64% 上升到 53. 68% 的顶点；1985 ~ 1998 年全国劳动报酬占 GDP 份额基本保持在 50% 以上，处于相对稳定时期；1999 年之后则趋于下降，特别是 2004 年之后开始加速下降，到 2007 年全国劳动报酬占 GDP 份额降至 39. 74% 的历史最低水平。需要指出的是，最新的 2008 年的数据又回到了 46. 62% 的水平，2010 年为 45. 01% ，回到了与 2004 年前大致相当的水平。

图4比较了三种来源的劳动报酬占GDP份额的变动。从中可以看出，1997~2000年间，投入产出表数据值最高，2000年后，资金流量表数据最高，地区收入法数据相对来说在三组数据中最低，下降的趋势也表现得最稳定。2002年后劳动报酬占比的陡然下降主要表现在地区收入法和投入产出表数据中，资金流量表数据的变化趋势则表现得相对稳定。这是否意味着地区收入法数据和投入产出表数据前后存在着统计口径变化的影响，而资金流量表数据自身的统计口径则比较一致？

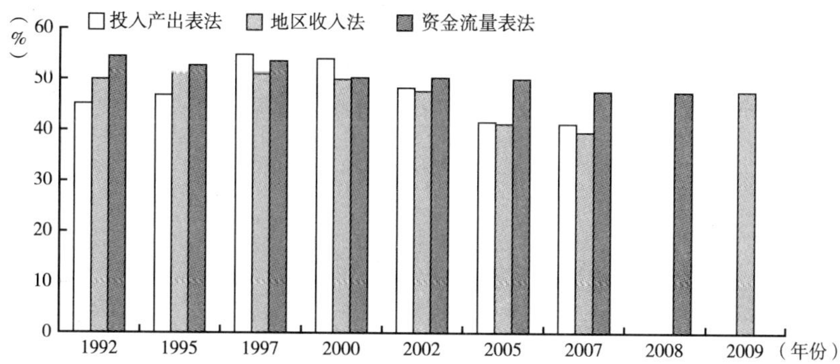

图4 劳动报酬占GDP份额三种来源数据比较

综合上述三种来源的劳动报酬占GDP份额数据可以看到，这些数据之间存在着不一致的情况，同时，不同来源数据还存在着统计口径变化的问题，因此，中国劳动收入份额是否下降的争论在一定程度上和缺乏数据来源一致的统计数据有关。

从定义来看，虽然劳动报酬是一个并不会引起多大歧义的概念，但如何度量劳动报酬则存在着很大困难，很多问题也正是因为对劳动报酬度量方法不同而引起的。按照国家统计局的定义，劳动者报酬是指劳动者因生产活动所获得的全部报酬，包括劳动者获得的各种形式的工资、奖金和津贴，既有货币形式的，也有实物形式的，还包括劳动者所享受的公费医疗和医药卫生费、上下班交通补贴、单位支付的社会保险费、住房公积金等。由此可见，只要是劳动者获得的收入都应归为劳动报酬。然而，在如何计算劳动报酬时却常常遇到问题，因为领取工资者的劳动报酬比较容易计算，而通过个体经营活动取得收入者的劳动报酬则不容易计算。因此，在宏观层面上衡量劳动报酬时也就有了统计口径的问题。一种口径是仅核算雇员或者说领取工资的劳动者的劳动报酬，而那些从事个体经营活动者的劳动报酬不被包括在内，这种方法虽然简单易行，但并没有包括所有劳动者的收入，属于窄口径的劳动报酬统计；另一种口径则既包括雇员的劳动报酬也包括自雇者（从事个体经营活动者）的劳动报酬，属于宽口径的劳动报酬统计，但这种方法因为在如何衡量自雇者收入中劳动应得份额时缺乏一个普遍遵守的标准，核算的结果往往因核算方法不同而不同。需要指出的是，上面提到的我国劳动报酬数据，无论是地区收入法 GDP 核算的劳动报酬还是资金流量表核算的劳动报酬，都使用了宽口径的概念。这里的劳动报酬不仅包括工资领取者（雇员）的劳动报酬，也包括从事个体经营活动者的劳动收入。

需要指出的是，国家统计局在进行劳动报酬的核算时存在着统计口径的调整。这样，要了解劳动报酬变化的真实情况就必须考虑统计口径的可比性。为此，一些学者选择对劳动者报酬数据进行调整，目前看到的调整主要有三种方式。

第一种是白恩重等人（2009）的调整。他们的调整主要体现在统一 2004 年前后劳动者报酬的统计核算方法。他们发现地区收入法 GDP 核算在 2004 年出现了两个变化：城镇个体经济业主收入从劳动收入变为营业盈余，2004 年之前则全部视为劳动者报酬；2004 年之后对农业不再计营业盈余。对个体经济统计核算方法的变化会导致非农业部门劳动报酬占 GDP 份额在 2004 年陡降，而对国有和集体农场统计核算方法的改变则将导致农业部门劳动报酬占 GDP 份额在 2004 年陡增。具体来说，个体经济业主收入的统计核算方法变化使得 2004 年全国劳动报酬占 GDP 份额的报告值减少了 7.1 个百分点，调整农业营业盈余使得全国劳动报酬占 GDP 份额比 2004 年报告值增加 0.8 个百分点，在两种统计核算方法变化的共同作用下，全国劳动报酬占 GDP 份额共降低 6.1 个百分点。也就是说，与 2003 年相比，2004 年中国劳动报酬占 GDP 份额的变动（下降）主要是统计口径变动引起的。

第二种调整方法来自华生（2010），他认为中国农户的农林牧渔收入属于混合收入，因而需要将其从劳动者报酬中剔除。他采用的方法是将这种混合收入全部当作资本或土地收入从劳动报酬中予以全部扣除。在扣除全部农户农林牧渔收入之后，中国纯粹的劳动者报酬及其占 GDP 的比重大为降低，其变动规律也发生了根本性变化：中国劳动者报酬在初次分配中占 GDP 的比重并未下降，反而一直在稳定攀升（见表 1）。

表 1　调整后的劳动报酬情况

单位：亿元，%

年份	家庭经济性纯收入中农林牧渔收入总和	劳动者报酬	调整后劳动者报酬	GDP	家庭经济性纯收入中农林牧渔收入总和/GDP	劳动者报酬/GDP	调整后劳动者报酬/GDP
1992	3895.112	14696.7	10801.59	26923.48	14.47	54.59	40.12
1993	4648.346	18173.4	13525.05	35333.92	13.16	51.43	38.28
1994	6099.63	25206	19106.37	48197.86	12.66	52.30	39.64
1995	7873.519	32087.4	24213.88	60793.73	12.95	52.78	39.83
1996	9351.182	37085.80	27734.62	71176.59	13.14	52.10	38.97
1997	9832.547	41870.4	32037.85	78973.03	12.45	53.02	40.57
1998	9447.927	44337.2	34889.27	84402.28	11.19	52.53	41.34
1999	9343.718	47177.9	37834.18	89677.05	10.42	52.61	42.19
2000	8816.649	50075.9	41259.25	99214.55	8.89	50.47	41.59
2001	8963.17	54444.8	45481.63	109655.2	8.17	49.65	41.48
2002	8880.275	60732	51851.72	120332.7	7.38	50.47	43.09
2003	9188.229	66925	57736.77	135822.8	6.76	49.27	42.51
2004	10583.94	75366.2	64782.26	159878.3	6.62	47.14	40.52
2005	10954.99	92948.8	81993.81	183217.4	5.98	50.73	44.75
2006	11218.39	105555.3	94336.91	211923.5	5.29	49.81	44.51
2007	12695.75	125359.1	112663.4	257305.6	4.93	48.72	43.79

资料来源：华生：《劳动者报酬占 GDP 比重低被严重误读——中国收入分配问题研究报告之二》，2010 年 10 月 14 日《中国证券报》。

劳动者报酬是劳动要素投入的回报，而城乡居民个体经营收入属于典型的混合收入，其中有一部分属于资本和土地收益，在计算劳动报酬占 GDP 份额时将属于资本和土地的收益剔除是一种规范的做法。然而，华生对劳动报酬的调整却存在问题，因为既然农户农林牧渔收入属于混合收入，那就不应该将其全部扣除，而应该仅扣除其中资本和土地要素的收入，属于劳动要素的贡献仍然应该被归为劳动收入并参加到劳动报酬占 GDP 份额的计算中，把这部分混合收入全部剔除的做法显然是不恰当的。

第三种调整方法来自本文作者。我们分析了劳动者报酬的内涵，比较了国际上调整劳动者报酬的各种方法，按照国际上比较通行的办法把城乡个体经营性收入的 2/3 划归劳动报酬，1/3 划归资本或土地收益。在此基础上，通过剔除城乡个体户经营性收入中的资本性收入得到了自雇者（城乡个体经营户）的劳动报酬，进而计算得到 1978～2007 年全国劳动报酬占 GDP 份额（见表 2）。

表 2　调整后的 1978～2007 年劳动报酬占 GDP 份额

单位：亿元，%

年份	调整前劳动报酬①	需剔除的资本性收入		调整后劳动报酬=①-②-③	GDP	调整后劳动报酬占 GDP 份额
		农户②	城镇③			
1978	1708	327	—	1382	3442	40.1
1979	2017	381	—	1636	3920	41.7
1980	2238	448	—	1790	4372	40.9
1981	2512	528	—	1984	4766	41.6
1982	2840	658	—	2181	5300	41.2
1983	3186	745	—	2441	5951	41.0
1984	3807	771	—	3036	7092	42.8
1985	4537	797	9	3732	8602	43.4
1986	5092	847	9	4236	9640	43.9
1987	5950	940	10	5000	11438	43.7
1988	7466	1107	16	6344	14445	43.9
1989	8437	1205	20	7213	16366	44.1
1990	9846	1454	23	8369	18470	45.3
1991	11078	1477	26	9575	21255	45.0
1992	13030	1591	31	11409	26038	43.8
1993	16935	1930	45	14959	34219	43.7
1994	22829	2519	70	20240	45345	44.6
1995	29597	3225	85	26286	57535	45.7
1996	34704	3864	144	30695	67764	45.3
1997	38954	4132	221	34601	76339	45.3
1998	41960	4063	259	37638	82558	45.6
1999	44082	3961	324	39798	88216	45.1
2000	47978	3846	377	43755	98504	44.4
2001	52351	3871	439	48041	108546	44.3
2002	57577	3877	556	53144	120571	44.1
2003	64272	3948	705	59618	139250	42.8
年份	调整前劳动报酬④	农户资本收入⑤	城镇个体劳动报酬⑥	调整后劳动报酬=④-⑤+⑥	GDP	调整后劳动报酬占 GDP 份额
2004	69640	4405	1787	66972	167587	40.0
2005	81885	4583	2547	79792	197789	40.3
2006	93831	4746	3114	92136	231053	39.9
2007	101283	5320	3724	99614	254864	39.2

说明：需要剔除的资本性收入按照城乡个体户经营收入的 1/3 来计算。2004 年之后，城镇个体经营收入的统计口径发生了变化，从全部计入劳动者报酬变为全部计入营业盈余。因而，在计算劳动者报酬时，就不需要再从国民总劳动报酬中扣除城镇个体经营的资本性收入，反而应该将城镇个体经营收入中的劳动者报酬加入到国民的劳动者报酬中，计算方法同上。

资料来源：根据《中国国内生产总值核算历史资料（1952～1995）》、《中国国内生产总值核算历史资料（1996～2002）》、《中国国内生产总值核算历史资料（2003～2004）》、2006～2008 年《中国统计年鉴》计算得到。

调整后的数据表明，1978～2007年中国劳动报酬占GDP份额具有相对稳定性，其最高值为1995年的45.7%，最低值为2007年的39.2%，而1978年与2007年的劳动报酬占GDP份额相差仅为0.9个百分点。分阶段来看，1978～1990年中国劳动报酬占GDP份额逐步上升，从40.1%上升到45.3%，平均上升了13%；1990～2002年间劳动报酬占GDP份额则趋于稳定，维持在43.7%～45.7%之间；从2002年开始中国劳动报酬占GDP份额下降比较明显，从2002年的44.1%下降到2007年的39.2%，平均下降了11%。由于在轻微上升之后又轻微下降，1978～2007年间中国劳动报酬占GDP份额保持着相对稳定的情况（见图5）。

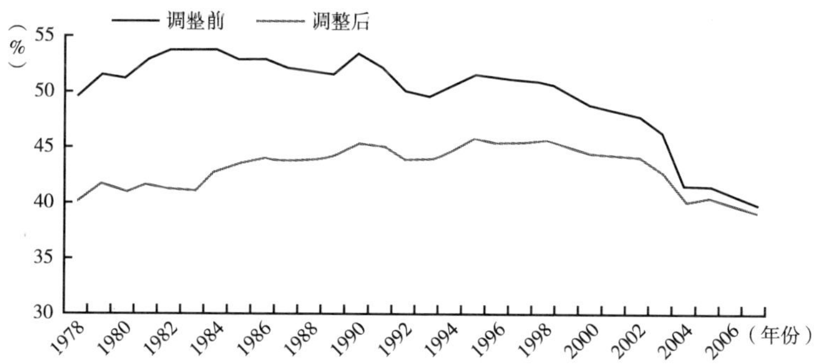

图5　调整前后劳动报酬占GDP份额对比

综上所述，考虑到统计口径变化的影响并对劳动报酬数据进行调整后，中国劳动报酬占GDP份额的下降趋势大大减弱，同时，从一个相对长的时间来看，劳动报酬占GDP份额保持了相对稳定的特征。那么，中国的劳动报酬占GDP份额与其他国家工业化进程中这一份额的变动相比有什么不同呢？

二　劳动报酬份额的中外比较

在进行劳动报酬占GDP份额的国际比较时同样受到劳动报酬统计口径变化的困扰。如果不对劳动报酬口径加以区分，把一种口径的数据同另一种口径的数据相比较，就会得出不正确甚至南辕北辙的结论。

华生使用的中国劳动报酬数据来自资金流量表，是宽口径的劳动报酬数据，他试图通过调整使之变为窄口径数据以便进行国际对比（华生，2010）。但在调整中他仅扣除了农村家庭经营收入，而仍有大量城乡个体从业者的劳动报酬收入没有被扣除，因而这样的调整是不彻底的，也无法做到和窄口径劳动报酬数据相一致。他用来和中国作对比的其他国家的劳动报酬数据取自联合国的数据（National Accounts Statistics，United Nations，Department of Economic and Social Affairs），是仅包括雇员劳动报酬的窄口径数据。由于对比了统计口径不一致的劳动报酬数据，他因此得出这样的结论："不用说和其他发展中国家，即使与中等发达国家相比，我国劳动者报酬占 GDP 的比例还是排在前列的。金砖四国中除印度外，巴西和俄罗斯的人均 GDP 都远超中国，但我国劳动者报酬占 GDP 44% 的比重则一点也不落后。"这样的结论因为使用了不同口径数据作对比，显然是不恰当的。

一般来说，有关国外劳动者报酬及劳动报酬占 GDP 份额的数据存在多种来源，《国际统计年鉴》和《联合国国民收入核算账户》等统计资料上都列示了劳动者报酬及 GDP 的相关数据。利用上述数据计算劳动报酬占 GDP 份额并不复杂，但这些数据有一个共同特点，其核算的劳动者报酬都是雇员劳动报酬（Employee Compensation），其中并未包括自雇者的劳动报酬，由此计算得到的劳动报酬占 GDP 份额也仅仅是雇员的劳动报酬占 GDP 份额，而非整个经济体的劳动报酬占 GDP 份额。[①] 一般来说，经济越发达，自雇部门在经济中的比重就越小，雇员劳动报酬占 GDP 的比重就会越高，而经济越不发达，自雇部门在经济中的比重就越高，雇员劳动报酬占 GDP 的比重就越低。在有些最不发达国家雇员劳动报酬占 GDP 的比重甚至只有百分之几或者百分之十几。

表 3 是按照《国际统计年鉴》相关数据计算得出的雇员劳动报酬占 GDP 份额数据，[②] 从中可以看出 1970～2005 年间发达国家劳动报酬占 GDP 份额明显高于发展中国家。其中，美国劳动报酬占 GDP 份额最高，平均达到 59.8%，英国次之，平均约为 56.8%，新兴国家韩国 1970～2005 年间的平均劳动报酬占 GDP 份额明显低于美国和英国，平均为 41.9% 左右，墨西哥劳动报酬占 GDP 份额则

① 戈林对各国自雇者的劳动者报酬进行了调整，发展中国家劳动报酬占 GDP 份额明显提升，由此世界各国的劳动报酬占 GDP 份额集中于 60%～85% 之间。参见：Gollin，Douglas（2002），"Getting Income Shares Right"，*Journal of Political Economy* 110（2）：468－472。

② 另一种数据来自《联合国国民收入核算账户》统计年鉴，本文也用此数据计算了 1970～2005 年间各国的劳动报酬占 GDP 份额，发现该结果与利用《国际统计年鉴》数据计算的劳动报酬占 GDP 份额有一定差异，但是差异并不明显。

远低于英美等发达国家，平均为31.7%，仅为美国的一半左右。本文依据地区收入法GDP核算数据，通过从中扣除城乡个体劳动者劳动报酬收入而得到了中国雇员劳动报酬数据。1980～2005年中国雇员劳动报酬占GDP份额平均仅为38.9%，大大低于英美等已经完成工业化的国家，而和墨西哥这样的中等收入国家相类似。

表3　根据《国际统计年鉴》相关数据计算的各国雇员劳动报酬占GDP份额

单位：%

国家＼年份	1970	1980	1985	1990	1995	2000	2005
英　国	59.3	59.7	55.4	57.5	54.4	55.5	55.7
德　国	53.2	58.5	56.0	54.3	54.7	53.4	50.4
日　本	43.5	54.3	54.3	53.6	56.7	53.9	51.7
加拿大	55.3	55.7	54.3	56.0	54.9	50.6	50.6
美　国	61.3	61.0	59.6	60.4	60.1	59.3	56.9
韩　国	33.8	39.6	39.5	45.5	46.8	42.8	45.0
西班牙	45.2	51.3	45.8	47.8	46.4	49.5	47.0
墨西哥	35.6	36.0	28.7	29.5	31.1	31.3	29.6
中　国		35.8	37.3	40.6	42.3	41.7	35.8*

说明：*为2004年数据。

资料来源：根据相关年份的《国际统计年鉴》中劳动者报酬和GDP数据计算而来。

事实上，戈林（Gollin，2001）认为发展中国家农业就业比例普遍较高（多数属于家庭劳动者），且工商业部门也存在大量自雇者，仅核算雇员劳动报酬的计算方法严重低估了发展中国家的劳动报酬占GDP份额，这是导致发展中国家劳动报酬占GDP份额明显低于发达国家的重要原因，他因此认为应该在考虑自雇者劳动报酬的基础上来比较发达国家和发展中国家劳动报酬占GDP份额的差异。他的研究表明，当统一考虑了发达国家和发展中国家自雇者劳动报酬和雇员劳动报酬收入后，劳动报酬占GDP份额在发达国家和发展中国家间的巨大差异就消失了。

鉴于联合国的数据大多都使用雇员劳动报酬的口径，所以使用包括自雇者的劳动报酬占GDP份额的宽口径数据进行国际比较就变得很困难。我们这里收集了国外有关劳动报酬研究的一些文献，整理出了1970～2000年间部分国家包括自雇者的劳动报酬占GDP份额的宽口径数据，结果见表4。从表4可以看出，与仅核算雇员的劳动报酬占GDP份额相比，包括自雇者的劳动报酬占GDP份额明显提高。1970～2000年间，日本、美国和英国劳动报酬占GDP份额都基本达到70%，比仅包括雇员劳动报酬占GDP份额高出10多个百分点。中国包括了自雇者的劳动报酬占GDP份额也有所提高，平均达到42.8%，比仅包括雇员劳动报酬占GDP份额高出近4个百分点。同时，从包括自雇劳动者的全口径劳动报酬数据来看，中国劳动报酬占GDP份额仍然大大低于发达国家；与仅包括雇员劳动报酬口径的数据相比，中国低于发达国家的程度并没有降低，中国比这些国家至少低20个百分点。

表4　1970～2000年各国包括自雇者的劳动报酬占GDP份额

国家＼年份	1970	1975	1980	1985	1990	1995	2000
日　本	—	70.4	69.1	68.3	68.0	71.8	70.2
德　国	64.1	67.5	68.7	68.7	62.1	62.1	61.7
美　国	72.1	72.0	72.3	72.3	71.4	71.2	71.4
英　国	71.5	73.8	70.8	67.9	71.8	68.3	73.1
中　国	—	40.1*	40.8	41.4	44.3	45.7	44.4

说明：*为1978年数据。

资料来源：Nicoletta Batini，Brian Jackson and Stephen Nickell. Inflation Dynamics and the Labor Share in the UK. MPC discussion paper No. 2 pp. 4－44。中国的数据同表3。

除了数据的可比性问题之外，在比较分析不同国家劳动报酬占GDP份额的数据时还必须重视发展阶段性问题。改革开放以来，中国经济从工业化初级阶段逐渐向工业化中级阶段转变，当前仍然处于快速工业化、城镇化过程中，要了解中国目前劳动报酬占GDP变动的特征，还应该把中国和那些已经工业化的国家在处于和我国类似发展阶段时的数据进行对比。

三　当前中国劳动报酬份额变动的“非典型”特征

有研究指出，劳动报酬占GDP份额的变动和经济发展阶段有关，二者会呈现出“U”形的变动规律，即在工业化之前或工业化初期，劳动报酬占GDP份额相对较高，随着经济水平的发展，劳动报酬占GDP份额将会下降；但在劳动报酬占GDP份额降至最低点后会出现一个拐点，自此之后劳动报酬占GDP份额将趋于上升（李稻葵等，2009）。然而，从国际经验来看，这样的看法并没有得到发达国家时间序列数据的支持。

从已有研究文献来看，早期工业化国家经济发展（工业化）过程中劳动报酬占 GDP 份额普遍表现出相对稳定的“卡尔多”特征，并未呈现出“U”形规律。凯恩斯（Keynes，John M.，1939）发现英国 1911～1935 年工人工资占国民收入的比重在 40.7%～43.7%之间小幅波动，美国 1919～1934 年的工资比重则在 34.9%～39.3%之间，且两国工资比重的差距也相当稳定。布朗和哈特（Phelps Brown，P. E. Hart，1952）也发现 1870～1950 年间英国工资比重稳定在 36.6%～42.7%之间，而工资加薪水占国民收入的比重在 1856～1913 年间也稳定在 53.8%～56.7%之间。卡尔多（Kaldor，N.，1961）则直接指出，尽管技术进步、人均资本积累和实际收入等都发生了巨大变化，但发达资本主义经济在过去 100 年的劳动报酬占 GDP 份额却令人吃惊地稳定，成为经济发展过程的特征事实。

而稍后实现工业化的国家在快速工业化的过程中劳动报酬占 GDP 的变动往往呈现出快速上升的趋势，也没有表现出先下降后上升的“U”形规律。总的来看，在劳动报酬占 GDP 份额统计口径可比的情况下，世界各国在工业化过程中劳动报酬占 GDP 份额的变动并没有表现出统一的模式，而是呈现出不同的类型和特征。一种类型是劳动报酬占 GDP 份额长期在较高水平上保持稳定，另一种类型是在工业化过程中劳动报酬占 GDP 份额快速上升。同时，目前仍未完成工业化的拉美国家和正在工业化进程中的国家，如中国、印度等国劳动报酬占 GDP 份额表现出长期低水平的相对稳定性，展现出一种和已经完成工业化国家不同的“非典型”特征。

（一）工业化过程中劳动报酬占 GDP 份额的高水平稳定

一些国家在工业化初期甚至工业化之前劳动报酬占 GDP 份额就相对较高，而在工业化过程中，尽管人均收入、人均资本和人口城乡分布等都发生了巨大变化，但其劳动报酬占 GDP 份额仍然保持在较高水平，且一直相对稳定，英国和美国是劳动报酬占 GDP 份额高水平稳定的代表。

英国于 19 世纪 80 年代就完成了工业化，是最早成功完成工业化的国家。由于缺乏更早期的数据，我们仅能得到英国 1850 年之后的劳动报酬占 GDP 份额数据，从这一数据可以看出，英国劳动报酬占 GDP 份额具有相对稳定的特征（见表 5）。1856～1913 年英国总劳动报酬占 GDP 份额相当稳定，仅在 53.8%～58.7%之间轻微波动，波动幅度不超过 10%。而且，英国总劳动报酬占 GDP 份额的波动幅度明显小于各行业劳动报酬占 GDP 份额的波动幅度，说明行业间劳动报酬占 GDP 份额的波动具有相互抵消的性质。

表 5　英国 1856～1913 年的劳动报酬占 GDP 份额

单位：%

项目 \ 年份	1856	1873	1890	1900	1913
工资占国民收入比重	43.5	41.4	41.5	40.7	36.6
薪金占国民收入比重	6.9	6.3	9.8	10.2	11.9
雇主劳动收入占国民收入比重	0	0	1.0	1.0	1.0
自雇者劳动收入占国民收入比重	7.4	6.1	6.4	6.5	6.5
劳动报酬占 GDP 份额合计	57.8	53.8	58.7	58.4	56.0

资料来源：R. C. O. Matthews，C. H. Feinstein，and J. C. Odling-Smee（1982），*British Economic Growth*，1856－1973，Clarendon Press，pp. 164－165。

美国工业化过程中劳动报酬占 GDP 份额更清晰地表现出高水平的相对稳定性特征（见表 6）。1850～1920 年是美国的高速城镇化阶段，其城镇化率从 1850 年的 15.3%猛增到 1920 年的 51.2%，上升了 2 倍多；人均 GDP 从 1850 年的 1885 元（国际元）迅速增长到 1920 年的 5536 元，增长了 1.9 倍；资本积累也快速增长，投资率从 1850 年的 13%上升到 1900 年的 30%，增长了 1.3 倍。但令人吃惊的是，美国劳动报酬占 GDP 份额一直相当稳定，仅在 73.9%～78.7%之间轻微波动，既不存在上升趋势，又不存在下降趋势，是典型的长期高水平稳定型。

表 6　美国 1850～1920 年劳动报酬占 GDP 份额、城镇化率、人均 GDP 与投资率

单位：%，元

年份	城镇化率	人均 GDP	劳动报酬占 GDP 份额	投资率
1850	15.3	1885	78.1	13
1860	19.8	2147	78.7	15
1870	25.7	2445	76.5	24
1880	28.2	2941	75.5	25
1890	35.1	3542	77.7	28
1900	39.7	4225	76.0	30
1910	45.7	5104	73.9	—
1920	51.2	5536	76.7	—

资料来源：城镇化率来自彼得·马赛厄斯等编《剑桥欧洲经济史》（第 6 卷），王春法等译，经济科学出版社，2002，第 658 页；投资率来自彼得·马赛厄斯等编《剑桥欧洲经济史》（第 7 卷上），王春法等译，经济科学出版社，2002，第 30 页；劳动报酬占 GDP 份额来自 Joseph D. Phillips，“Labor's Share and Wage Parity”，*The Review of Economics and Statistics*，pp. 164 － 174，and Irving B. Kravis，“Relative Income Shares in Fact and Theory”，*The American Economic Review*，pp. 917－949；人均 GDP 来自安格斯·麦迪森《世界经济千年史》，伍晓鹰等译，北京大学出版社，2003，第 178～181 页。

（二）工业化过程中劳动报酬占 GDP 份额的上升

晚于欧美国家实现工业化的国家和地区，劳动报酬占 GDP 份额的波动呈现另外一种情况，即随着工业化的不断深入，劳动报酬占 GDP 份额呈现出持续上升的趋势。在这些国家和地区中，有的劳动报酬占 GDP 份额从低水平快速上升到高水平，如韩国；有的劳动报酬占 GDP 份额则从中位水平逐渐上升到更高水平，如日本和中国台湾地区。

韩国在 20 世纪 50 年代中期开始工业化，快速工业化带来了经济社会的巨大变化（见表 7）。韩国人均 GDP 从 1955 年的 1054 元（国际元）上升到 1993 年的 10280 元，增长了近 9 倍；非农就业比例也从 1955 年的 28% 上升到 1993 年的 85%，城镇化率则从 1955 年的 24.4% 上升到 1993 年的 78.3%。与此同时，韩国劳动报酬占 GDP 份额从 1955 年的 30.1% 迅速上升到 1993 年的 60.6%，提高了 1 倍多。

表 7　韩国工业化过程中城镇化率、人均 GDP、劳动报酬占 GDP 份额与非农就业比例

单位：%，元

年份	城镇化率	人均 GDP	劳动报酬占 GDP 份额	非农就业比例
1955	24.4	1054	30.1	28
1960	27.7	1105	37.4	35
1965	32.4	1295	37.8	—
1970	40.7	1954	41.4	50
1975	48.0	3162	40.6	—
1980	56.9	4114	52.1	34
1985	64.9	5670	53.9	75
1990	73.9	8704	59.0	82
1993	78.3	10280	60.6	85

资料来源：城镇化率来自联合国（1998）：Word Urbanization Prospects，New York：Litho in UN，第 88～95 页；人均 GDP 来自安格斯·麦迪森《世界经济千年史》，第 302 页；劳动报酬占 GDP 份额和非农就业比例来自 Dong-Se Cha etc.（1997），The Korean Economy 1945－1995：Performance and Vision for the 21st Century，Seoul：Korea Development Institute。

日本工业化初期的劳动报酬占 GDP 份额就已经处于较高水平了，在工业化过程中又呈现出稳步上升的趋势。20 世纪初以来，日本经济社会变化巨大，城镇化率从 1920 年的 18.1% 飞速上升到 1960 年的 63.5%，40 年间上升了 2.5 倍；其人均 GDP 和投资率也普遍增长了 2 倍。在这个过程中，虽然二战期间劳动报酬占 GDP 份额有所下降，但劳动报酬占 GDP 份额总体上呈逐步上升趋势，从 1915 年的 55% 上升到 1960 年的 67.1%，上升了 12.1 个百分点（见表 8）。

表 8　日本城镇化率、人均 GDP、劳动报酬占 GDP 份额以及投资率

单位：%，美元

年份	城镇化率	人均 GDP	劳动报酬占 GDP 份额	投资率
1910	16*	1304	55**	12.75
1920	18.1	1696	56.9	16.46
1930	24.1	1850	57.2	15.13
1940	37.8	2874	48.1***	20.53
1950	37.5	1926	—	—
1955	56.3	2772	70.3	29.74
1960	63.5	3988	67.1	36.42

说明：*为 1890 年数据，**为 1915 年数据，***为 1938 年数据。

资料来源：城镇化率来自 Francks London（1999），Japanese Economic Development：Theory and Practice/Penelope，New York：Routledge；人均 GDP 来自安格斯·麦迪森《世界经济千年史》，第 198 ~ 199 页；投资率来自彼得·马赛厄斯等编《剑桥欧洲经济史》（第 7 卷上），第 139 ~ 142 页；劳动报酬占 GDP 份额来自 Samuel Bentolila Gilles Saint-Paul（2003），"Explaining Movements in Labor Share"，*Contributions to Macroeconomics*，3（1）. pp. 1 - 31；Ryoshin Minami and Akira Ono，"Behavior of Income Shares in a Labor Surplus Economy：Japan's Experience"，*Economic Development and Cultural Change*，pp. 309 - 324。

中国台湾地区自 20 世纪 50 年代以来的劳动报酬占 GDP 份额也呈上升趋势。50 年代台湾开始工业化进程，当时其劳动报酬占 GDP 份额就已经超过 60%（1950 ~ 1969 年台湾地区劳动报酬占 GDP 份额在 63% ~ 67% 之间轻微波动），高于许多发达国家工业化初期的水平。从 70 年代开始，随着工业化和产业结构加速变动，台湾地区劳动报酬占 GDP 份额稳步上升，到 20 世纪末上升到 75%，比最低时的 63%（1969 年）上升了 12 个百分点，上升幅度接近 20%。①

① 数据来自于李稻葵、何梦杰、刘霖林《我国现阶段初次分配中劳动收入下降分析》，《经济理论与经济管理》2010 年第 2 期。在该文中，作者将我国台湾地区劳动报酬占 GDP 份额视为工业化过程中劳动报酬占 GDP 份额呈"U 形"规律的证据。然而，劳动报酬占 GDP 份额的相对稳定并不是劳动报酬占 GDP 份额的绝对不动，而是指波动幅度明显低于其他经济变量的波动幅度。1950 ~ 1967 年间台湾地区劳动报酬占 GDP 份额在 63% ~ 67% 之间波动，波动的最大幅度仅为 4%，属于典型的相对稳定特征，并未呈现下降趋势；而 1969 ~ 1999 年，台湾地区劳动报酬占 GDP 份额从 63% 上升到 75%，上升幅度达到 22%，呈现出稳步上升趋势。

（三）中国劳动报酬份额变动的“非典型”特征

中国目前正处在快速工业化过程中，劳动报酬占 GDP 份额水平与工业化国家相比很低，且在较长时期内保持了稳定甚至下降的趋势，展现了不同于其他工业化国家的“非典型”特征。1978 年以来，中国以不变价格计算的人均 GDP 增长了 10 倍，增长速度与 1955～1993 年的韩国大致相当，高于日本和美国。非农就业的比例从 1978 年的 29.8% 上升到 2007 年的 59.2%，增长了近 1 倍。另外，城镇化率也从 1978 年的 17.92% 上升到 2007 年的 44.94%，与 1860～1910 年间美国城镇化率的变化情况接近。除变化速度不同之外，中国许多经济变量与其他国家工业化过程中的趋势是一致的（见表 9）。

表 9　中国城镇化率、人均 GDP、非农就业比例和劳动报酬占 GDP 份额

单位：%，元

年份	城镇化率	人均 GDP	非农就业比例	劳动报酬占 GDP 份额
1978	17.92	381.2	29.8	40.1
1980	19.39	431.0	31.3	40.9
1985	23.71	669.0	37.6	43.4
1990	26.41	904.6	39.9	45.3
1995	29.04	1519.6	47.8	45.7
2000	36.22	2193.9	50.0	44.4
2005	42.99	3357.6	55.2	40.3
2007	44.94	4151.8	59.2	39.2

资料来源：劳动报酬占 GDP 份额来自表 2，其他数据来自相关年份《中国统计年鉴》。

然而，1978～2007 年中国劳动报酬占 GDP 份额却保持了低水平的稳定甚至下降趋势，平均仅为 42%，最高值不过 45.7%。就世界各国工业化过程中劳动报酬占 GDP 份额的情况来看，美国 1850～1920 年间劳动报酬占 GDP 份额平均为 76%，比中国高 30 多个百分点；20 世纪 50 年代韩国开始工业化时，劳动报酬占 GDP 份额还低于中国，到 1970 年韩国劳动报酬占 GDP 份额为 41.4%，与中国 80 年代的情况大致相当，以后韩国劳动报酬占 GDP 份额迅速提升，到 1990 年韩国劳动报酬占 GDP 份额要比中国高出 15 个百分点；1915 年日本劳动报酬占 GDP 份额为 55%，1960 年日本劳动报酬占 GDP 份额达到 67.1%，而中国 1978～2007

年的劳动报酬占 GDP 份额仅在 39.2% ~45.7% 之间徘徊，中国与其他国家相比在工业化过程中劳动报酬占 GDP 份额差距越来越大。

中国劳动报酬占 GDP 份额的变动展现了和拉美以及印度等国家和地区类似的低水平稳定的特征。1970 年以来许多拉丁美洲雇员劳动报酬占 GDP 份额也保持着相对稳定性，其 1970 ~1995 年间雇员劳动报酬占 GDP 份额集中在 39% ~44% 之间，而中国 1980 ~2003 年雇员劳动报酬占 GDP 份额在 36% ~42% 之间波动，拉丁美洲雇员劳动报酬占 GDP 份额甚至还高出中国 2 ~3 个百分点。由于 20 世纪 90 年代以来拉美国家劳动报酬占 GDP 份额轻微下降，从平均 42% ~44% 下降到 39% ~40% 之间，这些国家劳动报酬占 GDP 份额的变动似乎出现了一种向低水平收敛（约为 40%）的趋势。①

四　中国劳动报酬份额难以上升的主要原因

中国工业化进程中劳动报酬占 GDP 份额不仅没有像其他工业化国家那样出现上升，反而出现了在低水平上保持稳定甚至下降的状况，这和卡尔多所描述的劳动报酬占 GDP 份额相对稳定的典型特征事实具有本质的不同，卡尔多典型特征事实描述的是劳动报酬占 GDP 份额在相对较高的水平上保持稳定的情况，而中国的劳动报酬占 GDP 份额却在低水平上保持稳定，中国的情况应该说是工业化进程中的一种“非典型”特征事实。

为什么中国劳动报酬占 GDP 份额在低水平上保持稳定甚至还出现下降趋势呢？这是一个非常复杂的问题，其原因恐怕既有长期因素的影响又有短期因素的影响，既有市场因素的作用又有非市场因素的作用。具体来看，虽然中国劳动报酬占 GDP 份额水平低甚至在近年来还轻微下降与经济结构变化有关，中国农业劳动报酬份额大大高于第二、三产业，经济结构由农业向非农产业的变化会带来全国劳动报酬份额的下降，但关键的原因仍然在于中国第二、三产业劳动报酬占 GDP 份额水平长期较低，劳动者工资增长低于经济增长速度和劳动生产率增长

① 虽然总体上说，拉丁美洲地区的雇员劳动报酬占 GDP 份额比中国的稍高，但也有一些拉丁美洲国家，如墨西哥劳动报酬占 GDP 份额在 1975 ~1982 年间为 35% ~40%，1983 ~1997 年间为 30% ~35%，比中国稍低。参见 Ishac Dowam. Labor Shares and Financial Crises，The World Bank Working Paper，1999. 11。

速度；同时，资本扩张型技术进步、经济增长过度依赖国际贸易和 FDI，以及劳动力市场严重缺乏保护等都是造成劳动报酬占 GDP 份额难以上升的重要原因。

中国的第二产业，特别是工业部门雇员劳动报酬占 GDP 份额明显低于发达国家。由于只能从《联合国国民收入核算账户》资料中获得其他国家工业部门雇员劳动报酬占 GDP 份额的数据，所以这里只能对工业部门雇员的劳动报酬占 GDP 份额进行国际比较。中国工业部门雇员劳动报酬占 GDP 份额在 1980 ~ 1995 年之间有一个上升的过程，从 27.8% 上升到 41.0%，之后却有所下降，2002 年为 38.8%，2004 年更是降至 35%。2002 年中国工业部门雇员劳动报酬占 GDP 份额比德国低 32.5 个百分点，比英国和美国均低约 20 个百分点，比加拿大、韩国低 6 ~7 个百分点。同时，与发达国家工业化中后期工业产值比重相对下降不同，1978 年以来中国工业产值比例一直较高，并没有呈现明显的下降趋势。工业部门雇员劳动报酬占 GDP 份额水平低和工业产值比例长期较高是中国总劳动报酬占 GDP 份额相对低水平稳定的重要原因。

表 10　1980 ~ 2002 年各国工业部门雇员劳动报酬占 GDP 份额

单位：%

国家＼年份	1980	1985	1990	1995	2000	2002
德　国	65	64.9	65.9	73.7	71.9	71.3
英　国	67.9	59.2	66.7	57	58.6	60.4
美　国	64.6	60.1	58.4	56.5	52.4	57.9
日　本	47.4	47.8	48.7	58.8	50.4	—
加拿大	52.7	51.3	55.9	47.6	41.4	45.4
韩　国	40.6	39.3	44.8	37.6	42.5	45.2
中　国	27.8	30.2	35.2	41.0	38.9	38.8
印　度	—	33.1	32.3	30	32.5	29.2

资料来源：根据 1984 年、1995 年、2006 年《联合国国民收入核算账户》相关数据计算。

再从第三产业雇员劳动报酬占 GDP 份额来看，中国也明显低于发达国家。2005 年中国第三产业雇员劳动报酬占 GDP 份额比韩国低 16.9 个百分点，比英国低 25.4 个百分点。但值得注意的是，中国第三产业内部并不是所有行业的劳动报酬占 GDP 份额都低于发达国家，如中国政府机关和社会服务部门的劳动报酬占 GDP 份额并不低，甚至还稍微高于部分发达国家；邮电运输业、商业和房地产服务业劳动报酬占 GDP 份额却明显低于发达国家，加上这几个行业的产值比重又相对较高，中国第三产业劳动报酬占 GDP 份额明显低于发达国家，进而使得中国总劳动报酬占 GDP 份额明显低于发达国家。

表 11　各国第三产业雇员劳动报酬占 GDP 份额

单位：%

国家 \ 年份	1980	1985	1990	1995	2000	2005
英　国	67.1	64.1	62.6	60.3	62.5	61.6
加拿大	67.0	64.1	69.3	58.6	59.6	59.6
美　国	59.3	57.1	58.5	57.9	59.2	58.3
德　国	55.3	55.3	53.5	56.4	56.6	55.6
韩　国	46.9	47.3	50.8	49.5	52.7	53.1
印　度	—	45.0	45.8	38.3	42.2	38.6
中　国	45.7	42.7	43.3	43.8	43.9	36.2
日　本	55.5	54.8	53.0	54.5	40.1	—

资料来源：根据 1984 年、1995 年、2006 年《联合国国民收入核算账户》相关数据计算。

中国劳动报酬占 GDP 份额难以提高还有很多深层次的原因。技术进步逐渐从劳动扩张型向资本扩张型转变、资本全球化与 FDI 的迅速增长以及劳动力市场保护不力等都是导致劳动报酬占 GDP 份额长期低水平稳定甚至在近年来还轻微下降的原因。

首先，资本扩张型技术进步阻碍了劳动报酬占 GDP 份额的提升。劳动报酬占 GDP 份额的变动与劳动生产率密切相关，我们可以通过劳动报酬占 GDP 份额与劳动生产率的关联分析来粗略判断中国改革开放以来技术进步的类型。劳动生产率的提高既可能源于劳动者人力资本和技能水平或熟练程度的提高，也可能源于新机器、新设备等物质资本的投资，如果劳动生产率与劳动报酬占 GDP 份额之间呈正相关，我们就可以认为劳动生产率的增长主要源于劳动者能力的提升，从而劳动者应该从劳动生产率提高中获得更多比例的回报，则技术进步属于劳动扩张型技术进步；反之，如果劳动生产率与劳动报酬占 GDP 份额呈负相关，可以认为劳动生产率的增长主要源于物质资本投资，从而资本应该从劳动生产率提高中获得更多比例的回报，则技术进步属于资本扩张型技术进步。1978 ~ 2007 年间中国劳动报酬占 GDP 份额与劳动生产率经历了从正相关向负相关的转变，表明中国技术进步经历了从劳动扩张型转变为技术扩张型的过程：1997 年以前，中国的技术进步以劳动扩张型技术进步为主，而 1998 年之后，中国技术进步则逐渐以资本扩张型技术进步为主。

导致中国出现资本扩张型技术进步的重要原因是中国引进技术的类型和自我创新能力不足。发展中国家，包括中国，往往技术研发能力较弱，加上一些制度因素（知识产权制度、激励制度等），自我创新的动力和激励不足。因而，发展中国家的新技术和新设备往往需要从发达国家引进。发达国家劳动力资源禀赋相对稀缺，其技术进步往往是在资本成本相对低于劳动成本的条件下开发出来的最优技术（速水佑次郎，2003），这些技术往往倾向于节省劳动，降低劳动成本。资本扩张型的技术进步制约了厂商的劳动力需求，不利于劳动者收入水平的提高，成为中国劳动报酬占 GDP 比重长期低水平稳定的重要原因。

一个明显的例证就是中国出口贸易中资本品比重迅速提高。改革开放以来，中国资本品出口比例持续增长，从 1980 年的 4.7% 增长到 2007 年的 47.4%，增长了 9 倍多，虽然从 2003 年起，资本品出口比例的增速有所下降，但仍呈上升趋势，这表明中国资本品出口比例在将来一段时间内还将继续增长。资本品出口比例的迅速提高必然要求大量的资本投资，大量新机器和新设备的投资成为劳动生产率提升的主要源泉，进而导致劳动者从劳动生产率提高中获得的回报相对减少。

其次，资本全球化和 FDI 的影响使劳动报酬占 GDP 份额难以提高。过去几十年中，中国逐渐成为全球最大的资本净输入地，1978 ~ 2008 年间中国实际利用外资总计达 8500 亿美元。国外直接投资是我国经济长期高速增长的重要动力，但同时也是我国劳动报酬占 GDP 份额长期低水平稳定的重要原因。资本全球化加强了资本的流动能力，导致我国外贸出口中资本密集型产品的比例越来越高，进而提升了资本对劳动的谈判能力。而且，地方政府为了 GDP 增长而展开吸引外资的竞争，致使劳动力市场形成了一种竞次（race to the bottom）均衡的状态，这个过程明显强化了资本的强势地位。2001 年中国加入 WTO 之后，出口迅速增加，其中增长的绝大部分来自沿海发达地区，而正是在这一时期，沿海地区劳动报酬占 GDP 份额加速下降，从 2002 年的 44.5% 迅速下降到 2007 年的 38.1%，下降幅度平均达到 14.3%。

再次，劳动力市场缺乏保护使劳动者工资增长缓慢，劳动报酬占 GDP 份额难以提高。1978 年以来，中国劳动力逐渐从农村就业向城镇就业转移，而城镇就业中的国有单位、集体单位就业（正规就业）规模逐渐缩小，从 1978 年的 99% 下降到 25%。相应的，其他类型就业的比例迅速上升。其他类型的就业多属非正规就业，从 20 世纪 90 年代中期开始，越来越多的城镇新增就业人员只能进入非正规部门，当前中小企业已经成为接纳城乡青年劳动者就业的主要途径。非正规部门就业者缺乏与雇主谈判的能力，不仅工资水平低，社会保障也严重缺乏，使得本来应该属于劳动收入的很大一部分社会保险金（多数由雇主提供）缺失，而缺失的这一部分多为雇主（资本）所攫取。

五　总结与评论

在过去的 100 多年中，那些成功工业化的国家劳动报酬占 GDP 份额要么长期保持高水平稳定，要么逐渐上升并最终在较高水平上趋于收敛。中国劳动报酬占 GDP 份额的变化展现了和已经工业化的国家不同的特征。与中国类似的状况不仅发生在那些陷入中等收入陷阱的国家，如拉美的一些国家，也存在于那些尚处在工业化进程早期阶段的低收入国家，如印度等国家。从这个意义上看，工业化虽然使中国的经济获得了巨大发展，并使中国迅速从低收入国家转变为中等收入国家，但从性质上来看，中国的工业化似乎仍然处在较低的层次上，这也意味着中国陷入中等收入陷阱的风险巨大。

中国目前正处于快速工业化过程中，但国民收入分配格局却出现了失衡的局面，突出表现为劳动报酬占 GDP 份额长期处于低水平。尽管我们可以通过税收、社会保障等二次分配方式适当提高劳动者报酬，但从整体上看如何提高劳动报酬在国民总收入中的份额，是调节收入分配最重要的方式和途径。

劳动报酬占 GDP 份额水平低意味着劳动者的收入水平相对较低，这固然是中国劳动力成本优势的源泉，但也是造成中国消费需求不足的根本原因。消费需求不足的后果是经济增长对投资和出口的过度依赖，因此，在中国经济面临的诸多结构性矛盾中，中国劳动报酬占 GDP 份额不足是问题的关键所在。提高劳动者报酬水平不仅是解决收入分配问题的关键，也是转变经济发展方式、提升经济增长质量的本质要求。

G.4

城镇基本养老保险制度的再分配效应

侯慧丽*

摘　要： 对城镇基本养老保险的再分配作用的考察体现在代际、收入、性别等方面。目前养老金制度代际之间的再分配有利于年龄大、工作年限长的人，是从年轻人向老年人的转移。性别间存在养老金的再分配是不争的事实，而且是男性向女性的转移。养老金转移出现清晰的从收入水平高的群体向收入水平低的群体转移的倾向。城镇基本养老保险制度虽然没有出现收入的逆向再分配，但是对收入差距缩小的调节也没有产生明显作用。收入、所有制、行业、职业的作用对养老金再分配的作用几乎可以忽略，对养老金再分配发挥作用的主要还是年龄、性别和地区。除了从制度整合和扩大覆盖面上来缩小差距，通过养老保险制度的再分配缩小收入差距，也是降低不平等的办法之一。

关键词： 养老保险　收入再分配　测量

改革开放以来，我国经济发展所取得的成绩堪称一个奇迹。在经济快速增长的同时，我国的收入分配格局也发生着变化。从改革前的平均主义到改革初期“让一部分人先富起来”的效率优先的策略，是我国收入分配制度发展变化的具体表现。但是在保持经济高速增长、过度重视效率的同时，随之而来的是地区之间的发展不均衡，不同人群、不同行业群体之间的收入差距日益扩大，我国已经从过去收入平均的国家变为收入不平等程度非常高的国家。20 世纪 80 年代中期我国的基尼系数只有 0.16，2000 年上升到 0.44，2008 年高达 0.49 左右，[①] 进入

* 侯慧丽，中国社会科学院人口与劳动经济研究所。

① 这里基尼系数使用了李实的数据。详见李实《城镇内部差距拉大：当前中国收入分配差距新动向》，2011 年 3 月 29 日《中国社会科学报》。

世界上贫富差距大的国家行列。居民收入高度不平等的状态，不仅会阻碍我国经济的持续发展，也会成为影响社会稳定的重要因素。如何解决好发展过程中出现的收入差距和收入分配不公的问题，成为一个非常重要的研究问题和迫切的政策需求。

一般认为，在初次分配过程中形成的收入差距，可以通过税收、社会保障制度或者转移支付的再分配来缩小，从而减少不平等。在我国，“统账结合”的养老保险制度中，现收现付式的统筹资金部分具有再分配的性质。① 那么，具有再分配功能的统筹基金发挥着怎样的收入调节作用呢？估计城镇基本养老保险制度对贫富差距的改善程度，既是一个学术研究的必要课题，也是为制定再分配政策提供基础资料的现实课题。在讨论其对收入分配所发挥的再分配功能的时候，对养老保险制度本身的发展和改革也是一个检验。

另外，从理论上讲，在从社会主义向社会主义市场经济转轨的中国，市场与制度到底在多大程度上影响着中国的社会不平等？从过去的国家保险的再分配方式转变为社会保险的再分配方式，对社会不平等的影响程度有何变化？这些都是需要我们回答的问题。

一　社会养老保险制度再分配的特征及测量

1. 社会养老保险制度再分配的特征

不同于其他再分配制度，社会养老保险制度再分配有自己的特点。从时间上看，养老保险的再分配作用贯穿一个人的一生，因为养老保险的缴费在劳动年龄阶段，而养老金的领取是在退休以后，缴费和领取所发生的再分配跨越一个人不同的生命周期。何立新、佐藤宏（2008）的研究发现，对于劳动人群来说，养老保险制度的终生收入再分配效应大于个人年度再分配效应。所以，对养老保险制度再分配效应的研究应以终生的再分配为主。这种再分配效应并不像最低生活保障制度等再分配手段，可以通过年度的收入，即时从基尼系数的变化上来看到再分配效应，养老保险制度的再分配是通过终生的长期的再分配机制产生出长期

① 个人账户相当于积累制，而积累制养老保险不具有再分配功能。参见尼古拉斯·巴尔《福利国家经济学》，邹明洳等译，中国劳动社会保障出版社，2003，第228页。

的再分配效应。

由于养老保险再分配效应的长期性，一个人的一生会受到很多因素影响，比如预期寿命、市场利息率、通货膨胀水平、工资增长率等，因此，为了控制种种不确定因素对养老保险的影响，就需要建立社会养老保险精算模型来测算养老金的缴费和给付。这样可以更精确地认识养老保险体系的成本与收益，可以根据现实需要确定缴费标准和给付水平，同时也可通过养老保险精算模型对正在运行的社会养老保险进行评估和风险管理。

另外，从资金来源看，我国的城镇基本养老保险制度的再分配不同于基于国家税收和转移支付的最低生活保障制度的再分配，其主要资金来源是具有互助共济性质的养老保险统筹基金，而非国家财政。从再分配范围来看，我国城镇基本养老保险制度是参保人及其企业出资，在参保人范围内的再分配，而一些国家（如英国）的普惠制养老保险则是使用税收在全体国民范围内的再分配。从理论上讲，国家对社会统筹基金内的再分配机制的决定是通过制定具体的规定和分配公式来实施的，而不是直接的财政再分配。

2. 再分配效应的测量

本文使用国家统计局2009年城市住户调查数据。从全国31个省区市中随机抽取了1万户记账户，经过加权和一些数据处理，最后形成39382个个人样本的数据库。根据研究需要，我们把缴纳了社会保险的人认定为参与社会养老保险的人，共有9134人，然后再除去军人和已经退休的人。我们假定男性60岁退休，女性55岁退休，[①] 所以只选取男性20~59岁、女性20~54岁的就业人口，最后得到8414人的个人数据库，其中男性4825人，女性3589人。由于行政机关单位和某些事业单位人员不缴纳社会保险费，因此样本中不包括党政机关行政单位人员和不缴纳社会保险费的事业单位人员。

对养老金再分配效应的测量，本文采用已有研究的基本逻辑，即用终生养老金缴费累积精算现值与终生的养老金给付待遇精算现值之间的差额来看是否存在收入再分配，如果缴费累积精算现值小于领取的养老金精算现值，那么就存在养

① 国家规定女性干部55岁退休，女性工人50岁退休。这里为了便于计算，统一女性退休年龄为55岁。这里采用这一标准，一是因为在文献中大多使用女性55岁退休计算养老金，同时，本文主要研究收入的再分配，所以尽量减少性别间的再分配的影响。即使用女性50岁退休计算，并不改变结果。

老金收入的转入；如果大于领取的养老金精算现值，就意味着个人的养老金收入转移给别人，存在着转出；如果相等，那么就是完全积累制下的个人账户的没有再分配的养老金收入。终生缴费额和终生领取额的差就是养老金收益额，也就是本文的因变量。同时，为了能够表示转移的相对程度，又使用了转移率来衡量转移额的相对大小，转移率定义为：

$$\text{转移率} = \frac{\text{转移额}}{\text{终生养老金缴费总额}} \times 100\%$$

利用转移额和转移率进行分析差别不大，并不改变研究结果。本文将这两种分析结果都列出，不仅能从转移额这样一个具体数额来明确养老金的收益数量，而且还可以从相对的转移程度上来做比较，转移率可以看成是一个标准化了的具有可比性的数值。

终生养老金缴费的精算现值的公式是①：

$$PVFNC_u = \sum_{x=u}^{R-1} C * [W_x * p_x * \frac{\prod_{x=u}^{R-1}(1+g_x)}{\prod_{x=u}^{R-1}(1+r_x)}]$$

工资收入是测算养老金缴费工资的基础。这里我们先按调查数据做出个人的工资预测方程，得出每个人的工资预测值，然后再计算每个人的缴费额。按照已有的研究，工资受到一个人的年龄、性别、职业、行业、地区等特点的影响，因此，我们以工资收入的对数为因变量，工资预测方程为：

$$\begin{aligned} \ln y = a + b_1 \text{年龄} + b_2 \text{年龄}^2 + b_3 \text{工作年限} + b_4 \text{文化程度} + b_5 \text{性别} + \\ b_6 \text{就业性质} + b_7 \text{职业} + b_8 \text{行业} + b_9 \text{地区} + u \end{aligned}$$

从工资预测值和缴费比例及设定的工资增长率和利息率等参数，便得到了个人的养老金缴费总额的现值。计算出了缴费总额之后，还要根据制度规定测算出养老金的领取额。养老金的领取额根据国家的基本养老保险制度规定测算。

---

① 其中，*PVFNCu* 是 u 岁参加养老保险到退休岁时养老保险缴费总额在 u 岁时的精算现值；其中，R 为退休年龄，C 为缴费比例，W 为在第 x 年的工资预测收入，P 为生存概率，g_x 为在第 x 年的工资增长率，$1/1+r$ 为折现因子，r 为第 x 年的利息率。

根据原劳动和社会保障部、财政部《关于调整企业退休人员基本养老金的通知》（劳社发〔2006〕21号）的精神，基本养老金由三部分组成：基础养老金、过渡养老金和个人账户养老金。

基础养老金的具体计算公式为①：

$$B_i = \frac{(\overline{W_{i(R-1)}} + \overline{W_{i(I)}})}{2} * N * 1\%$$

过渡养老金为职工退休上一年度当地职工平均工资×职工本人平均缴费工资指数×视同缴费年限×系数，具体公式为②：

$$T_i = \overline{W_{i(R-1)}} * I_i * LN_i * C_i$$

由于本文的主要目的是研究养老金在群体间的再分配，因此，为避免过程的繁琐，也便于思路的清晰，我们将个人缴费的8%的个人累积账户不计入本研究所计算的再分配部分，个人缴费比例也从总缴费额28%的比例中去除，即个人缴费总额只记缴费工资的20%（灵活就业者为12%），个人账户的个人缴费8%不计入养老金的领取额。其实，把个人账户看成完全的积累制，计入和不计入个人账户养老金在计算结果上都是一样的。这样，我们就可以得到每个人的终生养老金的转移额。

二　城镇基本养老保险制度的再分配效应

社会养老保险统筹基金内的再分配存在于代际之间、不同收入群体和不同性别群体之间。但是根据制度的安排，各种群体之间的再分配效应发挥着不同程度的作用。彭浩然、申曙光（2007）对改革前后我国养老保险制度的收入再分配

---

① 其中，B 是基础养老金，$\overline{W_{i(R-1)}}$ 是第 i 个人退休上一年度的当地职工平均工资，$\overline{W_{i(I)}}$ 是本人指数化平均缴费工资，N 为缴费年限。本人指数化平均缴费工资为职工退休上一年度当地职工平均工资与职工本人平均缴费工资指数（I）的乘积。本人平均缴费工资指数（I）为当地实行社会统筹与个人账户相结合年度至职工退休时本人历年缴费工资指数的平均值，Wx 是第 x 年当年本人缴费工资，是退休前第 x 年的当地职工平均工资，N 为实际缴费年限。

② 其中，LN 是视同缴费年限，即从个人参加工作到1997年前的连续工龄，C 是过渡性养老金计发系数。在具体计算中，由于各地采用的计发系数不同，我们采用全国的平均值1.3%来计算。

效应进行了比较研究，认为与1997年养老保险制度相比，2005年的养老保险制度明显减弱了代内再分配效应，并且可能会引起严重的代际不公平。但是何立新（2007）的研究认为，2005年的养老金制度的代际不平衡要小于1997年的，而40岁以上群体中的代内逆向收入转移更明显。所以对城镇基本养老保险的再分配，我们要从代际、收入、性别等各个方面来综合观察。

（一）代际间的再分配

因为我们关注于群体之间的再分配，不是做长期的精算平衡，所以我们将抽取到的20~59岁的就业人口这一群体看作一个封闭人口群体，假定每个人都按规定缴纳了保险费，并且一直缴纳到退休，并以当地的平均预期寿命作为死亡年龄。在这样的状态下我们考察城镇基本养老保险制度在不同年龄之间的再分配效应。

在不考虑性别、收入等其他因素影响的状况下，年龄间的养老金再分配表现出的特点是年龄越大，养老金的收益越大（见表1）。30~34岁①年龄段的人平均转移额是负值，就是说这个年龄段的人平均来看，养老金缴费现值要小于养老金领取现值，也就是利益受损的一代。35岁以上的人基本上都属于“中人”，所以开始受益，尤其明显的是45岁以后的人员，养老金收益额高出其他年龄群体很多，领取的养老金是养老金缴费额的2倍多。

表1　年龄分组的养老金平均转移程度

年龄分组	平均转移额(万元)	转移率	频　数
20~29岁	1.0144	.1091	904
30~34岁	-.3470	-.0867	1025
35~39岁	3.1787	.2975	1519
40~44岁	6.9738	.6243	1517
45~49岁	11.1316	1.0462	1421
50~54岁	11.9963	1.2911	831
55~59岁	11.5444	1.2773	438
总　计	6.1153	.6147	7655

数据来源：2009年城市住户调查和笔者测算得到。

① 这里的年龄是指2009年时30~34岁的人，而不是说所有30~34岁的人。由于计算的时点要求，我们需要将年龄定在一个时点。以下相同。

但是代际间的再分配状况是受到性别、收入水平等一些因素影响的。代际再分配的净效应是控制性别、收入等变量后的结果。表2是以转移额和转移率分别为因变量的多元回归模型。同时，为了更清楚地了解转轨成本在代际上的分担，我们又假设了没有转轨成本情况下的养老金再分配模型。没有转轨成本，即所有人都以参加工作时间作为参保时间，并且按规定正常缴费到退休，没有“中人”、“新人”的区别，全部都按照“新人”的缴费和领取模式来计算，这样得到的是没有转轨成本的养老金的再分配（见表3）。

从表2可以知道，年龄在回归方程中是一个非常重要的解释变量。年龄可以解释养老金收益额14.6%的变化。如果不控制性别和收入变量，只是单纯的年龄和养老金转移率的关系，每增加一岁，养老金收益额将增加4940元，转移率增加0.0497，但是在控制了性别、收入和地区变量后，也就是说在相同性别、相同收入水平下和相同地区内的人员之间比较，每增加一岁，养老金收益就可以增加6590元，从转移率来看，每增加一岁，就可以增加6.17%缴费率的养老金收益额。目前养老金制度代际之间的再分配有利于年龄大、工作年限长的人，是从年轻人向老年人的转移。

不难理解，存在转轨成本的情况下，制度设计有意从年青一代向老一代转移，试图来弥补老一代基金上的缺口。然而，代际间的再分配是不是必然的，完全取决于制度设计。如果转轨成本被消化了，就目前的制度设计还存在代际间的再分配吗？如果存在，那么我们可以认为目前的制度设计存在的代际间再分配不是专门为消除转轨成本而存在的，如果不存在代际间的再分配，那我们就认为目前的制度设计是完全为了消除转轨成本而设计的。表3是没有转轨成本的养老金收益的多元回归分析。我们发现，年龄影响养老金再分配的作用已经很小了，几乎可以忽略（$R^2=0.005$），当不加入控制变量时，年龄对养老金的影响程度虽然很小，但是这个变量有显著性意义，但当把性别、收入和地区都作为控制变量后，年龄对养老金转移额和转移率的影响都已经变得不显著了，而性别之间的再分配程度加剧了。通过现有制度在有转轨成本和无转轨成本的比较中，我们可以知道，目前的制度设计出现的年青一代向老一代人的养老金的转移，主要是为了消除转轨成本而产生的。

在现收现付制度下，青年人向老年人的再分配是可能的，但不是必然的。为此，我们需要知道隐性债务和转轨成本的区别。现收现付制度下，养老保险的

表 2　养老金再分配的多元回归分析

	模型一		模型二		模型三		模型四	
	B_{11}	B_{12}	B_{21}	B_{22}	B_{31}	B_{32}	B_{41}	B_{42}
常数	-13.962*** (.568)	-1.403*** (.043)	-13.287*** (.436)	-1.347*** (.031)	-20.776*** (.594)	-1.508*** (.039)	9.191*** (.431)	.0565 (.040)
年龄	.494*** (.014)	.0497*** (.001)	.672*** (.011)	.0646*** (.001)	.754*** (.011)	.0664*** (.001)	.659*** (.006)	.0617*** (.001)
性别(女性)								
男性	—	—	-13.736*** (.188)	-1.150*** (.013)	-15.907*** (.209)	-1.197*** (.015)	-12.328*** (.123)	-1.018*** (.011)
收入	—	—			.0569*** (.003)	.0123*** (.000)	-.0430*** (.002)	-.0038*** (.000)
地区(北京)								
(省略30个虚拟变数)	—	—	—	—	—	—	—	略
调整 R^2	.146	.230	.496	.614	.525	.616	.859	.808
R^2 的增量			.350	.384	.029	.002	.334	.192
N	7655		7655		7655		7655	

说明：①B_{11}、B_{21}、B_{31}、B_{41}是因变量为养老金转移额的回归模型系数，B_{12}、B_{22}、B_{32}、B_{42}是因变量为养老金转移率的回归模型系数；

②括号内为标准误差；

③*** $p<.001$，** $p<.01$，* $p<.05$；

④性别变量中，以女性为参照组；地区变量中，以北京为参照组；其他变量省略，并且检验结果都是显著的。

表 3　没有转轨成本的养老金再分配的多元回归分析

	模型一		模型二		模型三		模型四	
	E_{11}	B_{12}	B_{21}	B_{22}	B_{31}	B_{32}	B_{41}	B_{42}
常数	2.600 *** (.511)	.294 *** (.028)	3.299 *** (.345)	.335 *** (.017)	5.444 *** (.455)	.414 *** (.022)	33.550 *** (.219)	1.649 *** (.014)
年龄	.0745 *** (.012)	.0058 *** (.001)	.110 *** (.009)	.0049 *** (.000)	.0869 *** (.009)	.0040 *** (.000)	−.0027 (.003)	.0002 (.000)
性别(女性)								
男性	—	—	−14.236 *** (.149)	−.825 *** (.007)	−13.615 *** (.170)	−.802 *** (.008)	−10.221 *** (.063)	−.653 *** (.004)
收入	—	—	—	—	−.0163 *** (.002)	.0006 *** (.000)	−.111 *** (.001)	.0047 *** (.000)
地区(北京)								
(省略 30 个虚拟变数)	—	—	—	—	—	—	—	略
调整 R^2	005	.010	.546	.625	.549	.627	.947	.927
N	7655		7655		7655		7655	

说明：①B_{11}、B_{21}、B_{31}、B_{41}是因变量为养老金转移额的回归模型系数，B_{12}、B_{22}、B_{32}、B_{42}是因变量为养老金转移率的回归模型系数；

②括号内为标准误差；

③ *** p < .001， ** p < .01， * p < .05；

④性别变量中，以女性为参照组；地区变量中，以北京为参照组；其他变量省略，检验结果都显著。

隐性债务产生于现收现付制所暗含的代际之间的契约关系。当期的退休职工领取的养老金是同期的在职职工的缴费。当期职工缴费的同时，也为他们以后退休时积累了养老金权益，但是由于实际的缴费已经支付了当期的退休人员养老金，因此在职职工以后的养老金就形成了养老金制度的负债。虽然没有明确的借贷关系和契约，但是由国家来保证和强制执行，所以称之为隐性债务。隐性债务能否被消化而不成为影响制度实施的阻力，需要制度、人口结构等的稳定。如果制度发生变化，比如从现收现付制度向基金积累制度的变化，就会产生额外的转轨成本，转轨成本是转轨时期的隐性债务的显性化。这就需要通过额外资金的筹集或者是缴费比例和计发办法的变化等来解决。如果人口结构不稳定，其中最重要的是人口老龄化程度严重，导致年青一代的缴费小于退休一代的领取，那么隐性债务势必造成财政的不可持续。

目前我国这两种状况都存在，既存在从现收现付制向“统账”结合的部分积累制转轨，也存在人口老龄化程度严重的状况。所以隐性债务和转轨成本是中国养老保险制度改革中遇到的重要的问题。如何解决和顺利偿还隐性债务也就成为关键问题。显然，我国针对转轨成本采取的是提高年青一代人的缴费率的办法，但是即使转轨成本用代际间再分配可以消化掉，那么对于人口老龄化越来越严重的状况，消除隐性债务仍然是一个艰巨的任务。过高地提高年青一代的缴费率，必然会导致代际之间在养老金上受益的不平等，影响到年轻人的缴费积极性，注重效率的同时丧失了公平。所以针对我国的现实情况，隐性债务和转轨成本的筹资是越来越重要的问题。

（二）性别间再分配

性别间存在养老金的再分配是不争的事实，而且是男性向女性的转移。原因很简单：我国女性退休年龄早于男性而预期寿命又高于男性。按照国家的规定，女性要比男性早退休 5 ~ 10 年，所以在相同的缴费率下，女性缴费时间短，缴费的积累额就少。但同时，女性的预期寿命又高于男性，2000 年中国人口普查结果表明，女性预期寿命是 73. 33 岁，而男性只有 69. 63 岁，也就意味着女性平均要比男性多领取将近 4 年的养老金，那么在女性缴费少于男性，领取时间又要多于男性的情况下，男性必须要给女性转移出一定的养老金才能维持制度的运行。当然，这个结果的前提是缴费条件相同的男性和女性每月养老金领取额是相同的，而不是男性与女性的终生领取总额相同。

表4是在不考虑年龄、收入等因素的情况下，性别之间的再分配状况。男性一生养老金平均收益额很少，只有1.4276万元，而女性则是男性养老金收益额的将近9倍，平均收益额为12.4994万元，比男性要多收益约11万元。从转移率上来看，男性终生平均转入缴费总额的23.6%，而女性的平均转入额是缴费总额的113.04%。也就是说可以拿到相当于缴费额2倍多的养老金。

表4　性别间的养老金转移

性　别	平均转移额(万元)	平均转移率	频数
男　性	1.4276	.2360	4414
女　性	12.4994	1.1304	3241
总　计	6.1153	.6147	7655

资料来源：据2009年国家统计局城市住户调查数据计算。

性别因素到底在多大程度上影响着养老金再分配呢？同时控制年龄与收入变量后进行的多元回归的结果表明，性别变量是影响养老金收益的非常重要的变量（见表2）。在养老金收益额为因变量的方程中，年龄和性别变量可以解释因变量近50%的变化，也就是当加入性别变量后，R^2 从0.146增加到0.496。在因变量为转移率的方程中，性别变量使得 R^2 从0.230增加到0.614。所以，性别是一个比年龄影响养老金转移程度更大的因素。在相同年龄和收入水平下，男性终生要比女性终生平均少领取11万元的养老金。

我国城镇基本养老保险制度中影响养老金的领取额的主要决定因素有缴费工资、缴费年限和预期寿命。

无论是什么原因造成了性别之间的不平等，性别在工资收入上的不平等是事实。性别在工资收入上的不平等会延伸到养老金缴费和领取的不平等。因为养老金缴费额是以缴费工资为基础的。工资收入存在性别差异，那么性别在缴费额上也会出现差异。由于女性工资收入低于男性，所以缴费工资低必然会造成女性缴费额偏少，也就是说女性工资收入的不平等造成了缴费额上的不平等。如果想减少性别之间养老金在再分配上的差异，缩小性别间的工资收入差距是一个途径。

由于女性退休年龄小于男性，所以与男性相同年龄参加养老保险的女性，缴费时间要短5~10年，缴费总额也要少5~10年。结果是个人账户的积累少于男性，即使在再分配的社会统筹基金内，基础养老金的计算也是会根据缴费年限的增加而增加的，这也是制度的激励措施的设计。但是女性比男性退休年龄早，自然导致缴费年限缩短 5～10 年，那么最终获得的基础养老金就会少，这就是因为退休年龄不同而导致的性别间缴费额和领取额的不平等，是制度造成的结果。所以因为退休年龄差异而导致的性别间再分配的不平等是完全可以通过制度调整而改变的。将女性的退休年龄延长到和男性一致，不仅会弥补一定的养老金基金缺口，而且会减少男性的转移压力，因此会大大减少因为退休年龄不同而导致的再分配的发生。

即使将女性的退休年龄延长至同男性一样，即缴费年限同男性一样，但由于女性的预期寿命长的特点，依然会存在男性的养老金向女性的养老金的转移。基础养老金的计算中，死亡年龄越大，领取的终生养老金越多。然而死亡年龄的大小是自然现象，从保险学的角度来看，超出一般概率情况下发生的事件对保险人来讲是一种风险，应该承担结果。所以在社会养老保险中，女性寿命延长的风险应该由国家或者社会来承担。由于预期寿命长而导致的性别间的再分配是无法直接从根源上去除的，但是可以通过国家和社会的承担来减轻对男性的养老金转移。

从养老金性别间的再分配来看，减少两性之间的工资收入差距，延长女性退休年龄显然可以减少性别间的再分配程度，是有利于降低性别间的养老金收益额的不平等的，但是是否能够使女性与男性在养老金上的差距小于工资收入的差距还需要进一步验证。

（三）不同收入群体间的再分配

在城镇基本养老保险制度再分配效应的研究中，年龄和收入是通常使用最多的也是最重要的两个指标。年龄代表着代际之间的再分配，与养老基金的可持续性有着密切关系。收入则代表着代内间再分配，与缩小收入差距有着直接联系。

衡量代内再分配的效应主要是看制度设计的具体的缴费办法和养老金领取额的计发办法，养老保险制度是缴费确定型还是给付确定型。不同类型的制度再分配效应不同。如果缴费比例固定，养老金领取额也相对固定，那么再分配功能就很强，比如 1997 年《国务院关于建立统一的企业职工基本养老保险制度的决定》规定的基础养老金部分，不论缴费多少，一律按当地社会平均工资的 20%领取，这样就使得养老金由缴费多的人向缴费少的人转移，从工资收入高的人向工资收入低的人转移。如果缴费按照累进缴费率缴费，那么收入间的再分配功能就会更强。但是如果制度设计重在体现激励机制，鼓励多缴费多领取，那么再分配效应就会下降。比如2005年我国颁布的《国务院关于完善企业职工基本养老保险制度的决定》中规定基础养老金体现多缴费多领取的激励机制，将缴费年限纳入了基础养老金的计算之中，那么可以推断，比起1997年的制度规定，2005年的再分配功能有所下降。

在不考虑其他影响因素的前提下，养老金转移出现清晰的从收入水平高的群体向收入水平低的群体转移的倾向（见表5）。从收入分组的第六组也就是收入高水平组开始出现转出，养老金收益额为负，收入越高，转移额和转移率就越多。即使在第五组以下组养老金收益额都为正值的情况下，也可以看出收入水平越高，收益额越少。最高收入组平均转出缴费额的28%，而最低收入组将多得到缴费额的1倍多的养老金，养老金的再分配效应非常明显。我们初步得出的判断是养老保险制度不存在逆向再分配的现象。

表5　收入水平间的养老金再分配

收入分组		平均转移额(万元)	平均转移率	频数
从低到高	1	8.8793	1.1066	2182
	2	6.6512	.5703	3004
	3	3.8205	.2851	1480
	4	2.8577	.2001	654
	5	1.9957	.1418	202
	6	-3.5261	-.0283	133
	总计	6.1153	.6147	7655

数据来源：据2009年国家统计局城市住户调查数据计算。

依然使用表2多元回归结果来观察不同收入水平的养老金再分配。当只控制变量年龄和性别时，收入呈现逆向再分配的趋势，终生工资收入每增加1万元，养老金收益额会增加569元，从转移率上来看，每增加1万元，会多得到缴费额的1.23%的养老金。然而当再加入另一个变量，即地区的变量时，逆向再分配的现象消失了，而是出现了随着收入的增加，收益额逐渐减少的结果，每增加1万元，养老金收益额将减少430元，从转移率看，每增加1万元，就会少领取相当于缴费额的0.38%的养老金。为什么在地区变量出现后，就从逆向再分配变成了再分配呢？如果将地区变量分解的话，其实地区间不同的就是社会平均工资和预期寿命两个变量。一般认为富人的预期寿命会高于穷人，所以养老金会从穷人转移给富人，这是产生逆向再分配的原因之一。当没有控制预期寿命的时候，出现的逆向再分配很可能是因为富人拥有更高的预期寿命而得到更多的养老金转移额，但当加入地区变量，控制了预期寿命后，就是说剔除了因为预期寿命带来的逆向再分配后，结果发现没有逆向再分配了，而是从高收入人群向低收入人群的转移。

虽然养老金在不同收入阶层间的再分配的变化令人感到扑朔迷离，但是从多元回归分析中可以发现，收入水平对养老金的收益结果影响并不大。因变量在转移额的方程中，收入水平这个变量只能使得方程的 R^2 提高 0.029，解释力微乎其微。在以转移率为因变量的方程中，收入水平所起的作用只能使得方程 R^2 增加 0.002。所以可以得出的结论是，养老金制度具有调节收入差距的作用，但是调节力度非常有限，或者更恰当地说养老金制度只是抑制了逆向再分配。

如果不考虑转轨成本，即不考虑“中人”，全部样本按照“新人”的缴费办法来计算，那么养老金制度对收入的调节作用会不会加大呢？从没有转轨成本的模型看（见表 3），即使代际间的再分配已经减少到可以忽略的程度，收入间的再分配作用也没有增强，也就是说无论有无转轨成本，目前的养老金制度在收入调节上所起的作用都十分有限，目前的制度主要是进行代际间的再分配，而不是收入间的代内再分配。

（四）部门间再分配

城镇基本养老保险制度虽然没有出现收入的逆向再分配，但是对收入差距缩小的调节也没有产生明显作用。对降低收入的不平等并没有期望的那么高。在社会不平等的研究中，收入只是阶层划分的一个方面，除了收入，职业也是很重要的一个划分标准。在社会学研究领域里，职业阶层被更多的用来指代阶层。泽兰尼（Szelenyi）在 1978 年的一篇文章中提出社会主义再分配经济从形式上是平均主义的，但是在如何分配公共物品上是很不平等的，有再分配权力的人占有公共物品的份额大，而没有权力的工人阶层只占有很少的份额。

在中国，单位的级别、单位内的分层，逐层地形成了不平等的社会结构。根据数据自身提供的变量，形成三个维度定义。第一，单位级别和单位所有制性质。由于调查数据中没有关于单位级别的变量，因此我们只能用单位所有制性质表示单位的层级，在国有经济单位和非国有经济单位之间进行比较。第二，行业性质，即垄断行业和竞争性行业。垄断行业凭借其独有的资源垄断地位，依靠距离国家行政权力近的优势，在收入、职业声望等方面可能更胜一筹；而竞争性行业则是更市场化一些的行业，距离国家行政权力较远。两者的差别不仅仅是收入上的差别，更重要的是还具有权利上的优劣。第三，作为补充，我们又采用了个人性质特征，即职业地位，来观察在同一个所有制性质和行业中，职业地位对养老金再分配是否有影响。由于数据中职业变量没有表示逐级分层的指标，根据现有变量值，我们检测职业地位用党政企业机构事业单位负责人和专业技术人员代表职位高的人，其他的职业代表职业地位较低的人。①

1. 不同所有制性质单位间的再分配

在样本中，国有经济单位的职工人数最多，占到一半多，其他经济单位（三资、联营、股份制）有 1417 人，占 18.5%，城镇个体和私营企业被雇职工也达到了 13.3%。如果我们将除国有经济单位之外的其他几类所有制单位都归类为非国有经济单位，在不考虑任何其他因素的情况下，整体上国有经济单位比非国有经济单位的人平均养老金收益额要低。在几类所有制单位中，国有经济单位平均收益额最低。收益额最高的是城镇集体经济单位职工，平均收益额约达 7.6 万元，收益额大约有缴费总额的 85%。国有经济单位的转移率要低于非国有经济单位职工（见图 1）。除了最低收入的第 1 组和较高收入的第 5 组之外，国有经济单位职工的养老金收益额都低于非国有经济单位职工的。

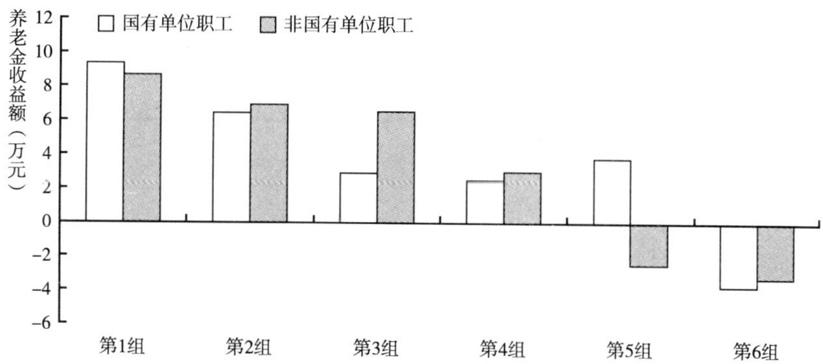

图 1　国有经济单位与非国有经济单位的养老金再分配比较

① 由于国家行政机关单位和部分事业单位并没有实行基本养老保险制度，所以样本中并不包括机关事业单位的人员，这里的负责人只是企业单位负责人。

2. 不同行业和职业间的养老金再分配

部门之间和行业之间职工工资差距的不断扩大是造成城镇内部收入差距扩大的一个重要因素。这一差距的扩大并不是由前者员工人力资本等个人特征变化引起的，而是由部门分割和行业垄断造成的。因此，讨论行业和部门间养老金收益的再分配就不仅仅是对收入差距的影响意义，而且还有其背后的政府对再分配权力的使用。养老金制度的设计是否会更有利于垄断行业或者垄断行业凭借其垄断资源的优势而可以更好地利用养老保险制度，从而得到更多的养老金收益呢？还是制度削弱了垄断地位的优势，产生了从垄断行业向竞争行业的转移？对行业间的养老金收益的分析，有助于我们认识养老金再分配是否对行业间的不平等起到了一定的抑制作用。

从行业内看，垄断行业和竞争性行业①的养老金都是从高收入组向低收入组转移，缩小了高低收入组之间的差距。从行业间看，低收入组和高收入组中，垄断行业的养老金收益额都大于竞争性行业的养老金收益额，中等收入组（第3组和第4组）中，竞争性行业的养老金收益额大于垄断行业的养老金收益额。在不同的收入组中，养老金调节收入差距的作用是不一样的（见图2）。这其中是否还受到年龄和性别因素的影响，也是需要考虑的。

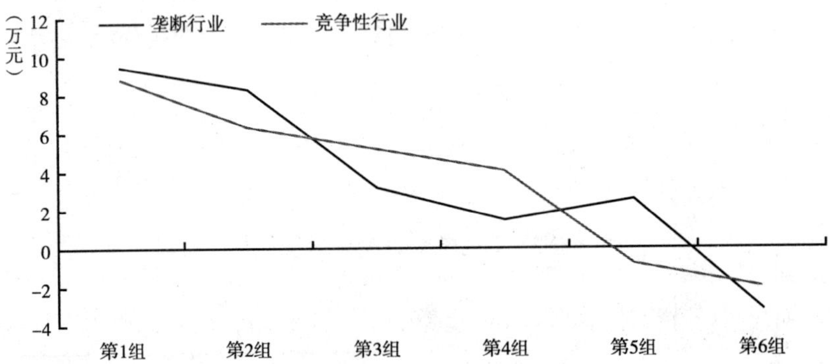

图2　不同行业的养老金收益额

资料来源：据2009年国家统计局城市住户调查数据测算。

---

① 张展新（2004）则将垄断行业和竞争行业进行了详细的划分：采掘业、制造业、建筑业、批发零售和餐饮业、社会服务业等被划分为竞争性行业，电力、金融、卫生、体育等行业为垄断行业，同时，将交通运输仓储及邮电通信业视为混合行业。本文借鉴以上思想和划分方法，将行业划分为垄断行业、竞争性行业及其他行业。

3. 职业间养老金再分配

与所有制和行业不同的是，职业是一个个人层面的特征变量。由于数据中缺乏对职业地位直接的赋值，所以我们将职业按照统计局定义的八类做简单归类，在除去军人的其他七类职业中，将企事业单位负责人作为职业地位较高的职业，专业技术人员应该是在市场机制下人力资本回报较高的群体，其他的职业类别作为低于前两种职业的阶层。

总体来看（见图3），各类职业中，商业服务业人员是平均收益额最高的职业，而企事业单位负责人是养老金收益额最低的职业，专业技术人员也是除了企事业单位负责人之外收益额最低的职业。生产运输设备行业相关人员与办事人员和有关人员的养老金收益额相差不大。由于职业与收入的相关性较强，这种职业间的养老金转移代表了收入水平间的转移。由于职业与收入的相关性，在收入分组之后观察职业间的养老金再分配转移已经没有什么规律了。

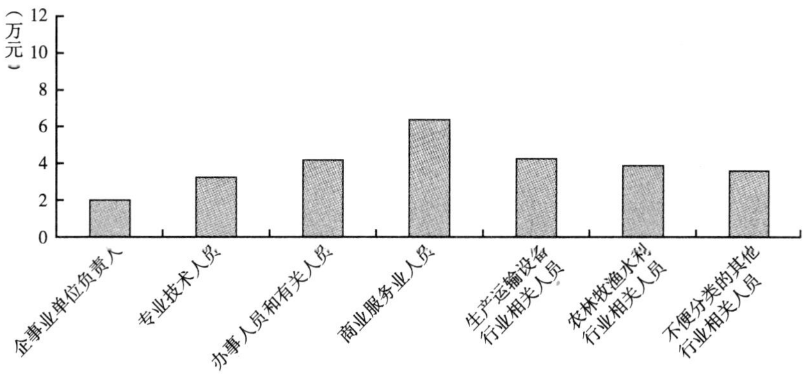

图3　职业类别的养老金收益额

所有制性质、行业及职业间的养老金收入再分配同样也受到年龄、性别的影响。因此要看它们在收入再分配中的作用必定要在考虑其他主要影响因素之后再进行判断。表6中，模型一是未加入所有制变量、行业变量和职业变量的方程，模型二是加入了所有制变量、行业变量和职业变量的方程。当加入了这些变量之后，以转移额为因变量的方程的解释力并没有增加，以转移率为因变量的方程的解释力只增加了0.014，所以所有制、行业和职业这些因素对养老金再分配的影响很小。同收入的作用一样，虽然在做简单的描述性分析时，终生养老金会表现出从高收入向低收入的转移，从垄断行业向竞争性行业的转移，从国有经济单位向非国有经济单位的转移，从职业高层次人口向职业低层次人口的转移，但是当这些因素同其他因素一起产生交互作用时，收入、所有制、行业、职业的作用对养老金再分配的作用几乎可以忽略，对养老金再分配发挥作用的主要还是年龄、性别和地区。

表 6　部门间的养老金收益多元回归分析

	模型一		模型二	
	B_{11}	B_{12}	B_{21}	B_{22}
常数	9. 191 *** (. 431)	. 0565 (. 040)	9. 268 *** (. 679)	-. 959 *** (. 061)
年龄	. 659 *** (. 006)	. 0617 *** (. 001)	. 656 *** (. 007)	. 068 *** (. 001)
性别(女性)				
男性	-12. 328 *** (. 123)	-1. 018 *** (. 011)	-12. 415 *** (. 145)	-1. 171 *** (. 013)
收入	-. 0430 *** (. 002)	-. 0038 *** (. 000)	-. 042 *** (. 003)	. 0007 ** (. 000)
地区(北京)				
(省略 30 个虚拟变量)	略	略	略	略
就业状况(国有经济单位)				
城镇集体经济单位			-. 443 * (. 223)	. 160 *** (. 020)
其他经济单位			-. 532 *** (. 142)	. 033 ** (. 013)
城镇个体或私营企业被雇者			-. 103 (. 175)	. 118 *** (. 016)
行业(垄断)				
竞争性行业			-. 069 (. 128)	. 113 *** (. 011)
其他行业			. 258 (. 173)	. 066 *** (. 016)
职业(单位负责人)				
省略 6 个变量			略	略
调整 R^2	. 859	. 808	. 859	. 822
R^2 的增量			0	. 014
N	7655		7655	

说明：①B_{11}、B_{21}是因变量为养老金转移额的回归模型系数，B_{12}、B_{22}是因变量为养老金转移率的回归模型系数；

②括号内为标准误差；

③ *** $p<.001$， ** $p<.01$， * $p<.05$；

④性别变量中，以女性为参照组；地区变量中，以北京为参照组；其他变量省略，检验结果都是显著性变量。

（五）灵活就业人员的养老保险制度再分配效应

我国市场经济改革以后，个体和自营劳动者逐年增加，并且增加速度极快。2005年时，个体、自营劳动者的数量达到约1亿人以上。灵活就业者人数迅速增加，但是灵活就业人员参加养老保险的比例却很低，只能达到20%。灵活就业人员被严重地排斥在制度之外。虽然在制度上，2001年和2005年国家分别颁布了灵活就业人员参加养老保险的具体措施，但是实施效果却不尽如人意，参保率仍然很低。从制度上来看，灵活就业人员的养老保险制度存在两个问题，一个是从国家—企业保险转向国家—社会保险时，还保留着单位保险的形式，造成没有固定单位的灵活就业人员参保的困难，另一个是保险关系不能实现转移接续，阻碍了灵活就业人员的参保。

本文通过灵活就业人员与其他身份的就业者的比较和灵活就业人员自身比较两个维度来进行对灵活就业人员的养老金再分配的分析。按照城市住户调查的界定，本文将个体工商户和私营企业者及其他就业者定义为灵活就业者，国有经济单位职工、城镇集体单位职工、其他经济单位职工（包括在联营经济、股份制经济、外商和港澳台经济、其他经济单位中工作，并由其支付工资的人员）等作为有就业单位的就业者。

1. 灵活就业人员与其他身份就业人员的养老金收益比较

假设灵活就业人员参加养老保险同其他城镇职工一样，从参加保险时开始，一直按规定缴纳养老保险费。在这种状况下，从一个人终生养老金的收益额的描述性分析来看，灵活就业人员的平均收益额要高于国有经济单位职工的，但是低于城镇集体单位职工和其他经济单位职工的，与城镇个体和私营企业被雇者的基本相同。从平均转移率上看，灵活就业人员是收益程度最低的群体（见表7），

表7　不同类型职工的养老金收益状况

	平均转移额(万元)	平均转移率	频数
国有经济单位职工	5.4802	.5455	4782
城镇集体单位职工	11.7633	.8571	437
其他经济单位职工	7.3123	.6794	1417
城镇个体和私营企业被雇者	6.7701	.7454	1019
灵活就业者	6.7887	.4858	759
总　计	6.1760	.6031	8414

数据来源：据2009年国家统计局城市住户调查数据计算。

收益额占到缴费额的48.58%，而国有经济单位职工占到54.55%，其他类型单位的职工平均转移率均高于灵活就业人员。

以上是在不控制年龄、性别、收入、地区等变量的情况下的不同身份就业群体的养老金收益状况的比较，但是不同性别、年龄间都存在着再分配，而且不同地区养老保险的缴费比例也有所不同，所以这些变量对不同就业身份的养老金收益是有干扰的。表8是在控制了性别、年龄、收入和地区之后的就业身份对养老金收益额的影响。从分析结果可以看到，加入就业身份这个变量之后，方程的R^2仅

表8　不同就业类型职工的养老金收益额的多元回归分析

	B_1	$Beta_1$	B_2	$Beta_2$
常数	9.375 *** (.431)		.246 *** (.038)	
收入	-1.596 *** (.084)	-.133	-.229 *** (.007)	-.242
年龄	.671 *** (.006)	.524	.0640 *** (.001)	.631
性别				
男性	-12.799 *** (.108)	-.579	-1.010 *** (.009)	-.576
地区				
（省略30个虚拟变数）	略		略	
就业身份				
城镇集体经济单位职工	-.476 * (.233)	-.010	.0272 (.020)	.007
其他经济单位职工	-.679 *** (.146)	-.023	-.0288 * (.013)	-.012
城镇个体和私营企业职工	-.197 (.174)	-.006	.0236 (.015)	.009
灵活就业人员	-.930 *** (.178)	.024	-.0717 *** (.016)	-.024
调整R^2	.837		.803	
R^2的增量	.001		.001	
N	8414			

说明：①B_1是因变量为养老金转移额的回归模型系数，B_2是因变量为养老金转移率的回归模型系数，括号内为标准误差；Beta为标准回归系数；

② *** $p<.001$，** $p<.01$，* $p<.05$；

③性别变量中，以女性为参照组；地区变量中，以北京为参照组；就业身份中，以国有经济单位职工为参照组。

增加了0.01，就业身份对职工养老金的收益额和收益率的变化的影响都不是很大；从标准回归系数来看，也可以得到相同的结果，不论是转移额还是转移率，年龄和性别的作用都最强，而就业身份的解释力很微弱。所以整体来看，是否是灵活就业人员的就业身份并不是影响养老金收益额和收益率的主要因素，也就是说灵活就业人员与其他类型职工之间的养老金收益额并没有明显差异。

灵活就业人员与其他身份的就业参保者相比，在养老金收益上并没有太大差别，这表明参保的灵活就业人员与其他身份的就业人员在享受养老保险待遇上是平等的，既没有特殊的优惠，也没有受到明显的歧视。

2. 灵活就业人员群体内的养老金再分配比较

灵活就业人员与其他身份的就业城镇职工的养老金缴费方式和基数是不同的，但是领取待遇上参照城镇职工，采用同样的公式计算，那么与其他身份就业人群的比较，是这个特殊人群在整个社会保障制度中的定位，以此来感受自身群体的地位。而对缴费和领取都相同的其他灵活就业人员来说，对同一群体内部的比较可以切身体会到制度的含义。表9是灵活就业人员群体内部的养老金再分配。在灵活就业人员群体内，年龄不再是作用很强的变量了，收入和性别成为影

表9　灵活就业人员群体内的养老金再分配

	B_1	$Beta_1$	B_2	$Beta_2$
常数	-19.600 *** (1.053)		-.672 *** (.035)	
收入	9.347 *** (.242)	.736	.376 *** (.008)	.461
年龄	-.049 *** (.012)	-.045	-.0003 (.000)	-.004
性别(女性)				
男性	-10.881 *** (.188)	-.658	-.880 *** (.006)	-.829
地区(北京)				
(省略30个虚拟变数)	略		略	
调整 R^2	.909		.976	
N	759			

说明：①B_1 是因变量为养老金转移额的回归模型系数，B_2 是因变量为养老金转移率的回归模型系数；括号内为标准误差；Beta为标准回归系数；

② *** p <.001，** p <.01，* p <.05；

③性别变数中，以女性为参照组；地区变量中，以北京为参照组。

响再分配的主要因素。并且养老金收益额和收益率都呈现出明显的逆向再分配现象，即收入越高，养老金收益额越高，收益率也越高。性别对再分配的影响程度加强，而地区的作用相对减少。总体来看，比起城镇职工，灵活就业人员群体内的收入间的再分配效应大于代际间的再分配，代际间再分配的不平等程度很小，但是收入间的再分配增加了收入不平等，表现出逆向再分配。

代际间再分配效应减少，说明灵活就业人员群体内部并没有过多地承担转轨成本和人口结构的压力。而养老金的逆向再分配会导致收入的不平等进一步加大。对灵活就业人员来说，收入低的人员本身就面临着缴费难的问题，收益额和收益率低使得他们参保的积极性很难提高，而高收入的人则可以通过缴纳保险费，来提高自己老年的收入水平，这将更有利于高收入水平的人群。

针对灵活就业人员的养老保险，最困难的问题是扩大覆盖面的问题。如何将灵活就业人员都纳入制度范围，并且都愿意参加保险，是国内外养老保险制度都面临的问题。从制度设计来看，灵活就业人员缴费高，养老金收益多是为了激励灵活就业人员积极参保和积极缴费，但是客观上造成了逆向再分配。灵活就业人员的贫富差距比较大，贫困的人可能连最低的缴费都是很大的负担，而富人可能通过多缴费，在再分配过程中提高老年时的收入水平，这样更拉大了贫富差距。这反倒会影响一般灵活就业人员的参保积极性，不利于扩大覆盖面。对于灵活就业人员来说，用激励的手段来提高参保率，不如用便捷的参保方式来提高参保率。

灵活就业人员没有固定单位，不稳定，流动快。参保的连续性受到一定影响。灵活就业人员参保的积极性和连续性都存在问题，这在制度设计中完全可以解决：使灵活就业人员的参保方式也灵活起来，与城镇居民养老保险和城镇基本职工养老保险之间可以转移接续，灵活就业人员既可以作为城镇职工的身份参保，也可以作为居民的身份参保，这样针对灵活就业人员灵活的特点，养老保险制度也采取相应的灵活措施，将大大提高灵活就业人员的参保覆盖面。同时，从收入再分配方面，可以采取增强针对低收入水平人员的再分配功能，相应减少收入水平高的人员的再分配力度，进而降低不平等。

三　城镇基本养老保险制度再分配效应的地区差异

地区差异在各类研究中已经不是一个新的话题。中国的养老保险制度在形成过程中由于各种原因，存在着地区分割和制度碎片化现象。地区分割和制度碎片化不仅阻碍了养老保险制度自身的发展和改革，也阻碍了劳动力市场的发展，进而成为经济和社会发展的障碍。统一养老保险制度和提高统筹层次成为养老保险制度改革的目标之一。1997 年，国务院颁布了《关于建立统一的企业职工基本养老保险制度的决定》，对养老保险制度进行了一定程度上的统一：统一规定个人账户的规模和资金来源，统一规定企业缴费的比例，统一规定养老金计发办法。1998 年，国务院又发布了进一步改革的文件《国务院关于企业实行企业职工基本养老保险省级统筹和行业统筹移交地方管理有关问题的通知》，就是要解决地区之间、部门之间的养老金负担不平衡的问题，目的是要建立统一的养老保险制度，实行基本养老保险的省级统筹。在一个省（区市）内实行养老金的统一标准，统一管理、统一机构和统一调剂来使用基金。这两次改革为建立全国统一的养老保险制度奠定了制度上的基础。2010 年，全国 31 个省区市和新疆生产建设兵团全部出台实施养老保险省级统筹文件，实现了全国建立养老保险省级统筹制度的目标。① 虽然改革逐渐改变了省内之间的碎片化现象，但是省份之间依然存在着巨大的差异。最直观的是地区之间的养老金待遇差距悬殊（见图 4）。

已有的研究大多是对地区间养老金的差异只作制度或者待遇比较的研究，对养老保险制度再分配效应的地区差异的研究还比较少。

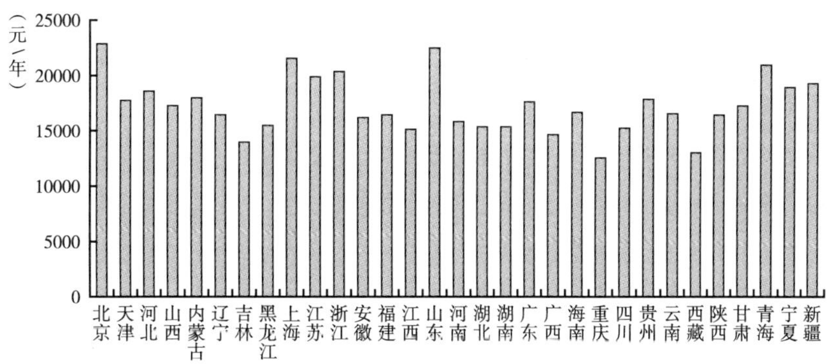

图 4　不同地区的平均养老金

数据来源：据 2009 年国家统计局城市住户调查数据计算。

---

① 《2009 年人力资源和社会保障发展统计公报》，2010 年 5 月 21 日，http://www.gov.cn/gzdt/2010-05/21/content_1611039.htm。

地区之间的收入再分配差距研究，一般可归纳为两个含义：一个是财政转移支付在各地的再分配。各地的养老基金缺口不同，有的地区较小，有的地区比较大，难以支付退休人员的养老金。为了实现“两个确保”[①]，中央和地方各级财政不得不通过财政的转移支付来补贴养老金的缺口。由于各地区的财政收入水平不同，中央根据各地区的养老基金的缺口和财政收入水平，通过财政转移支付的手段来补贴各地区，这样形成了财政收入在养老保险基金上的地区再分配。2009年，各级财政补贴基本保险基金达到1646亿元。[②]

另一个是社会保障统筹基金在地区之间的调剂作用。实行全国统筹的话，由于地区之间的养老金基金积累、历史债务、缴费率等因素不同，从而造成养老金负担轻、人口抚养比小、预期寿命短的地区向养老金负担重、人口抚养比大、预期寿命长的地区转移的再分配。本文将从第二种含义上的养老金再分配来探讨地区间养老金再分配效应的差异。利用多层次分析方法讨论地区的影响因素，在前面研究的基础上来分析在不考虑各地的历史债务的情况下，目前养老金制度是否造成地区间再分配效应的差异，原因是什么。

（一）养老金再分配效应的地区差异

从简单的描述性分析看，各地区的养老金收入再分配程度有所不同。通过地区平均收益额的比较发现，上海、北京、天津是平均收益额最大的三个地区，明显高于其他省区市。西藏、云南、青海、贵州和新疆是平均养老金转移额为负值的省区（见图5）。

综合各地区2009年的平均退休金和养老金收益额的关系，发现退休金越高的地区，养老金收益额越高，退休金越低的地区，养老金收益额也越低。

从多元回归分析结果看，地区变量是一个对方程的估计影响程度非常大的变量，但是究竟是地区的什么特征导致这一结果呢？我们需要将地区变量进行分解。由于在养老金制度设计中计算基础养老金和过渡养老金时涉及社会平均工资和预期寿命，所以我们将地区变量具体操作为地区的社会平均工资和地区的预期

① 1998年，国家实行两个“确保”措施：一是确保国有企业下岗职工的基本生活，二是确保离退休人员的基本生活，保证按时足额发放基本养老金。

② 《2009年人力资源和社会保障发展统计公报》，2010年5月21日，http：//www. gov. cn/gzdt/2010-05/21/content_ 1611039. htm。

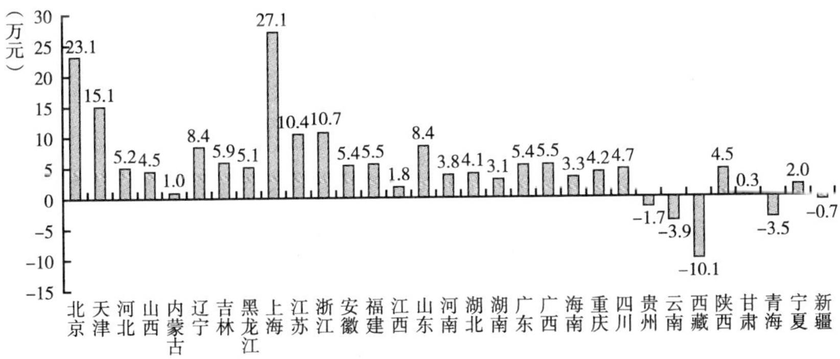

图 5　各地区平均养老金转移额

寿命。因为我们的测算以 2009 年为时间点，所以地区一层的变量也使用 2009 年各地区的社会平均工资和 2000 年人口普查时的各地区预期寿命。地区的变量和个人特征的变量显然是两个层次的变量，我们有必要将地区变量和个人变量分层来进行回归，看个人层面和地区层面的交互作用对养老金收益的影响。

（二）养老保险制度再分配地区差异的多层次线性回归模型

个人层次的变量为解释力很强的年龄和性别，地区层次的变量选定为社会平均工资和预期寿命。将养老金转移额作为因变量，零模型为：

$$\text{Level}-1\ \text{Model} \quad Y = B0 + R$$
$$\text{Level}-2\ \text{Model} \quad B0 = G00 + U0$$

零模型的方差分析得出养老金收益额的组内相关系数是 0. 37，也就是说有 37% 的养老金收益额的差异是地区间的差异。因此就需要考虑组间差异，也就是地区间的差异，对养老金收益额进行地区和个人两个层面上的多层次线性模型分析是非常必要的（见表 10）。

表 10　零模型方差成分估计

参　数	估计值	标准误
阶层 2 方差	50. 43853	7. 10201(p = .000)
阶层 1 方差	84. 58531	9. 19703
组内相关 ICC	0. 3736	
偏差度 Deviance	55843. 5279	

在零模型基础上，加入了个人层次变量和地区层次的解释变量，形成完整模型。个人层次的变量是年龄和性别，地区层次的变量是社会平均工资和预期寿命。两层次线性模型限定为：

第一层模型：

$$收益额\ y = B0 + B1^{*}(年龄) + B2^{*}(性别) + R$$

第二层模型：

$$B0 = G00 + G01^{*}(预期寿命) + G02^{*}(社会平均工资) + U0$$
$$B1 = G10 + G11^{*}(预期寿命) + G12^{*}(社会平均工资) + U1$$
$$B2 = G20 + G21^{*}(预期寿命) + G22^{*}(社会平均工资) + U2$$

在第二层模型中，我们认为预期寿命和社会平均工资对养老金转移额的影响在各地区之间不同，因此设定了固定效应，也设置了随机效应。表 11 是完全模型估计的结果。

表 11　养老金转移额的完全分层模型估计结果

固定效应	系数	标准误	T 值	自由度	P 值
平均转移额 B0					
截距,G00	-14.450927	0.789214	-18.311	28	0.000
预期寿命,G01	1.253341	0.389385	3.219	28	0.004
社平工资,G02	0.483139	1.283714	0.376	28	0.709
年龄,B1					
截距,G10	0.677144	0.020757	32.623	28	0.000
预期寿命,G11	0.006010	0.007192	0.836	28	0.411
社平工资,G12	0.134086	0.030039	4.464	28	0.000
性别,B2					
截距,G20	-13.526866	0.399266	-33.879	28	0.000
预期寿命,G21	-0.018013	0.141592	-0.127	28	0.900
社平工资,G22	-3.292195	0.685007	-4.806	28	0.000
随机效应	**标准差**	**方差成分**	**自由度**	**卡方值**	**P 值**
平均转移额 U0	4.41124	19.45908	28	478.31785	0.000
年龄,U1	0.11564	0.01337	28	609.52557	0.000
性别,U2	2.26715	5.13997	28	712.22585	0.000
第一层 R	3.83471	14.70504			

偏差度 Deviance = 42610.135028

估计参数个数 = 7

根据估计的结果，可以看到第二层次的两个变量对个人和地区层次变量的作用。随机效应结果中，层2截距模型的方差为19.45908，且方差统计意义极为显著（p=.000），也就是说各地区的平均养老金收益额是有显著差异的。但是截距的固定效应的结果表明，预期寿命对平均养老金转移额的差异有显著作用（p=.004），而社会平均工资对平均养老金转移额的差异没有影响（p=.709）。

预期寿命对年龄和性别之间的养老金收益差异都没有显著作用（p值分别为.411和.900），而社会平均工资对年龄和性别间的养老金收益额差异均有极为显著的作用（p值都为.000）。也就是说随着社会平均工资的上升，年龄间的养老金收益额的差异会扩大，不同年龄的人所对应的社会平均工资都同时增加一个单位，那么不同年龄之间的差异值会在原来0.677的基础上增加0.134，差异值扩大到0.811。也就是代际间的转移会加大，代际将更不平衡，那么，社会平均工资高的地区比社会平均工资低的地区，代际不平等的程度更严重。同样，性别间的养老金收益额的差异随着社会平均工资的上升而上升，男性和女性所对应的社会平均工资都同时增加一个单位，不同性别间的差异值会在原来-13.527的基础上再扩大-3.292，也就是说，随着社会平均工资的提高，性别的养老金收益额差异也会增加。社会平均工资高的地区男女性别间的差异高于社会平均工资低的地区。

利用两层线性回归模型分析来看，目前养老保险制度下，预期寿命是产生养老金平均收益额在地区间差异的一个主要原因，本来预期寿命长短的风险在社会保险上应该是由社会来承担的，但是结果并没有显示出社会承担，而是由此造成了地区间的差异，这也是目前养老保险制度不合理的地方。同时，年龄和性别之间的养老金收益额在地区之间是不同的。这就是地区间的差异，社会平均工资是产生差异的原因之一。造成地区间养老金收益额的不同还有其他的一些因素，比如可能有职工的男女性别比、年龄结构等，但是由于数据的限制，没有地区层面的可信度较高的汇总数据，只能利用现有的数据做粗略的估计。

事实上，在没有实行养老保险全国统筹之前，在各地区间不存在收入再分配的问题，以上所说的养老金的转移只是按照基础养老金和过渡养老金的公式计算出来的收益额，是养老金收益额在地区之间的差异。只能说目前的养老保险制度在各个地区之间产生的收益额是不同的，而并不能说是地区之间产生了养老金转移。只有在全国统筹的情况下，才会出现地区之间的再分配。

通过多层次线性回归模型的分析，在地区层面的变量和个人层面的变量交互作用下，各变量随着地区的不同会有不同程度上的变化。在目前的养老金制度设计下，预期寿命是地区间平均养老金收益额产生差异的一个原因。各地区的预期寿命不同，而且相差很大，上海的女性预期寿命最高，为80.04岁，最低的西藏的女性预期寿命只有66.15岁，悬殊的地区预期寿命的差异影响了地区平均养老金收益额的差异。而年龄和性别间的养老金收益额的差异表明，社会平均工资是影响差异的原因，预期寿命不再起作用了，并且随着社会平均工资的提高，年龄间的养老金收益额差异会更大，性别间的差异也会增加。

四　结论与思考

市场体制改革使我国从原来的国家—企业保险转向了国家—社会保险，把垄断的再分配福利体制转变为不依托权力的再分配福利制度。制度转变后的社会基本养老保险制度内的再分配发挥了一些均平功能，但只是有限地缩小了不平等，再分配的目的在于消化转轨成本，并且代际和性别间的再分配程度会随着地区社会平均工资的不同而不同。

虽然以上对养老保险制度再分配效应的讨论在各个方面展开，但是由于数据的限制及我国养老保险制度的特点，对于养老金再分配的效应还不能做非常全面的分析。目前我国养老保险制度覆盖面还很小，本文只是在参加了城镇基本养老保险范围内的人群中进行讨论，对于没有参加到制度内的人群的再分配效应并没有涉及。但是不平等很大程度上恰恰是在制度内外的群体间产生的。在养老金构成上，本文也只涉及了基本养老保险，并未加入企业年金，如果加入这部分，再分配效应的结果是否会改变？行业间的收入差距受到很多因素的影响，福利待遇是其中的一项，有些行业可能会把养老金的缴纳作为一项福利待遇，而减少了个人的实际缴费额，这无疑增加了个人的收益额，这也会改变再分配效应结果。城乡之间的养老保险制度是不同的，当新型农村养老保险制度逐渐覆盖农民的时候，城乡之间的不平等是否会缩小？……诸如此类的问题在这里还都没有涉及。

卡尔·波兰尼（1944）认为现代社会是由一种双向运动支配着，一方面是市场的不断扩张，另一方面是对市场活动进行控制的反向运动，这种反向运动包括保护性立法和其他的干预手段。① 波兰尼认为任由市场无节制地发展下去，人类会陷于灾难。因此在市场发展的同时，人们还在进行着保护社会的干预。中国从计划经济向市场经济的转轨过程中也在遵循着这一规律，当人们见证了市场机制带来的经济发展奇迹的时候，也感觉到了市场所带来的风险和不稳定的因素。所以，中国也出现了蓬勃的反向运动，并正在催生一个社会市场，即市场仍然是主要机制，但同时政府通过再分配对人类生存权的相关领域去商品化。中国在20世纪90年代后出台的一系列社会政策表明了这种意愿。② 所以说，无论计划经济还是市场经济，再分配在中国是一直存在的，而且是被需要的。目前存在的问题是再分配的力度还不够，还需适当加大再分配力度。

养老保险制度的碎片化造成了不同人群享有的养老保险再分配类型不同。制度之间分割严重，不能衔接和转移，制度不同，制度覆盖内的人群享有的再分配权益也不同，因此，每一种再分配都是有选择性的，但是，不论何种再分配方式，养老保险体系都是在努力使每一种人群纳入覆盖，从这个角度上说，养老保险制度是在向普惠制的方向努力。具体来讲，就是扩大覆盖面，整合制度。一是将没有纳入保障的人纳入保障，即扩大覆盖面。二是在各种不同的制度之间实现衔接，间接扩大覆盖面，实现再分配界线范围内的人群的平等。制度的碎片化是造成养老保险制度再分配不平等的一个重要原因，不仅没有使得再分配缩小不平等，反而因为制度的差别导致了更大的不平等，因此整合制度、消除碎片化现象是减少不平等的重要办法之一。

除了从制度整合和扩大覆盖面上来缩小差距，通过养老保险制度的再分配缩小收入差距，也是降低不平等的办法之一。瑞典的名义账户制③的养老保险制度是一个很好的借鉴。这一制度在缴费阶段，将缴费分为三个层次，第一个层次是针对参保的最低收入人群，他们可以不用缴费，但是退休后可以领取到养老金，属于完全的再分配；第二个层次针对较低收入人群，他们可以按照一定比例缴纳养老金，但是领取的养老金额要高于缴纳的费用，属于不完全再分配；第三个层

---

① 卡尔·波兰尼：《大转型：我们时代的政治与经济起源》，冯刚、刘阳译，浙江人民出版社，2007。

② 王绍光：《大转型：1980年代以来中国的双向运动》，《中国社会科学》2008年第1期。

③ 关于瑞典名义账户制度的具体内容可参见：高山宪之《全球性养老保障制度的最新争论与改革动向》，王新梅译，2003，http：//www. socilogy. cass. cn。

次则是针对高于前两个收入水平的人群，他们的缴费与领取养老金是成比例的，缴费越高，领取额越高，缴费与领取一一对应。这样的制度设计明确定位了再分配群体和再分配方式，从缴费和领取两个阶段都对低收入人群加大了再分配力度，是比较有效的降低不平等的一种再分配方式。这一制度直接瞄准了收入再分配的重点人群——最低收入层，这样可以真正地达到缩小收入差距、减少老年贫困的目的。

另外，将转轨成本这一本应由国家承担的债务从养老保险统筹基金中剥离出去，由国家财政承担，或者通过其他体制外途径解决，将大大减轻年青一代的负担，使制度可以良好地持续下去。

再分配效应有时往往受制于初次分配的效应。部门间养老金待遇上的差距往往不是通过直接的获益表现出来的，大多是在初次分配时，差距就形成了。因此，缩小部门间和行业间在初次分配时的差距可以有效地抑制部门间和行业间的养老保险再分配的差距。对于初次分配时的国有企业和垄断企业的隐性福利，具体操作起来可能会比较困难。如同地区差距一样，企业效益的差距形成了他们在初次分配时获得福利的基础，使得通过缩小初次分配的福利差距不那么容易。一个变通的办法，就是通过加大对国有和垄断企业的税收，实行国家再分配而达到事实上的公平。

G.5

医疗保障制度的收入再分配效应

何文炯　朱文斌*

摘　要： 作为一项基本公共服务，社会医疗保障具有再分配的功能。社会医疗保障一般通过普惠型公共福利、社会保险、社会救助等方式来实现，不同类型的社会医疗保障制度对于国民收入再分配的影响机理有所不同。我国社会医疗保障体系的发展，在一定程度上发挥了收入再分配的作用。但是，现行社会医疗保障体系还存在明显的缺陷，对于改善我国收入分配状况的贡献不足，甚至还有消极影响，主要体现在以下几个方面：社会医疗保险待遇群体间差距过大，筹资水平差异悬殊，制度设计存在若干缺陷。因此，必须树立公平的理念，完善社会医疗保障体系，优化制度设计，提高服务水平，进一步增强社会医疗保障制度的再分配功能。

关键词： 医疗保障　收入再分配　机理　效应

疾病风险是社会成员的基本风险，为老百姓提供医疗保障是现代政府的基本职责。作为一项基本公共服务，社会医疗保障具有再分配的功能。本文在揭示社会医疗保障对收入分配和再分配影响机理的基础上，评估我国社会医疗保障制度和政策的再分配效应，进而提出关于社会医疗保障制度强化再分配功能、提高公平性的若干政策建议。

一　社会医疗保障对国民收入再分配影响的机理分析

社会医疗保障制度是社会保障体系的重要组成部分。在收入分配领域，社会

* 何文炯，浙江大学公共管理学院；朱文斌，浙江大学公共管理学院。

医疗保障主要属于再分配环节。一般地说，国民收入再分配以实现社会公平为基本取向，因而，对社会医疗保障制度再分配功能的考量，也是对社会医疗保障制度公平性的考量。

纵观世界各国的实践，社会医疗保障一般通过以下方式来实现。一是普惠型公共福利，即国家对于国民的部分或几乎全部疾病实行免费医疗，经费由国家财政或其他公共资金支付。二是社会保险，即采用保险方式筹集医疗基金，按照一定规则，支付参保病人的相关医疗费用。三是社会救助，即政府或社会组织对于经济困难的社会成员提供一部分医疗费用。下面，我们就顺着这个思路，分析社会医疗保障制度对于国民收入再分配的影响机理。

（一）普惠型医疗保障与国民收入再分配

普惠型医疗保障是一种公共福利，这类社会医疗保障制度具有很强的再分配功能。英国和澳大利亚是采用这种制度的典型国家，这些国家的国民医疗服务体系（National Health Service System），本质上是一项全民免费医疗制度。以英国为例，政府在医疗保障方面承担了建立制度、提供资金、直接实施的一系列职能。这项普惠型的医疗保障在改进收入分配方面发挥着重要作用。

从筹资看，国家通过一般税的形式统一征收。国民医疗服务体系的资金来源主渠道有：公民以纳税人的身份向政府缴纳一般税；公民以雇主、雇员的身份向政府缴纳类似工资税的社会保险缴费（雇员的缴费比率略高于雇主）；全民医疗服务信托基金的资本积累等。目前，这三个渠道占到了英国卫生资金来源的近95%。按照工资税收的方式筹资本身是一种缩小收入差距，引导财富流向公平的重要手段。这种以税收方式筹集社会医疗保障资金的方式，对于改善国民收入分配状况有着一定的调节作用。

从医疗服务资源配置看，这类国家政府在医疗卫生服务资源配置方面占据主导地位。政府运用公共资金直接开设医疗机构、购置医疗设备、聘用医务人员，同时政府作为医疗服务和药物的购买者，运用政府预算资金向卫生服务和药品等供给者直接采购、支付；政府还对国民卫生服务制订了免费药品目录，规定各制药公司的利润率。因此在英国和澳大利亚，无论劳动者还是非劳动者，无论个人支付能力大或小，低收入人群和高收入人群都能够比较平等地享受医疗服务。

再从保障程度看，国民医疗服务体系实行按需分配，覆盖面近乎遍及全体国民。国民医疗卫生服务体系内部，分为服务提供方与购买方。提供方包括医院、部分医院联合托管组织和制药公司（私营），购买方包括卫生行政部门（即医疗保险机构）和部分人事科医生，两者分别掌握总经费的70%和30%。卫生行政部门作为居民健康利益的代表，制订医疗服务的范围、内容、标准及费用水平等，保障对象可以享受近乎全免费的医疗服务和药品。

综合起来看，由于不同收入人群均征收一定比率的税，因而收入越高，税额越高，于是，高收入者支付的税额将多于低收入者。然而，由于人们患病的机率均等，而制度规定几乎人人免费医疗，因而缴费者在医疗服务的利用上是相对平等的。所以，这样的制度安排，使得社会财富在不同收入的人群之间有一种较强的收入再分配效应，这就体现了社会医疗保障制度的公平性原则。

（二）社会医疗保险与国民收入再分配

由于疾病风险的射幸性，保险制度成为疾病风险管理的重要工具。因此，现代社会中，医疗保险是筹集医疗资金的重要方式。在不实行普惠型医疗保障制度的国家和地区，大多数采用医疗保险制度。根据举办保险的主体和目的的不同，医疗保险可以分为社会医疗保险、商业医疗保险和互助合作性医疗保险三类，其中社会医疗保险由政府直接经办，商业医疗保险和互助合作性医疗保险由民间举办，政府监管。从再分配视角看，这三种医疗保险都有再分配功能，从社会公平性的视角看，由于商业保险和互助合作性保险都是民间行为，我们只需关注社会医疗保险。因而，下面我们重点讨论社会医疗保险对于国民收入再分配的影响机理。

1. 疾病风险的射幸性与社会医疗保险的再分配功能

社会医疗保险是一项典型的保险制度，其再分配功能源于风险的射幸性和保险制度的设计原理。保险是基于风险事故发生在全社会的必然性和某一特定个体遭遇风险事故的偶然性而形成的一种互助机制，具有“千家万户帮一家”的作用。社会医疗保险也是如此。每一个人都有患病的可能性，但何时患病，患怎样的病，需要多少医疗费用，事前一般是不确定的。社会医疗保险的参保者每个人缴付收入的一定比率进入社会医疗保险基金，万一患病，则由社会医疗保险基金按照制度规定支付其部分或全部医疗费用。这就意味着社会医疗保险基金支付给了那些患病的参保者，也就是说，社会财富在患病的参保者与不患病的参保者之间进行了一种再分配，在患病者、患小病者与不患病者之间进行着再分配。有研究表明，通常是

10%的人口消耗60%的医疗卫生总费用，而有近30%的人口几乎没有消耗医疗卫生资源。① 由于参保者或其所在用人单位都在缴费，而接受医疗保险给付的并不是全部，有时甚至是少数人，因而社会医疗保险具有较强的再分配功能。

2. 社会医疗保险体系设置与社会医疗保险的再分配功能

从各国情况看，社会医疗保险可能采用统一的制度，也可能采用不同的制度。在采用统一制度的国家或地区，全体社会成员的社会医疗保险待遇完全一致或者基本相近，这样的制度安排，其再分配功能和公平性均较强。以德国和日本为例，虽然国民可能在不同的保险组合（或保险机构）中参加社会医疗保险，尽管缴费可能有差异，但每一个人所享受的医疗保险待遇是一样的。

如果某一国家或地区的社会医疗保险制度有多个，而各制度之间参保人的待遇基本接近或待遇差距不大，则与实行一个社会医疗保险制度的国家或地区的社会医疗保险再分配功能相差不多。但是，如果同一个国家或地区的社会医疗保险各制度之间参保人的待遇相差较大，则其再分配功能则较弱，公平性也较差。虽然，每一个制度内部具有一定的再分配功能，但由于一项制度适用一类人群，且医疗保障待遇有差异，则从全社会的角度看，社会医疗保险在不同制度所对应的不同人群之间的再分配功能就比较弱了，甚至有可能会强化收入分配差距，而不是缩小收入分配差距。

3. 社会医疗保险筹资方式与再分配功能

社会医疗保险是按照保险原理筹集资金的一种医疗保障制度，与其他医疗保障制度不同，社会医疗保险基金来源于多个主体，除政府资金外，有相当一部分，有时甚至是全部来自于民间——参保人及其雇主。这就有了一个问题：各缴费主体承担的缴费份额不同，则该项社会医疗保险制度的再分配功能就不同。

首先，政府对于社会医疗保险基金的责任不同，该项制度的再分配功能不同。有些国家或地区只是规定财政对于社会医疗保险基金承担兜底的责任，即只有当基金不足支付时财政才注入资金以保障该制度的正常运行。而有些国家和地区规定，财政不仅要对基金承担兜底的责任，而且还要承担一部分保费，也就是说，财政对于社会医疗保险基金必须注入一定比率的资金量。当然，也有国家或

① 哈佛大学经济学教授萧庆伦2004年12月7日在上海第二医科大学“医疗保险改革与发展”论坛上的报告。

地区对于不同的社会医疗保险项目实行不同的财政责任。相比之下，财政既承担保费责任，又承担兜底责任的社会医疗保险制度，要比财政只承担兜底责任的社会医疗保险制度具有更强的再分配功能。

其次，缴费数额的确定方法不同，则该项社会医疗保险制度的再分配功能不同。在社会医疗保险中，无论是采用征税的方式还是采用收费的方式，确定缴费（税）数额的因素有二：一是缴费（税）基数，二是费（税）率。费（税）基一定，则缴费（税）数额决定于费（税）率，由此容易看出，采用统一费（税）率与采用差别性费（税）率的社会医疗保险制度的再分配功能是不同的。反之，费（税）率一定，则缴费（税）数额决定于费（税）基，这时费（税）基的确定方式对于社会医疗保险的再分配功能是有影响的。

就雇员的缴费（税）额而言，费（税）基的确定方法通常有三种：一是以本人工资为基数，二是以社会平均工资为基数，三是以缴费工资为基数。所谓缴费工资是一种修正了的工资，例如我国部分地区规定，本人工资在当地社会平均工资60%～300%之间的，以本人工资作为缴费工资，如果本人工资低于社会平均工资60%的，以社会平均工资的60%作为缴费基数，如果本人工资高于社会平均工资300%的，则以平均工资的300%作为缴费工资。如果本人缴费全部进入个人账户而不需要进入统筹基金（我国目前正是如此），则采用何种方法，对于再分配都是没有什么影响的；但如果个人缴费部分或全部进入统筹基金，则基数的确定方法对于再分配是有影响的。

就雇主的缴费（税）额而言，费（税）基的确定方法也有三种：一是以工资总额为基数，二是以社会平均工资为基数，三是以雇员缴费工资之和为基数。一般地说，前述第一种确定方法的社会医疗保险制度的再分配功能最强，工资水平较高的雇主对于社会医疗保险基金的贡献较多，而工资水平较低的雇主对于社会医疗保险基金的贡献较少，因而再分配的功能较强。如果采用第二种方法，则工资水平较低的雇主将与工资水平较高的雇主缴纳同样的保险费，此时的再分配功能是最弱的。

再次，社会医疗保险筹资模式不同，则社会医疗保险制度的再分配功能不同。采用现收现付制筹资模式，则代际再分配功能较强；采用积累制或部分积累制筹资模式，则代际再分配功能较弱。采用部分积累制时，如果采用个人账户制，并且雇主缴费中有一部分经费需要划入个人账户，而划入个人账户的方法不同，则社会医疗保险制度的再分配功能也不同。如果采用等额划入法，则公平性较强，因而再分配功能较强，如果按照本人工资一定比率划入，则再分配功能较弱，因为此时工资越高所得越多，工资越低所得越少，差距拉得更大。

此外，部分国家和地区对于低收入人群参加社会医疗保险采取减免保费的办法，这就使得社会医疗保险制度具有更强的再分配功能。

（三）社会医疗救助与国民收入再分配

虽然许多国家建立了社会医疗保险制度，但由于这项制度并未覆盖全体社会成员，也并不完全解决参保病人的全部医疗费用，这就需要医疗救助制度，需要商业保险、互助合作型保险等补充性医疗保险。

社会医疗救助，是指政府对于无力支付医疗费用的困难人群，提供资金支持或医疗卫生服务的行为，这是基于社会成员基本医疗服务权利而设置的一项社会救助制度。这样的制度安排显然具有很强的公平性和再分配功能。因为政府通过资金或服务的形式实现了对低收入人群的财政转移支付。正因为如此，世界上几乎所有的国家和地区都有社会医疗救助制度。

二　现行社会医疗保障制度对改善收入分配的积极效应

经过多年的改革探索，我国已经形成了“3 + 1”的社会医疗保障体系，即三个社会医疗保险制度和一个社会医疗救助制度：职工基本医疗保险制度、新型农村合作医疗制度、城镇居民基本医疗保险制度和社会医疗救助制度。其中，职工基本医疗保险制度适用于所有雇主及其雇员，新型农村合作医疗制度适用于具有农村户籍的农村居民，城镇居民基本医疗保险制度适用于具有城镇户籍的非从业人员，社会医疗救助制度适用于无力支付医疗费用的经济困难的社会成员。这个社会医疗保障体系，为我国城乡居民提供着基本的疾病风险保障，促进了生活质量的提高和社会的稳定与和谐，并在一定程度上发挥了社会医疗保障制度的再分配效应。

（一）社会医疗保险参保人数日益增多

我国社会医疗保障体系以社会医疗保险制度为主体，社会医疗保险权成为劳动者和城乡居民的一项基本权利。社会医疗保险的参保率成为衡量社会医疗保障制度公平性及其再分配功能的重要指标。回顾60年来我国社会医疗保障事业的曲折历史，不同时期医疗保障的覆盖面有很大差异。最近10多年来，社会医疗保险的参保人数持续增加，社会医疗保险制度的公平性和再分配功能正在逐步增强。

以1951年《劳动保险条例》颁行为标志，我国城镇普遍实施社会医疗保障制度，工薪劳动者和大多数城镇居民享受国家提供的较高水平的社会医疗保障，但当时在农村并没有实施这一制度，因而广大农民未能享受到国家的社会医疗保障。20世纪60年代，在毛泽东同志的号召与推动下，合作医疗制度开始在农村普遍实施，农民依靠集体经济建立起自己的医疗保障制度。然而，80年代之后，集体经济瓦解，农村合作医疗制度在大多数地方消失，农村进入社会医疗保障最薄弱的时期。与此同时，由于劳动保险制度在民营经济中没有得到全面贯彻，民营经济中相当数量的从业人员缺乏社会医疗保障。总而言之，从20世纪80年代初到21世纪初的20多年时间，我国社会医疗保障制度仅覆盖很少一部分人——国家机关、事业单位和国有集体企业从业人员，其余部分基本上没有国家提供的社会医疗保障。这样的社会医疗保障制度安排，对于缩小收入差距、改善收入分配状况的贡献当然很少。

1. 职工基本医疗保险制度

1998年12月，国务院颁发了《关于建立城镇职工基本医疗保险制度的决定》（国发〔1998〕44号），提出改革社会医疗保险制度，建立职工基本医疗保险制度。各地按照这一思路普遍加快改革，实施新的制度，并且将这一制度的适用范围由企业职工逐步扩展到各类用人单位及其职工。由于国家机关、事业单位与企业及各类用人单位采用统一的职工基本医疗保险制度，打破了不同所有制单位之间、不同职工身份之间的界限，使得各类工薪劳动者能够享受公平的社会医疗保险待遇，社会医疗保险制度的再分配功能日益增强。

与此同时，各地采取积极有效措施，克服种种困难，促进工薪劳动者参加职工基本医疗保险。在将原公费医疗制度和劳保医疗制度保障范围内人群纳入职工基本医疗保险保障范围之后，各地还出台政策重点解决两类人群的参保问题：一是农民工参保问题。随着工业化和城市化进程的推进，农民工人数持续上升，尤其是在沿海地区农民工较为集中，从社会保险制度的公平性和保障农民工医疗保险权益的原则出发，许多地区在确定参保对象时，规定凡与城镇用人单位建立劳动关系的职工，不论是城镇户籍职工还是农民工，统一参加职工基本医疗保险，实施统一政策，打破职工身份、户籍界限，农民工享受与城镇职工同样的社会医疗保险待遇。2010 年年底，全国农民工职工基本医疗保险参保人数为 4583 万人，比上年末增加 249 万人。二是困难企业职工参保问题。由于资金筹集难等原因，部分统筹地区的困难企业职工，特别是破产改制企业中没有管理单位的退休人员，无法参加职工基本医疗保险。对此，政府给予高度重视，着力解决破产改制企业退休人员医疗保障的资金来源，采取建立财政支持机制、原企业资产变现，以及从政府出让土地的收益中提取一部分资金等办法加以解决。在保障待遇上，突出重点，分步解决，许多统筹地区采取先解决住院统筹，暂不建个人账户的办法，将破产改制企业退休人员纳入当地职工基本医疗保险。最近十多年来，这一制度的参保人数逐年增加，已覆盖越来越多的工薪劳动者（见图 1）。

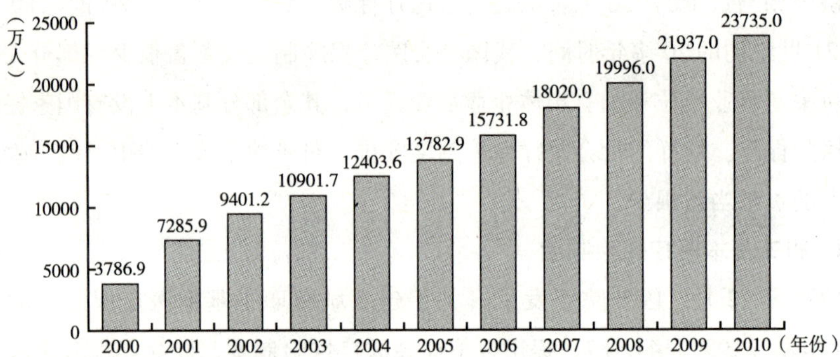

图 1　职工基本医疗保险全国历年参保人数（2000 ~ 2010 年）

资料来源：2001 ~ 2011 年各年《中国统计年鉴》。

2. 新型农村合作医疗制度

在职工基本医疗保险覆盖面日益扩大的同时，国家开始考虑农村社会医疗保障问题。2002 年 10 月，中共中央和国务院在《关于进一步加强农村卫生工作的决定》（中发〔2002〕13 号）中明确提出“逐步建立以大病统筹为主的新型农村合作医疗制度”。2003 年 1 月 23 日，国务院办公厅转发了卫生部、财政部和农业部《关于建立新型农村合作医疗制度的意见》，明确提出了新型农村合作医疗制度是由政府组织、引导和支持，农村居民自愿参加，个人、集体和政府多方筹资，以大病统筹为主的农民医疗互助共济制度。新型农村合作医疗制度实际上是一项社会医疗保险制度，政府推动实施、财政给予补贴。之所以沿用 20 世纪 60 年代的名称，是因为农民群众十分怀念当年的这项医疗保障制度，而且这一成功的实践为世界卫生组织所肯定与推崇。

新型农村合作医疗制度从 2003 年开始试点，2005 年以后覆盖面迅速扩大，到 2010 年年末，全国开展新型农村合作医疗制度的县（市、区）达到 2678 个，参保人数约为 8.36 亿人，参加率为 96.0%。[①] 表 1 和图 2 反映了 2004 年以来新型农村合作医疗制度实施和参加人数变化的情况。

表 1　新型农村合作医疗制度实施情况（2004～2010 年）

年份	开展新农合县（市、区）数（个）	参加新农合人数（亿人）	参保率（%）	当年基金支出（亿元）	补偿支出受益人次（亿人次）
2004	333	0.80	75.2	26.37	0.76
2005	678	1.79	75.7	61.75	1.22
2006	1451	4.10	80.7	155.81	2.72
2007	2451	7.26	86.2	346.63	4.53
2008	2729	8.15	91.5	662.00	5.85
2009	2716	8.33	94.2	922.90	7.59
2010	2678	8.36	96.0	1187.80	10.87

资料来源：2005～2011 年各年《中国卫生统计年鉴》。

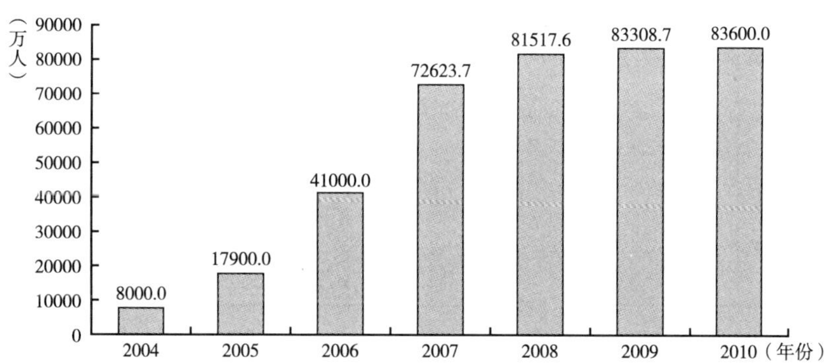

图 2　新型农村合作医疗制度全国历年参加人数（2004～2010 年）

资料来源：2005～2010 年各年《中国卫生统计年鉴》。

① 数据来源：国家统计局 2011 年国民经济和社会发展统计公报。

这一制度的实施，使得长期缺乏疾病风险保障的农民恢复了社会医疗保障，极大地改善了我国社会医疗保障制度的公平性，增强了再分配功能。此外，国家财政给予这项制度以实质性的支持，且财政补贴水平逐步提高，进一步增强了再分配功能。

3. 城镇居民基本医疗保险制度

随着职工基本医疗保险制度的推进和农村合作医疗制度的试行，职工基本医疗保险适用范围之外的城镇居民的社会医疗保险问题，由于制度缺位，矛盾日益显现，逐渐成为社会关注的热点问题。2006 年，部分省市开始考虑社会医疗保险制度体系的完整构建，提出建立城镇居民社会医疗保险制度。2007 年，《国务院关于开展城镇居民基本医疗保险试点的指导意见》（国发〔2007〕20 号）出台，全国各地逐步实施城镇居民基本医疗保险制度。该项制度与新型农村合作医疗制度的技术原理相同，也是政府组织实施，财政给予补助。该项制度的建立，解决了城镇非从业人员，特别是中小学生、少年儿童、部分老年人、残疾人等群体的社会医疗保障问题，在一定程度上弥补了 1998 年社会医疗保险制度改革的缺陷（1951 年建立的劳保医疗制度既保障劳动者本人，又对其未就业的直系亲属给予一定的保障，而 1998 年实施的职工基本医疗保险只保障职工本人）。该项制度的实施，意味着我国社会医疗保险实现了制度层面的全覆盖，即每一个中华人民共和国的公民，都可以参加某一社会医疗保险制度。经过几年的努力，城镇居民基本医疗保险参保人数逐年增多（见图 3）。

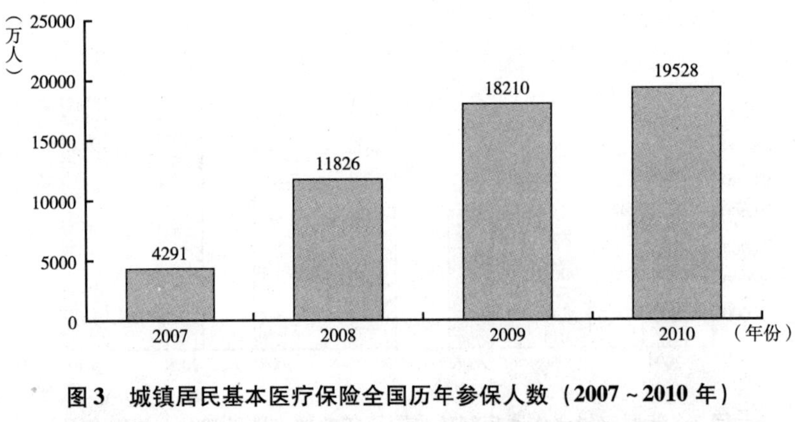

图 3　城镇居民基本医疗保险全国历年参保人数（2007 ~ 2010 年）

资料来源：2007 ~ 2010 年各年《人力资源和社会保障事业发展统计公报》。

4. 社会医疗保险参保总人数

将前面的数据汇总起来，我们得到表 2 和图 4。从中可以看到，我国社会医疗保险参保人数持续增加，社会医疗保险覆盖率已经接近95%。这就意味着社会医疗保险正在从制度全覆盖走向人员全覆盖，同时也说明，社会医疗保险制度的公平性和再分配功能正在加强。

表2　全国社会医疗保险参保人数及增长率（2000～2010年）

单位：万人，%

项目 / 年份	职工基本医疗保险		新型农村合作医疗		城镇居民基本医疗保险		合计	
	参保人数	增长率	参保人数	增长率	参保人数	增长率	参保总人数	参保率
2000	3786.9	83.36	—	—	—	—	3786.9	2.99
2001	7285.9	92.40	—	—	—	—	7285.9	5.72
2002	9401.2	29.03	—	—	—	—	9401.2	7.34
2003	10901.7	15.96	—	—	—	—	10901.7	8.47
2004	12403.6	13.78	8000.0	—	—	—	20403.6	15.76
2005	13782.9	11.12	17900.0	123.75	—	—	31682.9	24.33
2006	15731.8	14.14	41000.0	129.05	—	—	56731.8	43.32
2007	18020.0	14.55	72623.7	77.13	4291.0	—	94934.7	72.07
2008	19996.0	10.97	81517.6	12.25	11826.0	175.60	113339.6	85.56
2009	21937.4	9.71	83308.7	2.20	18210.0	53.98	123456.1	92.67
2010	23735.0	8.20	83600.0	0.35	19528.0	7.24	126863.0	94.69

资料来源：2000～2011年各年《中国统计年鉴》、2007～2010年各年《人力资源和社会保障事业发展统计公报》、2005～2010年各年《中国卫生统计年鉴》。其中：参保率＝参保总人数÷当年全国总人口数（不含港澳台地区）。

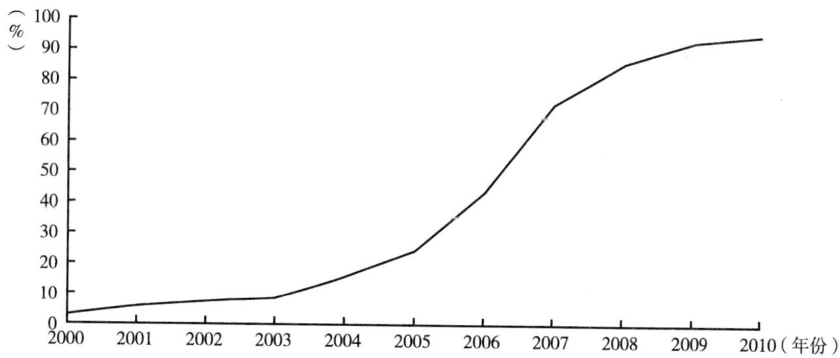

图4　全国社会医疗保险参保率（2000～2010年）

资料来源：2000～2011年各年《中国统计年鉴》、2007～2010年各年《人力资源和社会保障事业发展统计公报》、2005～2010年各年《中国卫生统计年鉴》。

（二）社会医疗保险待遇逐步提高

在社会医疗保险三项制度实施的过程中，政府一方面致力于覆盖面的扩大，通过增加参保人数来增强社会医疗保障的公平性和再分配功能；另一方面通过政策支持和加大财政投入，提高社会医疗保险的保障待遇，进一步增强公平性和再分配功能。

根据《中共中央、国务院关于深化医药卫生体制改革的意见》（2009 年 3 月 17 日）的精神，各地陆续提高社会医疗保险待遇水平，主要体现在以下几个方面：（1）职工基本医疗保险的报销封顶线由原来工资总额的 4 倍提高到现在工资总额的 6 倍，新型农村合作医疗和城镇居民基本医疗保险的封顶线也相应提高。（2）诊疗目录和药品目录范围拓宽，例如某城市 2010 年版《药品目录》共收录药品 3934 种。与 2006 年版相比较，新增了药品及剂型 1133 种，限制使用范围发生变化的共 1125 种。（3）报销比率调整，例如前述城市药品自付比率有所下降。比如，由原自负比率 30% 调整为 15% 的药品有 138 种。这些变化，不仅有益于提高社会医疗保险的待遇水平，在同一制度内还有益于增强公平性和再分配功能，尤其是提高健康人群对患病者、小病患者对于大病患者的再分配力度。

与待遇提高相适应，社会医疗保险各险种的筹资水平都相应提高，尤其是新型农村合作医疗和城镇居民基本医疗保险筹资水平提高，主要依靠财政投入增加，对于缩小收入差距、改善收入分配具有重要作用。从表 3、表 4 和图 5、图 6 看，职工基本医疗保险和新型农村合作医疗的人均筹资额、基金人均支出额均持续增加，即便是扣除了物价上涨因素后，也有不小的增长幅度，而且，近几年新型农村合作医疗的人均基金收入增长率与人均基金支出增长率均显著高于职工基本医疗保险，这更加有利于改善收入分配状况。

（三）财政补助与保费减免政策

现行社会医疗保险三个制度均有一定的财政补助，除了社会经办费用由财政支出之外，《社会保险法》第六十五条明确规定，社会保险基金通过预算实现收支平衡。县级以上人民政府在社会保险基金出现支付不足时，给予补贴。这就意味着，通过一定规则收取保险费而筹集的社会保险基金不足时，政府承担最后的兜底责任。

表3　职工基本医疗保险人均基金收入和支出情况（2000～2010年）

单位：元/人，%

年份＼项目	人均基金收入		人均基金收入增长率*	人均基金支出		人均基金支出增长率*
	未扣除城镇居民消费价格变动因素影响	已扣除城镇居民消费价格变动因素影响**		未扣除城镇居民消费价格变动因素影响	已扣除城镇居民消费价格变动因素影响**	
2000	448.92	448.92	—	328.76	328.76	—
2001	526.50	522.89	16.48	335.03	332.73	1.21
2002	646.51	647.26	23.79	435.48	435.98	31.03
2003	816.39	807.64	24.78	599.81	593.38	36.10
2004	919.49	875.51	8.40	695.12	661.87	11.54
2005	1019.60	953.68	8.93	782.64	732.04	10.60
2006	1110.55	1023.31	7.30	811.54	747.79	2.15
2007	1228.75	1080.38	5.58	861.10	757.13	1.25
2008	1443.04	1198.16	10.90	1010.05	838.65	10.77
2009	1559.12	1303.77	8.81	1198.91	1002.56	19.54
2010	1597.94	1331.61	2.14	1331.70	1109.75	10.69

说明：1. 数据来源于2001～2010年各年《中国统计年鉴》；

2. 人均基金收入＝当年基金收入总额÷当年参保人数；人均基金支出＝当年基金支出总额÷当年参保人数；

3. “人均基金收入增长率*”、“人均基金支出增长率*”均按已扣除城镇居民消费价格变动因素影响的人均基金收入/支出数值计算；

4. ** 城镇居民消费价格定基指数按2000年＝100计算。

表4　新型农村合作医疗人均筹资和基金支出情况（2007～2010年）

单位：元/人，%

年份＼项目	人均基金收入		人均基金收入增长率*	人均基金支出		人均基金支出增长率*
	未扣除农村居民消费价格变动因素影响	已扣除农村居民消费价格变动因素影响**		未扣除农村居民消费价格变动因素影响	已扣除农村居民消费价格变动因素影响**	
2007	58.93	50.43	—	47.73	40.85	—
2008	96.25	77.35	53.38	81.25	65.30	59.85
2009	113.36	91.38	18.14	110.78	89.31	36.77
2010	156.60	126.24	38.15	142.08	114.54	28.25

说明：1. 数据来源于2008～2011年各年《中国统计年鉴》、2007～2010年各年《中国卫生事业发展统计公报》；

2. 人均基金收入＝当年基金收入总额÷当年参保人数；人均基金支出＝当年基金支出总额÷当年参保人数；

3. “人均基金收入增长率*”、“人均基金支出增长率*”均按已扣除农村居民消费价格变动因素影响的人均基金收入/支出数值计算；

4. ** 农村居民消费价格定基指数按2000年＝100计算。

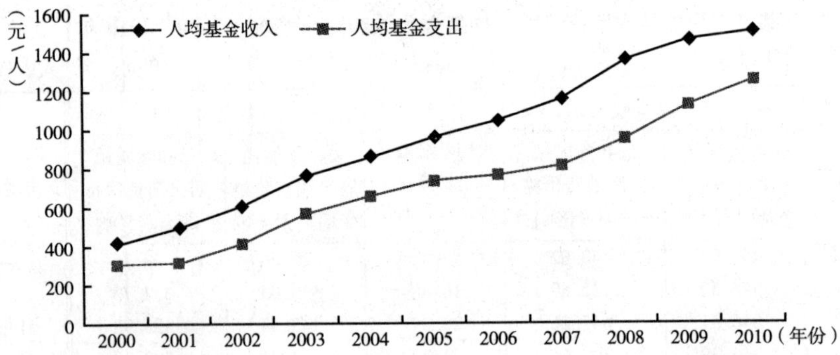

图 5　职工基本医疗保险人均基金收入和支出情况（2000～2010 年）

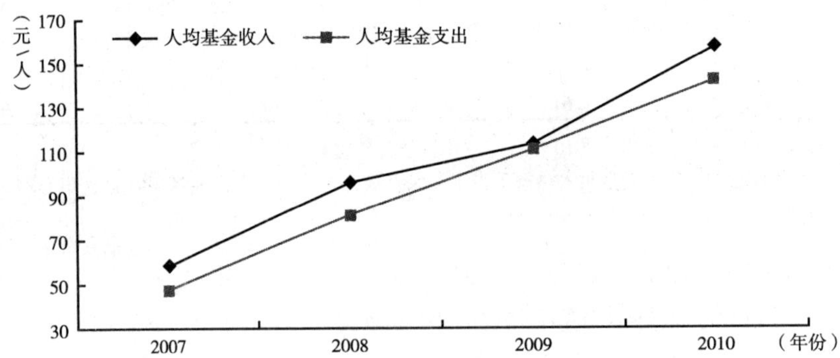

图 6　新型农村合作医疗人均筹资与基金支出情况（2007～2010 年）

与此同时，政府财政对于新型农村合作医疗制度和城镇居民基本医疗保险制度实行保费补贴。从实际运行情况看，这两项制度的保险费主要由各级财政负担，个人缴费部分一般在 20%～35%之间。以新型农村合作医疗为例，初建时农民个人负担 1/3 左右，以后有所下降，2009 年、2010 年和 2011 年的农民个人负担率则降到 20%左右。城镇居民基本医疗保险的情况大体相同。

此外，在新型农村合作医疗制度和城镇居民基本医疗保险制度中，对于缴费困难的参保人群都有一定的缴费减免措施。例如，对于参加新型农村合作医疗缴费困难的低保家庭和特殊困难家庭，当地政府给予补助或由集体经济为其缴费；城镇居民基本医疗保险制度规定，对属于低保对象的或重度残疾的学生和儿童参保所需的家庭缴费部分，政府给予一定补助；对其他低保对象、丧失劳动能力的重度残疾人、低收入家庭60周岁以上的老年人等困难居民参保所需家庭缴费部分，政府也给予补助。

（四）社会医疗救助制度实施

社会医疗救助制度是具有很强再分配功能的社会医疗保障项目。过去，我国也有对于困难家庭的医疗救助，但救助力度较小，且系统性、规范性不够。2001年，国务院办公厅发出通知，提出要认真落实最低生活保障对象在医疗等方面的社会救助政策。2002年，中共中央、国务院发布了《中共中央、国务院关于进一步加强农村卫生工作的决定》。根据这一文件精神，2003年11月，民政部、卫生部、财政部三部委联合发出《关于实施农村医疗救助的意见》，对农村医疗救助的目标和原则、医疗救助对象的选择、救助基金的筹集和管理、服务提供及救助制度的管理、组织与实施等方面做出了进一步细化。此后，建立农村医疗救助制度的工作全面推开。根据民政部提供的资料，截至2006年第一季度，全国所有有农业人口的县（市、区）基本上建立了农村医疗救助制度。

在农村实施医疗救助制度的基础上，国家紧接着实施城市医疗救助制度。2005年，国务院办公厅转发了民政部、卫生部、劳动和社会保障部、财政部《关于建立城市医疗救助制度试点工作的意见》。2005~2007年，城市医疗救助人次几乎每年增长一倍，2008年以后仍保持较快增长，而医疗救助支出更是大幅增长。同一时期，农村医疗救助制度也发展迅速，救助人次方面2010年比2005年几乎翻了三番（见表5）。

表5　城乡居民医疗救助情况（2005~2010年）

单位：万人，亿元

年份	城市医疗救助人次	农村医疗救助人次			城市医疗救助支出金额	农村医疗救助支出金额
		大病医疗救助	资助参加合作医疗	小计		
2005	114.9	199.6	654.9	854.5	6.0	7.8
2006	187.2	241.9	1317.1	1559.0	8.1	13.1
2007	442.0	377.1	2517.3	2894.4	14.4	28.1
2008	443.6	759.5	3432.4	4191.9	29.7	38.3
2009	410.4	730.0	4059.1	4789.1	41.2	64.6
2010	460.1	1019.2	4615.4	5634.6	49.5	83.5

说明：数据源于2006~2011年各年《中国卫生统计年鉴》、2005~2010年各年《中国民政事业发展统计报告》。

城乡医疗救助制度在全国的普遍实施，与职工基本医疗保险制度、城镇居民社会医疗制度和新型农村合作医疗制度相结合，形成了“3 + 1”的社会医疗保障体系，有效地缓解了城乡贫困人口的“因病致贫”、“因病返贫”问题，同时在改善收入分配状况作出了积极的贡献，增强了社会医疗保障制度的再分配功能。

三　现行社会医疗保障制度对改善收入分配的负面效应

在充分肯定社会医疗保障制度改革对改善我国收入分配状况所起的积极作用的同时，应当看到，现行社会医疗保障体系还存在明显的缺陷，对于改善我国收入分配状况的贡献不足，甚至还有消极影响，主要体现在以下几个方面。

（一）社会医疗保险待遇群体间差距过大

现代社会中，为社会成员提供基本医疗保障是政府的基本职责。在我国，社会医疗保障体系以社会医疗保险制度为主体，因而社会保险制度的公平性和再分配功能在一定程度上代表着社会医疗保障制度的公平性和再分配功能。我国现行社会医疗保险制度有三个：职工基本医疗保险制度、新型农村合作医疗制度、城镇居民基本医疗保险制度，它们分别适用工薪劳动者、农村居民、城镇非就业居民。此外，还有一个干部保健制度，对一定级别的领导干部实行基本免费医疗和相关服务。由于这一制度比较特殊，下面我们重点从社会医疗保险的三个制度出发来讨论其公平性和再分配功能。

我国于1951年开始在企业实行劳动保险制度，以此为基础，企业职工就有了劳保医疗制度，职工本人不需要缴费，医疗费用由用人单位支付。对于国家机关和事业单位从业人员，国家实行公费医疗制度，公职人员个人也不需要缴费，其医疗费用由财政支付。这两个制度虽然资金来源渠道不同，但待遇基本一致，从一定程度上说，都是免费医疗制度。20世纪80年代后期开始，各地陆续进行了一些改革探索，要求个人适当承担一部分医疗费用，即形成了个人与用人单位（含机关和企事业单位）共担医疗费用的机制。实行分担制的主要目的是为了避免浪费，所以政府仍强调要保证职工就医治疗。1995年开始，国家在江苏镇江和江西九江两个城市进行改革试点，形成了大病统筹医疗保险的思路。在镇江、九江“两江试点”的基础上，1998 年 12 月，国家出台了社会医疗保险制度改革方案，提出关于建立职工基本医疗保险制度的意见。由此，各地陆续停止公费医疗制度和劳保医疗制度，实行新的职工基本医疗保险制度。经过几年努力，职工医疗保险制度覆盖面逐步扩大，其目标人群是全体工薪劳动者。与公费医疗制度和劳保医疗制度相比，职工医疗保险制度的待遇有所下降，个人负担有所增加：原先制度个人不必缴费，而新制度需要个人缴费，一般是个人工资的 2%；原先制度不仅职工本人全面享受，而且企业职工亲属也可以享受一部分，而新制度只有职工本人可以享受；原先制度既管大病，又管小病，而新制度只管大病，不管小病；原先制度个人基本不需要分担医疗费用，而新制度下大病医疗费用明确个人必须承担一部分。尽管如此，应该看到，这一制度基本上能够解决基本医疗保障问题。

在工薪劳动者社会医疗保险制度改革十多年之后，根据国务院 2002 年的决定，国家于 2003 年开始逐步在各地实施新型农村合作医疗制度，其保障对象是具有农村户籍的农民。2007 年开始，国家又逐步实施城镇居民基本医疗保险制度，其保障对象是具有城镇户籍的非工薪劳动者。这两个制度的技术原理基本一致，虽然待遇较低，但相对于 20 世纪 80 年代至 21 世纪初这 20 多年社会医疗保障制度缺位来说，是一个重要的进步。

回顾这个过程，我们可以看到，我国社会医疗保险制度目前依然采用三个制度，是有其历史原因的，而且还可以看到，这三个制度所适用的保障对象的社会医疗保障待遇差距是在逐步缩小的。但是，我们必须看到，这个差距依然不小：根据现行的制度安排，社会地位和收入水平越高的人群，其社会医疗保险待遇越高；社会地位和收入水平越低的人群，其社会医疗保险待遇越低。所以，从全社会看，现行的社会医疗保障制度对于缩小收入差距、改善收入分配状况的贡献仍然不大，甚至在一定程度上扩大了收入分配差距。下面我们从社会医疗保险所保障的病种目录、诊疗目录、药品目录、报销比率和人均基金支出情况等几个方面来分析这种差距。

1. 病种目录

从所保障的病种目录看，社会医疗保险三个制度的差异不是很大。例如，某统筹地区的职工基本医疗保险住院病种目录显示，有传染病科、血管内科、呼吸内科、骨伤科、烧伤科等 23 个科共计 347 个病种在制度的覆盖范围内；该地区的新型农村合作医疗住院病种目录显示，有 22 个科共计 345 个病种在制度的覆盖范围内，两者比较相差不大。

2. 诊疗目录

从诊疗目录看，社会医疗保险三个制度有较大的差异。例如，通过对某统筹地区新型农村合作医疗制度和职工基本医疗保险的诊疗项目进行比较发现，新型农村合作医疗制度基金不予补偿的项目包括服务项目、治疗项目、非疾病治疗项目、诊疗设备及医用材料项目等在内多达 7811 项，基金支付部分费用的项目为 674 项，基金全额支付的项目为 3461 项。而该地区职工基本医疗保险诊疗项目目录和医疗服务设施项目范围不予补偿的项目 1127 项，基金支付部分费用的项目为 958 项，基金全额支付的项目为 3637 项。可见，职工基本医疗保险制度要比新型农村合作医疗制度可报销的诊疗项目目录广得多（见表 6）。①

表 6 职工基本医疗保险与新型农村合作医疗制度的诊疗项目目录比较对照表

单位：项，%

	职工基本医疗保险制度诊疗项目目录			新型农村合作医疗制度诊疗项目目录		
	基金不予补偿的项目	基金支付部分费用的项目	基金全额支付的项目	基金不予补偿的项目	基金支付部分费用的项目	基金全额支付的项目
项目数	1127	958	3637	7811	674	3461
项目占比	19.70	16.74	63.56	65.39	5.64	28.97

3. 药品目录

从药品目录看，社会医疗保险三个制度是有显著差异的，而且在每年药品目录的新增和调整方面也有明显差异。在药品目录所包含药品种数方面，某省 2010 年度基本医疗保险制度的药品目录共包含西药品种 1855 种，其中，甲类西药 1448 种、乙类西药 407 种，共包含中药品种 1291 种，其中，甲类中药 1001 种、乙类中药 290 种，中西药合计达 3146 种之多；而该省 2010 年度新型农村合作医疗基本药品目录显示，省、市州级医疗机构的中西药品合计仅 651 种，其中西药 513 种、中药 138 种，县级医疗机构的中西药品合计仅 607 种，其中西药 471 种、中药 136 种，乡镇卫生院的中西药品合计仅 524 种，其中西药 402 种、

① 数据来源：郑州卫生信息网，http：//www. zzws. gov. cn。

中药 122 种，村卫生院的中西药品合计仅 234 种，其中西药 162 种、中药 72 种（见表 7）。从药品种类上比较，省、市州级、县级新型农村合作医疗基本药品目录不及基本医疗保险药品目录包含药品种数的 1/5，乡镇和村卫生院的新型农村合作医疗基本药品目录包含药品种数分别只占职工基本医疗保险药品目录包含药品种数的 16.7% 和 7.4%。在每年药品目录的新增和调整方面，某省 2010 年度基本医疗保险增加了 193 个乙类药品品种（其中，西药 75 个品种、中药 118 个品种）、1 个民族药品种，调整了 147 个品种限定支付范围；而同期新型农村合作医疗基本药品目录省、市州级医疗机构的药品增加了 103 种，乡镇卫生院的药品品种仅增加了 5 种，新型农村合作医疗基本药品目录包含药品种数的增加速度远低于基本医疗保险。①

表 7　基本医疗保险制度与新型农村合作医疗制度的药品目录比较对照表

单位：种

包含药品种数	基本医疗保险制度药品目录			新型农村合作医疗药品目录		
	甲类	乙类	省市医疗机构	县医疗机构	乡镇卫生院	村卫生院
西　药	1448	407	513	471	402	162
中　药	1001	290	138	136	122	72
合　计	2449	697	651	607	524	234

4. 报销比率

三个社会医疗保险制度在大病医疗的报销方面，基本上采取同一种财务模式，即设置起付线、封顶线，在这两者之间则有一个报销比率。这个比率实际上是根据保险制度中的共同保险比例分摊原则而来的，也就是保险机构与被保险人（参保人）按照一定比例共同承担起付线与封顶线之间的医疗费用。目前，职工基本医疗保险的起付线和封顶线都大大高于另外两项社会医疗保险制度。再从报销比率来看，也有较大差距。根据对某统筹地区 2011 年职工基本医疗保险住院医药费报销比率和新型农村合作医疗住院医药费报销比率进行比较发现，新型农村合作医疗住院医药费报销比率范围为 30% ~60%，政策范围内的报销比率为

① 数据来源：药源网，http://www.yaopinnet.com/tools/yibao.asp；http://www.yaopinnet.com/tools/xinnonghe.asp。

40%～50%，实际报销比率在40%以下；而职工基本医疗保险住院医药费报销比率范围为85%～100%，政策范围内的报销比率在90%左右，实际报销比率为70%～80%。相比较而言，职工基本医疗保险制度覆盖下的人群享受待遇明显高于新型农村合作医疗保险制度覆盖下的人群（见表3、表4）。

表8　某统筹地区2011年职工基本医疗保险住院医药费报销比率表

单位：%

报销比率 / 医药费用	在职			退休		
	三级医院	二级医院	其他医疗机构	三级医院	二级医院	其他医疗机构
起付线～1000元(含1000元)	100	100	100	100	100	100
1001～3000元(含3000元)	91	92	93	93	94	95
3001～5000元(含5000元)	89	90	91	91	92	93
5001～10000元(含10000元)	85	86	87	87	88	89
10001元～封顶线	89	90	91	91	92	93

表9　某统筹地区2011年新型农村合作医疗住院医药费报销比率表

单位：%

医药费用	镇级报销比率	县级报销比率	县级以上报销比率
起付线～1000元部分	50	40	30
1001～3000元部分		45	35
3001～5000元部分		50	40
5001～10000元部分	60	55	45
10001元～封顶线部分		60	50

5. 人均基金支出

由于保障待遇的差别，特别是由于诊疗目录、药品目录和报销比率的差异，新型农村合作医疗与职工基本医疗保险的人均基金支出水平也有较大的差距。需要注意的是，人均基金支出及其变化趋势这两个指标是反映社会医疗保险待遇差别的最具综合性的指标，从这里可以看到，不同人群由于适用不同制度而享受不同待遇的差距有多大。表10显示，2010年职工基本医疗保险的人均基金支出量仍为新型农村合作医疗人均基金支出量的10倍，而表10和图7、图8则显示，虽然新型农村合作医疗的人均基金支出增长率快于职工基本医疗保险的人均基金支出增长率，但人均基金支出增长的绝对量新型农村合作医疗依然大大低于职工基本医疗保险。

表 10　职工基本医疗保险与新型农村合作医疗人均基金支出增长比较（2007～2010 年）

单位：元/人，%

项目 / 年份	职工基本医疗保险			新型农村合作医疗		
	人均基金支出	增长量	增长率	人均基金支出	增长量	增长率
2007	757.13	9.34	1.25	40.85	—	—
2008	838.65	81.52	10.77	65.30	24.45	59.85
2009	1002.56	163.91	19.54	89.31	24.01	36.77
2010	1109.75	107.19	10.69	114.54	25.23	28.25

说明：数据来源于 2008～2011 年各年《中国统计年鉴》、2007～2010 年各年《中国卫生事业发展统计公报》，表中的"人均基金支出"均已分别扣除城乡居民消费价格变动因素影响，按 2000 年不变价格计算。

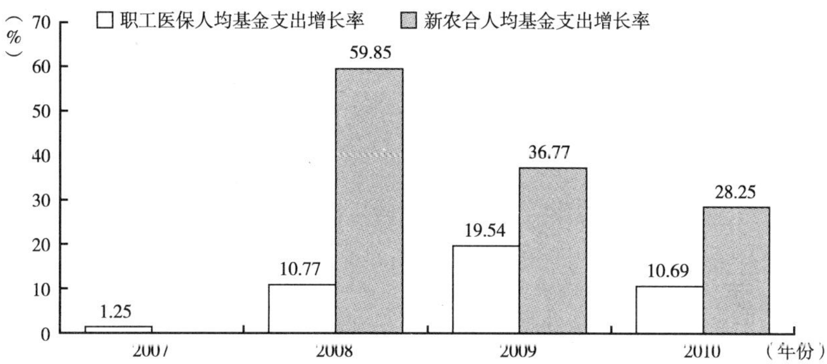

图 7　职工基本医疗保险与新型农村合作医疗人均基金支出增长率比较（2007～2010 年）

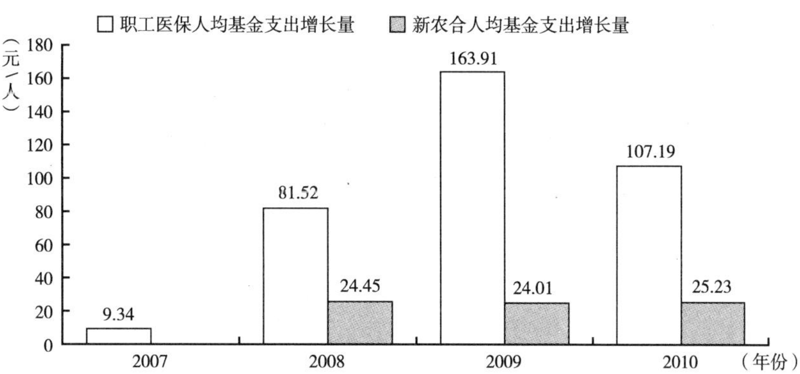

图 8　职工基本医疗保险与新型农村合作医疗人均基金支出增长量比较（2007～2010 年）

（二）社会医疗保险筹资水平差异悬殊

由于社会医疗保险待遇差距大，而各险种基金原则上自求平衡，因此，各险种的筹资水平也相差悬殊。事实上，筹资水平的差异是社会医疗保险待遇差距的另一种表现而已。按照现行的制度设计，职工基本医疗保险由用人单位和职工共同负担医疗保险费用，职工本人一般缴纳工资收入的2.0%，用人单位缴费率原计划控制在职工工资总额的6.0%左右，实际执行情况是高的地方达到11%左右，低的地方在6%左右，全国各地平均大约在8%左右；新型农村合作医疗和城镇居民基本医疗保险基金采用定额筹集方式，家庭或个人缴费与政府财政补贴相结合。按2000年不变价格计算，2010年职工基本医疗保险制度的筹资水平是人均1331.61元，新型农村合作医疗的人均筹资为126.24元，前者是后者的10倍以上。诚然，农民在农村的生活成本确实低于城镇居民，但是他们看病时所用的费用并不低，在相同病情、同样的治疗方案下，医院和药店的收费价格并不区分城里人与农村人，而是一视同仁，一样收费。实际上，农村居民到城市看病治疗的成本往往要高于城市居民，一是交通和住宿成本增加，二是信息成本增加。

更值得注意的是，人均筹资水平差距的缩小进度不快。表11显示，新型农村合作医疗的人均基金收入远低于职工基本医疗保险，虽然基金收入增长速度快于职工基本医疗保险，但由于起步晚、起点低，在2009年之前，新型农村合作医疗人均筹资的年增长量仅占职工基本医疗保险人均基金收入增长量的1/7~1/4,2007年新型农村合作医疗的人均基金收入额还不如职工基本医疗保险当年的人均基金收入增长量多。虽然，2010年新型农村合作医疗的人均基金收入增长量略微超过职工基本医疗保险，但能否保持这样的趋势尚不确定。

表11　职工基本医疗保险与新型农村合作医疗人均基金收入增长比较（2007~2010年）

单位：元/人，%

项目 年份	职工基本医疗保险			新型农村合作医疗		
	人均基金收入	增长量	增长率	人均基金收入	增长量	增长率
2007	1080.38	57.07	5.58	50.43	—	—
2008	1198.16	117.78	10.90	77.35	26.92	53.38
2009	1303.77	105.61	8.81	91.38	14.03	18.14
2010	1331.61	27.84	2.14	126.24	34.86	38.15

说明：数据来源于2008~2011年各年《中国统计年鉴》、2007~2010年各年《中国卫生事业发展统计公报》，表中的“人均基金收入”均已分别扣除城乡居民消费价格变动因素影响，按2000年不变价格计算。

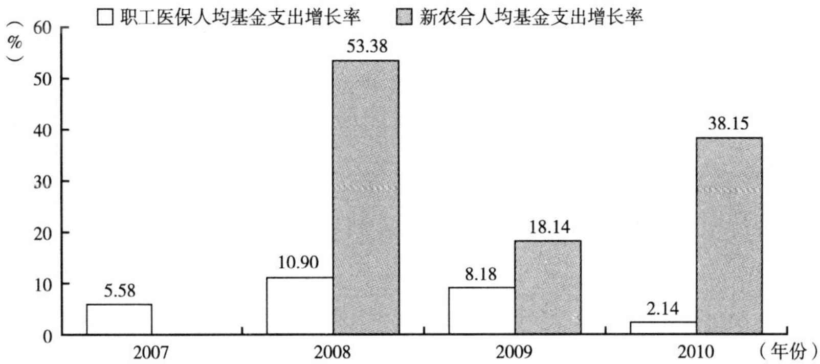

图9　职工基本医疗保险与新型农村合作医疗人均基金收入增长率比较（2007～2010年）

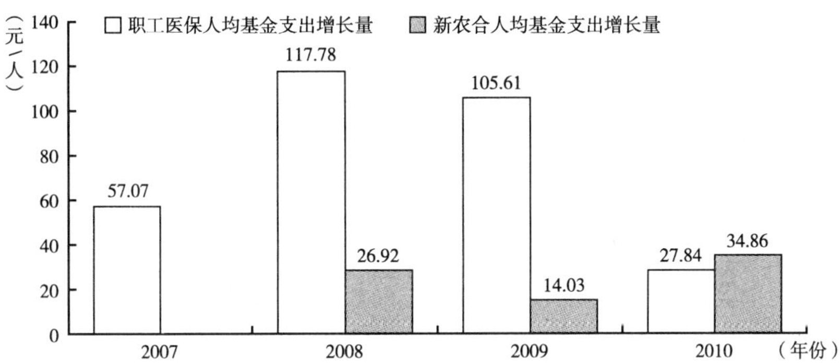

图10　职工基本医疗保险与新型农村合作医疗人均基金收入增长量比较（2007～2010年）

此外，区域经济发展不平衡、国家实行财政“分灶吃饭”的体制，而社会医疗保险制度按照行政区划实行地区统筹，即使是同一社会医疗保险制度，在不同地区的筹资水平也有较大差异。这就使得社会医疗保险在不同省区、不同县域之间的筹资水平和享受待遇产生差异。一般情况下，中西部地区的社会医疗保险的筹资水平低于东部地区，且这种筹资水平差异要比地区间的医药成本差异更大，所以东中西部地区之间的社会医疗保障待遇存在着不应有的差距，这就意味着现行社会医疗保障制度对于缩小地区间的收入分配差距贡献不足，甚至有负面效应，也就是说，现行社会医疗保障制度的再分配功能不强。

（三）社会医疗保障制度设计的若干缺陷

1. 城乡居民社会医疗保险对“穷人”照顾不足

根据现行制度，新型农村合作医疗制度和城镇居民基本医疗保险的给付对象主要是大病患者，但医药费用的报销比率不高，而且许多地区需要在看病后回来报销，于是某些地方出现了家庭收入不高的参保病人，在患了某种应该住院治疗的疾病后，可能因为住院治疗个人承担部分过高而放弃住院治疗的现象。对于这样的人群来说，尽管参加了社会医疗保险，甚至缴纳了保险费，但仍然不可能享受保险给付，因此他们所缴纳的保险费实际上是贡献给了那些有条件住院的人。这种现象的出现，与社会医疗保险制度的本意相违背，说明现行制度设计的缺陷导致了制度再分配功能的削弱甚至产生了相反的效应。

2. 职工基本医疗保险：缴费基数与再分配功能

根据现行制度，职工基本医疗保险基金主要由用人单位和参保职工本人缴纳，在一定的费率标准下，缴费基数是影响用人单位和个人缴费数量的重要因素。由于个人缴费全部进入个人账户，我们这里重点讨论用人单位的缴费基数确定方法对于该项制度再分配效应的影响。目前，大多数地区以工资总额为缴费基数，或者以本单位参保人缴费工资之和为缴费基数，其中参保人缴费工资则在社会平均工资的60% ~300%之间确定。但也有一些地方直接以本地社会平均工资乘以参保人数作为用人单位的缴费基数，本文第一部分已经指出，这种缴费基数确定方法的公平性和再分配功能较弱。此外，由于缺乏统一的规范，一部分用人单位瞒报缴费基数，减轻了自己的缴费责任，这不仅减少了职工基本医疗保险基金的收入，而且造成了用人单位之间缴费的不公平，破坏了社会医疗保障制度的再分配程序。

3. 职工基本医疗保险：个人账户划账基数与再分配功能

按照现行职工基本医疗保险制度，用人单位缴费大部分（大约为2/3）进入统筹基金，但也有少部分（大约为1/3）需要按照一定规则划入个人账户，于是，规则不同，制度的再分配功能就不同。目前，大多数地区采用比例制，即与个人缴费同比例划入，因而个人缴费越多，则划入个人账户的单位缴费部分也越多，这虽然对于激励缴费有积极作用，但从改善收入分配的角度看，具有扩大收入差距之嫌，因为缴费多的往往是收入较高的人群，缴费少的往往是收入较低的人群，因此，采用这种规则的职工基本医疗保险制度的再分配功能就较弱。当然，也有一些地区采用均一制划入个人账户，即用人单位缴费部分按照统一标准给每一个参保人的个人账户划入一个等额，采用这种方法的职工基本医疗保险制度的再分配功能就强一些。

四 进一步增强社会医疗保障制度的再分配功能

当今，世界各国普遍承认国民享有基本医疗保障的权利，因此，社会医疗保障制度已经成为大多数国家的一项基本公共服务。在我国，经过多年的改革和建设，已经初步形成了一个社会医疗保障体系，并且具有一定的再分配功能，但是其再分配功能还不够强，有时甚至还有逆向的作用。因此，必须树立公平的理念，完善社会医疗保障体系，优化制度设计，提高服务水平，进一步增强社会医疗保障制度的再分配功能。

（一）加快完善社会医疗保障体系

现行社会医疗保障体系不完善，在一定程度上降低了其再分配功能。主要表现在：一是基本医疗保障与补充性医疗保障发展不平衡，补充性医疗保障发展缓慢，全社会的医疗保障资源配置效率不高，其根本原因是政府对于自身在整个医疗保障体系中的责任不够明确、定位不够清晰，致使某些该做的事情没有做到位，某些不该做的事情做过了头，扭曲了基本医疗保障的功能，降低了其再分配的积极效应。二是政府直接提供的基本医疗保障服务均等化程度较低，尤其是社会医疗保险制度按照人群分设，既不公平，又缺乏效率，引起了待遇攀比与群体矛盾，诱发了投机行为和道德风险，既降低了制度的再分配效应，又增加了管理成本，还造成了资源浪费。为此，必须从社会公平的理念出发，进一步完善社会医疗保障体系，以增强其再分配功能。

1. 加快社会医疗保险制度整合

现行社会医疗保险体系由职工基本医疗保险、新型农村合作医疗和城镇居民基本医疗保险三个制度构成，虽然，在现阶段我们可以理解其存在的合理性，但是，从基本医疗保障权利公平性、从社会医疗保险制度的再分配功能、从社会医疗保险资源配置效率出发来衡量，这样的社会医疗保险制度安排是不合理的，必须积极创造条件，加快整合。

从未来发展趋势看，社会医疗保险制度应当逐步统一成为一个制度——全民医疗保险。对此，学界已经基本形成共识：我国现行社会医疗保障体系可以简称为“3+1”模式，即三个社会医疗保险制度，再加上一个医疗救助制度，未来的发展趋势是从“3+1”模式发展成为“2+1”模式，再发展到“1+1”模式。这里的“2+1”模式是指职工基本医疗保险+城乡居民基本医疗保险+医疗救助，其中城乡居民基本医疗保险是指将新型农村合作医疗与城镇居民基本医疗保险两个制度整合之后的社会医疗保险制度。在这一模式下，凡有工作单位的劳动者强制参加职工医保，其他劳动者和社会成员参加城乡居民医保。“1+1”模式是指全民医疗保险+医疗救助，其中的全民医疗保险制度是指将城乡居民基本医疗保险制度与职工基本医疗保险制度整合以后形成的新制度。这一模式下，全体社会成员均参加统一的社会医疗保险制度，再辅之以医疗救助。

现阶段的重点是要尽快把城镇居民基本医疗保险制度与新型农村合作医疗制度整合起来。事实上，现行城镇居民基本医疗保险制度与新型农村合作医疗制度设计的原理一致，且它们所承保的医疗风险基本一样。前者是政府直接经办的一项社会医疗保险制度，采用城镇居民自愿参保、财政补助的方式。现行新型农村合作医疗制度也是如此，虽然名称中没有出现“保险”二字，但技术上采用了保险原理，因而其本质是一项保险制度；虽然以“合作”冠名，但实际上是政府推动、财政支付大部分保费并对基金承担最后的责任，这是典型的社会医疗保险项目。因此，这两项制度是性质完全相同的社会医疗保险制度。由于这两项制度分属卫生部门、人力资源和社会保障部门，不仅在政策层面增加了协调成本，而且造成重复建设和社会资源浪费。在新农合和城居医保的经办机构，各自建立自己的服务队伍、服务系统和服务标准；在医院等医疗卫生服务机构，也要分别建立一套系统与之匹配，结算制度、技术标准和网络服务系统都要单独搞一套。如果这两套制度能够整合起来，则会大大降低制度运行的成本。所以，加快这两项制度的整合，既有利于增强社会医疗保险制度的再分配功能，又符合社会医疗保障体系的发展方向。

2. 加快公费医疗制度改革

国务院于1998年12月决定进行社会医疗保险制度改革，提出建立并实施职工基本医疗保险制度，同时明确废止公费医疗制度和劳保医疗制度。十多年过去了，全国大多数地区已经按照这一精神完成了改革，但是，中央国家机关及其直属机构和部分省市党政机关没有实施这项改革，仍然采用公费医疗制度，这不仅影响了全国社会医疗保险制度建设的进程，而且由于公费医疗制度的待遇明显高于其他社会医疗保险制度，使得社会医疗保障制度的公平性和再分配功能降低，因而引起了一系列社会矛盾。因此，必须加快公费医疗制度改革，使中央国家机关公职人员与普通百姓享受同样的基本医疗保障，这将有利于充分发挥社会医疗保障的再分配作用，有利于树立中央政府廉洁的形象。

3. 加快发展补充性医疗保险

为增强社会医疗保险制度的再分配功能，必须发展补充性医疗保险。根据风险管理理论，最佳的风险处理方案通常是多种风险处理措施的组合。由政府直接举办的社会医疗保险只提供基本医疗保障。在此基础上，要充分发挥社会各方面的积极性，发展医疗保障事业，包括家庭、各用人单位、各社会团体、各类民间组织，建立补充性医疗保障。这样做，还有利于在改革的过程中，做到“基本保障水平降低，而总的医疗保障水平不降低”，从而实现改革的平稳过渡，使政府举办的社会医疗保险回归其本原，从而增强其再分配功能。这里的关键是，政府需要有更加清晰的定位，作为社会管理者，政府应当为每一个社会成员直接提供均等的基本医疗保险服务，同时通过法规政策支持并监管各类补充性医疗保险，鼓励各类用人单位为其雇员办理补充性医疗保险；作为雇主，政府需要为其雇员（公务员和事业单位职工等公职人员）提供补充性医疗保险。补充性医疗保险可以由用人单位自办，也可以通过商业保险、互助合作保险等形式举办。

4. 积极扶持并规范慈善医疗救助

在继续加强社会医疗救助的同时，本着“政府主导、社会参与”的原则，加快发展慈善事业，积极支持和规范民间医疗救助行为，逐步形成政府救济与社会帮扶相结合的医疗救助体系。为此，需要完善税制，制定有效的激励措施，鼓励企业、企业家和一切有能力的社会组织及个人从事医疗救助。同时，要制定有效的规则，规范、监督慈善组织和有关个人的慈善行为，保障医疗救助行为的社会信誉，使之在帮助困难群众就医、改善收入分配方面持续地发挥积极作用。

（二）进一步优化社会医疗保障制度设计

在完善社会医疗保障体系的同时，要进一步改进制度设计，使之增强再分配功能，发挥社会医疗保障制度在调节收入分配方面的作用。

1. 适度调整制度定位

最近十多年来，社会医疗保障制度陆续出台，从一定意义上说，这些制度是被“逼”出来的。虽然制度出台前有过论证，但总体上看理论准备不足，顶层设计不够。正因为如此，这些制度本应有的再分配功能不强。现在已经到了一个梳理思路的时候。传统意义上的社会医疗保险制度主要针对工薪劳动者，而今已经扩展到全民，也就是说，社会医疗保险权不只是工薪劳动者的权利，已经成为一项公民权。在这样的背景下，社会医疗保障制度的保障对象、保障内容、资金来源、筹资机制、实施方式都发生了变化，这就需要对这些制度的定位重新审视，进行适度调整。首先，要从现代社会的国民权益出发，分析社会医疗保障需求，结合政府责任，确定社会医疗保障范围。由此出发，新型农村合作医疗制度和城镇居民基本医疗保险就不能仅仅是“保大病”，而是应该将“小病”也纳入保障范围；职工基本医疗保险则应建立门诊统筹制度，把“小病”也管起来。其次，要从政府医疗保障责任和疾病风险管理的原理出发，确定社会医疗保障这项基本公共服务的标准，特别是适度的保障水平，并在病种目录、诊疗目录、药品目录以及报销的起付线、封顶线和报销比率等要素中合理体现。再次，要从社会各主体的责任出发，确定其在社会医疗保障中的筹资责任，由于农民和非就业城镇居民的持续缴费能力较弱，一方面要求改进缴费方式，变定期缴费制为灵活缴费制；另一方面要求财政对社会医疗保障有直接的经费投入，因而财政既要承担对于社会医疗保险基金的兜底责任，又要建立政府对于社会医疗保险费的补助机制。

2. 建立社会医疗保险待遇调整机制

遵循社会医疗保险制度一体化的趋势，根据国民基本权利和政府的基本职责，按照“保基本”的原则，设定合理的社会医疗保险待遇标准，以此协调社会医疗保险三个制度的保障待遇，并作为待遇调整政策制定的依据。从前面的分析我们看到，我国社会医疗保障领域保障不足与保障过度并存，需要“削峰填谷”，逐步走向均等化，这就需要一种有效的调整机制。目前社会医疗保障待遇最高的是应当废止但事实上还在起作用的公费医疗制度，而这个制度的待遇标准实际上超过了“保基本”的水平，应该加快改革，使其待遇逐步下降到一个适度的水平。职工基本医疗保险的保障水平目前已经不低，宜保持稳定。现阶段最主要的任务是要建立一种有效的机制，使新型农村合作医疗制度和城镇居民基本医疗保险制度以及这两个制度整合形成的城乡居民基本医疗保险制度的保障待遇稳步提高，以期追赶职工基本医疗保险。由于农民和城镇非就业居民的缴费能力较弱，要实现这一条，关键是要建立政府财政投入的增长机制，提高财政补贴标准。由于这个项目的增长是刚性的，且资金需求量较大，必然要求财政作结构性调整，也就是说应当把原有的部分财政支付项目进行调整和压缩。显然，这将是力度很大的一项收入再分配行为。

3. 降低社会医疗保险“系统老龄化”程度

所谓社会保险“系统老龄化”，是指在社会保险制度覆盖范围内的参保人群中，实际缴费人群相对减少、享受人群相对扩大的趋势。这种现象，显然与全社会的人口老龄化趋势有关，但是这还与我们的制度设计和运行环境有关。根据笔者长期的研究，这一现象不仅发生于社会养老保险中，而且也会出现在社会医疗保险之中。因为老年人的医疗消费支出高于其他群体，而且社会医疗保险基金通常采用现收现付制的筹资模式，因而参保人群的年龄结构对于社会医疗保险基金的支付能力有重要影响，尤其是在“退休人员不缴费”的政策之下，社会医疗保险“系统老龄化”的问题更为突出。如若处理不当，将会影响社会医疗保险制度的持续健康运行，造成代际分配收入分配不公。还有一点，我们国家的法定退休年龄过低，而不少地方又推行了提前退休的政策，从而进一步加剧了社会保险的“系统老龄化”。因而，必须完善社会医疗保险筹资机制，建立科学合理的最低缴费年限制度和政策，逐步提高退休年龄，杜绝提前退休。

4. 规范缴费基数和个人账户划入基数

职工基本医疗保险制度的再分配功能不仅体现于保障待遇，也体现于筹资机制。在费（税）率既定的情况下，费（税）基是决定费（税）额度的唯一因素，但费（税）基却是一个复杂的因素，所以，必须有一套切实可行的办法，有效地确定费（税）基数。这一套方法，必须有利于职工基本医疗保险制度再分配功能的实现。从现实情况看，建议以工资为基础确定缴费基数，尽量避免采用均一制。至于工资如何确定，也需要有一套严格的规范。与之相反，在用人单位缴费部分划入个人账户时，尽量采用均一制，而不用比例制。

5. 完善费用结算机制

这些年来，国家通过多种渠道筹集了巨额社会医疗保障资金，但是，老百姓感受到的医药服务水平提高与医疗保障水平的提高并不匹配，这说明社会医疗保障资源存在浪费现象。这也是一个很重要的收入分配问题。为此，必须加快医疗卫生体制改革和药品流通体制改革，优化社会医疗保障制度的运行环境。事实上，社会医疗保险机构通过购买医疗卫生机构和药品流通企业的服务实现医疗保障的目标，从社会医疗保障的角度看，医药费用结算办法是解决这一问题的“牛鼻子”，因此，需要积极探索寻求有效的医药费用结算方法。从国际上看，结算办法多种多样，每一种方法都有其优点，也有其缺点。需要根据实际情况，组合起来，综合运用，并不断完善。

（三）提高社会医疗保障服务水平

社会医疗保障制度再分配功能的实现，不仅要有完善而有效的制度，还需要有良好的服务。为此，必须建立健全有效的机制，全面提高社会医疗保障服务水平。

1. 统一经办服务机构

目前，职工基本医疗保险制度和城镇居民基本医疗保险制度的行政管理部门是社会保险部门，而新型农村合作医疗制度的行政管理部门主要是卫生部门。由于分属不同部门管理，实践中遇到众多的问题，既影响着制度的公平性和再分配功能，也影响着制度运行的绩效，并造成社会资源的浪费。因此，要加快建立统一的社会医疗保险经办机构，并随着社会医疗保险制度的整合，适时调整社会医疗保险的行政管理部门。

2. 改进经办服务流程

要按照方便服务对象的原则，重新审视现行经办服务流程，不断改进优化。重点是参保、关系转移、异地就医结算、报销等环节。近几年，要根据社会保障卡，尤其是其中的医疗保险“一卡通”需要，做好制度整合或衔接的有关工作。

3. 提高医疗卫生服务的可及性

前已论及，农村居民到城市就医的成本较高，因而减少农民进城看病，将有益于改善收入分配状况。要降低进城看病这一成本发生的机会，就必须加强基层，特别是农村的医疗卫生服务能力。基层医疗卫生机构距离群众最近，但目前机构不健全、服务能力偏弱，因此要把农村和社区作为医疗卫生工作的战略重点，着力强基层、打基础、保基本，有效提高城乡居民基本医疗卫生服务的基础部门。农村卫生室和城市社区卫生服务机构是城乡医疗卫生服务的基础部门，要加强建设，尽快实现全覆盖，并逐步提高服务能力。

4. 提高信息化水平

社会医疗保险的管理和服务水平与信息化水平息息相关。现阶段的重点，一是要规范、统一指标体系，确保数据的一致性和准确性。二是要逐步统一各类软件，提高信息传递的效率，实现信息共享并降低成本。三是尽快改变各层级、各项目（险种）计算机管理系统分散且不一致的局面。四是加强对基层，尤其是县（市）、乡（镇、街道）两级经办机构信息化建设的支持。

G.6

失业保障制度的收入再分配效应

吕学静　赵萌萌*

摘　要： 失业保障制度具有通过转移支付调节收入分配的功能，具体体现为：保障失业者基本生活需要，有效缩小收入差距；促进失业者再就业，使其重新进入初次分配领域；有效预防失业、稳定就业，减少低收入群体的规模。我国现行失业保险制度在覆盖范围、失业保险待遇、给付期限以及基金支出范围四个方面还不完善，对收入分配的调节效果不明显。国外的失业保险由于完善的制度设计和合理的政策安排，大大提高了对收入分配的调节能力。未来需要不断完善我国现有的失业保险制度，扩大保障范围和保障服务项目，建立适合全民的失业保障制度，发挥调节收入分配的功能。具体措施包括：合理确定失业保障待遇水平，缩小失业者和在业者的收入差距；完善促进就业功能，提升劳动者的就业能力；建立稳定就业补贴，补充完善失业保障预防失业功能。

关键词： 失业保障　收入再分配　效果　国际经验

社会保障调节收入分配的实质是在市场机制分配的基础上，政府凭借政权的力量强行参与，对国民收入实施转移支付，从而调整国民收入格局，实现一种有限度的收入再分配调节。失业保障制度作为社会保障制度的主要组成部分，同样具有通过转移支付调节收入分配的功能。由于失业保障制度本身所具有的促进就业、预防失业的功能，能够有效的减少失业群体的规模，从而缩小社会成员间的收入差距，这是一种积极的调节方式，因此，失业保障制度较之其他社会保障项目调节收入分配

* 吕学静，首都经济贸易大学社会保障研究中心；赵萌萌，首都经济贸易大学社会保障专业博士研究生。

的能力更强。本文以我国现行失业保障制度为着眼点，分析其对收入分配的调节作用并据此作出评价，进而发现制度缺陷所在。通过借鉴国外失业保障制度在调节收入分配方面的经验，提出建立具有积极收入调节功能的失业保障制度的政策建议。

一 失业保障在收入分配中的作用

（一）保障失业者基本生活需要，有效缩小收入差距

随着经济社会的发展，人们的收入来源逐渐多元化，但是在当今世界的任何社会中，通过就业获得的劳动收入仍然是劳动者最主要的收入来源。因此，就业是劳动者获得收入的基本前提。劳动者一旦无法实现就业，那么，就丧失了基本的收入来源，就有可能沦为社会的贫困阶层。失业可以使劳动者陷入贫困，自然就会引起收入差距的扩大。一方面，处于失业状态的劳动者由于缺少了最基本、最主要的收入来源，会使可支配收入大幅降低；而那些仍处于就业状态的劳动者，其收入仍基本保持原有的水平，这无疑会导致社会中个人之间收入差距的扩大。另一方面，失业增加了劳动力的供给，加剧了劳动力市场的供需矛盾，削弱了劳动者在劳动力市场上的竞争力，劳动者不得不接受被雇主不断压低的工资，造成了工资与利润的畸形分配，从而使劳动者越来越贫穷，资本所有者越来越富裕，这会造成收入的两极分化。因此，失业会造成收入差距的扩大，从而进一步拉大贫富差距。

失业保障制度包括失业保险制度和失业救济制度。失业保障制度的基本功能之一就是保障失业者的基本生活需要，主要通过为处于失业状态的劳动者提供失业保险金或是失业救济金来实现。它是政府转移支付的一部分，是把社会收入进行重新分配，即把社会收入的一部分从在业者转向失业者，为失业的劳动者开辟了一个较为可靠的收入来源，既能避免失业者由于丧失劳动收入而使生活陷入困境，又能够在一定程度上缩小失业者与在业者的收入差距，减少了社会贫困阶层的产生，有利于整个社会的和谐稳定。

以失业保险制度为例，劳动者在业时按工资收入1%的费率缴纳失业保险费，失业后得到固定标准的失业保险金500元。如果不存在失业保险制度，当劳动者失业后则无任何收入。现有劳动者A和B，当劳动者B失业后，在有失业保险制度和无失业保险制度的情况下，二者的收入差距（见表1）。

表1　失业保险制度的调节作用

单位：元

劳动者	无失业保险制度		有失业保险制度	
	在业时工资收入	B失业时	在业时工资收入	B失业时
A	2000	2000	1980	1980
B	1000	0	990	500

说明：笔者自制此表。

当无失业保险制度时，劳动者A、B的收入差距为：

$$W = 2000 - 0 = 2000(\text{元})$$

当有失业保险制度时，劳动者A、B的收入差距为：

$$L = 1980 - 500 = 1480(\text{元})$$

可见：$L < W$，失业保险制度可以有效地调节在业者和失业者之间的收入差距。

（二）促进失业者再就业，使其重新进入初次分配领域

就业不仅是劳动者参与社会经济生产、获取经济收入、分享经济发展成果的主要方式，而且一国的就业状况对国民收入的初次分配也有着直接的影响。因此促进就业是缩小收入差距的重要途径。一方面，在任何国家，对于广大的劳动者来说，通过就业取得劳动收入是维持生活的最主要途径，因而就业是劳动者参与初次收入分配的前提和主要方式，为劳动者及其家人的生活提供了最基本的保障。对于整个社会来说，只有积极促进劳动者实现充分的就业，才可以通过收入增长的方式来抑制收入差距的扩大，从而实现社会的良性发展。另一方面，劳动力作为一种资源是不可或缺的生产要素之一。一个社会就业比例的高低往往意味着劳动力这种生产要素投入量的多少，从而影响到社会生产规模的大小，进而决定着产出量（可供分配的资源）的多寡。如果一个社会的就业率维持在一个很高的水平之上，即劳动力资源能够被充分的利用，那么整个社会的生产规模往往也较高，所创造出来的可供分配的社会财富也较多，因此社会劳动者的总体收入水平也会维持在一个较高的水平之上。相反，如果一个社会有大量的劳动力资源被闲置，就会影响到社会生活规模的扩大，从而无法创造出充足的可供分配的社会财富，劳动者的收入水平也无法提高。可见，收入分配是建立在就业基础之上的，就业状况直接影响到国民收入的初次分配。

失业保障制度具有促进失业者再就业的功能，合理的制度设计可以激发失业者的再就业意愿，再就业服务项目的提供可以有效地提高失业者的就业能力，增强他们在劳动力市场的竞争力，促进失业者尽快摆脱失业状态实现再就业，从而使他们重新获得创造社会财富、参与初次收入分配的机会。

再次借用表 1 的例子来说明失业保障制度通过促进失业者再就业来调节收入分配的作用。由于失业救济制度不具有促进就业的功能，因此仍用失业保险制度来说明。假设劳动者实现再就业后的工资等同于失业前的工资收入。

当劳动者 B 失业后，劳动者 A、B 的收入差距为：

$$L = 1980 - 500 = 1480(\text{元})$$

当劳动者 B 再就业后，劳动者 A、B 的收入差距为：

$$E = 1980 - 990 = 990(\text{元})$$

可见：$E < L$。如果失业保险制度促进就业的功能能够得以有效的发挥，那么，制度对收入分配的调节效果要明显优于通过保障生活来调节收入分配。

（三）有效预防失业、稳定就业，减少低收入群体的规模

就业岗位的稳定性也影响了收入分配。就业的不稳定促进了临时性就业和灵活就业的产生，而这些非正规化的就业无法从根本上解决失业及其带来的贫困和收入差距扩大的问题。非正规就业往往意味着得不到劳动保护，生产率低下，工资收入微薄。如果一个社会有太多的劳动者从事着这样生产率低、劳动收入少的工作，必然会形成一个庞大的低收入群体甚至是贫困群体，从而加剧了收入分配的不平等。另外，大量的劳动力资源从事着生产率低的工作，造成了劳动力资源的浪费，难以创造出充足的社会财富，从而降低社会成员的总体收入水平。

失业保障具有预防失业、稳定就业的功能，所谓预防失业，主要是对于某些因经济原因不得不缩小规模的企业，政府通过资助方式对其多余的职工进行转岗培训或岗位补贴，争取内部消化，力争不裁员。失业保障发挥预防失业、稳定就业的功能，可以帮助企业在遇到暂时困难时不裁减员工，这样就不会造成劳动者的失业，稳定了劳动者的就业岗位，使他们能够继续参与社会经济生产，创造社会财富，获得劳动收入。

在表 1 的例子中，有失业保险制度的情况下：

如果失业保障制度仅仅发挥事后保障生活的功能，当劳动者 B 失业后，可

以享受到相应的失业保险待遇，劳动者 A、B 的收入差距为：

$$L = 1980 - 500 = 1480(\text{元})$$

如果失业保险制度能够发挥事前预防失业的功能，通过失业保险基金的支出给予困难企业一定的补偿或是减免这些企业的失业保险费，那么，企业可能就不会裁减员工，劳动者 B 就不会失业，劳动者 A、B 的收入差距为：

$$E = 1980 - 990 = 990(\text{元})$$

显而易见：$E < L$。因此，如果失业保险制度能够有效发挥预防失业和稳定就业的功能，将会减少劳动者失业的风险，从而避免收入差距的扩大。

二　我国失业保障制度调节收入分配的政策及效果评价

国际上失业保障制度主要存在以下几种类型：一是非强制性的失业保障制度，即国家通过高额税收支持对失业保险基金给予补贴；二是单一强制性的失业保障制度，即国家采取立法手段强制所有企业和在职劳动者参加失业保险并承担缴费责任，以建立失业保险基金，来保障劳动者在失业后的基本生活的制度；三是综合性的失业保障制度，即强制性失业保险与失业救济相结合的保障体系，失业救济的适用范围包括未参加失业保险以及参加失业保险，但已无资格继续享受失业保险金的人员。目前，我国只存在强制性的失业保险制度，而不存在失业救济制度。因此，在讨论我国失业保障制度对收入分配的调节效果时，将主要分析失业保险制度对收入分配的调节效果。

（一）失业保险的覆盖范围对调节收入分配的政策及效果评价

1. 我国失业保险覆盖范围的政策规定

我国的失业保险制度自建立以来随着制度的不断成熟，覆盖范围也逐渐扩大，现行的制度覆盖范围涉及城镇国有企业、集体企业、外商投资企业、港澳台投资企业、私营企业等各类企业以及事业单位及其企业和单位的职工。

2. 我国失业保险的覆盖范围对调节收入分配的效果评价

覆盖范围决定了失业保险制度调节收入分配的作用范围，进而影响失业保险制度对收入分配的调节效果。设，P 为社会平均收入，i 为第 i 个失业者，U_i 为第 i 个失业者所获得的失业保险金，则失业保险制度对收入分配的调节效果 R 为：

$$R = \frac{\sum_{i=1}^{i} U_i}{P}(i = 1,2,3,\cdots)$$

随着覆盖范围的扩大，将会有更多的劳动者纳入制度的保障范围之内，因此 i 的规模也会不断扩大，U_i 的数量也会不断增多。由于现行制度对失业保险费的缴纳比例很低（按照劳动者工资收入的1%征收），对社会平均收入 P 的影响不大，可以假定 P 为不变值。因此，在该式中，分子 $\sum_{i=1}^{i} U_i$ 的大小直接影响着失业保险制度对收入分配的调节效果 R，$\sum_{i=1}^{i} U_i$ 越大，制度对收入分配的调节效果就越好。

表2　失业保险覆盖范围

单位：万人，%

年份	失业保险参保人数	城镇就业人数	参保率
2001	10354.6	23940	43.25
2002	10181.6	24780	41.09
2003	10372.9	25639	40.46
2004	10583.9	26476	39.98
2005	10647.7	27331	38.96
2006	11186.6	29630	37.75
2007	11644.6	30953	37.62
2008	12399.8	32103	38.63
2009	12715.5	33322	38.16
2010	13375.6	34687	38.56

资料来源：2005～2011年各年《中国统计年鉴》。

我国实行的是强制性的失业保险制度，因此，表2中的参保率可以反映失业保险制度的覆盖范围情况。从各年度的参保率中不难看出，我国现行失业保险制度的覆盖范围很窄，仅能达到城镇就业人数的40%左右，在近些年里，参保率更是低于40%。如此窄的覆盖范围严重影响了失业保险制度对收入分配的调节力度。此外，我国现行的失业保险制度主要覆盖正规就业部门，而真正具有较高失业风险的非正规就业部门的劳动者却游离于制度之外，他们其实是最应予以保障的对象，是收入分配调节的重点。因此，由于现行制度覆盖范围过窄导致制度对收入分配的调节能力有限。

（二）失业保险待遇调节收入分配的政策及效果评价

1. 我国失业保险待遇的政策规定

失业保险待遇即失业保险金。目前，我国各省区市根据本地区的经济发展水平、物价水平等因素自行确定失业保险待遇水平。失业保险待遇水平的确定按照低于当地最低工资标准、高于城市居民最低生活保障标准的原则，根据失业者缴纳失业保险费的年限来计算失业保险金，同时根据各地市的经济发展状况将失业保险待遇水平分为不同的档次来发放。各省市的失业保险金水平一般按照当地最低工资的70%来发放，缴费年限越长，失业保险金对最低工资的替代率也越高。例如，辽宁省失业保险金的标准，按照当地最低工资标准的一定比例确定。失业者失业前所在单位和本人累计缴费满1年不足10年的，按照当地最低工资标准70%发放，满10年及其以上的，按照当地最低工资标准80%发放。总体来看，我国失业保险待遇是按照一个固定的比例来计发（即最低工资），因此，同一地区、缴费年限处于同一档次的劳动者，无论失业前工资是多少，失业后都将享受相同的失业保险待遇。

2. 我国失业保险待遇调节收入分配的效果评价

（1）按固定比例计发失业保险金有助于调节收入分配

国际上失业保险待遇水平的计发标准主要有按照固定标准计发和按照本人失业前工资的一定比例计发两种方式。那么我们将通过下面的例子来比较两种计发方式对收入的调节作用。由于参加失业保险的劳动者缴纳的失业保险费与失业后享受的失业保险待遇之间有一个差额，这个差额的存在就说明失业保险制度对收入分配有一定的调节作用。因此，就根据这个“差额”来比较两种计发方式对收入分配的调节能力。

例一，按固定标准计发失业保险金。假设有五位收入状况不同的劳动者A、B、C、D、E，他们在同一地区且只缴纳失业保险费一种费用，失业保险费按照本人失业前工资的1%缴纳且缴费年限相同。见表3。

表3　失业保险金按固定标准计发的情况

单位：元

劳动者	缴费前工资	失业保险费	失业后领取的失业保险金	失业保险金与失业保险费的差额
A	5000	50	500	450
B	4000	40	500	460
C	3000	30	500	470
D	2000	20	500	480
E	1000	10	500	490

注：笔者自制此表。

例二，按照本人在业时工资的一定比例计发失业保险基金。假设按照本人在业时工资的50%计发失业保险金，同时为了比较的方便，规定在该种计发方式下失业保险费也按照本人失业前工资的1%缴纳，其他假设情况同例一（见表4、表5）。

表4　失业保险金按照本人在业工资的50%计发的情况

单位：元

劳动者	缴费前工资	失业保险费	失业后领取的失业保险金	失业保险金与失业保险费的差额
A	5000	50	2500	2450
B	4000	40	2000	1960
C	3000	30	1500	1470
D	2000	20	1000	980
E	1000	10	500	490

说明：笔者自制此表。

表5　两种计发方式的比较

	按固定比例计发	按本人在业工资的一定比例计发
在业时缴纳的失业保险费	A > B > C > D > E	A > B > C > D > E
失业后领取的失业保险金	A = B = C = D = E	A > B > C > D > E
二者的差额	E > D > C > B > A	A > B > C > D > E

说明；笔者自制此表。

通过两种计发方式的比较可见：按照固定比例计发的方式对收入分配能够起到一定的调节作用，而按照本人在业工资的一定比例计发的方式对收入分配没有起到调节作用。因此，我国现行失业保险制度从失业保险金计发方式来看在一定程度上能够起到对收入分配的调节作用。

（2）失业保险待遇水平偏低，削弱了调节收入分配的能力。

我国现行失业保险待遇是按照当地最低工资的70%来计发（最一般的情况），但是最低工资不能反映社会的平均收入状况，因此无法通过失业保险金对最低工资的替代率来说明失业保险制度对收入分配的调节能力。因而有必要在平均工资、最低工资和失业保险金之间做一个换算，得出失业保险金对平均工资的替代率，进而体现失业保险制度对收入分配的调节力度。

设 U 为失业保险金，L 为最低工资，P 为平均工资，r 为失业保险金对最低工资的替代率，h 为最低工资占平均工资的比例，s 为失业保险金对平均工资的替代率。为了比较的简便，根据表 6 提供的信息，去掉 h 的最高值（吉林：31.15%）和最低值（北京：17.68%），取其他省市 h 的平均值26%，则：

$$r = \frac{U}{L} = 70\% \qquad h = \frac{L}{P} = 26\%$$

$$s = \frac{U}{L} \times \frac{L}{P} = \frac{U}{P} = 18.2\%$$

经计算，我国现行失业保险金对社会平均工资的替代率仅有 18.2%，可见，我国失业保险制度调节收入分配的效果不明显。

综上，我国失业保险制度按照固定比例计发失业保险待遇是可以对收入分配起到一定的调节作用的，但是由于计发依据的不合理而大大削弱了本应具有的调节能力，所谓计发依据的不合理主要是指我国现行制度是以最低工资作为计发标准，而目前各省区市最低工资占社会平均工资的比例是很低的（见表 6），平均为26%，在这样低水平的基础上计算出的失业保险待遇，也一定是一个低水平的。因此，从失业保险待遇角度来看，失业保险制度对收入分配的调节效果不明显。

表 6　2010 年我国各省市平均工资、最低工资情况

地区	平均工资（元/人·月）	最低工资平均标准（元/人·月）	最低工资占平均工资的比例（%）	地区	平均工资（元/人·月）	最低工资平均标准（元/人·月）	最低工资占平均工资的比例（%）
北　京	5430	960	17.68	湖　北	2651	730	27.54
天　津	4291	920	21.44	湖　南	2473	725	29.32
河　北	2621	798	30.45	广　东	3369	826	24.52
山　西	2755	745	27.04	广　西	2556	698	27.31
内蒙古	2934	788	26.86	海　南	2565	747	29.12
辽　宁	2870	767	26.72	重　庆	2894	587	20.28
吉　林	2417	753	31.15	四　川	2714	748	27.56
黑龙江	2311	719	31.11	贵　州	2536	737	29.06
上　海	5510	1120	20.33	云　南	2433	733	30.13
江　苏	3314	807	24.35	西　藏	4158	900	21.65
浙　江	3387	945	27.90	陕　西	2782	663	23.83
安　徽	2778	653	23.51	甘　肃	2425	693	28.58
福　建	2695	750	27.83	青　海	3010	760	25.25
江　西	2364	606	25.63	宁　夏	3097	658	21.25
山　东	2777	760	27.37	新　疆	2667	760	28.50
河　南	2485	700	28.17				

资料来源：平均工资来源于2011 年《中国统计年鉴》，最低工资平均标准来源于各省市人力资源和社会保障部门网站。

（三）失业保险的给付期限对调节收入分配的政策及效果评价

1. 我国失业保险给付期限的政策规定

我国现行失业保险制度中所规定的失业保险待遇的给付期限是由失业者失业前所在单位和本人按照规定累计缴费的时间决定的，如表 7 所示：

表 7　失业保险给付期限

累计缴费时间 h(年)	1 < h < 5	5 < h < 10	h > 10
领取失业保险金的最长期限(月)	12	18	24

资料来源：笔者根据相关政策文件整理。

2. 我国失业保险给付期限对调节收入分配的效果评价

失业保险制度是为暂时失去工作的劳动者提供保障的制度安排，因此在制度设计上有给付期限的规定是为了促使失业者尽快摆脱失业状态，实现再就业，同时也是为了体现缴费义务和享受权利的对等。① 因此，失业保险的给付期限主要是通过影响失业者再就业的行为，来对收入分配起调节作用的。

如果给付期限很长，社会上将有大量享受失业保险金的失业者，这是由于较长的失业期限会导致失业者提高保留工资，从而加大了再就业的难度；或是由于失业者本身的惰性而导致不主动工作的情况发生。② 这将导致社会上低收入群体规模的扩大，进一步引发收入差距的扩大。图 1 形象地说明了在业者和失业者收入差距扩大的情况，双向的箭头是可以无限延伸的，当箭头右侧失业者的规模不断扩大的时候，箭头就会继续向右延伸，从而拉大了在业者和失业者的收入差距。

图 1　在业者和失业者的收入差距

由于失业者再就业的行为在一定程度上与失业者个体的主观行为有很大关系，因此，失业保险给付期限的长短应如何设定最能激发失业者就业的意愿，很

① 权利和义务问题不是本文研究的重点，因此不再展开讨论。

② 这些问题不是本文研究的重点，不再展开论述。

难做定量的判断，因而，对于我国失业保险给付期限是否能够有效的促进失业者再就业，从而实现对收入的调节作用，只能依靠国际惯例来判断。目前国际通行的失业保险给付期限一般都在90天至1年。我国目前的失业保险给付期限过长，不利于促进失业者再就业，因而很难发挥对收入分配的调节作用。

（四）失业保险基金支出范围对调节收入分配的政策及效果评价

1. 我国失业保险基金支出范围政策规定

失业保险基金支出主要包括保障基本生活、促进就业、预防失业三个方面。保障基本生活方面的基金支出，主要是以失业保险金的方式支付给失业者，是丧失劳动收入的劳动者在失业期间的主要收入来源。促进就业方面的基金支出，一般是将失业保险基金用于失业者职业介绍、职业培训和职业补贴等方面的支出，主要是为失业者提高人力资本、提升就业能力提供物质帮助，同时通过提供职业介绍服务有效减少失业者职业搜寻的时间，提升与岗位的匹配度，提高再就业率，减少失业者的规模，从而缩小社会成员间的收入差距。预防失业方面的基金支出，主要是通过将失业保险基金补给某些企业，帮助那些暂时发生生产经营困难的企业稳定就业岗位，达到稳定就业防止失业的目的。它不同于保障失业者基本的生活的事后保障基金，它能起到事前预防的作用，可以有效减少失业的产生，通过稳定劳动者的劳动报酬收入，避免社会成员间收入差距的扩大。

我国现行的《失业保险条例》第十条对失业保险基金的支出范围作了如下规定，失业保险基金可用于下列支出：失业保险金；领取失业保险金期间的医疗补助金；领取失业保险金期间死亡的失业人员的丧葬补助金和其供养的配偶、直系亲属的抚恤金；领取失业保险金期间接受职业培训、职业介绍的补贴，补贴的办法和标准由省、自治区、直辖市人民政府规定；国务院规定或者批准的与失业保险有关的其他费用。

2. 我国失业保险基金支出范围对调节收入分配的效果评价

失业保险基金支出范围越大，表明转移支付的范围越大，失业保险对收入分配的调节能力越强，调节效果越好。

假设P为除去失业保险费的社会平均收入，U为支出的失业保险基金，G为失业保险制度调节收入分配的效果，可以用下面的式子来反映失业保险对收入分配的调节效果：

$$G = \frac{U}{P}$$

P 一般情况下变动的幅度很小，可以假设它是不变值。因此，要提高失业保险制度对收入分配的调节效果 G，就需要加大失业保险基金的支出规模，扩大支出范围，增加失业保险基金的支出 U。

失业保险基金支出应包括保障基本生活、促进就业、预防失业三个方面，分别用 U_1、U_2、U_3 来代表，那么失业保险基金支出 $U = U_1 + U_2 + U_3$，从我国现行的制度来看，失业保险的基金支出范围主要是保障基本生活方面（U_1）和促进就业方面（U_2）的支出，而没有预防失业方面（U_3）的支出。因此，我国失业保险制度调节收入分配的效果 G_1 为：

$$G_1 = \frac{U - U_3}{P}$$

由于 $U - U_3 < U$，所以 $G_1 < G$

可见，由于我国失业保险基金支出范围过窄，影响了制度本身对收入分配的调节效果。表 8 显示了 1999～2010 年，我国失业保险的基金累计结余情况，从图 2 中可以明显地看出，我国失业保险基金累计结余的规模越来越大，失业保险制度本应是现收现付的制度，其管理应遵循“以支定收、收支平衡、略有结余”的原则，而目前我国失业保险基金结余规模巨大，这有其历史的原因，也与现行制度保障范围过窄、保障水平不高有关，庞大的结余基金不仅面临通货膨胀的风险，而且大大削弱了失业保险制度通过转移支付来调节收入分配的能力。因此，从失业保险基金支出角度来看，我国失业保险制度对收入分配的调节能力有限，调节效果不理想。

表 8　中国失业保险基金累计结余

单位：亿元

年份	1999	2000	2001	2002	2003	2004
累计结余	159.9	195.9	226.2	253.8	303.5	385.8
年份	2005	2006	2007	2008	2009	2010
累计结余	519.0	724.8	979.1	1310.1	1523.6	1749.8

资料来源：2010 年《中国社会统计年鉴》。

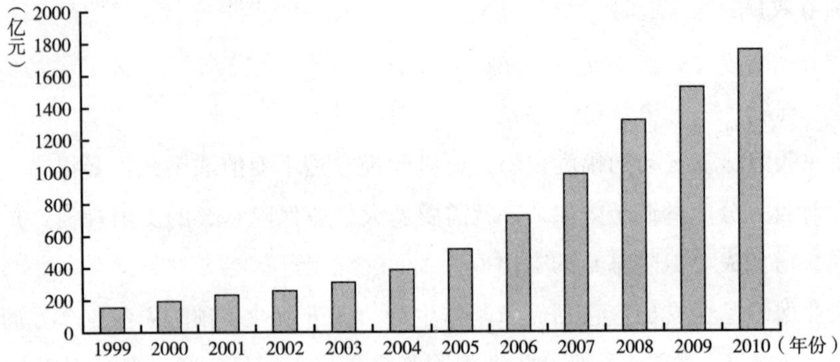

图 2　中国失业保险基金累计结余

（五）我国失业保险制度对调节收入分配的总体评价

失业保险制度本身就具有调节收入分配的性质，特别是失业保险制度较其他社会保障项目还具有促进就业、预防失业和稳定就业的功能，调节收入分配的能力更强。但我国现行制度在制度设计上存在不合理的地方，比如覆盖范围过窄，并未将经济体中的所有劳动者都纳入保障体系中来，特别是失业风险高的非正规部门的劳动者。基金支出范围中预防失业的支出项目缺失。这些不合理的制度设计影响了制度功能的发挥，进而削弱了制度本身对社会成员间收入差距的调节能力。虽然有些制度设计考虑到了对收入分配的调节，比如按照固定比例计发失业保险待遇、设定失业保险待遇的给付期限以促进失业者就业，这些都可以提高制度本身对收入分配的调节能力。但在具体的政策安排中，考虑不足，导致待遇标准偏低、给付期限较长，影响了制度对收入分配的调节效果。

综合以上从我国失业保险制度覆盖范围、失业保险待遇、给付期限以及基金支出范围四个方面对收入分配调节效果的分析，可以看出，我国现行失业保障制度对收入分配的调节作用很小，调节力度有限，调节效果不明显。

三　失业保障调节收入分配的国际经验借鉴

失业保障制度作为社会保障制度的重要组成部分，本应成为调节社会收入差距的重要手段，但是由于我国现行的失业保障制度在制度设计和政策安排上的不合理，影响了制度本身对社会成员间收入分配的调节作用。可见，制度设计的完善、政策安排的合理直接影响到制度功能的发挥。因此，有必要借鉴国外失业保障制度在制度设计和政策安排上的优势经验，来完善我国的失业保障制度，从而提升制度对收入分配的调节能力。

当前世界上大多数国家实行的是以缴费为主的失业保险制度，同时由于失业保险本身的制度特点和功能，其在调节收入分配方面的作用较之失业救济制度要明显，因此本文在失业保障制度调节收入分配的国际比较部分将主要以各国的失业保险制度的比较为主。

（一）失业保险覆盖范围的国际比较

通过前文的分析可知，失业保险的覆盖范围越广泛，制度对收入分配的调节能力越强，调节效果越好。那么，有必要比较一下实行失业保险制度的国家在失业保险的覆盖范围方面是如何规定的。

由于失业保险制度防范的是非自愿失业的风险，保护的对象是有工资报酬的劳动者，因而并不是所有的劳动者都属于失业保险制度的覆盖范围。因此，各国的失业保险制度都对失业保险的保障范围作了很详细的规定（见表9），

表9　各国失业保险覆盖范围

国　别	覆盖范围
美　国	所有的工商企业雇员以及一年有20周属于4人以上的非营利机构的雇员、所有州和地方政府的雇员、家庭雇工、2/5的农场工人。目前，已覆盖全美劳动力的90%
德　国	除学生、公务员、周工作时间低于18小时的人员以及月收入低于平均收入1/7的养老者以外，所有人必须参加
英　国	每周收入在62英镑以上的雇员①、自我雇用者、缴纳减额养老保险费的已婚妇女
法　国	除家庭佣工、季节工及另有专门保险制度的受保者以外的所有雇员
瑞　典	年龄在65岁以下的参加了工会或自我雇用者组织的失业保险基金会的雇员或自我雇用者。约有80%的雇员是失业保险基金会的成员
加拿大	除个体劳动者和临时工不参加保险外，全部就业人口都得参加。目前，已覆盖93%的就业人口
日　本	除农林水产业雇用5人以下的企业之外，其他企业事业单位雇用的劳动者都属被保险之列。对于不满5人的个体经营的农林水产业的企事业单位，可例外地根据雇主的申请与否来决定其是否残疾人雇用保险制度。年满65岁又重新受雇的高龄劳动者不在被保险之列
中　国	城镇国有企业、集体企业、外商投资企业、港澳台投资企业、私营企业等各类企业以及事业单位及其企业和单位的职工

说明：虽然英国失业保险范围按收入水平线划分，但实际上受保范围非常广泛，因为英国雇员的收入水平要远远高于62英镑。

资料来源：笔者根据相关资料整理。

主要集中在劳动者的工作性质、所属行业、年龄、收入等方面。无论从哪个方面进行规定，覆盖范围都较为广泛，特别是美国和加拿大的失业保险制度，覆盖范围已达90%以上，而我国失业保险制度的覆盖范围仅在40%左右（见表2）。覆盖范围过窄会对失业保险制度调节收入分配的作用产生不利的影响。

（二）失业保险待遇水平的国际比较

失业保险待遇主要是通过向丧失劳动收入的失业者提供货币补偿，使他们不至于因为失业而使货币收入过多的减少，从而在一定程度上调节社会成员间的收入差距。

失业保险金水平的设计一般要考虑以下几个因素：首先是一个国家的社会经济发展水平和人们的生活水平，其次是失业者的就业时间的长短和参加保险时间的长短、失业之前的工资收入水平、年龄以及家庭情况等。具体而言，目前，国际上失业保险金水平的设定标准基本上有三种：第一种是将失业保险金与失业者在失业前的工资收入挂钩；第二种是国家以社会的平均工资或最低工资标准的一定比例为依据，对失业者发放固定数额的失业保险金；第三种是将这两种方式结合起来计算失业保险金。从对收入分配的调节能力大小来看，第二种设定失业保险金水平的方式更有利于制度对收入分配的调节。但是从国际上来看，按照本人原工资收入的一定比例来确定失业保险待遇水平是一种标准化的趋势，许多国家规定了失业保险金水平是领取原工资的80%，有些国家是50%，也有的是60%，平均来说，发达国家能达到50%～60%，发展中国家能达到40%～50%。如美国为工资的50%，日本为工资的60%～80%，法国为失业前工资的40%＋定额56.95法郎/日（2004年），丹麦为工资的90%（日最高限额335克朗）、扣减为工资的73%（日最高限额310克朗），瑞典为80～100克朗/日，爱尔兰为39.5镑/日＋工资的20%～40%（最高为工资的85%），西班牙为工资的80%（12个月后为70%，18个月后为60%，此后为50%）①。

虽然按照失业前工资的一定比例计发失业保险待遇是国际上通行的方式，它可以确保劳动者在失业后不至于使生活水平下降过多，但是却不利于调节社会成

① 穆怀中主编《社会保障国际比较》（第二版），中国劳动社会保障出版社，2007，第236页。

员间的收入差距。因此，在我国当前收入差距过大的社会背景之下，应按照固定比例计发失业保险待遇，逐步提高失业保险待遇水平。

（三）失业保险给付期限的国际比较

给付期限影响失业者的再就业行为，进而影响失业保险制度对收入分配的调节力度。由于失业保险制度是一种缴费的制度安排，遵循权利与义务对等的原则，因此失业者不能无限期地享受失业保险待遇，因而，需要为失业保险待遇的给付设定一个期限。一般来说，确定失业保险待遇的给付期限的长短，取决于一国的就业政策以及失业保险基金的规模和财政状况。①

目前世界各国失业保险给付期限一般都在 90 天至 1 年之间，也就是说，1 年以内的给付期限是当今世界主流，其发展趋势是适度提高给付水平而尽量缩短给付期限。根据权利和义务对等的原则，影响给付期限的最主要因素是缴费期，一般缴费期越长，给付期限就越长。如法国缴费 3 个月，给付 3 个月，而缴费 6 个月，给付期就增至 15 个月；又如阿根廷缴费 23 个月，给付 4 个月，而缴费 35 个月，给付 8 个月，只有缴费 36 个月以上，才能获得一年的给付期限。此外，失业者的年龄有时也影响给付期限的长短，如瑞典，失业者年龄在 55 岁以下的，其给付期为 150 天；55 ~ 59 岁为 300 天；60 ~ 64 岁为 450 天。此外，地区失业率也经常成为决定给付期限的一个因素，如美国联邦政府统一规定，一般的给付期限为 26 周，但失业率相对较高的州可以再增加 13 周。领取失业津贴最长的期限按国际规定上限为 150 天，下限为 78 天，所以大多数国家都把 26 周界定为给付期的上限，12 周为下限。而现实中，享受时间较长的国家达 730 天，如比利时、西班牙、英国、奥地利；较短的芬兰为 56 天。从有关资料可以看出，全球 54 个国家和地区，失业者享受待遇的最长期限，不到 28 周的有 27 个国家，占 50%；28 ~ 56 周的 18 个国家，占 33%；超过 56 周的只有 9 个国家，只占 17%。规定享受待遇时间最短的国家只有 12 周，各国平均向后待遇期限为 47.57 周。

对比国际上大多数国家在给付期限方面的规定，我国的失业保险待遇给付期限明显较长，较长的给付期限会影响失业者的再就业行为，进而影响制度对收入分配的调节能力。

---

① 穆怀中主编《社会保障国际比较》（第二版），第 236 页。

（四）失业保险促进就业措施的国际比较

国外许多国家的失业保险制度特别注重对失业者再就业的促进，以达到提高失业保险制度调节收入分配的目的。主要是通过扩大失业保险基金在促进就业方面的支出，或是直接为失业者提供各种再就业服务的方式来实施。

1. 提供失业补助，为失业者再就业提供物质帮助

很多国家在失业保险基金中开设“失业补助”一项，目的是给失业者在再就业过程中提供必要的补助，促使其再就业。主要包括以下几个方面：

（1）以保证求职者在找工作期间的生活稳定为主要目的的求职者补助，即一般求职者补助（一般由基本补助、学习技能补助、寄宿补助和伤病补助构成）、高龄求职者补助、短期雇用特例求职者补助和日工求职者补助；

（2）以帮助、促进求职者重新就业为主要目的的促进雇佣补助。主要包括：重新就业补助（失业人员提前就业，而其享受的失业保险待遇支付期间尚有一定节余时支付）、常用就业准备金（主要用于那些失业人员年龄超过规定年龄，比如日本规定为45岁，残疾人等就业困难者就业时支付）、因就职或参加公共职业训练而搬家时支付的搬家费、因求职活动远途奔波时支付的广域求职活动费等；

（3）以支持工人积极参加能力开发活动为目的的教育训练补助；

（4）以帮助、促进高龄者、从事育儿、护理活动者的职业生活顺利进行为主要目的连续雇用补助。

2. 用失业保险基金为失业者和雇主提供资助，帮助失业者再就业

在实行以失业救济制度为主要内容的失业保障制度的国家，都会遇到这样一个难题，政府支付的救济金都花出去了，就业问题还是没有解决，反倒是失业人数越来越多，失业救济金也越发越多。因此，许多国家就如何使失业救济金更有效率进行了探索，以积极的做法来转化，用失业救济金为失业者就业提供资助，为能吸纳失业者的雇主提供资助。法国在这方面取得了比较好的效果。法国政府设立了一项基金（基金来源于部分失业保险金），只要失业者自己能创办中小企业就业，或雇主能吸纳失业者就业，都可以申请1万~10万法郎的资助。这项措施经过了1987年和1994年的两次改革，申请的条件简化了，实施的范围扩大了。同时把减免社会保险费从6个月延长到1年（法国企业为雇员缴纳的社会保险费率达工资总额的55%）。此外，失业者和吸纳失业者的雇主可享受18小时的咨询费用补助（法国现行的咨询费为400法郎1小时，而享受补助的则只需付100法郎，另300法郎由基金支付，有特别困难的经批准，可全部由基金支付），咨询补助的期限从企业创办前到企业成立两周年之日期间有效。这些失业者还可免费获得培训和实习的帮助，免费获得技术顾问到企业协助共同经营管理的帮助。日本一般通过为企业提供就业补贴来鼓励企业招聘失业人员。具体做法是，在征收失业保险费时单独征收促进就业费，用于以下就业补贴项目①：一是对不景气而被迫缩小经营规模的企业给予为期1年的工资补贴，以便安置内部富余人员；二是对转产、重组企业提供一次性就业稳定特别补贴；三是对再就业特别困难地区开办的企业给予奖励性补贴；四是对创造出大规模就业岗位的企业给予岗位开发补贴；五是向企业、在职员工和失业者个人直接提供培训补贴。

3. 对失业者提供再就业服务，提高失业者的就业能力

再就业服务是英国失业保险制度中重要的组成部分。失业者在就业中心进行失业登记和申请求职者津贴，经审核确认后可按周领取津贴。就业中心还对失业者提供细致周到的咨询面谈、职业介绍服务。例如，失业者如果3个月以后仍然没有就业，就业中心的官员就要同他进行内容广泛的面谈，劝说他进入“求职培训班”，帮助他进一步掌握和提高求职技巧与自我推荐的艺术。失业6个月以后仍然没有就业，就业中心将停止发放求职者津贴，转入以津贴收入调查为基础的失业资助计划，并再次同他进行就业面谈，还可进入为期2周的求职俱乐部和为期3周的工作试用。对失业长达1年和2年的，都有具体的帮助措施，例如帮助失业者指定就业计划、组织他们参加社区服务做一些临时性的工作；就业中心官员与长期失业者结对子，开展“一对一”的帮助等。对失业人员进行职业培训也是许多国家再就业服务中的重要内容，由于职业培训可以提高失业者的人力资本，增加他们在劳动力市场的竞争力，从而有利于失业者实现再就业，因此，许多国家都非常重视职业培训的发展。如英国对参加培训并取得资格证书的失业人员，分别按资格登记增加失业保险给付；美国规定参加职业培训的失业人员，可适当延长失业保险给付期；德国、意大利对参加培训的失业人员提供生活补

① 吕学静：《中国失业保险制度发展战略研究》，载郑功成主编《中国社会保障改革与发展战略》（总论卷），人民出版社，2011，第357页。

贴，失业保险部门负担部分培训费用，包括注册费、书费、交通费等；澳大利亚和西班牙等国家规定，参加培训的失业人员可以享受疾病、工伤、失业和养老保险待遇。

（五）失业保险预防失业措施的国际比较

国外许多国家通过失业保险制度抑制企业的解雇行为，来发挥失业保险制度预防失业、稳定就业的功能，从而达到失业保险制度对收入的调节目的。

在日本，失业保险机构从稳定就业出发，对某些企业予以资助。例如，资助不景气而被迫缩小经营规模的企业，力争企业在不裁员或少裁员的情况下，内部消化过剩人员；资助留用、吸纳高龄和残疾劳动者的企业，避免这些就业弱势群体失业；资助一些条件差的企业，帮助其改善就业环境，减少离职、跳槽等情况的发生。在韩国，失业保险机构也实行了类似措施，例如，对那些虽面临经营困难但不解雇劳动者的企业，提供相当于这些劳动者停产工资50%的资助；对企业为职工内部转岗培训所需设施提供长期低息贷款等，使转岗职工能在企业内部重新上岗；对雇用55岁以上的劳动者占所有劳动者比例达6%以上的企业，每人每年支付36万韩元的雇用补贴。

此外，一些国家实行浮动性的失业保险征税制度，抑制雇主对雇员的解雇，保持在业者工作岗位的稳定，以减轻社会失业压力。在这方面美国实施的浮动失业保险税率制度，即“经验税率”制度和德国的“社会福利计划”具有代表性的意义。美国实行的“经验税率”制度是指按照雇主解雇雇员的情况而确定的企业缴纳失业保险税的税率。联邦政府规定，失业保险税率为应税工资总额的5.4%，但为鼓励企业尽量保留雇员和限制企业的解雇行为，美国的大多数州都实行了按企业员工就业稳定的记录情况确定缴纳失业保险税率的办法；另有少数州则根据企业解雇人数来决定企业缴纳失业保险税率的办法。这也就是说，企业解雇的人越多，企业缴纳的保险费率就越高，最高可达职工工资总额的10.5%。德国实行的“社会福利计划”是指，雇主在企业不景气时，若要大批解雇雇员，须向劳动局申报，同时须向被解雇人提供补偿费的制度。如果雇主不采取大批解雇雇员的行为，劳动局将为这些即将面临失业的员工提供转岗培训经费。①

---

① 马永堂：《比较研究：完善失业保险促进就业功能》，《中国劳动》2006年第1期。

（六）国外失业保险制度经验及启示

1. 国外失业保险制度在调节收入分配方面的经验

国外的失业保险由于完善的制度设计和合理的政策安排，使得制度本身的三大功能得以充分的发挥，大大提高了对收入分配的调节能力。具体来说，主要集中在以下几个方面：

（1）广泛的制度覆盖范围，将尽可能多的劳动者纳入制度的保障范围之内，提高了对社会成员间收入差距的调节能力；

（2）较短的待遇给付期限和促进就业措施的实行有利于帮助失业者实现再就业，从而减少低收入群体的规模，缩小社会成员间的收入差距；

（3）通过抑制雇主的解雇行为来稳定在业者的就业岗位，从而达到预防失业的目的，减少了劳动者的失业风险，避免由于失业而导致收入差距扩大的可能性。

2. 主要启示

目前我国的失业保险制度对收入分配的调节能力很弱，主要是因为制度的不完善影响了制度功能的发挥，从而降低了对收入分配的调节力度。国外一些国家由于完善的制度设计和合理的政策安排，使得失业保险制度保障生活、促进就业和预防失业的功能得到充分发挥，从而提高了制度对收入分配的调节作用。因此，我国应积极借鉴他国在制度设计和政策安排上的有益探索，不断完善制度功能，以提高调节收入分配的能力。

我国现行失业保险制度由于预防失业功能的缺失、促进就业功能的不足，因而还主要依靠保障生活功能的发挥来体现对收入分配的调节作用。但无论是从调节力度还是其他国家的经验来看，依靠促进就业和预防失业功能的发挥来调节收入分配已成为主要趋势。因此，我国的失业保险制度应重点从促进就业和预防失业方面进行完善，可以通过扩大失业保险基金在促进就业和预防失业方面的支出，或者通过合理的政策安排来实现，比如开征浮动失业保险费或是缩短待遇给付期限等。通过积极的失业保险政策的实施，促进失业者实现再就业，以达到减少社会低收入或贫困群体的规模，实现对收入分配的有效调节。

四　建立具有积极收入调节功能的失业保障制度的政策建议

提高失业保障对收入分配的调节力度，需要加强失业保障促进就业和预防失业的功能，只有失业者实现了就业，才能完成制度对收入分配的有效调节。就业是参与收入分配的前提，因此，我国的失业保障制度应加快从保障生活的被动的输血型的失业保障制度向促进失业者再就业的积极的造血型的失业保障制度转变，这不仅是国际失业保障制度的发展趋势，而且有利于失业保障制度对收入分配的积极调节，从而缩小我国当前不断扩大的收入差距，促进社会的和谐稳定。另外，在经济条件允许的情况下，在不断完善我国现有的失业保险制度的基础上，扩大保障范围和保障服务项目，建立适合全民的失业保障制度，这样才能在更大的范围内发挥调节收入分配的功能。

（一）合理确定失业保障待遇水平，缩小失业者和在业者的收入差距

我国现行的失业保险缴费是以本人工资水平为基准的，而失业保险待遇却是以最低工资为基准确定的，一般为最低工资的60%～80%。不仅难以体现失业保险制度权利与义务对等的原则，而且由于待遇水平偏低，导致失业保险转移支付的能力较弱，不利于调节失业者和在业者的收入差距。虽然在对失业保险待遇的国际比较中发现，国外许多国家都是以劳动者失业前个人工资的一定比例来确定失业保险待遇，但是固定比例的计发方式调节收入分配的效果要优于按个人工资比例计发的方式。鉴于我国目前收入差距较大的现实，应该继续采用按照固定比例计发失业保险待遇的方式，但是可以用平均工资代替最低工资为计发基准，这样可以提高失业保险待遇水平，缩小失业者和在业者的收入差距。

（二）完善促进就业功能，提升劳动者的就业能力

我国现行的失业保险基金支出范围较窄，主要是用于保障失业者基本生活方面的支出，因而使得失业保险调节收入分配的作用很有限。但中国目前失业保险基金的累计结余规模很大（见表8），应借鉴国外经验，扩大失业保险基金的支

出范围，提高失业保险基金的使用效率，加大失业保险在就业促进方面的支出，以提高失业者的就业能力，提升失业者的再就业率，从而使他们能够重新获得劳动收入，参与收入的初次分配。建议设立以下促进就业的支出①：（1）长期失业者就业补贴。对聘用长期失业者一定时间以上的用人单位给予工资性补贴。（2）青年实习补贴。对为初次就业的青年或大学毕业生提供实习岗位的用人单位给予适当补贴。（3）有家庭困难失业者就业补贴。对有家庭困难如因照顾年幼子女或老人而难以就业的失业者，或单亲家庭失业者，提供就业补助。（4）创业资助。对有条件的失业者，用失业保险基金提供贷款贴息，或一定数额的小额贷款担保，或是允许一次领取尚未享受的失业保险金作为创业资金。（5）异地就业补贴。对长期失业者异地就业，或大学生到基层或边远地区就业的，提供交通、搬家补贴。（6）灵活使用失业保险基金，用于所有登记的失业者的职业介绍和职业培训费用。

（三）建立稳定就业补贴，补充完善失业保障预防失业功能②

我国现行失业保险制度没有预防失业、稳定就业的功能，但在调节收入分配方面，发挥失业保险预防失业的功能是十分必要和重要的。因此，有必要在现行制度内补充和完善失业保险预防失业的功能，同时要建立稳定就业的补贴，避免收入差距的扩大。

1. 补充和完善失业保险预防失业的功能，有效避免失业的产生

预防失业的基本思路是帮助暂时发生生产经营困难的企业稳定就业岗位，使用失业保险基金补给企业，达到稳定就业防止失业的目的，前文中提到的国外预防失业的政策是值得研究借鉴的。首先，失业保险扶持企业可以帮助企业渡过难关。对企业来说，失业保险基金直接支付给企业，对已自行保留工作岗位、开发就业岗位而不裁员、少裁员的企业进行补贴，资助企业对员工进行培训，可以帮助企业在经营不佳时保留核心员工、熟练工人等人力资本，并且可以使企业在生产疲软时期提升员工的技能水平、扩大技能范围，从而训练出一支高素质的人才

---

① 吕学静：《中国失业保险制度发展战略研究》，载郑功成主编《中国社会保障改革与发展战略》（总论卷），第364～365页。

② 此部分主要参照吕学静《中国失业保险制度发展战略研究》，载郑功成主编《中国社会保障改革与发展战略》（总论卷），第365～366页。

储备队伍，实际上不啻为一种有效率的“社会投资”。一旦经济形势好转和复苏，这些经过培训的员工将为企业带来更高效的劳动生产率，增强企业的人力资源竞争力并带动产业的发展。其次，失业保险扶持企业、稳定就业对中国的特殊意义。在借鉴发达国家经验的同时，考虑与发达国家的失业保险制度所处的国情不同，扶持企业、稳定就业对中国具有更迫切的需求：中国人口总量和产业发展使多年来劳动力供给在总体上远远高于劳动力需求，需要转移的农村剩余劳动力数目巨大。具体表现在：劳动力供大于求的矛盾仍然尖锐；登记失业率持续增加，岗位流失较多；高校应届毕业生、农村劳动力的就业压力较大。今后中国的就业形势将更为严峻。越是在这种形势下，越是要扩大就业、稳定就业两手抓。稳定就业与扩大就业同样重要，因为扩大就业主要是解决就业增量问题，稳定就业主要是解决就业存量问题，如果稳定就业的问题抓不好，扩大就业的努力就会被抵消掉。因此扶持企业、稳定就业对中国来说更加必要、意义更为重大。失业保险制度应该在这一方面借鉴国际经验，加快发展。这对企业、劳动者、社会收入差距的缩小乃至社会福祉都意义非凡。再次，减轻失业保险支出负担、有助于社会安定。对失业保险制度而言，稳定就业与促进就业是相辅相成的，都十分重要。通过补贴企业从而稳定员工队伍，鼓励或激励企业分担一部分成本，可以减少大规模失业对制度的冲击，减少失业保险基金对支出的负担。同时，将预防失业和促进就业结合起来，并激励企业参与其中，可以提高失业保险促进就业的社会化管理程度。同时稳定岗位、预防失业支出在宏观形势恶化的时候，还可以维持社会预期、安抚广大家庭心理，对维持社会稳定有一定的帮助。

2. 建立稳定就业补贴，使劳动者实现更稳定的就业

建立稳定就业的补贴，确保劳动者就业岗位的稳定，从而保证劳动者收入的稳定。支付给企业的稳定就业补贴主要由以下项目构成：其一是工资性补贴。对参保缴费达到一定期限的企业，在其生产经营不景气时，通过缩短工时、降低工资等措施实行岗位共享不裁员的，给予一定期限（如最长 6 个月）的工资补贴。提供工资性补贴，有利于保障职工的收入不至于降低过多，也有利于企业按照政府鼓励稳定就业的政策导向采取更多措施，克服困难，保持职工队伍稳定。其二是社会保险补贴。对符合条件的企业雇主给予社会保险补贴，如资助就业压力较大地区的雇主挖掘潜力，尽量提供更多的就业机会；资助雇主多招用就业较困难的群体，如残疾人、失业的农民工等。对在就业难的地区，通过开创新事业为当地居民提供就业机会的雇主进行的资助。其三是培训补贴。培训补贴的主要目的在于鼓励企业长期履行参保缴费义务，并在企业出现内部结构性调整时，不将职工推向社会，组织职工培训，给予培训补贴。鼓励企业对在职工人进行培训，既可以提高企业的竞争能力，也可以使职工减少失业的风险，实现更稳定的就业。

G.7

最低生活保障制度和农村反贫困

张秀兰　徐月宾　王晓波*

摘　要： 农村最低生活保障制度是目前农村最重要的社会保障制度。通过对农村低保制度的资金筹集、保障标准的制定与调整、贫困瞄准机制、边缘贫困人群与临时救助制度以及农村低保制度与其他社会政策的衔接情况等几个方面的调查，农村最低生活保障制度的实施为贫困人群带来了实实在在的好处，在一定程度上减少了低保对象中的贫困人口比例，使低保对象的贫困深度，特别是生活最为困难的低保对象的贫困深度大幅降低。我国农村最低生活保障制度还存在一些问题。未来需要改变目前仅提供事后救助的做法，从而在反贫困领域扮演更为积极的角色；农村低保制度需要在几个核心环节上制定全国统一的标准，特别是最低救助水平和资格条件；应当实施一套分别针对儿童、老年人和残疾人等特殊困难人群的普惠型类别救助方法；要在中央和地方层面建立和实施绩效评估系统，要加强基层社会救助工作的管理能力。

关键词： 最低生活保障　发展　反贫困　效果

自20世纪80年代初农村经济体制改革以来，中国农村绝对贫困人口的数量从1978年的2.5亿下降到2010年的2688万，贫困发生率也相应地从30%以上下降到了2.8%。[①] 尽管我国的农村贫困标准被普遍地认为偏低，[②] 但农村贫困人口正在逐

---

* 张秀兰、徐月宾、王晓波，北京师范大学社会发展学院。

① 中华人民共和国国家统计局《中华人民共和国2010年国民经济和社会发展统计公报》，http：//www. stats. gov. cn/tjgb/ndtjgb/qgndtjgb/t20110228_ 402705692. htm。

② 2011年我国的农村贫困线上调为2300元，据此标准，农村贫困人口的数量将达1.3亿以上，贫困发生率为10%左右。

年减少的事实是毫无疑问的。然而，在现有制度安排下，能够脱贫的大多是具备劳动能力的群体，而剩余的农村贫困人口中则有相当一部分是因病残等原因失去了劳动能力的人，他们很难继续依靠劳动力或劳动收入摆脱贫困。加之20世纪90年代以来教育和医疗服务体系的过度市场化改革，农民因病和因教育费用支出致贫或返贫的问题日益突出，进而导致20世纪90年代后期以来农村减贫速度呈现出减缓的趋势。

针对农村贫困问题的新变化，从21世纪初开始中央及地方政府加大了对农村社会保障的制度建设和资金投入，在全国范围内迅速推行了一系列针对困难家庭的社会救助制度。其中，农村最低生活保障制度（以下或简称为“农村低保制度”）是目前农村最重要的社会保障制度。该项制度为家庭人均收入低于当地保障标准的农村贫困家庭提供补差救助，资金由中央和地方政府共同承担。其他各种专项救助制度如医疗、教育和住房救助等基本上都是以这项制度为基础运行的。实践证明，农村社会救助制度的实施不仅为贫困人群带来了实实在在的好处，也在维护社会稳定方面发挥了积极的作用。但由于这项制度推行的速度较快，很多政策环节还存在一个与农村具体情况磨合的过程。因此，各地在政策的制定和实施过程中，既有很多成功的经验，也不可避免地存在一些困难。

本文以下部分将首先对我国农村最低生活保障制度的建立及发展过程进行简要回顾；其次，根据作者2010～2011年在部分地区的实地调研情况对这项制度的实施情况进行描述和讨论；[①] 再次是根据作者2010～2011年在我国五省所做的农村住户抽样调查数据，对农村低保制度的实施效果进行评估；最后是讨论和政策建议。

一　农村最低生活保障制度的建立与发展

我国农村低保制度从20世纪90年代中期开始在部分省市试点，之后在总结各地试点经验的基础上民政部于1996年印发了《关于加快农村社会保障体系建设的意见》和《农村社会保障制度建设指导方案》两个文件，对建立农村最低生活保障制度提出了原则要求和基本意见，首先在东部沿海地区和大城市周边农村地区进行推广，同时在一部分中西部地区和边远、贫困县也要有试点。到

① 包括安徽、江西、福建、河南、陕西、吉林、山东和浙江等省。

2001 年年底全国 80% 以上的县（市、区）建立了农村最低生活保障制度。① 但此后的农村税费体制改革使农村低保制度由于资金短缺而陷入困境。针对这种情况，2003 年民政部下发了《关于进一步做好农村特困户救济工作的通知》，提出在不具备建立农村低保制度条件的地区，首先应建立农村特困户生活救助制度。随后，中西部大部分省份将农村低保制度转型为农村特困户定期定量生活救助。2003 年全国开展农村低保制度的县市数目下降了近一半。

2006 年中共中央十六届六中全会做出的《中共中央关于构建社会主义和谐社会若干重大问题的决定》是农村低保制度发展的转折点，该文件首次提出要在全国“逐步建立农村最低生活保障制度”的决定。2007 年以后农村最低生活保障制度迎来了全面和迅速发展的时期。2006 年年底，中央农村工作会议和随后下发的《中共中央国务院关于积极发展现代农业扎实推进社会主义新农村建设的若干意见》提出“鼓励已建立制度的地区完善制度，支持未建立制度的地区建立制度，中央财政对财政困难地区给予适当补助”。2007 年 3 月温家宝总理在十届全国人大五次会议所作的《政府工作报告》中宣布：“今年要在全国范围建立农村最低生活保障制度，各地要根据实际，合理确定最低生活保障对象范围和标准，中央财政对困难地区给予适当补助。”此后，国务院于 2007 年 6 月在北京召开了农村最低生活保障制度工作会议，并于当年 7 月下发了《国务院关于在全国建立农村最低生活保障制度的通知》（以下简称为“《通知》”），标志着农村最低生活保障制度在全国的正式建立。

截至 2010 年年底，农村低保对象的人数从 2007 年的 3566 万人增加到 5214 万人，全国平均低保标准从人均每月 70 元增加至 117 元，人均补助水平从每月 38.8 元增加至 74 元（见表 1）。

表 1　农村低保制度的实施情况（2007～2010）

年份	保障人数(万人)	平均低保标准(元/人·月)	人均补助水平(元/人·月)
2007	3566	70	38.8
2008	4305	82.3	50.4
2009	4760	101	68
2010	5214	117	74

资料来源：民政部历年统计报告，http://cws.mca.gov.cn/article/tjbg/。

① 民政部财务和机关事务司编《中国民政统计年鉴（2001）》，中国统计出版社，2001。

二　当前农村最低生活保障制度的主要特征及实施情况

我国目前的农村最低生活保障制度是以县市区为政策制定和实施单位，中央及省区市一般只给予资金支持并提供一个指导性的政策框架。各地的政策设计和实施情况大同小异，差异主要表现在与地区经济发展水平有关的救助水平和一些实施细节方面。之所以如此，一方面是由于农村最低生活保障制度的实施基本上是一个自上而下的过程，民政部在制度的试点探索和逐步完善的过程中一直给予了密切的指导；另一方面，各地在政策制定和实施过程中普遍经过了一个互相学习的过程，并参照了城市居民最低生活保障制度的很多做法。本文以下部分主要围绕农村低保制度的资金筹集、保障标准的制定与调整、贫困瞄准机制、边缘贫困人群与临时救助制度以及农村低保制度与其他社会政策的衔接情况等几个方面展开。

1. 资金筹集

对于农村最低生活保障制度的资金筹集，国务院2007年发布的《关于在全国建立农村最低生活保障制度的通知》（以下简称《通知》）中明确了三条主要渠道，即地方财政预算、中央对困难地区的补助以及社会捐助。2007年之前的农村低保制度及农村特困户生活救助制度完全由地方筹资。2007年8月，财政部和民政部联合下拨30亿元专项补助资金，用以补贴中西部地区建立农村低保制度。此后，随着中央及地方政府的资金投入逐年加大，农村低保制度的救助人数大幅增加，救助水平也显著提高。2007～2010年，各级财政支出的农村低保资金由109.1亿元增加到445亿元，其中，中央财政转移支付由30亿元增加至近270亿元，占全部支出的60%以上（见表2）。

表2　农村低保制度筹资情况（2007～2010）

单位：亿元，%

年份	支出总额	其中：中央财政拨款	中央财政占支出总额比例
2007	109.1		
2008	228.7		
2009	363.0	255.1	70.3
2010	445.0	269.0	60.4

资料来源：民政部历年统计报告，http：//cws.mca.gov.cn/article/tjbg/。

从各地的政策设计和实施情况来看，当前农村低保制度的资金筹集主要有以下几个特点。首先是普遍采取了地方财政分级负担的机制。2007 年之后随着中央财政转移支付的落实，从中央到乡镇一级都承担了不同程度的筹资责任，但中西部地区县级承担的比例有所下降，乡镇以下基本不再参与筹资。其次，地方财政分级负担制具有明显的再分配特征。大多数省区市在分担筹资任务时都有向困难地区逐层倾斜的政策，经济较好的地区承担的筹资责任要明显高于经济困难的地区。再次，中央转移支付对减缓基层政府和组织的财政负担发挥了重要的作用。从试点到全国建制，农村低保制度的筹资普遍经历了一个责任上移的过程。农村税费体制改革以后，大多数地区取消了村级筹资责任，很多地方也减少或取消了乡镇的承担比例。2007 年以后除东部部分地区外，中西部地区也大多完全由县区及以上地方财政分担资金。

总的来看，中央政府关于农村低保制度财政转移支付的建立，结束了我国长期以来“农村福利农村办”的财政安排。自 20 世纪 90 年代初实行分税制以来，我国的财政能力从中央到地方呈现出逐级削弱的趋势，依靠农民自己办福利显然困难重重；在很多经济落后的地区，地方政府也很难拿出资金为困难群体提供社会救助或社会福利项目。可见，在缺乏有效的再分配平衡机制特别是从城市向农村的财政转移支付支持的情况下，完全依靠农村来建立自己的社会保障制度是无法实现的。另一方面，我国农村社会普遍缺乏支持发展社会保障制度的体制性资源也是造成社会保障制度缺失的一个根本原因。地方政府普遍将发展的优先次序倾向于城市和经济增长等与政绩相关的领域，而关注和发展农村社会福利的动机则明显不足。

近年来，随着科学发展观与构建和谐社会目标的提出，我国的经济社会发展目标开始从过去单一的经济发展导向转向了以改善民生和提高人民生活质量为根本。不仅中央政府对社会保障制度建设的资金投入显著增加，地方政府对投资民生也比过去更加积极。这是保证农村低保制度不断完善的根本保障。

2. 保障标准的制定与调整

国务院在 2007 年的《通知》中对农村最低生活保障制度的标准有明确的指导性政策，即实行地方政府负责制，从当地农村经济社会发展水平和财力状况的实际情况出发确定保障标准，并进而将“吃饭、穿衣、用水、用电等费用”作为制定保障标准的基本依据，而对调整的要求则是要随着“生活必需品价格变化和人民生活水平提高”而调整。从各地出台的政策文件来看，保障标准的制定方法主要有以下几种。

一是市场菜篮子法。又称“标准预算法”，是国际上测量绝对贫困的一种传统方法，源于英国社会学家 B. S. 朗特里（B. S. Rowntree）20 世纪初对英国城市贫困的研究。用这一方法测算农村低保标准需要先确定好一个能够满足当地居民基本生活水准所必需的物品及服务的种类和数量的清单，然后根据当地的市场价格来计算出购买这些物品及服务所需要的资金数额，此数额即为救助标准。

二是直接参照国家统计局发布的农村贫困线来制定保障标准。大多数中西部省区制定农村低保标准时，往往直接套用或参考了国家统计局公布的农村贫困标准（以下或简称“国家贫困线”）。事实上，2007 年前后全国农村低保制度初建时，全国大多数地方的农村低保标准都与当时的国家贫困线十分相近。应该说，直接参照国家贫困线确定低保标准主要是由于低保制度初建之时各地财政投入尚不充分而采取的权宜之计。

三是收入比例法。这种方法一般在东部经济较发达地区使用，主要将保障标准分别与三个指标挂钩：城镇职工最低工资标准、农村居民年人均纯收入或农村居民人均消费支出。有的地方将农村低保标准与城镇低保标准挂钩，而城镇低保标准又与最低工资挂钩。

无论采取哪种方法制定低保标准，最终起决定作用的仍然是当地的财政支付能力。在大多数地方测算低保标准的公式中都有一个根据财力情况自行制定的“调整数”，以控制最终出台的低保标准。应该承认，完全按需施救不仅现阶段很多地方的财政难以承受，就是较高的救助标准也会增加瞄准困难或产生“福利依赖”的问题。因此，实现财政能力和需求之间的平衡是各地制定低保标准和资格条件时需要考虑的重要因素。

根据《财政部、民政部关于加强农村最低生活保障资金使用管理有关问题的通知》（财社［2007］106 号）的要求，“农村低保金原则上按照保障对象家庭年人均纯收入与保障标准的差额发放，也可以在核查申请人家庭收入的基础上，按照其家庭的困难程度和类别，分档发放”。在补差救助和分类救助两种方法中，前者将保障对象的待遇水平与保障标准直接挂钩，每户获得的救助金额即是保障标准与家庭实际收入的差额，因而不涉及重新制定补助标准的问题；后者则仅仅将保障标准作为资格依据，实际救助水平与保障标准之间没有直接的关联，而是根据补助标准来确定的，因此，除了制定保障标准之外，还需要专门制定针对不同家庭和人群的补助标准。

分类救助是目前大多数地方采取的方法。之所以这样做，一方面是为了绕开收入测量的难题，另一方面也是由于该方法比较具有可操作性。在分类救助中，受助资格和待遇水平取决于低保申请人的家庭是否满足一些特征，如收入水平、劳动力状况、家庭成员的健康状况以及足以影响家庭基本生活的意外支出等；必须性支出较高或完全没有收入的家庭往往会优先得到保障，救助水平通常也较高；而对于那些必须性支出较低或者有一定收入的家庭，则会根据具体情况施以较低水平的救助。例如，吉林省公主岭市将农村低保对象划分为固定保障对象、特定保障对象和其他保障对象三类。其中，固定保障对象主要指“三无”人员，每人每年享受当地农村低保标准100%的全额救助；特定保障对象指虽有一定收入，但因重大疾病和突发事件等原因导致入不敷出，在较长时间内难以摆脱贫困的困难家庭，每人每年享受低保标准150%的救助；其他保障对象则指家庭成员有一定劳动能力，但因主要创收成员下岗失业或因照顾病人等原因暂时不能就业或参加劳动，导致生活短期处于较低水平的家庭，这类家庭享受低保标准40%的救助。

从最近几年的情况来看，农村低保制度在保障标准的制定与调整方面的一个明显特征是由早期完全的“因财施保”逐步向追求供给与需求平衡的方向发展。很多地方开始使用市场菜篮子法或收入比例法，根据贫困人群的实际生活需求制定保障标准和资格条件，如山东、浙江等地。在这一过程中，中央财政转移支付力度的不断加大和地方财政投入的持续增长无疑发挥了重要的作用。然而在经济欠发达地区，由于贫困人口基数大和地方财政能力的双重制约，仍然继续参照国家贫困线的方法制定农村低保标准，但实际救助水平已经有了明显提高。

2011年民政部、发改委、财政部和国家统计局联合下发了《关于进一步规范城乡居民最低生活保障标准制定和调整工作的指导意见》，明确规定了各地制定和调整低保标准时可以采用基本生活费用支出法、恩格尔系数法或消费支出比例法等，并特别要求测算基本生活费用支出时要包括食品消费和生活必需品支出两部分，避免简单参照扶贫标准或全国平均低保标准来制定和调整低保标准。①

① 民政部等《关于进一步规范城乡居民最低生活保障标准制定和调整工作的指导意见》，http：//www. mca. gov. cn/article/zwgk/fvfg/zdshbz/201105/20110500154356. shtml。

显然，该文件目的之一是改变当前部分地方仍然存在的“因财施保”现象，进而实现根据实际需要确定保障标准的目标。这样，中西部地区将需要大幅提高保障标准和补助水平，除了地方财政能力外，提高标准后必然会增加贫困瞄准的困难。而这是需要进一步探索的问题。

3. 贫困瞄准机制

瞄准机制即对贫困人群及其贫困程度的识别方法。国务院 2007 年下发的《通知》对农村最低生活保障制度的救助资格规定了两个标准：一是“家庭年人均纯收入低于当地最低生活保障标准的农村居民”；二是要求将“因病残、年老体弱、丧失劳动能力以及生存条件恶劣等原因造成生活常年困难的农村居民作为主要对象”。前一个标准意味着需要使用家计调查或收入测量的方法来瞄准贫困家庭，而后一个标准则是按照个人或家庭的特征或需要来确定救助资格，不需要测量具体的家庭收入。

无论采取哪种方式，对于低保对象的认定程序，国务院 2007 年的《通知》中都明确规定要做到“程序明确、操作规范、方法简便，保证公开、公平、公正”。为此，各地普遍制定了一系列通过民主程序筛选低保户的措施，包括民主评议制度、多人入户调查、三榜公布以及热线电话或直接投诉等群众监督程序，对低保制度的实施过程进行全程监控。此外，大多数地方还规定了一些对低保资格的限制性条件。这些条件限制的目的基本可概括为三类：避免养懒汉、控制违法犯罪行为、避免子女放弃扶养老人的家庭责任。例如，江苏省规定三种人员不能纳入低保范围：有劳动能力但无正当理由拒绝劳动的；依法具有家庭照顾关系的（包括赡养、抚养和扶养关系），而照顾人有能力但未履行义务的；有赌博、吸毒、嫖娼等违法行为的。还有一些省区市将因打架斗殴等致残致贫人员排除在外。

由于低保救助资格既可以按照家庭收入也可以按照家庭成员的经济特征来确定，各地的瞄准机制也主要分为两种：按照家庭收入和按照家庭人口特征界定低保资格。从各地制定的农村低收入家庭收入核算办法来看，纳入收入核算范围的收入来源基本与统计部门的口径一致，包括了经营性收入、工资性收入、财产性收入和转移性收入。核查收入时主要通过查看有效收入凭证和参考“虚拟价格”两种方式来进行。有效收入凭证是指农民出售农林牧畜渔等产品时所保留的票据、用人单位开具的工资性收入证明、财产租赁转让协议以及有关赡养（抚养、扶养）费的协议或法律文书等。“虚拟价格”是在低保申请人无法提供有效收入凭证时使用的一种替代性做法，首先由地方民政部门根据当地农产品收购价格水平、工资水平及其他商品和服务的价格水平所开列价格清单，入户调查人员在核算家庭收入时主要了解低保申请家庭种植的农产品种类和面积、养殖的牧畜渔的品种和数量、家庭成员从事的职业等信息，然后根据价格清单来计算家庭收入。对于隐瞒收入的情况，各地所采用的方法，一是考察低保申请家庭是否存在实际生活水平偏高的情况；二是进行民主评议或通过群众监督来决定是否给予低保救助。例如，湖北省规定“对有隐性收入和家庭实际生活水平较高或能够自行维持家庭最低生活，而又无法核实的特殊情况家庭，可采取召开居民代表会议的办法，决定是否予以保障”①；湖南省和辽宁省都规定“对具有一定的隐性收入而采取其他办法都不能准确计算出其家庭收入时，可根据当地农村家庭收入评估标准和实际情况进行评估。对于家庭生活状况的评估，重点是进行家庭生活消费支出情况的评估”②。

尽管中央和大多数地方在政策文件中都规定了以家庭为单位的家计调查是识别救助资格的主要手段，但测量家庭收入长期以来一直是困扰城乡低保制度的一个棘手问题。加之基层管理能力严重不足，大多数地方并没有实施严格的家计调查来筛选贫困家庭，而是放权村委会通过民主程序来进行识别，即所谓“社区贫困排序法”或“民主选贫法”。在农村低保制度开始实施的时候，保障标准普遍较低，往往只有极端贫困或无收入的家庭才可以获得救助，如鳏寡孤独、痴呆傻残和因灾病致贫的人群；有收入的家庭则极少能够进入低保范围中。加之救助水平也很低，不会引起普通村民的重视，因而通过测量收入来确定低保资格的环节变得完全没有必要。在这种情况下，依靠村委会组织识别贫困家庭是非常有效的。应该说，在目前我国农村低保制度仍然面临巨大需求和有限资金供给的情况下，这种做法也是不得已的选择。

但随着保障标准的逐年提高，符合救助资格的家庭数量也水涨船高，不仅甄别贫困人群的难度明显增加，而且由于救助金数额相对于一般农民的收入来说已经变得相当可观，所以“争低保”的现象也越来越突出。加之近年来各级政府

---

① 《湖北省最低生活保障工作规程》（鄂民政规［2009］1号）。

② 《湖南省农村最低生活保障工作操作规程（试行）》（湘民救助函［2009］1号）、《辽宁省农村居民最低生活保障工作规程》（辽民发［2008］20号）。

对社会和谐极其重视，任何容易引起群众矛盾的问题或使贫困人群不满的事情，都要避免发生。因此，追求“公开、公平、公正”成为农村低保制度目前在实施过程中最受重视的目标。为避免引发矛盾和保证制度顺利实施，除上文提到的“虚拟价格”和“民主选贫”等方法外，很多地方还对低保对象的产生过程加以严格的监督和控制，以确保瞄准结果的真实公正。如河南省规定“乡镇政府要对所有申报对象入户调查核实，县（市、区）民政部门对申报对象入户抽查率不低于40%”①；安徽省淮南市规定“乡镇在审核时，入户调查率不得低于50%，县区在审批时，入户调查率不得低于20%”②。

尽管如此，村干部在社区民主排序的过程中仍然掌握着很多权力。在很多农村地区，青壮年或有一定教育水平的村民常年外出打工，留守农村的老弱病残等群体缺乏参与村委会事务的能力和机会，对低保标准程序的影响非常有限。在这种情况下，村干部滥用职权、弄虚作假、优亲厚友或村民组织被家族和小集团操纵等现象时有发生。目前，多数基层民政部门尚缺乏足够的人力、物力对低保制度的全部瞄准过程进行直接管理。同时，由于村委会被定位为村民民主自治组织，由村民民主选举产生，因而民政部门也无法对其行为进行直接干预。在一些经济条件较好的地方，低保瞄准的决策权已经上移，由县乡两级民政部门直接接受村民的低保申请并组织核查程序，村委会仅在进行家庭经济状况调查时才发挥辅助性作用。目前，这种做法已经成为各地改进农村低保制度瞄准机制的一条主要途径。例如，吉林省推行了“两级管理，三级联审”工作机制，将农村低保的“申请、审批及日常管理工作全部由县、乡两级机构负责”；入户调查和评议工作要“由县（市、区）、乡镇（街道）两级工作人员、村（社区）低保专干、居民代表组成‘联合审查组’，共同入户核定申请家庭实际生活状况及家庭财产、收支情况，共同公开评议申请家庭是否符合低保条件”③。

综合来看，在贫困瞄准机制方面，大多数地方在界定农村低保对象的资格时采取的是对申请家庭的困难程度与实际需求进行综合判断的方法，判断的依据既包括家庭收入和家庭成员特征，也包括对家庭的支出需求以及由于支出而造成基

---

① 《河南省民政厅关于进一步完善农村居民最低生活保障制度的通知》（豫民文〔2009〕61号）。

② 《淮南市民政局关于进一步规范我市农村居民最低生活保障工作的通知》（淮民〔2009〕27号）。

③ 《吉林省城乡居民最低生活保障对象审批评议办法（试行）》（吉民发〔2010〕46号）。

本生活困难的考虑。作为当前农村地区最主要的一项社会保障制度，农村低保制度不仅要保障常年困难家庭的基本生活，对因各种天灾人祸而发生额外支出而基本生活受到影响的家庭都需要提供应急救助。因此，收入低并不是决定救助资格的唯一标准。收入低但不影响基本生活的家庭往往不会优先得到救助，而因病残或子女教育等发生大额费用致使家庭生活受到影响的家庭更可能得到救助。

此外，基层管理者的观念对救助资格的界定也有明显的影响：农村低保制度应当鼓励劳动参与，避免福利依赖，救助对象应以靠自身能力无法摆脱生活困难的家庭为主，这也是各地普遍采取按照家庭特征而非严格的收入测量为瞄准手段的原因之一。在这种情况下，各地普遍采取的办法就是总量控制下的社区民主排序，即首先由上级部门逐层下达保障名额，然后由社区组织对低保申请者的家庭按照贫困程度进行由高到低的排列，在规定的名额范围内将社区中最贫困的家庭纳入保障范围。因此，加强对村民组织的监督或回收低保制度的管理权，已经成为各地民政部门努力的方向。

4. 边缘贫困人群与临时救助制度

边缘贫困人群一般指的是收入接近低保标准但因不符合低保资格而没有被纳入低保制度的人群。他们在正常的情况下往往能够勉强维持基本生存和生活需要，但抗风险的能力非常薄弱，遇有任何生产损失或生活变故都有可能陷入赤贫而不能自拔的境地，最后还得需要低保制度的救助，因而也是低保对象的后备军。为此，从农村低保制度全面实施开始，民政部便制定了针对边缘贫困人群的临时救助制度。

根据《民政部关于进一步建立健全临时救助制度的通知》（民发［2007］92号），临时救助制度是一项针对城乡困难家庭实施的临时性、非定期、非定量的生活救助制度，其救助对象主要包括三类：（1）在最低生活保障和其他专项社会救助制度覆盖范围之外，由于特殊原因造成基本生活出现暂时困难的低收入家庭，重点是低保边缘家庭；（2）虽然已纳入最低生活保障和其他专项社会救助制度覆盖范围，但由于特殊原因仍导致基本生活暂时出现较大困难的家庭；（3）当地政府认定的其他特殊困难人员。从各地出台的政策文件来看，该项制度的保障对象主要包括：城乡低保家庭、农村五保户和城镇“三无”人员以及低保边缘家庭。多数地方的临时救助制度仅限于当地户籍人口，但是在一些外来人口较为集中的地方，如广东省珠海市也将在当地居住或工作达到一定年限且符合低保边缘家庭条件的非户籍人口列入了临时救助的保障范围。

申领临时救助金需要符合两个条件，即收入在一定范围内和遭受突发性事件。例如，珠海市规定的低保边缘家庭是指“家庭人均月收入高于当地低保标准但低于低保标准1.5倍的困难家庭”[①]；东营市河口区规定低保边缘对象为家庭年人均收入在当地城乡低保标准110%以下而未享受低保待遇的城乡居民。安徽省将低保边缘家庭界定为“在最低生活保障和其他专项社会救助制度覆盖范围之外，由于特殊原因造成基本生活出现暂时困难的城乡低收入家庭”[②]。两个条件中前者是必要条件，后者是充分条件。而所谓遭受突发性事件主要是指遭遇各类自然灾害、火灾、意外伤害事故、重大疾病等，并且后果必须较为严重或使家庭基本生活出现难以为继的情况。

目前，临时救助制度的筹资渠道主要包括省、市、县三级财政，福利彩票基金和社会捐赠，其中市、县两级财政往往要承担大部分救助资金。例如陕西省规定“临时救助资金来源：（一）市、县级财政安排的临时救助资金；（二）慈善机构、其他社会机构和个人提供的捐助资金”[③]；江西省规定“临时救助资金以政府投入为主、社会捐助为辅。各级政府要加大资金投入，省对财政相对困难和临时救助任务较重的县（市、区）给予适当补助”。由于缺少中央财政的支持，一些经济欠发达省份尚未建立起临时救助制度。

在操作程序方面，按照民政部的要求，“临时救助工作程序既要严格规范，有较强的可操作性；又要尽可能避免繁琐复杂，符合‘救急救难’的工作特点”。从各地出台的政策文件来看，临时救助制度在申请审批程序上与农村低保制度基本相同。但是考虑到临时救助制度“救急救难”的特点，一些地方对急需帮助的居民申请临时救助的程序予以了简化，如珠海市规定“情况比较危急的，可采取特事特议的方式审批，但应补办申请审批手续。必要时，区级民政部门可直接审批”；吉林省规定“对因交通事故、重大疾病等突发性事件造成无法维持基本生活的家庭，情况紧急的，可先救助，事后按规定程序补办有关手续”。

① 《珠海市困难群众临时救助办法（试行）》，2009.9.17。

② 《安徽省困难群众临时生活救助意见》（民保字［2009］32号）。

③ 《陕西省城乡居民临时救助暂行办法》（陕民发［2008］52号）。

从救助标准来看，临时救助制度通常按照分类分档的方式确定标准，即根据救助对象所遭受突发性事件的不同类别确定不同的救助标准，具体由入户调查人员根据申请人的家庭经济状况、所遭受突发性事件的严重程度和损失的多少来确定申请者所适用的标准。但申请人不得以同一事由重复申请临时救助，同一家庭每年可以申请临时救助的次数一般被限制在两次以内。由于资金投入不足，基层民政部门在审批申请时不仅十分谨慎，救助水平也普遍很低。如浙江省奉化市规定临时救助制度根据申请人家庭的实际困难程度和自救能力，给予200～3000元的一次性困难救助，每户每年临时救助一般不超过两次，实行一事一审批，特殊情况可放宽至5000元。可以说当前的临时救助制度只是一种象征性的帮助，其救助水平与贫困人群的实际需要相差甚远。此外，最初仅对低保对象提供的医疗和教育救助，近年来也逐渐开始自动惠及边缘贫困家庭。这是解决边缘贫困群体问题的一个有效措施。

5. 农村低保制度与其他社会政策的衔接情况

经过近30年的努力，我国农村社会保障制度已经涵盖了社会保险（包括新型农村养老保险和新型农村合作医疗）和社会救助制度（包括农村最低生活保障制度、农村五保供养制度、农村医疗救助和教育救助等）。此外，针对贫困地区的开发式扶贫政策自20世纪80年代中期以来也一直在运行中。这些制度的筹资渠道、政策的制定和实施部门都不尽相同。社会救助由民政部负责，合作医疗由卫生部负责，开发式扶贫由国务院扶贫办负责，而农村养老保险则由人力资源和社会保障部负责。在这些制度中，一些是互相配合的关系，如医疗和教育救助等都是针对贫困人群的专项救助制度；而另一些制度之间则存在交叉的情况，如农村五保供养制度、农村低保制度和新型农村养老保险制度以及农村低保制度与开发式扶贫政策等。

农村低保与农村五保供养。目前各地主要采取了两种做法，一种是将农村五保供养对象纳入农村低保制度框架之中，对五保供养对象给予低保标准的全额救助并额外提供一些救助，使其最终得到的救助水平达到有关文件规定的供养水平，如北京、福建等地。另一种做法是将五保供养对象排除在农村低保制度之外，规定农村居民不得重复享受两项制度的救助，如河南、湖南等省。还有一些地方明确规定五保供养对象的供养金应计入农村低保的收入核算范围，如重庆、黑龙江等地，这实际上等同于规定五保供养对象不得重复享受农村低保救助。此外，也有一些地方从救助对象的实际困难出发，在符合救助条件的前提下，允许生活极端困难的救助对象同时享受低保和五保的双份救助，如吉林省公主岭市。

农村低保与新型农村养老保险制度的衔接。根据《国务院关于开展新型农村社会养老保险试点的指导意见》（国发〔2009〕32号），从2009年开始我国各省、自治区、直辖市先后开展了新型农村养老保险制度（以下或简称“新农保”）的试点工作。文件内容涉及两项与农村低保制度相衔接的问题。一是民政部门是否应当资助农村困难群众缴纳新农保保费，二是参加了新农保后的养老金收入是否应该纳入低保收入的核算范围。反对代缴保费的认为，因为新农保的个人缴费不参加社会统筹，而是个人财富的积累，所以资助低保户缴费等于提高低保待遇水平，不同之处仅仅是将现金支付变成了强制储蓄。此外，如果资助缴纳保费，势必进一步增加农村低保救助的含金量，进而带来更多的负面激励效果。对于第二个问题，普遍的态度是，新农保中的个人账户养老金应当计入低保收入核算范围，而基础养老金则不应计入。目前，这两个问题都需要中央做出更加明确的规定。

农村低保与扶贫开发政策的衔接。根据《国务院扶贫办、民政部关于开展农村最低生活保障制度与扶贫开发政策有效衔接试点工作的通知》（国开发〔2009〕1号）以及《国务院办公厅转发扶贫办等部门关于做好农村最低生活保障制度和扶贫开发政策有效衔接扩大试点工作意见的通知》（国办发〔2010〕31号），农村低保和扶贫开发制度应当在程序、政策和管理三个方面实现衔接。不过，在各省区市制定的有关文件和实际操作中，目前的衔接工作主要是为信息共享和共同识别贫困群体做技术上的准备，实质性的衔接工作尚未展开。

三　农村低保制度的实施效果

1. 数据及样本

本文数据来自北京师范大学社会发展与公共政策研究所于2010～2011年在我国安徽、福建、江西、河南和陕西5个省的住户抽样问卷调查。问卷调查采取分层抽样的方法，在抽取住户样本时对低保家庭采用了超比例抽样方法。有介于此，本文在数据分析时对样本进行了加权处理，以下分析中如未作特别说明，均为加权统计结果。加权方法：以县为单位计算低保户和非低保户的权重，低保户和非低保户的权重分别为样本中被访农户被抽取到的概率的倒数。样本分布情况如表3所示。

表3 样本住户分布

单位：个，%

省份	县	乡镇	行政村	总户数	低保户比例（未加权）	低保户比例（加权）
福建	3	18	36	1485	16.90	4.06
安徽	3	18	36	1498	21.30	7.48
江西	3	18	36	1468	26.16	7.22
河南	3	18	108	2165	25.13	10.67
陕西	3	18	108	2161	26.15	9.29
总计	15	90	324	8777	23.50	7.93

本次抽样调查共涉及5个省，15个县级行政区域，90个乡镇，324个行政村，回收有效问卷共计8777份，其中低保家庭占23.5%。

2. 调查结果

本文将分别从两个方面来评估农村低保制度的实施效果：（1）瞄准效果，即农村低保制度在多大程度上使贫困人群获得了救助或将低保金分配给了贫困人群。在对瞄准效果进行的分析中，本文采用了两种方法对贫困进行测量。一是以国家扶贫标准为依据，将全部样本家庭划分为贫困和非贫困两类，进而测量农村低保制度在多大程度上使贫困家庭获得了救助；二是用家庭人均收入十等分法，将全部样本人口按收入水平由低到高划分为十个人数相等的分档，并在此基础上测量低保对象和低保金在各个收入分档中的分布。（2）反贫困效果，即农村低保制度实施前后的贫困规模及贫困深度变化情况。

（1）瞄准效果

第一，按照国家扶贫标准的评估结果。为了评估的方便，本文对全部被访家庭作如下区分：A. 贫困享受低保的家庭；B. 非贫困享受低保的家庭；C. 贫困未享受低保的家庭；D. 非贫困未享受低保的家庭。其中，对贫困分别通过三个收入标准加以界定，这三个标准是：2009年的国家扶贫标准（1196元/人·年），由于本次调研的实施时间为2010～2011年，因此所测量的农村住户收入水平是2009年的数据；2009年国家扶贫标准的1.5倍（1794元/人·年），这是界定边缘贫困经常使用的方法；2011年年底新出台的国家扶贫标准（2300元/人·

年）。瞄准效果的评估指标包括两项：贫困但未享受低保的群体占全部贫困群体的比例，即漏保率；非贫困但享受了低保的群体占全部低保对象的比例，即错保率。作为一个按照收入水平进行补差救助的制度，完全瞄准的情形即是：所有贫困人口都获得了救助而所有非贫困人口都没有得到救助。

表4显示，按照1196元/年的2009年国家扶贫标准，在696户低保户中，有260户是贫困且享受了低保救助的家庭，有436户是非贫困但享受了低保救助的家庭，806户是贫困但未享受低保救助的。也就是说，贫困户中有近76%的家庭没有享受低保救助，而在已经享受低保救助的家庭中60%以上的家庭是非贫困户。漏保率和错保率都比较高。随着贫困线标准的提高，错保率大幅下降，但漏保率的降幅却较小。这意味着，在已经获得低保救助的非贫困群体中，大多数是收入水平略高于扶贫标准的边缘贫困群体，但多数边缘贫困群体并不会享受低保救助。

表4　农村最低生活保障制度的瞄准效果

	贫困标准		
	1196元/年	1794元/年	2300元/年
四类家庭的数量（户）			
贫困且享受低保（A）	260	365	442
贫困未享受低保（C）	806	1367	1936
非贫困享受低保（B）	436	331	255
非贫困未享受低保（D）	7275	6714	6145
瞄准效果（%）			
漏保率 = C/（A + C）	75.61	78.92	81.41
错保率 = B/（A + B）	62.64	47.55	36.59

这一结果与作者在实地调查中的发现完全一致。首先是农村低保制度在实施过程中很难通过精确核算申请人的家庭收入来认定受助资格，更常见的情况是根据家庭在劳动力、生产资料等方面的情况进行认定。其次是一部分低保对象之所以能够获得受助资格，并非由于其收入水平低于当地低保标准，他们能够获得救助是因为家庭遭受到严重疾病、慢性病或者伤残的冲击，医疗支出过高以致入不敷出。上述情况都可能导致非收入贫困家庭被纳入农村低保的救助范围。

第二，按照收入十等分的评估结果。用收入十等分的方法评估农村低保制度的瞄准效果是通过测量低保对象以及低保资金在不同收入档次的分布情况来判断低保制度的瞄准效果。为此，本文设计了以下五项分析指标：（1）各档低保人数占全部低保人数的比例，该指标衡量了全部低保人口在不同收入组别的分布；（2）各档低保人数占本档全部人数的比例，该指标衡量了各收入组别中低保人数的比例；（3）各档低保人数占全部人数的比例，该指标反映了低保人口在不同收入组别中的分布状况；（4）各档低保人口所得低保救助金占全部低保救助金的比例，该指标反映了低保救助金在不同收入组别的分布；（5）各档低保人口的平均低保救助金，该指标衡量了不同收入组别低保人口获得低保救助金的分布。表5是上述五个指标的信息。

表5中的第二至第四列是低保对象的分布和比例。第二列数据显示，收入越高的群体享受低保救助的机会就越低。在全部低保人口中，80%以上集中在收入最低的40%的人口中，50%以上集中在收入最低的20%的人口中；而在收入最高的50%的人口中，低保人口的比例仅占全部低保人口的不足10%，特别在收入最高的30%的人口中，低保人口的比例更是不足3%。显然，绝大多数的农村低保制度受益者是贫困和低收入人群。第三列中的信息进一步肯定了农村低保制度的瞄准效果。在收入最低的10%的人口中，低保人口占了1/5以上；随着收入档次的提高，低保人口的比例呈现出了显著的下降趋势；在收入最高的五个档次中，低保人口的比例更是微不足道。第四列的信息也表明，在全部样本中，低保人口中的绝大多数集中在收入最低的前四个档次中。

表5　低保人口及低保资金在收入十等分中的分布

单位：%，元

收入分档	本档低保人数占全部低保人数的比例	本档低保人数占本档全部人数的比例	本档低保人数占全部样本比例	本档低保人口所得低保救助占全部低保救助金比例	本档低保人口平均低保救助
1st	33.20	21.09	2.12	40.06	378.73
2nd	19.33	12.25	1.23	20.91	339.60
3rd	14.56	9.31	0.93	13.39	288.76
4th	13.39	8.52	0.85	10.75	252.05
5th	9.96	6.38	0.63	7.87	248.16
6th	4.50	2.87	0.29	3.33	232.55
7th	2.32	1.48	0.15	2.01	272.51
8th	2.44	1.55	0.16	1.51	193.73
9th	0.31	0.20	0.02	0.17	170.84
10th	0.00	0.00	0.00	0.00	0.00
总计	100.00	—	6.37	100.00	313.91

表5第五和第六列的数据显示了低保救助金的分配情况。显而易见，低保对象所获得的低保金额度与其收入水平呈明显的反向关系；而且低收入人群所占用的救助名额和救助资金也占到了大多数。在第五列中，收入最低的20%的人口获得了60%以上的低保救助金，收入最低的40%的人口获得了80%以上的低保救助金，随着收入档次的提高，低保金的获得比例呈显著下降趋势。由第六列低保对象人均救助水平分布可知，低保对象获得的人均救助金数额随其家庭年人均纯收入的提高而呈现出非常明显的递减趋势。收入最低的10%的人口中的低保对象人均获得的救助金接近400元，在各档中最高。由此可见，无论是从农村低保对象的人数还是低保救助金的分布来看，绝大多数受益者是收入最低或较低的群体，并且这部分低保对象获得了绝大部分的低保救助金。尽管中等收入群体也有部分人享受了低保救助，但其享受的低保金数额和比例都比较低，而高收入群体中则基本不存在低保对象。

为了解不同类型家庭的经济特征，本文分别用2009年和2011年国家扶贫标准对上述四类家庭的基本经济特征和支出情况进行了进一步分析。统计结果见表6至表9。

表6　四类家庭的基本经济特征（1196元贫困线标准）

	贫困享受低保	贫困未享受低保	非贫困享受低保	非贫困未享受低保
总户数(户)	260	806	436	7275
家庭人口特征				
户均人口数(人/户)	2.71	3.20	3.43	4.09
户均劳动力数(人/户)	1.24	2.09	2.18	2.96
户均老人数(人/户)	1.07	0.91	0.83	0.58
户均儿童数(人/户)	0.68	0.97	0.74	0.98
户均残疾/患重病人数(人/户)	0.90	0.52	0.81	0.31
遭遇负面冲击比例(%)				
配偶或者孩子去世	2.67	1.28	3.00	0.81
家庭财产受损	2.01	3.21	2.95	4.62
农业生产遭受自然灾害	23.01	21.97	27.70	34.00
家庭自营工商业亏损	0.40	1.26	0.69	1.50

表 7　四类家庭的基本经济特征（2300 元贫困线标准）

	贫困享受低保	贫困未享受低保	非贫困享受低保	非贫困未享受低保
总户数(户)	442	1936	255	6145
家庭人口特征				
户均人口数(人/户)	2.85	3.55	3.69	4.14
户均劳动力数(人/户)	1.07	1.84	2.10	2.74
户均老人数(人/户)	1.05	0.89	0.74	0.52
户均儿童数(人/户)	0.45	0.76	0.58	0.81
户均残疾/患重病人数(人/户)	0.82	0.47	0.73	0.27
遭遇负面冲击的比例(%)				
配偶或者孩子去世	2.54	1.09	3.47	0.78
家庭财产受损	2.13	4.25	3.42	4.55
农业生产遭受自然灾害	24.22	28.59	28.94	34.13
家庭自营工商业亏损	0.45	1.35	0.80	1.51

表 8　四类家庭的医疗和教育支出情况（1196 元贫困线标准）

	贫困享受低保	贫困未享受低保	非贫困享受低保	非贫困未享受低保
患病情况				
有成员发生重伤重病家庭(%)	25.47	22.65	30.05	15.48
有成员患严重慢性病或残疾家庭(%)	63.41	41.62	60.71	24.83
存在以上两种情况的家庭(%)	69.07	49.16	67.48	32.32
医疗支出				
医疗支出(元/户)	1641.94	2031.61	2366.90	2309.45
医疗支出占非食品支出的比例(%)	50.03	38.12	43.41	25.95
发生灾难性医疗支出的比例(%)	61.47	44.85	52.97	26.32
上学情况				
有高中学生的家庭(%)	5.27	6.68	8.01	11.53
有大学及以上学生的家庭(%)	2.57	3.64	4.81	6.88
有以上两类学生的家庭(%)	7.13	9.75	12.01	16.69
教育支出				
教育支出(元/户)	1079.23	2052.73	1950.71	3310.54
教育支出占非食品支出的比例(%)	11.35	15.02	15.72	19.77

表 9　四类家庭的医疗和教育支出情况（2300 元贫困线标准）

	贫困享受低保	贫困未享受低保	非贫困享受低保	非贫困未享受低保
患病情况				
有成员发生重伤重病的家庭(%)	27.80	20.60	29.79	14.55
有成员患严重慢性病或残疾的家庭(%)	63.50	36.24	56.89	22.88
存在以上两种情况的家庭(%)	69.50	44.44	64.19	30.12
医疗支出				
医疗支出(元/户)	1945.85	2100.45	2499.17	2349.13
医疗支出占非食品支出的比例(%)	47.74	34.40	40.90	24.47
发生灾难性医疗支出的比例(%)	58.03	38.75	51.01	24.23
上学情况				
有高中学生的家庭(%)	6.44	9.22	8.48	11.73
有大学及以上学生的家庭(%)	3.38	5.13	5.58	7.09
有以上两类学生的家庭(%)	9.23	12.86	12.78	17.16
教育支出				
教育支出(元/户)	1420.54	2607.82	2181.11	3399.86
教育支出占非食品支出的比例(%)	12.82	18.31	17.50	19.67

表 6 和表 7 显示，在家庭基本经济特征方面，无论采用 2009 年国家扶贫标准还是 2011 年国家扶贫标准界定贫困，在四类家庭中，贫困享受低保的家庭情况最差，面临劳动力成员少、残疾和重病患者多等困境。与贫困未享受低保的家庭相比，非贫困享受低保的家庭虽然劳动力人数略多、老人儿童数量略少，但户均拥有残疾和重病成员较多，且遭遇农业生产损失和家庭主要成员去世等事件的比例也更高。

表 8 和表 9 呈现了农村家庭在支出方面的特征，在两种贫困界定标准下，贫困的低保家庭中都有约 70% 存在成员重伤重病或患严重慢性病以及残疾的情况，非贫困的低保家庭与前者情况大致相当，但其医疗支出数额则大幅高于前者，而且在全部四类家庭中也是最高的。与两类未享受低保的家庭相比，两类低保家庭中遭遇成员重伤重病、患严重慢性病和有残疾家庭成员的

比例均更高，医疗支出数额更大，发生灾难性医疗支出①的比例也更高。在教育支出方面，贫困的低保家庭有高中和大学在读学生的比例最小，教育支出也最少。非贫困的低保家庭和贫困的非低保家庭情况大致相当，教育支出和在读高中生、大学生的比例均高于贫困的低保家庭，但低于非贫困的非低保家庭。

上述结果表明，收入低并不是决定救助资格的唯一标准，家庭的基本经济特征和支出情况在低保户认定过程中具有非常重要的作用。劳动力少、老年人多或者有成员重病伤残、医疗支出较高的家庭往往更可能得到农村低保制度的救助，即使其收入水平略高于当地低保标准也是可以的。

（2）反贫困效果

本文将利用 FGT 贫困指标②，通过比较低保对象在接受低保救助前后 FGT 贫困指标的变化来评估农村低保制度的反贫困效果。FGT 指标的数学表达式如下：

$$\mathrm{FGT}_{\alpha} = \frac{1}{n}\sum_{j=1}^{q}\left|\frac{z - y_i}{z}\right|^{\alpha}$$

其中，z 表示贫困线，y_i 表示第 i 个样本的收入，q 表示收入低于贫困线的人口数，n 表示总人口数，α 为参数，可设置为 0、1 或 2。当 $\alpha = 0$ 时，FGT0 $= q/n$ 为贫困发生率；$\alpha = 1$ 时，FGT1 为贫困距指数（Poverty Gap），即贫困人口的收入与贫困线之间的距离，反映贫困深度；当 $\alpha = 2$ 时，FGT2 为平方贫困距指数（Squared Poverty Gap），此时越是贫困的群体在 FGT 指数中所占的权重就越高。

结果显示，在接受低保救助后，低保对象中的贫困率由 31% 下降到 20%，下降了约 1/3，代表贫困深度的贫困距指数降幅为 1/2 左右，平方贫困距指数降幅最高，达到 2/3。这一结果表明，农村低保制度的实施，在一定程度上减少了低保对象中的贫困人口比例，使低保对象的贫困深度，特别是生活最为困难的低保对象的贫困深度大幅降低（见表 10）。

---

① 如果家庭医疗支出占家庭非食品支出的比例高于 40%，则认为该家庭发生了灾难性医疗支出。

② FGT 贫困指标最初由 James E. Foster、J. Green 和 Thorbecke 于 1984 年提出，在国际反贫困领域已被广泛采用。

表 10　农村低保实施前后低保对象的 FGT 指数变化情况

省　份	贫困率(%)(α=0)		贫困距指数(α=1)		平方贫困距指数(α=2)	
	救助前	救助后	救助前	救助后	救助前	救助后
安　徽	30.24	19.07	15.03	6.48	10.39	3.17
福　建	44.96	27.46	23.62	10.52	16.37	5.93
江　西	28.68	21.03	13.93	8.12	8.80	4.09
河　南	30.74	19.57	12.94	6.53	7.92	3.12
陕　西	27.59	18.52	10.76	5.34	5.79	2.34
平　均	30.72	19.91	14.11	6.74	9.06	3.29

四　讨论及政策建议

我国的城乡最低生活保障制度在政策设计上是一个非常理想化的制度：制定一个贫困或保障标准，然后对收入低于这个标准的家庭给予补差救助，于是便达到了使贫困人群脱贫的目的了。然而，在具体实施中，理论上的贫困标准是容易制定的，但如何在人群中划出这样一条线来则很难做到。在城市，接受低保救助的人群主要是无业或非正规就业者，而农村居民则主要以农业收入为主，测量家庭收入一直是困扰政策实施的一个主要问题。从 20 世纪 90 年代末城市低保制度在全国全面建立起来后，各级民政部门在实施低保制度过程中的主要精力几乎都用于划分贫困人群或界定救助资格的工作上。即使一些地方通过非常复杂的手段和程序划出了这样一条线，也往往是一个很模糊的“虚线”，不仅行政成本高、监控困难，也为在政策实施过程中产生滥用职权、弄虚作假的现象留出了余地。这一政策设计也为低保制度的实施带来了另一个困境：由于贫困标准越高，瞄准也越困难，进一步提高低保制度的救助水平会面临技术方面的问题。

基于当前我国农村低保制度存在的问题，本文提出以下几个政策建议。

第一，以农村低保制度为核心的农村社会救助体系要将预防贫困作为政策目标之一，改变目前仅提供事后救助的做法，从而在反贫困领域扮演更为积极的角色。这就要求加大中央财政转移支付的平衡作用，使农村贫困家庭获得救助的资格和救助水平不因地方财力的制约而受到影响。

第二，农村低保制度需要在几个核心环节上制定全国统一的标准，特别是最低救助水平和资格条件。尽管我国不同地区居民的收入水平、生活成本以及财政能力存在巨大差别，但有必要通过制定统一的标准以避免因地方财力或其他因素导致部分贫困人群不能得到充足帮助的结果。具体来说，在确定受助资格方面，国家应该出台统一的标准以规范目前各地的操作方法。在这方面，中央和地方各级民政部门要与统计部门密切合作。在国家层面，民政部应当使用国家统计局的年度住户抽样调查数据和普查数据估计各省区市的贫困人口规模，并在此基础上制定资金分配方案。与此同时，民政部门还应当建立一套完善的社会救助绩效评估系统，建立救助对象的个人信息数据库，对救助资金的使用情况进行追踪，并对救助的效果进行监管。与此相类似，省级民政部门也应当利用当地的抽样调查和普查数据分析、估测各县市的贫困人口分布情况，并以此为依据分配救助资金，并对救助资金、救助对象的变动实施监测。县市级民政部门要直接管理低保救助对象资格认定和待遇确定的工作，改变将低保对象认定程序完全下放到村委会的做法。贫困人口的瞄准程序应当被提升到县市级层面，并且应当使用统一的标准对待本地区的全部农村家庭，在此过程中，民政部门可以根据统计数字，通过向乡镇或村分配救助名额的方式对瞄准效果加以控制和调节。乡镇政府和村委会在瞄准程序中应当发挥支持性作用，如核对申请材料等。

在贫困瞄准方面，家计调查应当被更具可操作性的代理家计调查法所取代。代理家计调查包括了一系列由住户抽样调查获得的经验性指标，这些指标将被用于考察申请人是否具备获得救助的相应资格。代理家计调查可以避免精确核算收入中存在的困难，同时也有助于减轻农村社会救助管理工作的负担，降低管理成本。更为重要的是，一套有效的代理家计调查指标体系既包括人口统计学指标也包括一系列家庭指标，因而能够限制人为因素对瞄准结果的干扰。此外，代理家计调查方法有利于县市级民政部门对救助对象的认定程序实施直接管理。

第三，在农村低保政策中，应当实施一套分别针对儿童、老年人和残疾人等特殊困难人群的普惠型类别救助方法。与以家庭为单位进行家计调查的办法相比，普惠型的类别救助不仅更加简单易行而且还有助于提高管理效率。要保证儿童、老年人和残疾人等不具备劳动能力的特殊困难群体根据其需要获得不同水平的救助，而对有劳动能力的贫困人口则应当着重解决暂时性的生活困难，并通过综合利用社会救助政策、就业政策和扶贫开发计划提供的多渠道资源，帮助这部分有劳动能力的贫困人口提高收入水平或创收能力。

第四，要在中央和地方层面建立和实施绩效评估系统，以便对低保及其他社会救助制度的运行和效果实施管理和监控。绩效评估系统能够实现多重目标，例如改进政策执行效果，提高政策执行效率，为政策的制定者和管理者提供改进现有政策的依据，为地方政府提供制度运行的基本数据，并可以通过与相关部门合作及时掌握救助对象的收入和救助资格变动情况等。此外，绩效评估系统的建立还有助于鼓励和引导地方政府对社会救助的反贫困效果给予更多的重视，并促使地方政府更加关注中央转移支付资金和地方财政投入资金的使用效果。事实上，各级民政部门不仅需要清楚地了解社会救助政策的运行效果，还需要了解政策在执行中是如何实现既定目标的。

第五，要加强基层社会救助工作的管理能力，特别是应当强化县乡两级的管理能力。目前，县乡两级社会救助管理机构普遍受到财力和人力的双重制约，这将严重影响社会救助的管理效率，而且这一矛盾在农村低保制度的管理工作中尤为突出。在工作经费和工作人员编制不足的情况下，社会救助工作的许多程序和目标都难以完成，特别是无法由县乡两级民政部门直接实施管理，如监控救助对象的收入和受助资格变动情况，实施绩效评估系统，以及及时对政策执行情况进行调整等。

G.8

加大公共教育投入对改善社会分配的影响

郑功成　俞贺楠*

摘　要：教育是民生之基，是影响即期与长远的社会财富分配格局的重要因素。加大公共教育投入可以进一步改善我国的财政支出结构，强化财政的公共性与收入再分配功能；可以普惠民生、促进共享，改善城乡居民的收入分配结果；可以直接改善教育工作者的收入状况，有助于扭转我国劳动者报酬占初次分配比重长期偏低的分配格局；加大公共教育投入等于国家进行人力资本投资，必然对未来的社会分配结构产生积极而深远的影响。从教育投入体制的历史发展出发，通过公共教育投入的纵横比较，本文认为我国对公共教育投入仍然偏低，并影响到劳动者素质的提升、制约着劳动者报酬的提高和国家的现代化进程。未来需要进一步明确并强化教育的本质属性，确保2012年实现财政性教育经费支出占GDP 4%的目标，优化教育投入结构，明确相关政策，带动民间或社会资本投向教育领域。

关键词：公共教育投入　社会分配　政策建议　国际比较　政策建议

教育是民生之基，也是国民财富分配的重要方式和途径；人才是兴国之本，更是创造与分享财富的基本要素。一方面，教育是国民立足社会和获取相应发展机会与收益的基础，尤其是在市场经济条件下，教育往往直接决定着个人的知识和技能素质、竞争能力及发展机会，同时也从根本上决定着个人在社会财富分配中的相对份额。另一方面，教育是经济发展与国家强盛的基石，教育属于人力资

* 郑功成、俞贺楠，中国人民大学劳动人事学院。

本投资，只有发达的教育才能造就亿万高素质的劳动者，进而提升国民经济发展的核心竞争力，建设强盛的现代化国家，而公共教育投入则直接影响着社会分配与国家财政支出的结构，其对社会公正与国民共享国家发展成果具有非常直接的影响。例如，教育公平能促进社会公平，若教育机会公平，就业机会就有可能公平，从而也会带来个人发展机会的公平，人们会有更多的机会参与社会并分享成果；反之，教育的落后或不公一定会放大社会的不公，亦造成社会分配的不均衡。因此，无论对于个人还是国家而言，教育都是至关重要的发展基石，也是影响当前与长远的社会财富分配格局的重要因素。

改革开放以来，我国教育事业发展成就巨大，但问题同样很多。其中公共教育投入偏低，即是公众不满的重要方面。因为公共教育投入偏低，既直接损害了教育事业的福利性、公益性，导致个人或家庭教育负担的加重，又弱化了国家财政的公共性，使这一应当且能够让全体国民分享国家发展成果的途径不能在社会分配中发挥出应有的功能。近十多年来，公众对教育批评趋多，很大程度上即是教育支出日益构成了城乡居民的沉重负担所致，说明公共教育投入不足的效果是非常负面的。

在当前国家确立教育优先战略与推进财富合理分配改革的大背景下，研究公共教育投入对社会分配结构的影响具有重要的意义。

一　加大公共教育投入对社会分配的积极影响

从前述回顾与简要分析可见，我国教育财政体制改革虽然取得了重大进展，公共教育投入绝对数虽然在持续增长，但投入偏低仍然是一个基本事实，这一事实带来的后果是多方面的，也是非常负面的。因此，必须加大公共教育投入，在促进教育事业大发展的同时，发挥其对社会分配结构的积极影响。

1. 加大公共教育投入可以进一步改善我国的财政支出结构，强化财政的公共性与收入再分配功能

财政是国家对社会财富进行再分配的最重要的工具与手段，它不仅担当着调节初次分配差距的责任，更是实现全民共享国家发展成果的根本途径。然而，我国的财政因长期注重经济建设而忽略民生福利，导致其公共性不足，对社会分配的调节作用未能得到充分发挥，这是当前我国普通居民收入太低而生活负担太重、不同群体收入差距太大而公共福利不足的一个非常重要的原因，它导致了公众对社会公平认可度严重偏低，而这种趋势还在持续恶化。因此，我国财政支出结构调整的优化目标是不断强化其公共性，增加民生福利保障方面的公共支出，而公共教育支出在世界各国均是最重要的公共支出之一。在我国财政支出结构中，按照预算内教育经费包含教育费附加的口径计算，2007 年该项支出占财政支出的比例为 16.26%，2008 年为 16.32%，2009 年增长到 17.49%，教育确实已经成为我国第一大公共财政支出。然而，这一比重与世界上普遍高于 20% 的公共教育支出相比仍然偏低。因此，公共教育支出偏低实际上是我国财政公共性弱的一个重要原因。如果将财政性教育经费占国家财政支出的比重提高到 20% 以上，则会明显地改善我国的财政资金再分配结构，促使国家财政的公共性增强，这些增长的公共教育支出必定会带来城乡居民教育福利的普遍增加与教育负担的显著减轻，从而起到更有效、更合理的收入再分配作用。因此，要改善我国的财政支出结构，就必须进一步加大公共教育投入，在现阶段的收入分配改革中，再分配因为只涉及政府与国民之间的利益关系，故更应当优先推进，而加大公共教育投入既符合教育事业发展的需要，也符合国家收入分配改革的目标与方向，从而应当成为改善财政再分配的重要途径。

2. 加大公共教育投入可以普惠民生、促进共享，改善城乡居民的收入分配结果

由于教育具有普惠的特性，公共教育投入的增加，必然使更多的城乡居民享受到层次更高、质量更好的教育，它在增进国民教育福利并提高整个国民福利水平的同时，也会切实减轻国民尤其是低收入群体的教育负担与生活压力，从而起到缩小城乡居民收入差距与生活质量差距的作用，可以使城乡居民分配格局与生活状态得到改善。以学生的费用负担为例，2006 年以前，每个小学生每年的费用负担数以百元计，中学生每年以千元计，大学生每年以万元计，虽然表面上看这种普遍性的收费制度似乎“公平”，但结果却是不公平，因为越是低收入家庭便越是难以承受，越是低收入家庭便越是因有子女上学而影响其生活质量，部分家庭因有子女上学尤其是上非义务教育学校求学而严重地影响到正常的生活，不是节衣缩食就是借贷供学，有的家庭甚至因子女求学而陷入贫困或更加贫困的境地。因此，义务教育的非福利化在一定程度上构成了放大城乡差距与贫富差距的一个不容忽略的因素。2006 年以后，国家对义务教育实行免费教育，获益的首先是低收入家庭，困难家庭的子女便能够真正享受到公平的义务教育机会，义务教育也不会再成为家庭贫困的原因之一。可见，加大公共教育的投入，促使公共教育服务均等化，不仅保障了义务教育机会的公平，而且在一定程度上缩小了城乡差距与贫富差距。同时，加大公共教育投入还会相应地减轻城乡居民的教育支出负担，实质上是城乡居民的收入在增长，从而直接影响到居民消费结构的改善，进而使生活质量得到提升。换言之，积极的教育消费趋向，有利于增加社会总需求，政府负担提供公共教育的责任，有利于个人教育消费基金重新合理分配，甚至有利于改变人们的消费观念，改变家庭和社会的消费结构，最终使人们更积极努力地获取足够的经济收入，推动社会的发展与进步。

3. 加大公共教育投入可以直接改善教育工作者的收入状况，有助于扭转我国劳动者报酬占初次分配比重长期偏低的分配格局

十多年来，我国劳动者报酬占初次分配中的比重已经从50%以上下降到40%以内，向企业（投资者、雇主）、政府倾斜的国民收入分配格局及其失衡状态的持续发展，正在急剧地演变为重大的经济问题、社会问题与政治问题，而教育工作者的收入偏低是其中的一个重要方面。当前公众更多地关注普通劳动者与一线产业工人的劳动报酬低的问题，事实上教育工作者的收入亦长期偏低，尽管近年来中小学教师工资有所增长，但教育工作者收入偏低的状态并未从根本上扭转。例如，根据统计资料，教育行业就业人员平均劳动报酬2007年为25908元，略高于全国职工24932元的平均工资水平，但要低于国有单位职工平均工资26620元的水平。在整个教育行业中，高等教育就业人员平均劳动报酬为38963元，又要明显高于初等教育和中等教育就业人员的平均劳动报酬水平，这表明我国中小学教育工作者的收入处于低水平状态。在此，必须澄清一个认识误区，就是教育工作者的收入略微超过职工平均工资水平，似乎不存在收入偏低的问题，但只要注意到两个基本事实，这一看法便不成立：一是我国的教育工作者基本上均在公立学校工作，而他们的收入长期低于国有单位的平均工资收入，更低于国家公务员的收入水平；二是教育工作者基本上是受过高等教育的劳动者，是教育水平最高的就业群体之一，他们的收入水平应当明显高于社会平均工资水平才符合人力资本投资与收益回报的客观规律。正是由于教育工作者的收入长期偏低，学校也缺乏吸引并留住优秀人才的资本，一些学校才千方百计地向学生收费，将负担转嫁给学生家庭，这又在一定程度上扭曲了教育机构的本性。在国家收入分配改革以提高劳动报酬占初次分配中的比重、居民收入占国民收入中的比重为基本目标的条件下，教育工作者的劳动报酬应当优先提升，而加大公共教育投入，将其中一部分用于提高教育工作者的劳动报酬，会使1600多万教育工作者及其家庭得到收入增长的实惠，这不仅能够改善教育工作者的生活状况，而且能够吸引更多的优秀人才进入教育领域，进而使教育质量进一步得到提升。因此，扩大公共教育投入无疑是对我国社会分配格局的改善。

4. 加大公共教育投入等于国家进行人力资本投资，必然对未来的社会分配结构产生积极而深远的影响

前已述及，教育具有福利性、公益性与投资性，教育投资是一种长期投资，人力资本投资也具有长期回报性。必须充分认识到，我国当前劳动者报酬偏低与我国的经济结构、产业结构与就业结构及劳动者本身的素质是密切相关的。因为受教育程度越高，其收入水平便越高，反之亦然，这是各国收入分配中呈现出来的一般规律，我国也不会例外。近30年来，我国工业化进程明显加快，第二、三产业在GDP中所占比重正接近90%，但由于多数劳动者受教育程度有限，大多只能从事低端产业与技术含量不高的岗位的工作，所以才出现30年的持续高速增长却未带来显著的产业升级与经济结构优化。以广东为例，该省GDP总量从1995年的5381.72亿元增长到2009年的39081.59亿元（人均GDP为40748元，折合5965美元），接连超过新加坡和我国的香港、台湾地区，正在赶超韩国，但其经济结构与产业结构并未有根本改变，珠三角地区仍然是低端产业的聚集地区，以农民工为主体的产业工人所从事的工作大多和十多年前没有显著的改变，劳动者的报酬也没有相应地得到提升。究其根源，与劳动者逐级教育程度有限和技能素质偏低直接相关，从而直接影响着产业的升级，也直接制约着劳动者报酬的提升。加大公共教育投入，使劳动者的自身素质和技能等都得到持续提高，这就增加了人们对未来工作的选择机会与权利，同时也使产业与服务的技术含量得到提高，进而使劳动者的报酬得到提高。换言之，对人力资本的长期投资，会增加受教育者未来的劳动所得，一个人的受教育程度与其以后的收入总体上呈正相关关系。因此，加大公共教育投入必将改变未来的社会分配结构，劳动者报酬占初次分配中的比重将因劳动者受教育程度与自身素质的提升而获得提高，这种提高是良性的，也是可持续的。

此外，加大公共教育投入还可以带动慈善公益事业的发展，使更多的社会或民间资源投向教育领域，如实行捐赠配额奖励必将吸引更多的社会捐款，这是第三次分配。国外富人捐资办学或助教早已经成为一种社会常态，并通常被视为改善社会阶层之间的关系、调节国民收入分配状况的优良润滑剂。

综上所述，加大公共教育投入对改善社会分配的结构有着重大而深远的影响，且一定是积极的、正面的、长久的、有效的影响。

二　我国公共教育投入的历史发展与现状分析

回顾新中国成立60多年来我国公共教育投入情况，可以发现这种投入对教育发展、居民生活及社会分配格局的影响，而针对公共教育投入的现实分析，则可以获得比较准确的结论，并寻求合理的加大公共教育投入的途径。

（一）教育财政体制的历史回顾①

新中国成立以来，党和政府对教育事业是高度重视的。据统计，1952～2002年政府教育支出规模增长了281.60倍，年平均递增率为13.40%。总的来说，除一些特殊年份外，政府教育财政支出的绝对规模基本上呈增长趋势。统计数据显示，在60多年间，我国政府教育支出曾经出现两次绝对规模明显下降的现象，第一次发生在1958年的“大跃进”时期和三年自然灾害时期，其中，1958年与1957年相比下降了9.42%，1961年与1960年相比下降了40.59%，1962年又比1961年下降了19.64%；第二次教育支出绝对规模的下降是在“文化大革命”时期，如1967年比1966年下降了9.78%，1968年比1967年下降了3.43%，1969年又比1968年下降了1.70%。改革开放以来，随着国民经济持续调整增长和国家财力日益雄厚，尤其是随着“科教兴国战略”和“人才强国战略”的确立，政府不断加大对教育的投入力度，政府教育支出规模扩大的趋势明显。

应该说，政府教育支出绝对规模的增长趋势是社会发展过程中各种因素综合作用的结果。一方面，随着人口增长和社会进步，人们对教育的各种需求不断增长，对政府提供的教育产品提出了新的要求；另一方面，经济社会的全面发展要求经济生活中不同层次、不同种类的人才与之相适应，这同样要求一个合理的教

① 参见潘晨光主编《中国人才发展报告No.2》，社会科学文献出版社，2005。

育投入规模和体制与之相适应。因此，新中国成立以来，教育财政的体制变迁，主要是随着国家教育目标政策调整和由基本国情决定的政府财力的变化而变化的（廖楚晖，2004），概括起来可以分为以下三个阶段。

1. 中央财政统收统支的教育财政体制（1949～1980）

从新中国成立到改革开放初期，我国实行高度集中的计划经济体制，相应的也建立起了高度集中的财政体制。当时包括教育经费在内的各项经费，都是由国家财政统一列支的。教育经费列入国家一级预算，实行统一领导，由中央、省（自治区、直辖市）、市、县分级管理的体制。除农村教育需要农村集体经济共同支撑外，三级教育经费均由中央政府负担，这种高度集中的教育财政体制是与当时高度集中的财政体制相吻合的，这对新中国成立伊始的百废待兴的局面，以及当时的教育发展起到了相当大的作用。但这种过分集中的教育财政管理体制，在一定程度上影响了地方教育发展的进程（孙国英等，2002）。

2. 中央和地方分担的教育财政体制（1980～1994）

1980 年，国家对财政体制进行了重大改革，由过去中央政府统一管理国家全部收支的中央财政体制，变为中央和地方分级管理财政收支的新财政体制。与此相适应，教育财政支出也分别由中央和地方分担。基础教育的经费由地方政府分担和筹集，中央政府只给予少量专项补助；高等教育视学校的隶属关系由中央和地方财政分别负担。1986 年 7 月正式实施的《中华人民共和国义务教育法》，把这一体制以法律的形式确立下来。但“地方负责，分级管理”的这种基础教育财政的管理方式中地方负什么责任，不同级次政府管理权限如何划分，没有具体的说明，直到 1992 年 2 月出台的《中华人民共和国义务教育法实施细则》才规定了区、县以下政府负担大部分义务教育的经费，县级以上政府只承担义务教育经费不足时的补助责任（王善迈，2002）。

3. 以地方为主的教育财政分级管理体制（1994 年以后）

1993 年 2 月 13 日，中共中央、国务院颁布了《中国教育改革和发展纲要》（以下或简称“《纲要》”）。在政府教育投入方面，该《纲要》指出了各级政府、社会各方面和个人都要努力增加对教育的投入，确保教育事业的优先发展，国家财政性教育经费支出占国民生产总值的比例要在 20 世纪末达到 4%。在教育财政体制方面，该《纲要》特别强调了各级财政支出中教育经费支出所占比例要有所提高，并要求各级政府要进一步完善城、乡教育费附加的征收办法，将这些款项主要用于九年义务教育，如有必要，地方政府还可根据当地教育发展的需要及当地的经济发展状况，开征用于其他类型和级别教育的附加费。这一新体制于1995年3月正式由《中华人民共和国教育法》以法律的形式确定下来。这种新的教育投入体制的主要内容可以概括为：以各级财政拨款为主，以依法征收教育费附加为补充，发展校办企业以增加校办产业收入对学校财政的支持，鼓励社会集资捐资，实行成本补偿、合理收取学杂费等多种渠道筹资为辅的体制。从1999年开始，在继续完善教育管理体制、加大财政性教育投入的基础上，实行农村基础教育由地方政府负责、分级管理、以县为主的体制，农民办学的传统逐渐由政府负责所取代。

在高等教育财政体制方面，近些年来，政府一直鼓励中央各部门的院校与地方政府共建。按照1998年第八届全国人大批准的中央政府机构改革方案，一些中央部、委被撤销建制，其原属高等院校除少数划归教育部领导外，多数下放地方或实行中央与地方共建，以地方为主的管理体制。这些学校的经费来源短期内基本不变，仍由中央财政支付，地方政府也要相应给予资助，这是中国高等教育财政体制的一个新变化。

特别需要指出的是，在改革开放以来财政性教育经费绝对规模持续扩大的同时，教育事业获得了长足的发展，但教育的产业化取向也使国民受教育成了城乡居民家庭的日益沉重的负担。2006年是一个重要的转折性年份，一方面，《中华人民共和国义务教育法》修订通过后，城乡义务教育实行免费教育得到了法律的确认，并随后变成了现实；另一方面，随着农业税费的取消，农民办教育的传统也被彻底送进了历史，政府成为教育事业的财政支撑力量。此外，改革开放带来的另一种现象，就是伴随着经济发展与国民个人财富的积累，社会捐资办学或助学在我国开始兴起，一部分民间资本投向民办教育领域，一些企业与先富起来的个人开始向教育机构及受教育者捐资，从而事实上壮大了教育发展的社会基础与财政基础。

综上所述，作为支撑教育事业发展的物质保障机制，我国教育财政体制走过的是一条从中央统收统支到分级负责、从政府包办到政府主导、从城乡有别到城乡统筹、从低水平到逐渐提高的道路。

（二）公共教育投入的现状分析

根据政府公布的统计资料，我国1992～2008年财政性教育经费投入及其占GDP的比重见表1。

由表1可见，自1992年以来，我国财政性教育经费支出规模是持续扩大的，从1992年的728.75亿元增长到2008年的10449.63亿元，增长了13.34倍，但占GDP的比重一直徘徊在2.4%到3.48%之间。然而，20世纪90年代中期国家财政收入占GDP的比重只有10%强，而近几年来这一指标则超过了20%，这表明国家财政收入占GDP的比重翻了一番，但财政性教育经费占GDP的比重却未能翻番，从而说明国家财政性教育经费占GDP的增长幅度明显低于国家财政收入占GDP的增长幅度，这实质上是一种相对下降的趋势。

表1　我国财政性教育经费发展情况

单位：亿元，%

年份	国家财政性教育经费	国内生产总值	国家财政性教育经费占国内生产总值比重
1992	728.75	26923.5	2.71
1993	867.76	35333.9	2.46
1994	1174.74	48197.9	2.44
1995	1411.52	60793.7	2.32
1996	1671.70	71176.6	2.35
1997	1862.54	78973.0	2.36
1998	2032.46	84402.3	2.41
1999	2287.18	89677.1	2.55
2000	2562.61	99214.6	2.58
2001	3057.01	109655.2	2.79
2002	3491.40	120332.7	2.90
2003	3850.62	135822.8	2.84
2004	4465.86	159878.3	2.79
2005	5161.08	183217.4	2.82
2006	6348.36	211923.5	3.01
2007	8280.21	249529.9	3.22
2008	10449.63	300670.0	3.48

说明：2007~2008年数据来源于教育部、国家统计局、财政部关于2007、2008年全国教育经费执行情况统计公告。

资料来源：陈伟光主编《中国教育经费统计年鉴》（2007），中国统计出版社，2008。

根据教育部、国家统计局、财政部《关于2008年全国教育经费执行情况统计公告》和2008年全国教育经费执行情况监测结果表明，政府教育投入总量继续增加，国家财政性教育经费占GDP的比重以及预算内教育经费占财政支出的比例均比上年有所增长，全国预算内教育经费占财政支出62592.66亿元（2009年《中国统计年鉴》公布的数据）的比例为16.32%，比上年的16.26%增加了0.06个百分点，但有一些省、自治区、直辖市没有达到《中华人民共和国教育法》规定的教育投入增长要求。全国有15个省、自治区、直辖市预算内教育经费占财政支出的比例比上年有不同程度的下降。2008年全国国内生产总值为300670亿元，国家财政性教育经费占国内生产总值的比例为3.48%，比上年的3.22%增加了0.26个百分点。

从国际上来看，世界主要发达国家公共教育经费的支出占国内生产总值的比重基本保持在一定的比例范围内，如表2所示。

表2　国际公共教育经费支出占GDP比重

单位：%

国家和地区	1991年	2000年	2004年	2005年	2006年
世　界	4.01	4.04	4.70	4.60	4.57
高收入国家	5.00	5.04	5.54	4.93	5.26
中等收入国家	3.91	4.02	4.50③	4.44	4.24
日　本		3.60	3.65③	3.52	3.48
美　国	5.09	5.75①	5.86③	5.34	5.69
德　国		4.53	4.77②	4.54	4.44
英　国	4.79	4.64	5.48③	5.54	

资料来源：世界银行WDI数据库。①为2001年数据，②为2002年数据，③为2003年数据。参见《国际统计年鉴》（2010），中国统计出版社，2010。

将表1与表2中的数据资料相对比，可以发现，已经处于中等收入国家行列的中国，公共教育投入占GDP的比重确实在总体上呈现逐渐上升的趋势，从1992年的2.71%上升到了2008年的3.48%，但这一指标仍然低于中等收入国家2006年的平均水平，较2006年世界平均水平4.57%与高收入国家平均水平5.26%更有相当大的距离。可见，我国公共教育投入的增长要明显滞后于国家经济增长水平与国家财政收入增长水平，绝对规模的增长并不能掩盖所占比重的下降。

从世界范围来看，我国大中小学入学率情况处于中等收入国家以上的水平，接近世界的平均水平，尤其是小学生粗入学率还高于高收入国家平均水平，而大学生粗入学率仍然较低（见表3）。

表 3　大中小学生入学率比较

单位：%

国家和地区	大学生粗入学率		中学生粗入学率		小学生粗入学率	
	2000 年	2007 年	2000 年	2007 年	2000 年	2007 年
世　界	18.7	25.5	60.4	66.3	99.4	106.2
高收入国家	56.5	67.2	100.2	100.4	101.4	101.7
中等收入国家	15.0	23.1	59.7	66.9	103.7	109.3
低收入国家	4.9	6.9	35.6	42.9	81.6	98.3
中　国	7.7	22.9	62.9	77.3		112.3
印　度	9.6	11.9①	46.3	54.6①	93.9	111.9①
日　本	47.4	58.1	102.1	100.9	101.1	100.2
美　国	69.0	81.7	93.9	94.2	100.2	99.0
德　国			98.4	99.7	105.1	104.2
英　国	58.2	59.1	101.6	97.5	100.8	103.9

资料来源：世界银行 WDI 数据库。①为 2006 年数据。参见《国际统计年鉴》(2010)，中国统计出版社，2010，第 374 页。

世界银行提供的统计数据显示，2009 年中国大学生教育支出占人均国内生产总值的比重为 99.2%，中学生教育支出占人均国内生产总值的比重为 12.7%。这些数据与国际的相关数据相比（见表 4）后可以发现，我国大学生教育支出占人均国内生产总值的比重明显偏高，大学生招生规模扩大是教育发展并为更多青年人提供受高等教育机会的巨大成就，但高等教育经费负担的沉重亦对有子女上大学的城乡居民家庭影响巨大。

表 4　每个学生教育支出占人均国内生产总值比重

单位：%

国家和地区	大学生教育支出占人均国内生产总值比重		中学生教育支出占人均国内生产总值比重		小学生教育支出占人均国内生产总值比重	
	2000 年	2007 年	2000 年	2007 年	2000 年	2007 年
高收入国家	30.49	28.85①	23.03	23.64①	18.11	18.20①
日　本	17.70	19.08①	21.16	23.39①	21.64	21.96①
美　国		25.39①	23.03	24.61①	19.33	22.19①
德　国			21.55	20.78①	15.35	16.17①
英　国			24.93		14.48	

资料来源：世界银行 WDI 数据库。①为 2006 年数据。参见《国际统计年鉴》(2010)，中国统计出版社，2010，第 375 页。

（三）基本结论：公共教育投入偏低

从上述我国公共教育投入的制度变迁与国际数据资料比较中，可以获得如下一些基本结论。

第一，新中国成立以来，我国教育发展前后两个30年走过的历程，是从福利色彩深厚但教育水平低到福利色彩持续弱化但教育水平不断提高的过程。

计划经济时代的教育是福利色彩浓厚的国民教育，义务教育只有象征意义的收费，高等教育不仅不需要缴费，而且还能够获得生活补贴或助学金等。在福利教育模式下，教育并未成为城乡居民的负担，而是成为普惠国民的福利，然而，这种福利教育只是低层次、低水平的教育，高等教育更是只有极少数人才能享受。改革开放以来，教育事业的发展为人民提供了更多的、更高层次的教育机会，但由于公共教育投入并未伴随国民经济持续高速增长、国家财政收入持续高速增长和教育事业膨胀式发展而迅速增长，教育的福利色彩也日益淡化，进而成为城乡居民日益沉重的负担。

第二，公共教育投入偏低是中国教育发展中的一个基本事实，它不仅直接导致了教育的福利、公益色彩持续弱化，使教育支出或人力资本投资成为个人或家庭负担持续加重的重要原因，而且弱化了国家财政的公共性，使这一应当且能够让全体国民分享国家经济发展成果的途径不能在社会分配中充分发挥出应有的功能。

一方面，数据资料、经验及事实均表明，教育从低水平的普惠时期走向水平不断提升但个人责任持续加大的时期，对教育机会的公平造成损害，进而带来对受教育者及其家庭收入分配与消费结构的直接影响，教育支出负担的大小，事实上已经成为影响城乡居民家庭生活水平与生活质量的重要因素。以高等教育为例，1989年至今，中国大学的学费增长了至少25倍，现在供养一个大学生需要一个城镇居民4.2年的纯收入，需要一个农民13.6年的纯收入，以至于近年来大量农村高中生弃考大学的现象，继2009年全国高考报名人数下降40万人后，2010年减少74万人，全国只有4个省份的报名人数没有降低，这不能不说是大学生费用支出负担沉重的一种反映。[①] 另一方面，教育本来是普惠全民的公共品或准公共品，公共教育投入更是国民共享发展成果的正常且重要的途径，但偏低

① 朝格图等：《高校招生出现“拐点”》，2010年7月25日《南方周末》。

的公共教育投入却无法有效实现这种分配方式的效果，甚至可能在实践中导致教育功能的扭曲，与应当追求的公正共享的社会分配目标相悖。近十多年来，对教育持批评者趋多，很大程度上即是教育支出日益构成了城乡居民的沉重负担，这说明公共教育投入不足的效果是非常负面的。

第三，偏低的公共教育投入，正在直接影响着劳动者素质的提升、制约着劳动者报酬的提高和国家的现代化进程。

转变经济增长方式和促使产业升级、结构优化，已经成为我国现阶段应对国际经济风险和实现国民经济持续、健康发展的核心任务，而提高劳动者报酬并促使财富得到合理分配，则是我国现阶段深化改革的一项重大任务。然而，我国产业工人队伍的受教育程度与文化素质仍然偏低，亿万农民工平均受教育年限更是偏低，大多数只能从事缺乏技术含量的低端产业工作，从而既制约着产业升级与结构优化，也影响着劳动者报酬的提升。同时，我国已经确立了教育优先、教育立国、人才强国的发展战略，它必然要以相应的公共教育投入作为物质基础，在明显低于中等收入国家、世界平均水平的公共教育投入的条件下，教育事业的发展步伐无法跟上时代发展的需要，这一发展战略在实践中也必然要受到严重抑制。

三　加大公共教育投入的政策建议

基于我国教育事业发展需要与当前现实，笔者对国家加大对公共教育的投入提出如下政策建议。

第一，进一步明确并强化教育的本质属性，它应当是国家福利、社会公益与人力资本投资有机结合的事业，也是收入分配改革和国民共享发展成果的重要方面，国家应当据此确立我国的公共教育投入政策。

一方面，在当代世界，任何国家的教育都具有福利性与公益性，这不仅是因为教育是民生之基、受教育权是公民的基本权利、教育公平是社会公平基石的内在要求，而且教育也是缩小差距并促使国民共享国家发展成果的必要且重要的途径。另一方面，无论对于个人或家庭还是国家而言，教育又是长期的人力资本投资行为，是培养高素质劳动者的必须途径，更是国家发展的不竭动力。正是教育本身所具有的这种特质，决定了国家发展必须重视教育的发展，为教育提供可靠的财力保障是政府的重大职责。因此，在确保教育的福利性、公益性的同时，还要充分认识到教育投入的长久投资价值，在促进教育公平的基础上，继续加大国家财政的公共教育投入。促使我国教育事业获得全面发展，应当成为公共财政的重要目标与公共教育投入的最终目标。

第二，确保2012年实现财政性教育经费支出占GDP 4%的目标，并继续提升这一比重到接近和达到世界上的相应水平，促使教育事业得到全面发展，这应当成为教育优先的国家发展战略的具体体现。

财政性教育经费占GDP 4%的目标，是1993年国务院在发布的《中国教育改革和发展纲要》中明确提出的要在20世纪末实现的目标，2010年中央发布的《国家中长期教育改革和发展规划纲要（2010～2020年）》再次明确要在2012年达到这一指标。但到2008年仍然只占3.48%，实现这一目标任务仍然艰巨。但无论如何，均应当确保在2012年真正实现这一目标。不仅如此，4%的目标只是我国现阶段实施教育优先战略的起点，而不是财政性教育经费投入的目标终点，因为与2006年公共教育经费支出占GDP的中等收入国家平均水平4.24%、世界平均水平4.57%、高收入国家平均水平5.26%相比，我们仍然有相当的差距。因此，建议国家进一步明确并分解财政性教育经费投入的目标任务，在确保2012年实现4%的目标任务的前提下，争取在“十二五”期末达到中等收入国家的平均水平，在2020年达到世界平均水平，到21世纪中叶达到发达国家的平均水平。只有明确这样的目标任务，并载入国家“十二五规划”、“十三五规划”及此后的各个五年发展规划，才能成为对政府具有约束力的指标。只有这样，才能保障教育优先战略得到落实，才能在切实保障基本国民教育的条件下，发展并普及学前教育，大力扶持职业教育，支持老年教育事业发展，真正打造终身学习型社会，满足教育事业全面发展的财力需求。

第三，优化教育投入结构，优先保障公共教育投入向农村地区、老少边穷地区倾斜，向低收入群体、流动人口子女倾斜，向教师倾斜，以此确保底线公平并逐渐提升底线标准，使城乡居民与全体教师真正得到教育事业全面发展的实惠。

维护教育事业的福利性、公益性、投资性，实现教育发展普惠全民、打造终身学习型社会是一个渐进的过程，而保障教育底线公平并逐渐提升教育底线公平的标准则是实现终极目标的必要条件。因此，现阶段的公共教育投入结构应当优化，同时确保教育公平目标的逐渐实现。为此，一方面，应当根据教育产品的不同属性制定不同的投入政策。义务教育属于“纯公共品”，应由政府无差别、均等地提供，承担其全部和最终的责任，通过法律的形式保障公民享有最基本且公平的受教育权，同时这种权利不因迁徙、流动或其他原因而受到损害；对于“准公共品”的中、高等教育及其他非学历教育，因其具有消费的排他性，可依照谁受益谁负担的利益原则，由政府、受教育者和社会共同分担，以政府为主渠道，采用拨款方式起导向作用，以补助和贷款的方式给予支持。另一方面，现阶段必须建立弱势补偿的政策机制，加强对弱势群体的补偿力度，确保公共教育投入做到四个倾斜：即向农村地区倾斜、向老少边穷地区倾斜、向低收入群体倾斜、向流动人口子女倾斜，优先确保义务教育公平目标的实现，并促进其他层次或形式教育的大发展。此外，公共教育投入还应当向教师倾斜，这是因为教师均是拥有专门知识或技能的高素质劳动者，从事的也是传授知识、为国家培养人才的特定任务，理应获得较高的劳动报酬，然而，我国教师的收入不仅与国际上中等收入国家相比是低的，与国内公务员相比也是偏低的，尽管近几年调资和实行绩效工资已经使中小学教师的收入有了明显的提高，在非义务教育阶段也因多数办学主体有所创收或社会捐献而使部分教师的收入有所提升，但总体上仍处于收入偏低状态，这种状态不仅直接影响着教师的生活改善与工作积极性，造成人力资本投资收益回报的不公平，也直接影响着国民收入分配大局，是当前劳动者报酬占初次分配比重偏低的直接影响因素之一，因此，应当将教师收入（含工资、职业福利、奖金及社会保障待遇等）不低于公务员收入载入相关规定中，并通过刚性的预算制度确保其收入的正常增长。只有如此，才能在教育经费不断增长的条件下，避免教育资源的浪费与低效，让城乡居民在教育事业发展中得到实惠，让教师队伍在教育事业发展中得到实惠。

第四，明确相关政策，利用公共教育投入带动民间或社会资本投向教育领域。

大教育需要大投入，全面发展我国的教育事业仅仅依靠财政性教育经费投入增长是不够的。在国民经济持续高速增长、社会资本日益丰厚、民间财富持续积累的背景下，根据国外经验，调动民间力量发展教育事业应当是一个十分重要的途径。然而，我国民办教育事业发展严重滞后，整个教育事业对社会或民间资源的吸引力很弱，尽管我国已经制定了相关法律，但法律本身还存在缺陷，更缺乏实质性的财政政策与税收政策支持，许多民办教育机构基本上处于自生自灭的状态，社会捐资教育的途径仍不便捷。要改变这种状态，让社会或民间资源成规模地投向教育事业，还需要明确相关政策，其中利用公共教育投入来带动民间或社会资本投入教育领域是异常重要且有效的手段。为此，笔者建议：（1）确立民办教育可以分享公共教育投入的政策，包括民办中小学、民办高等教育机构等均应当有获得国家公共教育资源的权力，国家可以制定一个按照培养学生数的生均基本补贴标准，在严格考核教育质量的条件下让民办教育机构享受相应的财政性教育经费补贴权利。（2）进一步明确针对民办教育机构的税收减免政策，并根据教育类别及受教育对象进一步细化税收优惠的政策，越是公益性强的民办教育设施越是能够获得更加优惠的税收政策扶持，同时对社会捐资办学进一步明确免税政策并提供便捷服务。（3）将鼓励向教育领域捐赠的临时性措施制度化。近年来国家对高校接受社会捐资尝试配额奖励性拨款的做法值得肯定，但应当制度化，包括在公共教育经费中设立专门的预算科目与配套额度，确保这种配额常态化，同时应当改变当前配额拨款与社会捐资完全脱钩的做法，保证这种配额拨款至少有50%以上与受赠的社会资金直接挂钩，这样才能真正激励社会资源更多地投入教育领域。

总之，优先发展教育已经成为我国的基本国策，中国的工业化、现代化需要亿万高素质的劳动者与合格公民，而全面发展的大教育则是支撑建设中国社会主义现代化强国的稳固基石。对公共教育投入的增长，应当提到教育立国、人才强国的长远发展战略高度和调节收入分配格局、实现教育公平、促进国民财富合理配置的现实维度上来考量，尽快落实财政性教育经费占GDP 4%的比重的目标，进而不断提高这一比重，使之能够伴随国家的发展进步而与中等收入国家水平相当、与世界平均水平相当，最终向高收入国家的平均水平看齐。

G.9

中国保障性住房建设效果及改革建议*

郑秉文**

摘　要： 鉴于住房具有保障民生基本需求并兼具投资品的特殊性质，中央政府对新世纪以来楼市价格上涨问题高度重视。特别是2007年以来，不断加大房地产市场的政策调控力度。融资困境对保障房的开工率和供给具有较大影响：2011年保障房资金缺口——预算外融资规模巨大；公租房的融资政策现状及其本质——政府项目与市场融资的矛盾；市场化融资政策或导致公租房制度安排陷入博弈——工期与质量的困境；市场化融资政策或导致公租房产权性质发生转变——转租为售；市场化融资政策或导致公租房普遍由单位自建——福利分房变相回归；市场化融资政策或潜藏巨大风险——公租房名存实亡。保障性住房融资政策与管理体制的改革建议：保障房的融资政策应划清一条界线——“半商品房”和“公共住房”；公共住房列入预算——改变目前“政府项目、商业运作”的融资模式；“十二五”之后公共住房列入财政预算——可占GDP的0.1%左右；建立专门部门——实行垂直的保障房封闭运行管理体系。

关键词： 住房政策　保障性住房　融资困境

面对新世纪以来房地产价格的飙升和房地产市场“过山车”式的巨大波动，中央政府对住房政策不断出台重大调控政策。与2007～2008年的政策调控相比，2010～2011年政策调控的力度和范围都是前所未有的，并且同时加强了需求和供给的双重管理。下面以住房政策的调整为背景，对近两年我国的保障性住房建设加以评述。

---

* 中国建设银行研究部的刘旎博士提供了部分资料数据并做了有益评论，笔者表示衷心感谢。

** 郑秉文，中国社会科学院拉丁美洲研究所。

一　住房政策的重大调整

住房存在一个市场，即使在自由主义经济学家那里，他们对此也不得不承认。在住房市场上，对住房供给方来说，如果存在一个竞争性市场，对住房需求方而言，如果存在一个完善的资金市场且信息比较对称（包括贷款和税收的因素），那么，长期看，买房和租房的成本就应该基本没有什么太大的区别，这时，住房市场中就理应存在一个“居住权中性”（tenure neutrality），即无论是选择“租”还是“住”，仅与个人心理偏好有关，而与房价看涨预期无关，因为市场对房价的预期基本处于“胶着状态”，住房资产升值与 CPI 的差距不是很大。在“居住权中性”条件下，买房和租房只是“居住权”的不同表现形式而已，他们基本取决于个人（家庭）消费偏好。但是，“居住权方式”有时可能会出现明显的两极分化发展趋势，比如，当一国人口老龄化迅速，人口规模剧减，租房就优于买房，这是住房价格下跌的预防心理所致，这时，“住房自有率”具有不断下降的趋势；如果当一国人口变化趋势正好相反，住房需求就十分强劲，此时的“住房自有率”具有提高的趋势，由此推动了房价上涨。在上述两个极端情况下，“居住权中性”已不复存在，这时，唯有政府出面干预，才有迅速恢复“居住权中性”的可能性，否则就将出现房地产泡沫。在后一种情况下，政府干预的手段显然是增加供给，干预的目标显然是追求“居住权中性”的回归。

鉴于住房具有保障民生基本需求并兼具投资品的特殊性质，中央政府对新世纪以来楼市价格上涨问题高度重视。特别是 2007 年以来，不断加大房地产市场的政策调控力度。与 2007 ~ 2008 年房地产市场调控措施相比，中央政府 2010 ~ 2011 年住房政策的调控特点是从两方面加大了管理力度，旨在迅速恢复“住居权中性”，由此形成“住房新政”。一方面是加大了需求管理力度，中央政府和各级地方政府紧急采取行政措施，各种限购和限贷规定鱼贯而出，交易量迅速得以控制，楼市价格迅速得以稳定，短期内过度的投资性需求暂时得到抑制。另一方面加大了供给管理力度。2010 ~ 2011 年调控住房市场的一个重要特点是同时还加强了“供给管理”，即将保障房供给作为调控政策的重心，其含义主要包含两层：一是指增加限价房和经适房的供给，以期达到近期内平抑房价和稳定房市的目的，限价房和经适房可被视为“半商品房”；二是指扩大“公共住房”的供给总量①，以期改变住房体系结构中公共住房与私有住宅的比重关系。“公共住房”（public housing）是指廉租房和公租房，此举是长期内稳定楼市的一项根本措施。所谓调整住房体系结构，简单地说是指扩大公共住房供给，以期降低目前较高的“住房自有率”（owner occupation）。

住房是一个特殊耐用品，增加公共住房可控制“住房自有率”，进而可达到调节“住房赤字”（指住房数量的存量与申请住房者数量之间的差距，意指住房数量缺口）及其住房价格的目的。

中国城镇“住房自有率”主要由房改房和商品房这两个主要形式构成，它是1998年实行的首次房改的结果。据2010年年底公布的最新数据②，中国城镇“住房自有率”已达87.8%。尽管对这个统计数字本身或对这个概念的理解存在激烈争议，但如不考虑70年产权、按揭还贷、农村住房、对“住房私有率”与“住房自有率”这两个概念理解差异等其他因素，这个数据统计还是很有参考价值和现实意义的；余下的一小部分没有进行房改的住房，其承租者享有的也是旧体制沿用下来的事实上的“永久性使用权”。从这个角度看，目前城镇居民的“私有”住房占绝对统治地位，由于私租房比例太小，其市场调节作用可暂且不计。退一步讲，即使剔除这一小部分没有参加房改的住房，87.8%的“住房自有率”在世界各国也是名列前茅的，几乎远远超过所有发达国家：荷兰“住房自有率”为54%，公共住房占35%（私租房占11%）；奥地利“住房自有率”是55%，公共住房是25%（其余为私租房，下同）；丹麦“住房自有率”占52%，公共住房是21%；瑞典这两个数据分别是59%和20%；英国是70%和18%；法国是56%和17%。③

上述国际比较说明，发达国家的住房体系结构均为混合型：既有私人市场供给（主要指“住房自有率”），又有公共供给（指一定比例的公租房）；欧美之所以楼市价格较为稳定，低收入群体没有被边缘化，没有形成大面积的贫民窟，在相当程度上得益于政府保有一定比例的公共住房，公共住房客观上既是平抑楼市

① “公共住房”，即public housing，在本文主要指廉租房和公租房。为表述方便，本文将用于出售目的的经适房和限价房称为“半商品房”。

② 《中国城市研究报告2010~2011》，外文出版社，2010，第22页。

③ Christine Whitehead and Kathleen Scanlon (edt), *Social Housing in Europe*, published by LSE London, July 2007, p.9, table 1.

价格的一个调节器，又是社会稳定的一个安全网。相比之下，中国住宅体系结构中“住房自有率”过高，公共住房比重式微；因此，公共住房在平抑楼市价格、调节住房供求关系、满足中低收入家庭居住等方面明显缺位。

此外，在中国，由于投资性需求等原因，“住房自有率”这个概念还存在一个特有的含义，即一个家庭拥有多套住房。有估计认为①，在北京450万户人口中，拥有两套以上的家庭约82万户，占比高达18.2%。因此，在“住房自有率”本来就已经很高的情况下，实际状况更为复杂，这说明，降低“住房自有率”既是非常重要的，也是非常复杂的。

中国自1998年实施房改政策至今只有短短的十几年。在这短短的十几年里，房地产市场经历了一个惊心动魄的历史变迁。追根溯源，住房体系结构出现严重失衡是其根本原因之一：在城镇住房市场上，所有居民的消费偏好和消费能力被没有任何选择地诱导和挤压到商品房市场上；在投资性需求和住房体系结构失衡的双重作用下，商品房价格直线飙升。换言之，从一个极端即高度计划经济条件下的全国范围的福利分房（福利分房拥有100%的永久性居住权，可近似地被视为变相的“自有率”），走向另一个极端即全国范围的完全市场化的商品住房，而这一过程都是有问题的。改革开放前的福利分房体制将拖垮经济，而完全商品化的住房政策取向则有可能引发一系列的社会和经济问题。

二　保障性住房建设的重要意义

1998年住房商品化改革是一次制度革命和制度进步。它摧毁了计划经济一个最重要的制度特征，为传统体制脱胎换骨迈出了重要一步，为进行市场经济改革扫清了前进障碍，为国企建立现代企业制度打下了微观基础，为国民经济健康发展铺平了道路。

1998年房改无疑取得了巨大成功。在当时东亚金融危机背景下，1998年房改开启了中国房地产业蓬勃成长的闸门，为中国经济走出低谷和促进亚洲经济复苏注入了活力，为长达十几年的经济高速增长作出了难以估量的贡献：带来了金

① 袁泉：《房产调控的逻辑性何在?》，FT中文网，2011年3月3日，http：//www.ftchinese.com/story/001037234？page＝2。

融业的膨胀式发展，盘活了计划经济时代沉淀多年的城镇存量资产，释放了巨大的社会隐性财富，催生了以不动产所有权为主要标志的资产社会的雏形。

1998年房改彻底改变了中国城镇居民的居住方式和福利观念，住房商品化逐渐深入人心，为城镇居民分享经济高速成长的成果带来了机会，为几乎每一个城镇家庭带来了实惠，新建5000万套住房极大改善了城镇居民的居住条件，使人均建筑面积迅速达到了30平方米。① 这些巨大的福利改善，在传统的福利分房时代是无论如何也不能实现的。

2010～2011年中国"住房新政"的出台，其意义是深远的，既是对1998年房改的一次深化改革，又可被视为是继中国1998年房改之后的二次房改。我们之所以如此评价2010～2011年住房政策改革，主要是因为，以2010年七部委联合发布的《关于加快发展公共租赁住房的指导意见》（建保［2010］87号）为主要标志，一系列文件构成了"住房新政"：从抑制"商品住房价格较高、上涨过快"的角度，重新梳理了"完善住房供应体系，培育住房租赁市场"的思路，再次明确了"大力发展公共租赁住房"和"调整房地产市场供应"的方向，最终形成了调整中国住房体系结构的基本目标。

如果说1998年房改目标主要是打破福利分房旧体制，建立商品住房新体制，那么，"住房新政"在一定意义上就是对"矫枉过正"的1998年商品化住房改革的"再校正"：将公共住房的供给真正提到议事日程。发展阶段不同，形势特征相异，所以，两次房改的政策取向各有侧重，相得益彰。从这个角度看，两次房改具有一定承继性，属于城镇住房改革的两个不同发展阶段。

"住房新政"之所以将扩大提供保障性住房作为首要目标，以公共住房为重中之重，以公租房为突破口，是为了同时实现经济和社会的两个目标。

从经济目标来看，是为了平抑楼市价格和稳定房地产市场，防止资产泡沫的出现。楼市价格主要以市场调节为主，行政干预为辅。就供给方而言，政府提供一定数量的保障房，保有一定规模和比例的公共住房，在一定程度上可弥补市场失灵。平抑楼市的作用和效果，与政府提供保障性住房和保有公共住房的规模与比例呈正比。

从社会目标来看，是出于社会公正的需要。政府对住房市场提供公共住房，

① 《中国城市研究报告2010～2011》，第22页。

是保护低收入群体基本住房权利、解决中低收入群体住房困难的国际惯例；在中国快速城市化进程中，可有效防止贫民窟和“非正规住宅”的出现，避免掉进“城市化陷阱”和顺利跨越“中等收入陷阱”，以达到维护社会稳定和良好治安环境的目的。

近几年来，学界对住房政策的讨论十分热烈，见仁见智。但是，“租房为主、买房为辅”的改革取向显然与大部分发达国家住房政策完全相悖，因此，就目前而言，防止走回头路，防止从一个极端走向另一个极端的倾向是十分必要的。一些发达国家（如20世纪80~90年代的英国）公租房实行私有化改革的场景历历在目；虽然总体看欧洲国家中住房政策是各项福利项目中最不成功的，但“买房为主、租房为辅”的主流住房政策依然是有效的，并已在欧洲积累了较多的成功经验。

根据发达国家的实践，结合实际国情，中国住房体系结构的理性目标和改革取向显然应该是：构建一个以商品房为主体、以私租房为辅助、以保障房为调节的住房供给模式。这个住房体系结构是长期内遏制楼市泡沫和保障住房供需平衡的关键之一。所谓“以保障房为调节”，这里主要是以保障房作为调节市场的“筹码”：当购房市场价格上涨时，就增加保障房供给以平抑价格；当购房市场价格大幅下跌时，就购入保障房以防止因过分下跌引发连锁反应。所谓“以私租房为辅助”是指大力发展私租房市场，其政策目标也在于此。根据上述表述，保障性住房在中国住房体系结构中应占1/4至1/3为宜。

表1 “十二五”期间中国住房体系结构调整的目标

<table>
<tr><th rowspan="3">商品房</th><th rowspan="3">私租房</th><th colspan="4">保障性住房</th></tr>
<tr><th colspan="2">半商品房(用于出售的目的)</th><th colspan="2">公共住房(用于租赁的目的)</th></tr>
<tr><th>经适房</th><th>限价房</th><th>廉租房</th><th>公租房</th></tr>
<tr><td>市场调节</td><td>政策导向与市场调节</td><td colspan="2">政策支持,税收优惠</td><td colspan="2">政府项目,列入预算</td></tr>
<tr><td>“住房自有率”应在60%~70%</td><td>约占住房体系结构的10%左右</td><td colspan="4">约占住房体系结构的20%~30%</td></tr>
</table>

资料来源：作者绘制。

三 保障性住房建设与市场化融资政策的风险

2010~2011年“住房新政”在“十二五”规划中得到了具体体现：中国城

镇住房建设新增面积约54亿~72亿平方米①，其中包括：商品房新增约33亿~47亿平方米；公租房新增约12亿~15亿平方米，2100万套②；廉租房、经适房、两限房等其他保障房新增约9亿~10亿平方米，1500万套。到2015年，中国城镇存量住宅面积将达到198亿~216亿平方米，其中商品房约146亿~160亿平方米；保障房约32亿~36亿平方米，5200万套③；已售及未售公房约20亿平方米④。换言之，到2015年，中国实现保障性住房覆盖率（即占全体城镇居民家庭数的比率）将达20%以上。这个覆盖率符合中国住房体系结构的制度目标。

但是，众所周知的是，在“住房新政”的愿景规划中却始终存在一个短板，即保障房的政策规划十分明晰，而其融资政策却没有到位。例如，2011年1000万套的保障房建设计划所需资金约1.3万亿元，中央财政支持的资金仅为1000多亿元，地方政府需要负责筹集3000多亿元，其余8000亿元均需通过其他渠道筹集。⑤

融资困境对保障房的开工率和供给具有较大影响。其中，对“半商品房”（限价房和经适房）的影响是临时性的，这是因为，尽管它们也属于保障房，但说到底毕竟还不是“公共住房”，是“商品住房”，主要还属于市场范畴，可以通过调整政策支持的力度和角度、提高优惠条件等措施，引导资金流入，由此，市场就会发生作用，供给就会立即增加。但是，相比之下，融资政策缺位对“公共住房”（公租房和廉租房）而言，其影响则是长期的、深远的，甚至是难以逆转的：如果预算外融资规模很大，有可能导致公共住房的产权性质发生变化，进而导致长期内住房体系结构依然不能转变，降低“住房自有率”的目标就有可能落空，最终丧失掌控平抑楼价的市场手段。

---

① 根据“十一五”时期住宅建设面积推算。“十一五”时期，住宅面积新增36亿平方米，为“十五”时期的2.3倍。这里预计“十二五”时期住宅建设面积增速在“十一五”时期的1.5~2.0倍。

② 按公租房占保障房比例为60%估算，目前多个省市已提出，公租房在保障房中的占比为60%以上。

③ 含以前年度建成的、已售或未售的经适房。

④ “已售及未售公房”指1998年房改前国家企事业单位建设并提供给员工居住的公有产权住房。数据引自《2005年城镇房屋概况统计公报》，其统计的公房面积为19.79亿平方米。

⑤ 陆鸣：《保障房开工期限“放宽”一个月——住建部督促各地公布建设信息，11月末以前必须开工》，2011年6月11日《东方早报》。

1. 2011 年保障房资金缺口：预算外融资规模巨大

根据有关报章资料的汇总情况，在 2011 年开工的 1000 万套保障房中，公租房 220 万套，廉租房 160 万套，经适房和限价房 200 万套，棚户区改造 420 万套；概算起来，大约所需建设资金为 1.3 万亿元，其中，用于 220 万套公租房的中央财政预算补助仅为 1210 亿元①，但所需资金将达 2400 亿元；用于 160 万套廉租房建设的地方土地出让净收入大约 3000 亿元，但所需资金仅为 1600 亿元②；420 万套棚户区改造的公积金闲置资金为 500 亿 ~700 亿元③，但所需资金达 3400 亿元；用于 200 万套经适房的资金为 8000 亿 ~9000 亿元，但所需资金仅为 5600 亿 ~6600 亿元。2007 年以来，中央财政逐年加大对保障性安居工程的投入，其中 2007 年、2008 年、2009 年和 2010 年每年的投入分别为 51 亿元、182 亿元、551 亿元和 811 亿元。但仅从 2011 年公租房建设资金的情况看（不包括廉租房），预算外的融资规模大约需要 2000 亿元。

2. 公租房的融资政策现状及其本质：政府项目与市场融资的矛盾

目前，经适房、限价房、棚户区改造、廉租房和公租房的建设资金缺口较大。其中，在公共住房中，只有廉租房的建设资金完全由土地出让收入予以解决，而对公租房的融资来源，中央政府为其专门颁布的《关于加快发展公共租赁住房的指导意见》（建保［2010］87 号）中规定，除做出税收等政策以外，主要是“政府组织、社会参与”。该文件对“政府责任”的具体表述是：中央以适当方式给予资金补助，省人民政府要给予资金支持，市县人民政府通过直接投资、资本金注入、投资补助、贷款贴息等方式，加大对公租房建设的投入；对“社会参与”的表述是，鼓励金融机构发放公租房中长期贷款，鼓励企业通过发行中长期债券等方式筹集资金，专项用于公租房建设。

---

① 2011 年“两会”期间，温家宝总理提出中央向地方补助 1030 亿元，用于建设保障房。4 月 20 日国务院常务会议决定中央财政增加 180 亿元，用于公租房和廉租房建设、城市棚户区改造及相关基础设施配套补助。

② 北京等 22 个城市未按规定从土地出让净收益中提取至少 10% 作为廉租住房保障资金。2007 ~2009 年，这些城市共计少提取 146.23 亿元。见审计署 2010 年 11 月公布的 19 个省区市 2007 ~2009 年廉租住房保障情况和 2008 年第四季度以来中央投资补助的棚户区改造情况审计调查报告。该报告同时称“截至 2010 年 8 月底，被挪用资金已全部归还”。

③ 2010 年，北京等 28 个城市被确定为利用公积金贷款支持保障房建设试点城市，预计每年可动用公积金闲置资金约 500 亿 ~700 亿元。

上述融资政策说明，公租房是政府项目，但1200亿元的资金缺口则采取市场化的融资方式，吸收民间资本，投资主体主要应是金融机构和企业；于是，对公租房的这个“可投资性”，目前实行的政策是“谁投资、谁所有”，投资者权益可依法转让，即最终将出现一个产权交易市场。

毫无疑问，作为公共住房的公租房，理应采取与廉租房相似的融资方式，应完全由财政预算予以安排，否则，预算外融资将有可能使公租房的产权性质及其用途都发生较大变化，其制度安排的初衷有可能南辕北辙。

3. 市场化融资政策或导致公租房制度安排陷入博弈：工期与质量的困境

截至目前，保障房建设资金始终是影响保障房建设的一大障碍，并由此产生两个问题。一是包括公租房在内的保障房建设速度受到较大影响。有报道说，截至2011年6月，时间过半，但保障房开工率不足30%。[①] 按原计划，1000万套保障房本应在2011年10月底前全部开工，但随后却宣布推迟到11月底。二是施工质量受到一定影响。有关保障房质量“注水”的消息多次见诸报端，或是一些保障房项目质量缺陷和配套难到位的情况时有发生，或是故意建在相当偏远的郊区，供给与需求之间不相匹配，使得一些完工项目被民众冷落，造成不小的浪费。[②] 近来，广西住房和城乡建设厅督查组曾随机抽查了45个项目，发现部分保障性住房施工质量不高，存在较多安全隐患，例如，为节省造价使用不合格的钢筋等；[③] 有的公租房刚刚交房，住户就发现墙上有气泡[④]，等等。

4. 市场化融资政策或导致公租房产权性质发生转变：转租为售

2011年保障房开工量首次超过商品房供应量。就公租房而言，2010年全国兴建公租房37万套，2011年竟达220万套，是2010年的近6倍。[⑤] 由于公租房建设资金投入巨大，回收期一般需要40~50年，所以，银行贷款意愿低，社会资金缺乏参与投资热情，资金匮乏就成为必然。一方面，面对的是立下“军令状”的“死任务”，另一方面是建设资金的掣肘。如过分依赖行政性手段，以政

---

① 《保障房“中考”：令人生忧的“答卷”》，2011年6月10日《第一财经日报》。

② 《保障房建设遇阻　仍须迎难而上》，2011年6月10日《第一财经日报》。

③ 《保障房开工期限“放宽”一个月——住建部督促各地公布建设信息，11月末以前必须开工》，2011年6月11日《东方早报》。

④ 程维：《摇号配租遇冷　重庆公租房建设减速》，2011年6月8日《第一财经日报》。

⑤ 刘展超：《李克强：千万套保障房是硬任务　各省份签“军令状”》，2011年2月25日《第一财经日报》。

治性任务“摊派”给企业，则与市场化严重背离，不利于房地产业的健康发展。因此，或开发商与政府博弈、寻租，或将其亏损摊进商品房，或受到“绑架”的地方政府给予其某种形式补偿，引发市场不公平竞争等许多意想不到的问题将成为潜在风险。

其中，最容易出现的道德风险就是将公租房“转租为售”，即提高公租房的“可投资性”，促使其向“一般性投资品”转化，以期寻找赢利模式，为民间资本的流入创造条件。对地方而言，这是一个“双赢”的变通：既化解了资金困难，又完成了下达的任务。例如，2010 年 7 月 1 日开始执行的《深圳市保障性住房条例》对廉租房、公租房和经适房统一做了规定，[①] 虽然没有明确规定公租房可以购买，但却模糊规定“每一住房困难家庭或者单身居民只能申请购买或者租赁一套保障性住房”，“购买的保障性住房在取得完全产权前不得转让、出租、抵押”。2011 年 2 月苏州出台的《苏州市区保障性住房上市交易实施细则》也做出了较为笼统模糊的类似规定。[②] 2011 年 2 月 11 日重庆市政府正式公布的《重庆市公共租赁住房管理实施细则》明确规定“承租人在租赁 5 年期满后，可选择申请购买居住的公共租赁住房”[③]。海南省规定，廉租房在居住一定期限后可以购买。[④] 还有的地方推出“以租为主、先租后售”、“可租可售、租售并举”等各种措施，以期吸引社会资金流入。

由于资金来源多元化，公租房产权势必造成多元化。例如，有地方政府根据投资来源结构，将公租房分为公益性公租房、社会性公租房和混合型公租房三种，其中公租房的部分项目可面向社会出租，三年后产权主体可以相互转让，且公租房的用途也可适当地改变。[⑤]

上述迹象显示，长期内，公租房“转租为售”将不可能为降低“住房自有率”作出贡献，政府将丧失通过公租房调节住房体系结构的初衷，最终丧失调

---

① 《深圳市保障性住房条例》，2010 年 6 月 28 日《深圳特区报》。

② 《苏州市区保障性住房上市交易实施细则》，http://news.dichan.sina.com.cn/2011/02/17/277021.html。

③ 刘志强：《重庆出台公租房管理实施细则　让“夹心层”圆住房梦》，2011 年 2 月 12 日《人民日报》。

④ 《三亚：经适房 5 年内不得交易　公租房租期限三年》，海南新闻网，http://news.hn.soufun.com/2011-06-11/5203722.htm。

⑤ 谈佳隆：《公租房之忧　缺乏盈利模式是最大障碍》，《中国经济周刊》2011 年第 15 期。

节楼市房价的手段。

5. 市场化融资政策或导致公租房普遍由单位自建：福利分房变相回归

在公租房融资困境中，完成下达任务的另一个捷径便是允许单位自建公租房，将所有建设成本让自建企事业单位予以内在化，将后期的物业管理和退出机制等事务全部“甩给”自建企事业单位，“企业办社会”有可能再次显现。2010年5月北京市政协曾提交方案，呼吁对保障性住房实行封闭运行①，禁止出售和交易以防止保障房流失；而后又有报道称，单位自建房正如雨后春笋般涌现，在“十二五”期间提供各类保障性住房100万套的压力下，北京市已开始考虑鼓励机关及企事业单位、高校、科研院所等社会单位利用自有国有土地建设公租房。② 这样，继浙江和山西之后，北京将成为又一个允许单位自建公租房的省份。浙江省已出台文件，“鼓励住房困难职工较多的单位，在符合城乡规划的前提下，经当地政府批准，利用自用土地建设公共租赁住房”。山西模式的特点是“允许各企事业单位利用存量土地，在依法变更为住宅用地后，建设保障性住房，解决本单位符合保障性住房条件职工的困难”。此外，除了单位自建，还有一种变相自建的模式，例如，北京亦庄540套公租房2011年5月竣工之后③，在租赁方式上，单位可以整租，然后再向内部职工分配。

总之，为完成下达的建设任务，地方政府的道德风险、企业单位的道德风险、地方政府与企业单位之间的“合谋”等将防不胜防，单位自建公租房有可能演变成一场普遍的福利分房制度的变相回归；尤为严重的是，“住房多轨制”将有可能引发企业、行业和地区之间的不平衡性，进而形成新的不同利益集团，导致出现新的收入分配不公，甚至引起那些用市场价格购买商品房的社会群体的强烈不满和激烈攀比，造成更为复杂的不稳定隐患。

6. 市场化融资政策或潜藏巨大风险：公租房名存实亡

作为一个惠民项目和民生工程，全国范围大力兴建公租房已引起广泛影响和高度赞誉，甚至引起国际社会的极大兴趣和密切关注。公租房的融资政策在实践中可归纳为“政府项目、商业运作”，在产权上可规定为“谁投资、谁所有”；

① 齐琳：《保障性住房应禁止上市交易》，2010年6月10日《北京商报》。

② 于兵兵：《北京等地拟推广单位自建公租房　地方房地产调控进入细化阶段》，2011年4月27日《上海证券报》。

③ 姚丽颖：《北京亦庄540套公租房最快5月交用》，2011年4月22日《北京晚报》。

多元化投资必将导致多元化产权格局，投资者回收资金和寻找盈利模式的铁律必将发挥作用，长期内各级政府对公租房的保有量及其支配权将会大打折扣。公租房公共产权的丧失有可能导致一个潜在风险，即公租房平抑楼市和防止泡沫经济的预期将不复存在。

长期内，有三个因素与中国楼市走势息息相关：一是经济发展趋势。国内外很多学者和机构预测中国经济高速增长还可持续 20～30 年①，社会平均工资增长率由此也将持续增长 20～30 年。二是中国人口结构变化的发展趋势。未来 20～30 年内人口变化趋势恰巧与经济增长趋势相吻合，即 20～30 年内人口规模呈增长趋势，而后将呈减少趋势：2010 年为 13.71 亿人②，到 2030 年达到峰值 13.93 亿人③，此后便呈绝对减少趋势：2040 年 13.61 亿人，2050 年 12.95 亿人，2060 年 12.12 亿人，2070 年 11.25 亿人（见图 1）。三是城市化进程发展趋势。2010 年中国城镇化率是 49.68%④，未来 20 年无疑将是城镇化进程快速发展的重要历史时期，根据一般规律，未来 20 年内将达 70% 左右，即城镇化率每年大约提高一个百分点，或说每 10 年将有 1 亿多人口从农村转移到城镇。

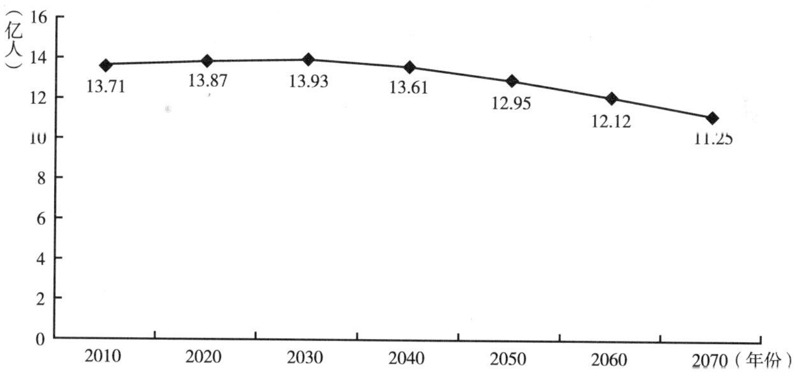

图 1　2010～2070 年中国人口规模变化趋势

① 见林毅夫《预计未来 20 年左右中国经济仍将维持快速平稳增长》，2011 年 6 月 10 日，http://hkstock.cnfol.com/110610/132，1358，10040490，00.shtml；见“北大报告：中国经济的高速增长还会持续”的报道，新华网，http://news.xinhuanet.com/fortune/2009-04/27/content_11268646.htm。

② 《2010 年第六次全国人口普查主要数据公报》，国家统计局网站，http://www.stats.gov.cn/。

③ 以下预测数据引自联合国网站，http://esa.un.org。

④ 《2010 年第六次全国人口普查主要数据公报》，国家统计局网站，http://www.stats.gov.cn/。

经济增长、人口变化和城镇化率这三个曲线预测显示，未来20~30年是中国城镇住房和房地产发展的关键时期：住房需求呈刚性发展，楼市价格不可避免呈上升趋势；20~30年后，经济增长进入稳态，人口规模开始减少，城镇化步伐开始减慢，楼市价格必将趋稳下降。因此，未来20~30年内，平抑楼市和防止泡沫经济将是政府的一项艰巨任务。由此看来，七部委联合发布的《关于加快发展公共租赁住房的指导意见》中有关公租房“只能租赁，不得出售”的原则是十分必要和完全正确的，应该严格遵守；住房体系结构中保有20%~30%的保障房是一个底线；当前不应为其短期融资困难而放弃长期目标，把矛盾推向未来。在人口政策和土地政策不变的条件下，政府保有一定比例的公租房，是未来几十年内防止房地产泡沫和实现国民经济健康发展的经济目标、满足中低收入群体保障性住房需求和实现维护社会稳定的社会目标的双重需要。

四　保障性住房融资政策与管理体制的改革建议

能否实现保障房对住房体系结构的调节，是评价“住房新政”成功与否的唯一标尺。如果没有实现这个目标，“住房自有率”没有得到稀释，住房体系结构没有扭转，“十二五”规划纲要关于重点发展公租房并逐步使其成为保障性住房主体的战略目标就有可能成为水中月、镜中花，就意味着“十二五”期间丧失了调整住房体系结构一次重大机遇。

为顺利实现住房体系结构的重大调整，确保实现“十二五”规划提出的战略部署，本文提出如下政策建议。

1. 保障房的融资政策应划清一条界线：“半商品房”和“公共住房”

目前的融资安排中，“半商品房”（经适房和限价房）与公共住房（廉租房和公租房）基本是混在一起的。例如，有关文件规定，在全国土地出让净收入中，扣除相关规定项目后，严格按照不低于10%的比例安排资金用于保障房建设。但在地方政府的眼里，“半商品房”的资金回笼较快，融资见效快，完成任务快，10%的土地出让收入具有天然流向“半商品房”的倾向，这样，公共住房建设资金就难以保证。很多地方土地出让净收益不尽透明，10%的提取比例容易受到挤占，例如，2007~2009年，有22个城市的土地出让净收益提取廉租房资金的比例未达到10%的规定要求，这些城市共计少提取146亿元。①

上述分析显示，“半商品房”基本属于市场融资范畴，而公共住房则属于财政预算范畴。目前将保障房两大类住房的资金需求笼统地混在一起，其预算外融资规模不仅混淆了保障房概念下存在的性质完全不同的两类住房，而且在地方操作中，两类建设资金混在一起之后，天文数字的预算外融资成为一个困境，致使预算资金部分地被挪用和补贴到市场化运作的“半商品房”中，而本应完全列入预算资金的公共住房则面临资金短缺。这种可能性来自地方政府的道德风险：公共住房无利可图，其建设资金自然受到“半商品房”的挤占。据有关测算，在2011年建设1000万套保障房所需的1.3万亿元中，通过社会机构的投入和企业筹集的资金大约有8000亿元，需要中央政府和省市县各级政府筹集的资金是5000多亿元，除1000多亿元已经落实以外，目前仍有4000多亿元将主要依靠地方政府筹集。根据2011年资金缺口的推断，2012～2015年保障房所需预算外融资规模大约为1.7万亿～1.8万亿元。②

在上述天文数字的保障房资金缺口中，“公共住房”与“半商品房”的性质被混淆在一起，公共住房所需资金显然“吃亏”。应在“半商品房”和“公共住房”之间划出一条清晰的政策界线，该归市场的就主要归市场，该归财政的就完全归财政，即“半商品房”主要靠市场融资，公共住房列入预算安排，以便让10%的土地出让收益集中起来，主要解决公共住房的资金问题。

目前，土地出让收入集中解决的主要是廉租房。随着改革的深入，廉租房和公租房逐渐并轨已是大势所趋。二者并轨之后，单一的公共住房体制不但容易解决预算安排问题，也有利于防止在配租管理方面出现利益输送和寻租腐败。单一而透明的公共住房融资政策，将有利于未来公共住房的管理与配租，这是因为，国外的经验教训显示，任何对低收入群体的现金住房补贴制度、购房券制度、暗补制度，都存在很多问题；国内一些正在实践的案例也存在社会

① 刘展超：《中央严令土地出让净收益10%建保障房》，2011年6月2日《第一财经日报》。

② 刘展超：《保障房开工“死限”推一月　东部省份拖后腿》，2011年6月10日《第一财经日报》。

公平问题并引发很多争议①，显然会增加现阶段中国保障房配租运行的制度交易成本。

2. 公共住房列入预算：改变目前“政府项目、商业运作”的融资模式

“十二五”是一个特殊历史时期。为确保公租房产权不流失，如同国际金融危机期间4万亿元一揽子刺激方案那样，对公租房应采取一个特殊政策，采取与廉租房相同的政策，把公租房建设也完全纳入政府基金的预算安排之中，亦即采取提高土地出让收益提取比例的办法，让土地出让收益首先保证廉租房和公租房的建设资金支出，其次才兼顾到对“半商品房”给予一定的考虑。这里要强调的是，国家对“半商品房”（经适房与限价房）的倾斜和支持主要是政策优惠的倾斜和支持，而较少体现在财政安排上。

尽管2012年以来房地产调控导致部分城市土地出让收入同比有所下降，但政府也完全有能力将所有公共住房的建设资金纳入这个最大的政府性基金预算安排之中：据国土资源部的公开数据②，“十一五”期间，土地出让收入高达7万亿元，其中，2008年为0.96万亿元，2009年猛升至1.59万亿元；2010年土地出让收入竟高达2.91万亿元，而廉租房支出仅为464亿元，占全国土地出让收入的1.59%③。在实行土地国有的政策下，将部分出让收益用于公租房和廉租房的建设是还其本来的“真面目”，此为其一。

其二，1998年以来的房地产市场经过多次调控，但均未将公共住房供给提到这样一个高度，包括2007~2008年房地产调控政策在内，每次调控之后均面临投资需求的新一轮暴涨，从而进入新一轮“政策—市场”角力的博弈之中。这说明，如果此次住房新政丧失公共住房的产权，将有可能再次陷入“需求控制有余，对冲手段不足”的轮回之中；如果土地出让收入能够保住公共住房的供给及其公共产权，就意味着保留了未来住房市场的对冲手段，长期内是划得来的。否则，楼市的暴涨和暴跌对国民经济健康发展和社会稳定都是不利的：暴涨

① 这里可参见张静等《深圳给亿万富翁马化腾发房补》、张静《房补政策出台时遭质疑》、张静《这完全搞错了补贴对象》、张静《各地“房补揽才”政策一览》，2010年10月28日《新京报》。

② 翟烜：《温家宝主持召开国务院常务会议　土地出让收益按比例提取教育金》，2011年6月9日《京华时报》。

③ 2010年数据引自《关于2010年中央和地方预算执行情况与2011年中央和地方预算草案的报告》，财政部网站，http://www.mof.gov.cn/。

容易引发通胀，暴跌可能引发滞涨。

其三，既然推动住房价格的主要因素之一是投资性需求，将公共住房建设资金预算全部列入土地出让收益之中，也是对土地出让的现金收入这个主权财富形态的一个转换，即从主权财富投资的角度看，也是可行的甚至是必要的。

3. “十二五”之后公共住房列入财政预算：可占 GDP 的 0.1%左右

“十二五”规划之后，由于住房体系结构调整格局已基本定局，公共住房（公租房和廉租房）保有量规模已基本达标，可视情况将其作为常规项目，列入财政的“社会支出”中。公共住房列入预算安排，这是一个国际惯例，也是公共财政体制改革的题中应有之义。重要的是，唯此才能保有公租房的公共产权，确保公租房产权不流失，进而保证公租房的流动性，真正起到周转房的功能。

OECD 国家 1980 ~2001 年在其九项“社会支出”中，“住房支出”均为单列项目，平均占 GDP 0.5%左右（见图 2）。但各国差距很大，最高的是英国，约占 1%，最低的是斯洛伐克，仅占 0.003%。欧美等发达国家之所以贫富差距不大，没有掉入“拉美陷阱”和“城市化陷阱”，欧洲国家之所以没有大面积的出现“非正规住宅”和“贫民窟”，与其对公共住房始终保持一个稳定的社会支出比例有很大关系。

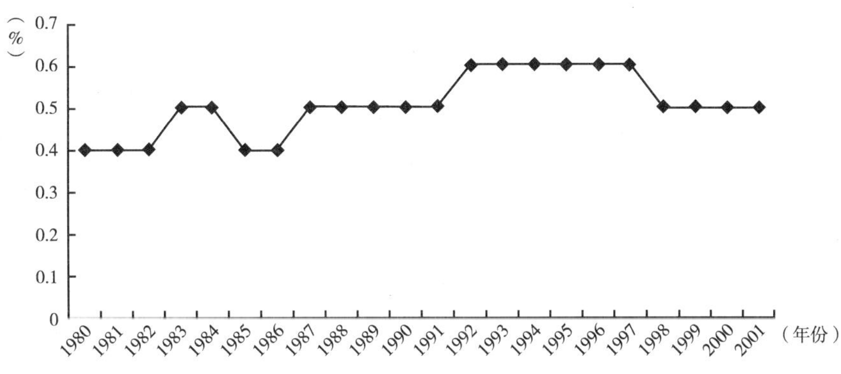

图 2　1980 ~2001 年 OECD 21 国“住房支出”占 GDP 的比重

资料来源：OECD 2007，The Social Expenditure Database，http：//www. SourceOECD. org/database/。

“十二五”之后，如果中国年均住房支出占 GDP 的 0.1%（即波兰和捷克的水平），每年支出大约 500 亿元，这样的比例，既可以达到中东欧新兴经济体的支出水平，又没有超出中国的发展水平；既符合前述中国住房体系结构的实际需要，在财力上也是可以承受的（见表2）。

表2 1980～2007年部分国家社会支出中“住房支出”占GDP的比重

单位：%

国家	1980年	1985年	1990年	1995年	2000年	2005年	2006年	2007年
英国	0.134	1.282	1.252	1.785	1.425	1.423	1.427	1.429
墨西哥	—	0.624	0.585	0.544	0.797	0.994	1.2	1.253
匈牙利	—	—	—	—	0.551	0.516	0.534	0.908
法国	0.417	0.687	0.749	0.925	0.875	0.808	0.768	0.758
新西兰	0.064	0.139	0.168	0.619	0.826	0.779	0.785	0.755
丹麦	0.38	0.459	0.644	0.759	0.663	0.706	0.655	0.693
德国	0.12	0.13	0.145	0.278	0.319	0.607	0.646	0.606
瑞典	1.084	0.65	0.644	1.096	0.618	0.534	0.51	0.471
希腊	0.065	0.195	0.434	0.462	0.699	0.521	0.505	0.462
加拿大	0.762	0.678	0.649	0.631	0.571	0.445	0.427	0.392
荷兰	0.26	0.307	0.328	0.398	0.37	0.333	0.379	0.378
澳大利亚	0.251	0.338	0.245	0.201	0.106	0.242	0.202	0.292
芬兰	0.207	0.174	0.18	0.46	0.354	0.278	0.265	0.24
西班牙	0	0.017	0.108	0.225	0.165	0.172	0.169	0.184
卢森堡	0	0	0.033	0.027	0.055	0.153	0.173	0.148
比利时	—	—	—	—	0.033	0.066	0.132	0.145
挪威	0.411	0.151	0.153	0.193	0.163	0.144	0.14	0.142
瑞士	0.092	0.07	0.115	0.134	0.134	0.151	0.149	0.117
波兰	0.097	0.152	0.096	0.072	0.091	0.099	0.107	0.103
捷克	—	—	0.051	0.068	0.168	0.126	0.11	0.089
爱沙尼亚	—	—	—	0.002	0.123	0.082	0.071	0.059
意大利	—	—	—	—	0.097	0.029	0.04	0.022
以色列	—	—	—	—	0	0.014	0.016	0.015
葡萄牙	—	—	—	0.013	0.01	0.007	0.007	0.007
斯洛伐克	0	0.001	0.006	0.004	0.002	0.004	0.004	0.003

资料来源：OECD 2010，The Social Expenditure Database，http：//stats.oecd.org/。

4. 建立专门部门：实行垂直的保障房封闭运行管理体系

发达国家公租房的运营管理体制五花八门，既有成功经验，也有失败教训；既有委托式的，也有自营式的；既有微利的，也有亏损的；但总的来说，公租房的管理在发达国家始终是一个难题，总体亏损情况较为明显，腐败现象时有发生。

长期看，或“十二五”之后，应建立具有中国特色的保障房管理体系，即对属于公共住房的廉租房和公租房实行封闭式管理体系，只能租赁，不能出售；属于“半商品房”的经适房和限价房实行封闭式交易体系，只能由国家回购，不能上市。

所谓封闭式管理体系是指实行专门化和职业化的全国范围的垂直管理体系，设立统一的部门和人员队伍，在全国实行大一统的管理模式，以保持政府的主导权及其对住房体系结构的调节功能，确保公共住房的产权性质和良好的流动性，确保“半商品房”（经适房和限价房）的半公共性的产权性质，以使其能够在固定的收入群体之间流转。建立这样一个封闭式管理体系，对建立服务型政府、提供优质的公租房租赁服务体系、保证保障房的维护修缮质量等，都是十分必要的。其中，可采取部分委托或招标管理的方式，在实践中积极探索有中国特色的公共住房运营体制。例如，要盘活公租房的店铺出租和物业管理等经营业务，寻找适当的物业盈利模式，以减少运营成本，减少物业管理服务的资金压力。

对公共住房建立统一的封闭型管理体系比较容易理解。从目前“半商品房”（经适房和限价房）的配售结果看，实行垂直的封闭式运行体系也是十分必要的。否则，享有各种公共补贴的“半商品房”将演变成纯粹的商品房，既有可能造成部分公共资源流失，出现新的分配不公，引发新的社会矛盾，又将丧失国家对住房市场调控机制的主动权。有报道披露①，浙江苍南县投资 3 亿元建成的 850 套第四期限价房，其中 90% 采用职位有限和工龄有限的方式，拟分配给党政机关各级领导和全额拨款事业单位的在职干部。目前，分配方案细则已经出台但受到社会舆论的一致批评。更有甚者，各种由此产生的变通层出不穷，例如，

① 《官员“瓜分”苍南县九成限价房》，2011 年 6 月 16 日《新京报》；《社论：“保障房让干部先分”为何如此坦然》，2011 年 6 月 16 日《新京报》。

山西国资委领导以超低价团购商品房便是一例。[1] 总之，利用公权谋取部门利益将会以各种“合法”的面目出现在“半商品房”甚至商品房的各种“市场交易”之中。为保持“半商品房”的“半公共产权”性质，以保留国家对住房市场的对冲手段，建议对经适房和限价房的性质重新定位，对其市场交易行为重新制定，将“半商品房”的交易范围限定在一个封闭体系之内流转，即符合交易条件的这些“半商品房”，只能由国家有关部门回购，而不得在住房市场上自由买卖。

① 《晋国资委领导超低价购豪宅》，2011 年 5 月 28 日《新京报》。

G.10

台湾社会保障体系及其再分配效果

吕建德　叶崇扬　陈昭荣*

摘　要：中国台湾地区在战后经济快速发展过程中保持了相对较小的收入分配差距，这与台湾重视社会保障制度的建设有密不可分的关系。本文围绕社会保障与收入差距的关系问题，进行了比较分析，特别是针对20世纪90年代之后的去工业化历程，研究了经济社会结构剧烈转型导致的收入差距扩大问题，并在此基础上提出了缩小收入差距的意见。本文首先简略地介绍了台湾目前社会保障体系结构，分析了当前台湾地区所得不均的结构性因素，透过家庭收支调查资料，呈现台湾目前的所得分配状况，论证了社会保障体系在转移收入分配方面发挥的作用和效果。

关键词：台湾　社会保障　再分配　效果分析

台湾地区与其他东亚国家和地区开启了战后东亚经济发展的奇迹。这一奇迹不仅建立在高速的经济成长上，也同时确保了所得分配的相对平等，使东亚的经济发展模式受到世界各国的关注。但是在20世纪80年代之后，台湾面临一连串的社会经济结构性转型，特别是全球化与去工业化的结构性转型，逐渐地使台湾所得分配状况恶化。90年代以降，台湾开启了一连串的社会政策与立法，包括各项的福利津贴体系（如：老农津贴、敬老福利津贴、身心障碍福利津贴、中低收入户老人津贴等）、制度化的社会保险体系（如：全民健康保险、国民年金保险、劳保年金化），以及各类的社会服务和社会立

* 吕建德，台湾中正大学社会福利学系副教授；叶崇扬，英国 Southampton 大学，社会学与社会政策学系博士生；陈昭荣，台湾中正大学社会福利学系讲师。

法（如：性别平等法、小区照顾服务体系等）。这些社会福利立法以及改革，逐渐地让台湾社会福利体系法制化与制度化。从马克思主义的观点来看，社会保障体系的法制化或制度化，实际带来的意涵在于能够促进劳动的去商品化（decommodification），以及削弱资本主义所带来的所得不平等问题（Esping-Andersen，1990）。社会政策体系成为在面临这些结构性转型时的政策性工具之一。特别是社会保障体系，如社会保险、社会津贴政策，不仅使台湾的社会政策趋于完备，更重要的是提供了结构性转型过程中的一种补偿机制。

本文结构安排如下：简略地介绍台湾目前的社会保障体系结构；透过文献回顾的方式了解所得不均的结构性因素，包括全球化与去工业化；透过家庭收支调查资料，呈现台湾目前的所得分配状况；依据家庭收支调查，了解社会保障体系的所得移转效果；进行结论。

一　台湾社会保障体系结构

一般而言，社会保障体系包括了主要以现金给付为主的社会保险（social insurance）、社会津贴（social allowance）以及社会救助（social assistance）三类。其中，社会保险在福利国家体系的设计上，一直被看做是透过保险原则的运作来加以保障老年、健康、失业以及职业伤害等社会风险。因此，在设计上，包括了年金保险、健康保险、失业保险和职灾保险。而近来因为人口老龄化的问题，长期照顾保险则成为社会保险的一环。一般而言，社会保险体系是建立在缴费互助与风险分摊的原则上，并且借其社会性与保险性的双重性格，形成社会凝聚（social solidarity）。社会津贴体系，主要的精神是建立在公民资格（citizenship）之上的普及式福利政策。政府通过对特定人群，如身心障碍者，或是退休老人，或是儿童，提供一定水平的均一给付。因此，津贴制多以政府税收为主要的财务支应方式。社会救助，则是指以国家通过税收来救济贫民，因此这是一种非缴费制的社会政策，而且其给付资格是建立在资产调查（mean-tested）或是所得调查（income-tested）上。表 1 比较了社会保险、社会津贴与社会救助的差异。

表 1　社会保险、社会津贴与社会救助的差异

	社会保险	社会救助	社会津贴
分配基准	风险	需求	公民资格
经费来源	保险费	税收	税收
资格取得	被保险人	资产或所得调查	公民资格
行政主体	中央政府	地方政府	中央或地方政府
涵盖人群	就业人群或全体国民	低收入者	特定人群

资料来源：作者参考有关资料整理。

（一）社会保险体系

以职业区隔的社会保险体系为主是台湾社会保障体系的核心制度。一方面，受到日本殖民时期的影响，台湾的社会保障体系呈现职业分立的结构。另一方面，受到既有职业分立的社会保障结构的限制，再加上国民党政府为了维持其执政的正当性与合法性，因此在威权政体中所拥有的高度国家自主性，让国民党政府能够将资源分配给其主要国家统治机器的军人、公教人员和公营事业劳工。在这样的背景下，也就形成了所谓的福利侍从主义（welfare clientelism）。但是在民主化之后，台湾的社会保障体系逐渐扩张到其他的人群，包括了劳工保险的扩张和国民年金保险的立法，以及更为重要的是全民健康保险的制定。这些逐渐性的扩张，或者是体系的整合，使社会保险体系虽然保留了传统职业区隔的特色，但是同时也普及其他的人群。目前台湾最主要的三个社会保险体系，即是劳工保险、国民年金保险和全民健康保险，分述如下。

1. 劳工保险

台湾于 1958 年时整合各项劳工保险办法①，形成劳工保险。之后历经数次修法，逐渐地扩展涵盖范围，从原先的雇用劳工在 10 人以上的工厂、公用事业工人等为对象，到 1979 年的修法之后，被保险人的范围扩大到雇用 5 人以上之公司；1988 年修法扩大到无一定雇主或自营作业及参加渔会之甲类会员。基本上，劳工保险是目前台湾最主要的社会保障体系之一。其给付内容包括了老年给

① 包括了台湾省劳工保险办法、台湾省职业工人保险办法、台湾省渔民保险办法等（林万亿，2006：162）。

付、生育给付、伤病给付、医疗给付、死亡给付等。包裹式的给付内容成为台湾社会保险体系异于其他国家的主要特色之一。不过，于1995年全民健康保险开办之后，部分健康保险的给付移转到全民健康保险中。在保险费的分担上，国家、劳工，以及资方各负担一定的比例。此比例的差异根据被保险人的纳保身份差异而有所不同。2008年时，劳保年金化的修正主要有下列三点：第一，老年给付的方式将由一次给付改为年金给付，不过也保留劳工选择年金给付或是一次给付的权利。第二，为保费费率和所得替代率的部分。保费费率为第一年7.5%，费率由第三年起调高0.5%，其后每年调高0.5%，至10%后每两年调高0.5%，上限为13%。据估计在2027年左右保费费率将会调至最高。所得替代率的部分，则为1.55%，换句话说，一旦可以领取全额年金，那么每月的所得替代率将会高达46.5%。第三，老年给付请领年龄将逐渐提高至65岁。第十年提高1岁，其后每两年提高1岁，以提高至65岁为限。也就是说约在2026年时退休年龄将达到65岁。根据主计处所提供的资料，在2010年时，劳工保险的保险人口为9397608人。

2. 国民年金保险

国民年金保险于2008年10月实施，以分立式社会保险体系为主。也就是其涵盖人口即是非加入劳工保险及军公教保险的人群。第一年保费为6.5%，第三年则调高0.5%，之后每两年调高0.5%至最高12%；其中政府将会负担40%，其余部分则由个人承担。给付部分则是根据两种公式计算①，择优选用。另外，国民年金有最低保障的规定，不过领取资格却有附带条件。② 换句话说，这也取代了普及式的敬老福利津贴体系。相较于劳工保险，国民年金保险涵盖人口较少，2010年仅有3872241人。

3. 全民健康保险

全民健康保险是台湾在1995年新实施的社会保险制度，其指导原则是根据俾斯麦式的社会保险原则来建构。在这个社会立法中，政府有义务为疾病、伤害和新生儿提供基本健康照顾。所有的公民都强制加入此保险系统。这个系统是根

① A式：年资×平均月投保薪资×0.65%+3000；B式：年资×平均月投保薪资×1.3%。

② 有下列三种情形，不得请领国民年金最低保障，有欠缴保险费期间不计入保险年资情事；发生保险事故前一年期间，该期间之保险费有应缴纳而未缴纳情形者；领取相关社会福利津贴。

据所得来征收保费，费率设定在4.55%。然而，4.55%的费率是根据不同职业和劳工的社会类别（六类十四目）来设定劳工和雇主之间不同的比率的。为了提供公民医疗和健康照顾，全民健康保险为将近97%的人口提供了医疗和健康照顾的平等机会。总体健康照顾的支出占GDP的5.5%，而且自从NHI实施之后变得相当稳定。这个比率比OECD的平均水平还较低，而且和国际比较之后落在最低的层级。全民健康保险最重要的成就在于合并以上复杂和不同的健康保险制度（在公保、劳保和农保等），形成一个类似贝佛里奇模式的整合系统（林国明，2003），这个系统由“中央健康保险局”来运作，隶属于“卫生署”之下。全民健康保险由政府有组织地来运作。组织的原则和传统社会保险系统不同，它由超政府系统来正式运作。全民健康保险的普及性特色，使其成为台湾目前涵盖人口最多的社会保险体系，在2010年时，有23074487人参加全民健康保险。换句话说，也就是在2010年时，有99.62%的人群被涵盖于全民健康保险中。

（二）社会津贴

台湾社会津贴体系是1994年，由民进党执政的县市实施敬老津贴方案开始的。之后陆续开办了老年农民福利津贴、身心障碍津贴、中低收入户老人生活津贴。在2000年之后实施了普及式的敬老福利津贴。

1. 老年农民福利津贴

老年农民福利津贴于1995年时立法通过。适用对象是：“年满六十五岁且参加农民健康保险年资合计六个月以上者，其福利津贴之发放至本人死亡当月止。”在此，必须澄清的是，参加农民健康保险年资合计六个月以上者，并非系指领取老年农民福利津贴与缴纳保费之间的权利与义务关系，而是在确认其农民的身份。因此，老年农民福利津贴并非是建立在缴纳式的权利与义务对等的关系上。历经几次修法后，目前的老年农民福利津贴的给付已经达到每个月7000元（新台币，下同）。未来其给付水平将依照特定的公式调整，并且在2013年之后，设有排富条款。

2. 敬老福利津贴（老年基本保证年金）

该津贴是于2002年由民进党执政时，所实施的普及式老年津贴。主要是提供均一给付的津贴给予年满65岁的老人。在国民年金没有实施之前，多数的老人可以每月领取3000元的津贴。但是，此一制度设有排富条款。虽然严格来讲，此一津贴体系依然不是学术原理上的普及式福利津贴，但其已经是台湾目前最具有普及式原则，且建立在公民资格身份上的社会政策之一。不过此津贴政策，在国民年金保险开办之后，被正式纳入成为“老年基本保证年金”。

3. 中低收入户老人生活津贴

该津贴其实是1993年7月国民党政府所发放的“困苦老人生活扶助”，后改名为“中低收入户老人生活津贴”。领取资格是65岁以上的老人，全家平均每人每月收入在贫穷线1.5倍以下，且未接受收容安置者，每人每月领取3000元的生活津贴。1994年时，1.5倍以下者，可以领取6000元的生活津贴。而1.5~2倍之间的老人可以领取3000元的生活津贴。1995年1月起，政府再度扩大发放对象，1.5~2.5倍之间的老人每月发给3000元。

4. 中低收入老人特别照顾津贴

该津贴是于2007年开办的。主要是提供每月5000元的照顾津贴给予年满16岁未满65岁的照顾者，且其未从事全时工作，列计家庭总收入之全家人口成员，并与领有中低收入老人生活津贴之受照顾者同住。

5. 身心障碍者津贴

该津贴始于台北市政府于1996年时实施的“残障津贴”（现已改称为“身心障碍者津贴”）。依据其法案规定，符合规定的身心障碍者，依据年龄以及身心障碍程度每月给付2000~7000元不等。

6. 原住民敬老津贴（原住民给付）

主要是考虑到原住民的预期寿命较低的因素，因此，此一敬老津贴政策是提供给55~65岁的原住民。同样是均一给付，每月3000元，之后根据特定公式调整。2008年国民年金保险开办之后，该津贴被纳入国民年金保险体系成为“原住民给付”。

除了上述的津贴政策之外，目前现行的津贴政策还包括了，如：中低收入家庭儿童及少年生活扶助、国民年金各项年金给付、原住民给付、低收入户家庭生活补助、低收入户儿童生活补助、低收入户就学生活补助等。但是，在此我们无法一一介绍，可参考表2所列之申请条件，了解目前主要的津贴政策。

表 2　各类社会福利津贴申请条件

名　　称	申请条件
身心障碍者生活补助	一、取得身心障碍者手册，未接受政府补助与机构安置者 二、符合以下资格之一： （一）低收入户或中低收入户之户内身心障碍人口 （二）符合下列排富标准之身心障碍者 1. 家庭总收入未达最低生活费 2.5 倍，且未超过台湾地区平均每人消费支出 1.5 倍 2. 不动产总值 650 万以下 3. 动产总值 200 万以下（每增 1 人增加 25 万元）
中低收入老人生活津贴	一、年满 65 岁，未接受政府补助与机构安置者，且最近 1 年居住国内超过 183 日 二、符合以下资格者： （一）家庭总收入平均每人每月未超过最低生活费 2.5 倍，且未超过台湾地区平均每人消费支出 1.5 倍 （二）不动产总值 650 万元以下（新竹县、苗栗县 750 万元） （三）动产总值 250 万以下（每增 1 人增加 25 万元）
中低收入家庭儿童及少年生活扶助	一、有父母双亡、一方死亡、重病、失踪、服刑无力扶养等情形之儿童及少年 二、符合以下资格： （一）家庭平均收入，每人每月未超过最低生活费 1.5 倍者 （二）不动产总值全户 300 万 ~650 万以下（各地方政府规定略有不同） （三）动产平均每人不超过 11.25 万 ~15 万元（各地方政府规定略有不同）
老年基本保证年金	一、国民年金开办时已年满 65 岁（即 1932 年 10 月 1 日前出生者） 二、在国内设有户籍 三、最近 3 年内每年居住国内超过 183 日 四、无下列各款情事：经政府全额补助收容安置、领取军公教人员一次（月）退休金、领取其他社福津贴、年所得超过 50 万元、土地及房屋价值超过 500 万元（但自有 1 间房屋者可扣除 400 万元）、入狱服刑、因案羁押或拘禁
原住民给付	一、年满 55 岁未满 65 岁之原住民 二、户籍有登记原住民身份 三、在国内设有户籍 四、无下列各款情事：每月工作收入超过基本工资、领取军公教人员一次（月）退休金、领取其他社福津贴、经政府全额补助收容安置、年所得超过 50 万元、土地及房屋价值超过 500 万元（但自有 1 间房屋者可扣除 400 万元）、入狱服刑、因案羁押或拘禁
低收入户家庭生活补助	一、取得低收入户资格者 二、符合第 1、2 款之低收入户
低收入户儿童生活补助	一、取得低收入户资格者 二、符合第 2、3 款低收入户户内 15 岁以下的儿童少年
低收入户就学生活补助	一、取得低收入户资格者 二、符合第 2、3 款低收入户户内高中职以上在学学生

资料来源：台湾“内政部”。

（三）社会救助体系

台湾“社会救助法”于1980年修正通过，由1943年时通过的“社会救济法”改名为“社会救助法”。其中“社会救助法”第一条规定：“因贫穷而无力生活者得依本法予以救济”，所谓无力生活者共有六类：年龄60岁以上精力衰耗者，未满12岁、孕妇、因疾病伤害残废及其他精神上身体之障碍不能从事劳作者。这些受助对象大都是传统所谓的“值得救济的穷人”（deserving poor），而且台湾三个救助体系的行政区中，都以财力调查作为领取给付的条件之一。从中不难发现台湾社会救助体系，在社会安全体系中扮演着最后安全网的角色。

台湾社会救助体系则是采取财力调查（means-tested）的方式，自2011年之后“社会救助法”规定，最低生活费用的计算系以最近一年的“可支配所得中位数”的60%计算。此外，也加入不动产的规定，依据不同行政区生活水平，其水平亦有所差异。依据“社会救助法”的规定，家庭总收入应计算人口范围包括：（1）直系血亲；（2）同一户籍或共同生活之旁系血亲及负抚养义务之亲属；（3）综合所得税列入扶养亲属宽减额之纳税之物人。其给付的项目包括生活扶助、医疗补助、急难救助与灾害救助四项。

就权责而言，目前台湾地区的“中央政府”负责政策的研拟，而地方政府则负执行之责，但是在财务责任方面则是由“中央政府”、地方政府共同负责。地方政府社会救助经费中来自“中央”的大概可分为两个部分，一为“中央政府”的直接补助，另一为地方政府经由申请“内政部推展社会福利服务补助作业要点”而获得的补助。前者，补助经费没有一定的比例，各项目的补助经费也不一致；后者，必须拟订计划申请，能否获得审核通过也无法得知（孙健忠，2002：103）。低收入户的调查作业，若依“社会救助法”规定包括初查、复查与年度复查三项。初查是由村里干事进行，再由县市社政主管单位复查。然社政单位可能由于本身人力不足，而无法作机动的调查。而社会救助中的行政裁量权，也因下放到地方政府，各县市审查人员的判断或是福利服务项目和内容都有相当程度的差异。

二　全球化与去工业化对收入分配的影响

台湾经济奇迹并非单单建立在高经济成长上，而是其能够在经济快速成长的过程中，依然可以维持其所得分配的平等。然而，在过去二三十年间，台湾社会经济结构迅速改变，特别是从20世纪80年代以来，经济全球化以及产业结构的转型，使得台湾的所得分配逐渐恶化。在描绘台湾所得分配情况时，我们通过文献回顾的方式了解全球化与去工业化如何造成所得分配的恶化。

（一）全球化——经济整合和贸易对收入不平等的影响

全球化是否会造成经济不平等或至少所得不平等呢？这个问题已经困扰学术界相当长时间了，因此也存在着不同的观点。国际贸易可以追溯到古典经济学家David Ricardo的观点，如果国家能够利用自己的比较利益，那么在国际劳动分工当中就给所有人带来最大利益。而国际经济解释工资差异与贸易开放关联性的主要理论则是Heckerscher-Ohlin-Samuelson（HOS）模型。HOS理论建立在相对产品价格和要素价格（工资）的对等（一对一）关系上。由于国际贸易引起相对价格改变，进而影响要素需求改变，最后将导致要素报酬的比例增减。假设两个国家（一个为发展程度较高的已开发国家，另一个为相对发展程度较低的开发中国家）、两种生产要素（高技术人力和低技术人力）及两种商品（技术密集产品和低技术产品）的2＊2＊2模型，根据HOS模型的预测，如果两国开放贸易，发展程度较高的国家将出口技术密集产品，进口低技术产品。如此一来，已开发国家中的低技术产品价格将会下降，低技术人员的工资也随之下降，高、低技术人员的相对工资差距将扩大。反之，开发中国家的出口扩张，对于其具有比较利益的低技术劳工需求增加，使得低技术人员的工资上升，高、低技术人员的工资差距缩减（曹添旺等，2006：348）。换句话说，如果已开发国家与新兴工业国家进行贸易的话，已开发国家的低技术劳工将会面临所得差距扩大甚至是失业的影响。

不过就实际情形而言，国际贸易对所得不均影响的复杂度，远超过理论上的假设，包括了从国外直接投资、独占厂商的行为以及技术偏向等生产方式的因素都会影响或是改变高、低技术劳工的相对价格，甚至有人从全球化和区域化的差异诠释造成所得不均的因素。因此，在实证上也有相当大的歧义存在着。

有关赞成全球化或是国际贸易会造成所得不均的实证研究，例如Gustafsson and Johansson（1999）的研究，他们试图了解从20世纪70年代之后主要国家所得不均的影响因素，因此综合早先对所得不均的影响因素，包括去工业化、全球化和女性就业等因素，发现主要有五点因素影响着所得不均的扩大。其中最主要的因素即是与新兴国家的贸易，特别是制造业产品的贸易量。此外，Aldersen and Nielsen（2002）也发现类似的结果，他们从全球化的几个指标来测量国际贸易对所得不均的影响，包括了移民、直接投资、发展中国家进口占 GDP 的比例等变项来预测全球化对基尼系数的影响，结果发现，移民、直接投资和南方国家进口占 GDP 的比例等全球化的指标都对基尼系数有显著性的影响。其中，他们认为全球化会削弱劳工或是工会组织的力量，使得他们无法在全球化竞争体系当中取得与雇主之间的议价权力；而大量的移民更进一步削弱了劳工与雇主之间的对等权力，同时弱化了薪资相对价格。

有关台湾全球化或是国际贸易对所得不均影响的文献并不多见。谢中兴、江永裕（2005）以两国两商品部门的国际垂直分工来说明近年日渐扩大的所得分配现象。他们认为国际垂直分工的导因来自于生产技术的提升，使得生产过程可分割得以实现，国际垂直分工导致劳动能力较高的国家专业生产边际技术递增的中间财，劳动能力较低的国家专业生产线性生产技术的中间财。由于劳动者的工资水平系边际产出的函数，故在专业分工之后，劳动能力较高的国家仍然生产边际技术递增的中间财，但在该国劳动能力较低的劳动者，将被迫从生产线性生产技术之中间财转移到生产边际技术递增之中间财，从而导致其工资水平降低，故国际专业分工之后，劳动能力较高的国家将产生所得分配差距扩大之趋势。

陈坤铭与杨书菲（2005）的研究相当重要，因为在全球化的同时，台湾与世界各国和地区正面对着一个正在兴起、自由化的中国大陆。1978～2007 年 30 年间中国大陆每年的人均 GDP 成长率平均值是 9.8%（2007 年则是 11.2%），被视为经济发展史上一个相当长期且连续的发展阶段。中国经济成长的动力来源是什么呢？经济学教科书上一般归纳为三个变项：政府与私人投资、消费、进出口贸易。一般认为，第一个因素主要动力应该是投资带动与制度创新的综合作用。20 世纪 80 年代后，中国有 1 亿多农民从农村向（沿海）城市转移。据测算，劳动力在制造业部门的生产力与产值是农业部门的 20 倍，服务业部门则是约 10 倍。配合出口导向的经济政策，中国在国际比较利益中主要的竞争强项，即丰沛且纪律化的劳动力提供了初期阶段的成长动力来源，其结果是截至 2008 年年底将近 2 万亿美元的外汇存底。

第二个因素是中国宏观调控政策的效果。这 30 多年中，随着经济成长迅猛，通货膨胀问题也在几个阶段屡被提出。但是，中国似乎都能采取相当有效的总体经济政策抑制。近来，全球经济严重衰退，国务院又立刻推出4万亿元人民币的拉动内需方案。通过这些因素，中国目前在全世界GDP的排名仅次于美国，成为全世界第二大经济体。这个崛起的经济体对于其周边的东亚国家同时带来了机会与挑战。其中最大的挑战就是许多人忧虑劳动市场中中低技术劳工的薪资与失业风险随着与中国间的贸易往来而可能上升。

陈坤铭与杨书菲（2005）的研究便是针对中国大陆于20世纪70年代末实施贸易自由化政策之后，出口大量低技术劳力密集产品进入国际市场，可能会导致国际间低技术密集产品的相对价格下降，以致对各国低技术劳工的相对报酬造成不利影响。不过就他们的实证分析与理论论点，确有相当程度的差异。他们利用全球贸易分析计划（GTAP）模型①作为实证分析的基础，结果发现中国大陆实施贸易自由化对世界大多数国家工资不均度，非但没有产生负面影响，甚至带来正面效果。且中国大陆贸易自由化对拉丁美洲主要国家工资不均的恶化并无直接影响，主要原因在于中国大陆贸易自由化后出口虽然大幅增加，但是因经济快速增长，创造了一个庞大的进口市场，以至对大多数其他国家的生产与出口不但没有产生排挤效果，甚至产生了提升的作用。因此中国大陆自由化对于世界各国低技术劳工相对工资的影响并不如理论假设那么显著。

曹添旺和陈建良（2008）却有不一样的看法。他们收集个体资料，通过时间序列的回归分析，探讨台湾近年来所得不均的国际总体因素。首先分解以往主要以出口贸易为主的国际贸易指标，转换为进口与出口，再加上国外直接投资的部分，成为国际贸易的主要指标。以五个回归模型检视国际贸易对所得不均的影响，发现近年来台湾所得不均扩大的主要因素来自于对中国大陆的直接投资，另外对亚洲国家的进口和对中国大陆的出口以及研究发展的投入都对台湾工资不均度的扩张有所影响。这主要是因为台湾对大陆直接投资，对低技术劳工的工资有不利的影响，但是对高技术劳工的工资却是有利的影响，而对亚洲开发中国家的

① GTAP模型是1992年由美国大学Hertel教授等人所建立的一个多地区多部门的可计算一般均衡模型。在这个模型的架构中，首先对每个国家或地区建立可细致描述其生产、消费、政府支出等行为的子模型，再借由双边或多边的国际商品贸易流动将各子模型加以联结，形成一个全球性的一般均衡模型。如此在进行政策模拟时，可以同时探讨该政策对各国各部门生产、进出口、商品价格、要素供需、要素报酬、国内生产毛额及社会福利水平之变化。

直接投资对高、低技术劳工都有不利的影响，此结果隐含台湾的低技术产品移至大陆生产，本地的低技术劳工将被取代。

另外一篇有关国际化或是国际贸易对所得不均的影响，同样也是由曹添旺等人所著（2006）的。他们的研究依然从个体资料的角度，分析台湾男性高、低技术受雇人员工资差异受到国际化程度的影响，强调资本外移至不同发展程度国家对工资变化边际效果之异同。从他们的实证结果可以看出，台商近年来加速外移至中国大陆以及东南亚国家的替代效果对工资明显不利，加上对日韩等国投资的技术学习效果提升高技术劳工的工资，使得台湾制造业受雇人员的工资差异扩大，连带也使得薪资分配与所得分配更显恶化。

（二）后工业社会的来临——服务业与制造业的鸿沟

在全球化的进程中，另外一股力量——后工业社会的转型，同时也贯穿了当代社会的诸多层面，包括社会、经济、文化与政治层面，进而对以往建立在传统工业社会的假设，包括福利国家、充分就业、终生雇佣制度和男性养家模式等，产生了根本性的挑战与改变。

从以制造业为主的工业社会转变到以服务业为主的后工业社会，也重新影响了所得与工作的再分配（Brady，2006；Esping-Andersen，2005；Iversen，2005；Iversen and Wren，1998）。后工业社会的兴起带来产业结构根本性的改变，各式各样的服务业工作机会大量出现，也提供了大量的就业机会，特别是对女性而言。其中在后工业社会中，就业方面出现了两种与以往工作形态不同的特点：第一，生产力的极化；第二，工作形态的改变。Baumol（1967）指出服务业工作有两大特点：第一，生产与消费同时发生；第二，许多服务业工作属于低生产力、低附加价值的劳务工作。因此，服务业社会逐渐出现劳动市场极化的现象。综言之，服务业社会的兴起，由于生产力的极化、加上低生产力的就业形态逐渐趋于不稳定、弹性化和被排除于社会安全体系，使得劳动市场逐渐趋于两极化，进而使得不平等差距逐渐地扩大。换句话说，在后工业社会中面临着大量失业或是低技术/低薪服务业工作扩张的 trade-off，国家不是面临着大量失业，就是面临不平等。

Iversen and Wren（1998）指出后工业社会中不同福利国家的制度结构面对着不同风险与挑战，形成一种三难：财政限制、就业成长和所得平等，这些都是国家政策所要追求的目标，但是在资源有限与既有的制度结构限制下，政府只能同时达到其中两个目标而无法兼得。因此，为了寻求国家财政上的平衡而采取预算的控制，以及寻求失业率的降低，必须容忍工资多寡由劳动市场的需求来决定，这意味着某种程度的所得不平等的增加，这是自由主义福利体制，如美国在新自由主义转向之后所采取的路径。若是追求控制国家预算稳定与所得平等这两个目标，就业成长的目标将会被牺牲，原因是既有的社会安全体系加上雇主方面的负担，使得雇主提供工作机会的动机受到影响，这是组合主义福利体制，如德国、法国等欧洲国家所面临的困境。瑞典为了追求就业的成长与所得平等两项目标，则必须牺牲维持预算平衡的目标，原因是政府会通过扩大公共部门，主动提供就业机会，并维持与私人部门不太大的工资差距来保障所得平等的目标，但是同时政府也必须以增加税收或是发行公债的方式来承担这种政策所需的庞大支出，这一模式的典型代表是北欧所谓的社会民主福利体制等国家，如瑞典、挪威和丹麦等（吕建德，2001：300～301）。

Gustafsson and Johansson（1999）的研究除了指出全球化是造成不平等的因素之外，其实还指出了经济体中产业的组成是影响不平等的主要因素之一。其中他们主要以在工业部门的就业比例为自变项，另外，还包括其他相关的全球化变项、劳动市场制度变项和人口变项等，结果发现工业部门的减少是所得不均最主要的因素。基本上，这个结果验证了以往理论的假设。刘瑞文（2001）的研究指出，随着产业转型，各产业所支付的要素报酬产生变化，高级人力劳动报酬流至第五等分组家庭的比重上升，而导致五等分位家庭所得差距倍数呈现扩大的趋势。

除了像Iversen他们所做的宏观层次的实证研究之外，国外文献针对微观层次也做了一些实证研究。例如Brady或是Esping-Andersen（2007；2005）的研究也都从相对微观层次的角度来分析后工业社会中的不平等或是相对贫穷的主要因素。他们主要的理论观点认为后工业社会提供了女性大量进入劳动市场的机会，再加上家庭结构的改变，使得传统男性养家模式逐渐崩溃的同时，双薪家庭或是一又二分之一家庭的兴起（Visser，1999），所带来的社会影响即使家庭之间的所得不均逐渐地扩大。那些有两个或两个以上所得者的家庭在经济安全的保障上，远比那些只有一个所得者的家庭高。

台湾学者针对家庭就业人数对所得不均的影响，也发表了一些文章。譬如林金源（1997）分析台湾家庭结构变化对台湾所得分配的影响，发现拥有两个或是两个以上就业者的家庭，其所得不均度一直低于全体的不均度，而且它的长期趋势是递减而不是递增。但是只有单一就业者的家庭，其所得不均度则从1980年起持续上升，其趋势与全体家庭完全吻合。而依靠财产所得及移转所得生活而毫无就业者的家庭，其所得不均度一直高于全体的不均度。如果扣除单一以及毫无就业者的家庭，则全体家庭所得不均度长期上升的趋势就消失了。简单地说，整体家庭所得不均度的上升，主要是因为单一及无就业者家庭这一组的组内贡献。从他的研究中，我们可以发现所得来源的多样化，会使得家庭间的所得分配比个人间所得分配来得平均，且就业者越多的家庭其所得分配越平均。不过他的研究并没有考虑到高、低所得阶层的家庭之间影响所得分配不均度的因素差异。

曹添旺和张植榕（2000）探讨台湾不同所得阶层中影响所得分配不均的因素，其中有一点与林金源（1997）的研究相符合。他们发现影响家庭所得不均最主要的因素是就业人口数，这一点在高、低所得阶层当中都是如此。根据他们解释度最高的模型三，可发现低所得阶层的家庭人数、就业人数、户长年龄与户长教育程度对所得不均度的敏感度最高；中所得阶层的就业人数、户长教育程度、家庭人数与户长工作地区对所得不均度的敏感度最高；然而，高所得阶层的固定资产、就业人数、户长教育程度与户长年龄对所得不均度的敏感度最高。从中可以发现高所得阶层对所得不均度的敏感度最高的变项是固定资产，这可能是因为高所得阶层的所得来源有一部分来自于固定资产。资本所得可能是目前所得不均的主要来源之一（薛承泰，2007）。

洪明皇和郑清霞（2008）的研究也利用1980～2006年的家庭收支调查资料分析第二所得者对家庭经济与所得分配的影响。他们以家庭各成员的薪资所得、产业主所得、财产所得与移转所得的合计数高低，将家庭成员划分为第一所得者、第二所得者及其他所得者，分析第二所得者于不同家庭结构的分布、家户经济的贡献度对所得分配的影响。如果单就对所得分配的影响而言的话，那么在2006年时，双所得者多人家庭的所得的不均度分解结果来看，第二所得者的市场所得及其他家庭所得有缓和不均度的功能。就核心家庭的所得别不均度分解而言，1997年以来第二所得有小幅缓和所得不均度的功能。

后工业化本身就是一种多维度的词语，而对所得不均的影响，也呈现着多维度的因果机制，包括了产业结构变迁，或是伴随而来的女性就业、家庭结构改变等，都或多或少对所得不均有所影响。当然，最近几年开始讨论知识经济对所得分配不均化的研究亦开始出现，不过此种知识经济或者是技术变迁对所得分配带来的影响，多是立基于产业结构改变差异。

三　台湾居民收入分配状况

我们利用家庭收支调查资料，描绘台湾目前的所得分配状况。图 1 显示了历年台湾五分位所得最高与最低级距比的历史趋势。从中可以发现台湾所得差距最小的时期是 1970 ~ 1980 年之间。从 1980 年之后，不平等的差距逐渐扩大，到 2000 年达到 5. 55 倍，2001 年时更跃升到历史最高的 6. 39 倍，之后逐年递减。在经济结构转型的过程中，台湾所得差距是逐年扩大的。这个趋势在 2000 年后，受到经济危机的影响，其所得分配恶化的情况更为明显。

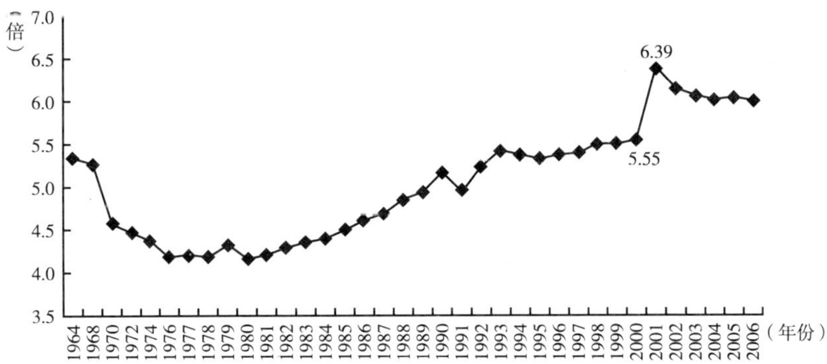

图 1　台湾五分位组所得倍数的趋势

数据来源：主计处。

从图 2 和图 3 中，比较 1995 年、2000 年和 2006 年，我们发现其所得中位数都维持在 20 万 ~30 万元之间，也就是说实质所得有停滞的现象。但同时，从这两个图更可以发现，早先大前研一（2006）所说的 M 型社会，实际上是一种过度夸张的说法。很明显地，从图 2 和图 3 中，我们清楚地发现台湾所得分配并没有呈现大前研一所说的 M 型社会化。也就是说台湾家庭所得分配样态基本仍是右偏峰的形态，但是有从高狭峰转变为低阔峰的趋势，反映所得离散差异扩大的情形。

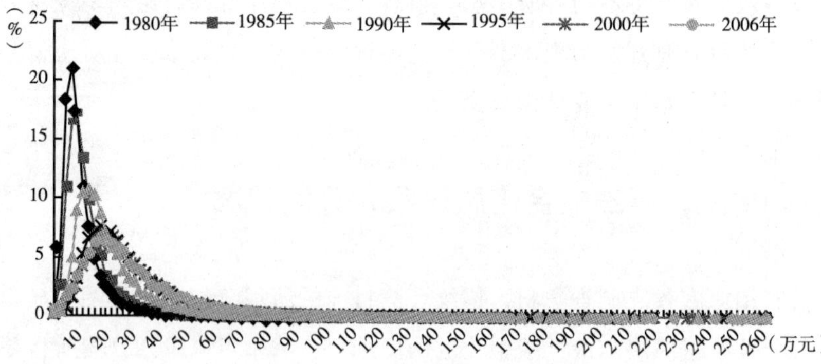

图 2　1980～2006 年台湾家庭移转前所得（除以户量）

资料来源：王永慈（2007）。

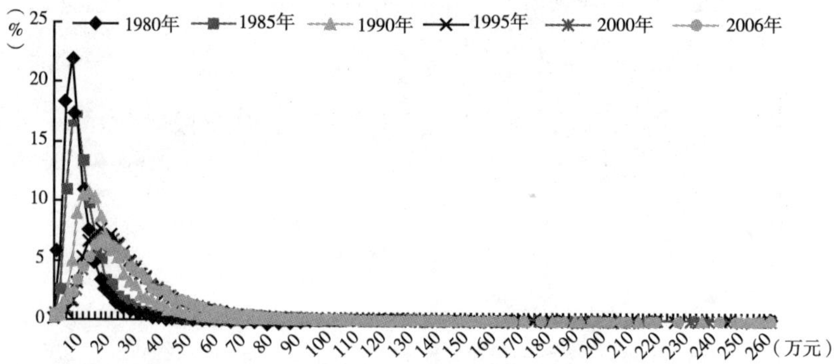

图 3　1980～2006 年台湾家庭可支配所得分布（除以户量）

资料来源：王永慈（2007）。

此外，我们利用了家庭收支调查数据进行了更为细致的分析与比较，主要是对所得五等分在不同所得来源比例的比较（个人所得的部分）。图 4 是受雇人员报酬在所得五等分中占的所得来源比例。我们可以发现第二等分与第三等分在受雇人员报酬的部分都占了可支配所得来源相当大的一部分，从早期的 70% 以上，到 2006 年接近 70%。在第四等分的部分，受雇人员报酬的比例相对较低。所得最低的 20% 在早期 1994 年时，受雇人员报酬的比例都可以占整体所得来源的 55% 以上，1998 年之后逐年下降。而同样的所得最高的 20%，则是呈现相反的趋势，在 1998 年以前受雇人员报酬的比例都低于 55%，之后即逐年上升。从中我们可以看到，中产阶级部分主要是以受雇人员报酬为主，都约略占 60% 以上的比例。

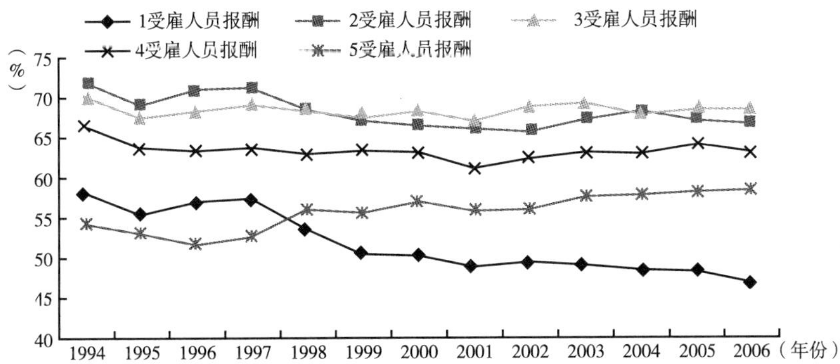

图 4　所得五等分的受雇人员报酬分别占所得来源的比例

资料来源：主计处家庭收支调查。

图 5 则是产业主所得在不同所得五等分中占整体所得来源的比例。可以看出所得最高的 20% 产业主所得一直都高于 20%，在 1996 年时甚至在 27% 左右。第四等分的产业主所得也占了整体所得来源相当大的一部分，大约在 17.5% 上下浮动。其他的部分产业主所得都相对较低。

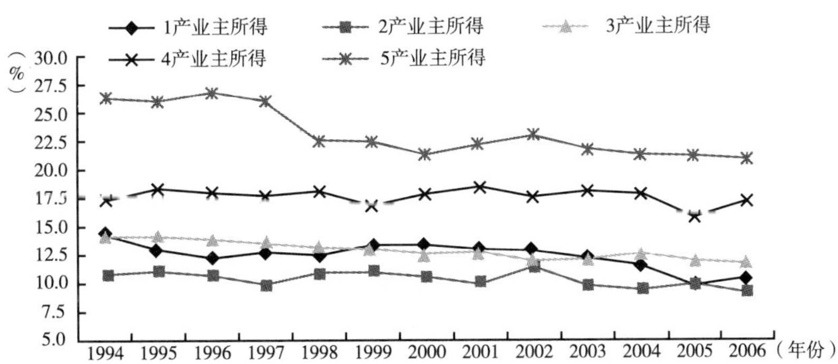

图 5　所得五等分的产业主所得分别占所得来源的比例

资料来源：主计处家庭收支调查。

在财产所得的部分（见图 3），相较之下，可以明显看出最高所得 20% 的财产所得比例相当高，约占所得来源的 6% ~9%。不过，就组内的比较的话，财产所得的部分依然较低（见图3）。其他的部分，在财产所得的比较就相对低很多，大概都只占了不到整体所得来源的5%上下。

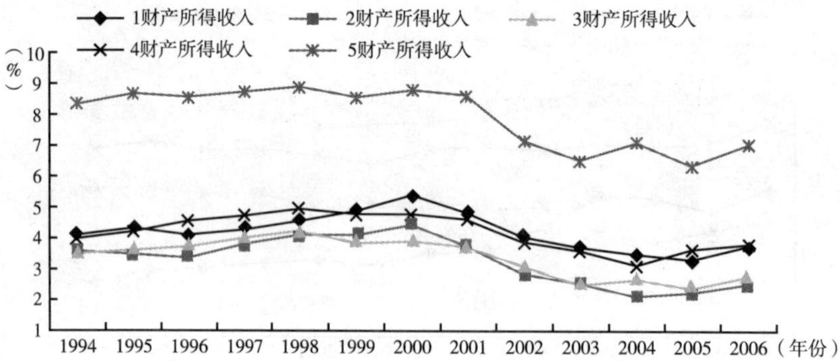

图6　所得五等分的财产所得分别占所得来源的比例

资料来源：主计处家庭收支调查。

图7，我们利用所得最高的20%与所得最低的20%在不同所得来源的比，也就是不同所得的大岛指数。可以看到经常移转收入的大岛指数最低；最高的为财产所得与产业主所得；次中的为受雇人员报酬与自用住宅设算租金收入。我们可以发现有很大一部分所得差距扩大的因素，来自于财产所得与产业主所得的差距。此外，受雇人员报酬薪资的大岛指数也逐渐上升，显示在受雇人员报酬的薪资差距逐渐扩大。换句话说，财产所得、产业主所得以及逐渐扩大的受雇人员报酬薪资是目前所得差距逐渐扩大的主要来源之一。虽然本文的目的并不在于找出

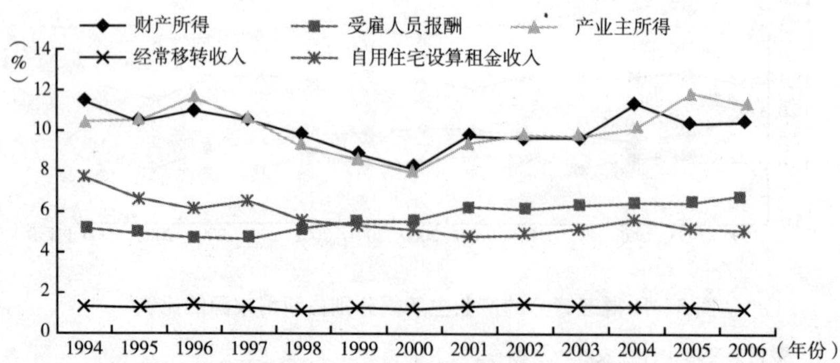

图7　第五等分与第一等分不同所得来源的大岛指数（RATIO）

资料来源：主计处家庭收支调查。

所得差距扩大的背后因素，但是我们在第二部分时，就已经通过文献回顾的方式指出经济全球化与去工业化的结构性转型可能是背后主要的因素之一。然而，这需要更进一步的讨论与检证。

四　政府社会保障体系的再分配效果

在所得差距逐渐恶化的情况下，政府的社会保障体系是否能够扮演所得再分配的角色呢？这个问题是本部分所要尝试了解的。首先，可以以图 8 作为一个起点。在图 8 中主要是经常移转收入占所得来源的比例。可以发现所得越低的人在这一部分的比例就越高，所得最低的 20%，其经常移转收入在 1994 年时占了将近整体所得来源的 20%，且有逐年增加的趋势。在 2006 年时经常移转收入占了最低所得 20% 的整体所得来源的 32. 66%。换句话说，就是他们有 1/3 左右的所得来源来自于这一部分。这种上升的趋势可能是由经济不景气带来的社会问题或是由于政府社会福利的扩张所造成的，也有可能是由私人移转过来的，这必须更进一步分解细致的统计资料才能知道上升的主要原因。从图 8 可以发现所得越高的族群在经常移转性收入的比例也就越低。

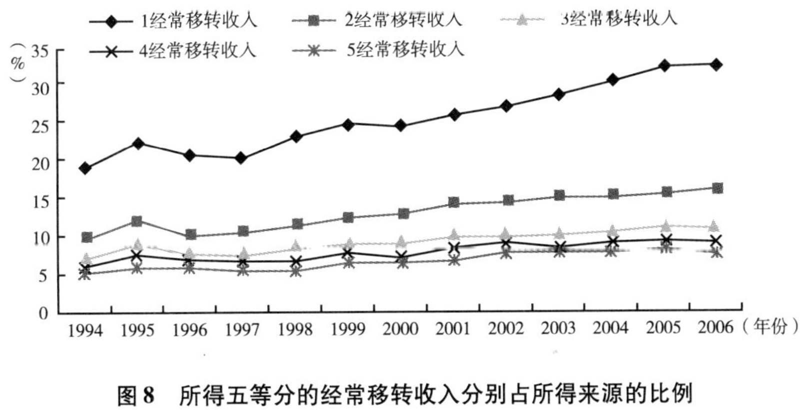

图 8　所得五等分的经常移转收入分别占所得来源的比例

资料来源：主计处家庭收支调查。

事实上，在以往的研究中，就有指出移转所得具有显著平均化所得的功能。林金源和朱云鹏（2003）的研究中就指出所有移转支出的项目（包括了房屋地价税、综合所得税、其他直接税、其他对政府移转支出、民间移转支出和保险支出等项）皆是所得差距平均化的主要因素之一。此后，他们的研究进一步发现，在1992年之后，政府的社会福利支出大幅增加，像中低收入户生活补助、中低收入户老年生活津贴、老农津贴等，都有效地抑制了所得差距的扩张。且更为重要的是政府移转收入的角色逐渐地从“利富”转变为“利贫”。此点主要是因为社会政策模式的转变，早期台湾的社会保障体系主要是与所得相关的社会保险体系，其目的在于所得维持，因此就设计上，并不利于弱势族群，亦不利于所得再分配。然而，1992年之后，许多社会保障体系的设计，是建立在资产调查，或者是排富性的普及式津贴上，这就从根本上将优势族群排除于社会保障体系之外，因此政府的移转收入是有利于相对贫穷的人群的。这一点清楚地显示在表2中。

表3呈现了政府对家庭移转收支对所得分配之影响，主要包括政府移转收入以及政府移转支出两项。首先，从表3来看，政府移转所得明显降低了所得差距，从20世纪80年代中期之后，其降低所得移转的效果逐渐地加强。特别是在90年代中后期之后，政府移转能够有效地降低所得差距。特别是政府移转收入①的部分，在2000年之后，政府移转收入可以减少所得五等分位比例。在2010年时，尚未有政府移转前，其指数为7.719，加计政府移转收入之后，其指数为6.301，其间的差距为1.417。换句话说，社会保障体系的确起到了所得分配平均化的效果，而且相当明显。此外，政府移转支出②亦在所得再分配中扮演着一

① 根据主计处的定义，经常移转收入包括：（1）从私人：私人赠款收入、礼金收入、救济金收入、慰问金收入、聘金收入、向私人借住房屋之租金设算收入、民间社团赠与之奖（助）学金收入等，且该项收入多用于当期消费，而非用于固定资产或金融资产之投资者。（2）从政府：包括低收入户生活补助、敬老福利生活津贴、老年基本保证年金、工作所得补助、老农年金、彩券中奖奖金及其他（灾害、急难救助、残障生活补助、失业及马上关怀急难救助等）。（3）社会保险受益：包括公、劳、农、渔、军、健保保险受益，就业保险给付及参加公民年金保险缴费后获得之给付。（4）从企业：包括人身意外灾害保险受益及其他（如其他保险现金受益、中奖、救济金、人寿保险公司之生日礼金、奖学金等）。（5）从海外：来自国外之赠款、礼金等收入，且该收入多用于当期消费而非用于购买固定资产或金融资产之投资者。

② 根据主计处的定义，在家庭收支调查中，经常移转支出系指：（1）对私人：婚丧寿庆礼金（包括礼金、贺仪、奠仪、聘金等）、公益慈善捐款［包括对教堂、寺庙、学校、财团法人（含对私人）等之捐款］、其他（包括党费、互助金、救济金等）。（2）对政府：房屋税、地价税（仅包括自用住宅及其他营建物、土地之房屋税、地价税）、综合所得税（包括受雇人员报酬、产业主所得、财产所得、移转及其他收入所缴纳之所得税）、其他直接税（包括契税、遗产税、土地增值税、私人汽车牌照税、证交税、赠与税）、彩券（购买彩券支出）、其他（包括罚款、规费、工程受益费、燃料使用费、行车执照费等）。（3）社会保险：包括公、劳、农、渔、军、健保及公民年金等社会保险保费支出，等等。

定程度的角色。表 3 亦呈现了政府移转支出的部分对所得再分配的效果，相较于政府移转收入的部分，其影响是相对有限的。在 1980 年时，只减少了 0. 091，在 1997 年和 1998 年之后，其影响相对增加，但是依然非常有限。而且在 2010 年时，其影响程度甚至回到 1996 年的水平。相较于政府移转收入，政府移转支出在减少所得差距的贡献上是较少的。

表 3 政府对家庭移转收支对所得分配之影响（1980 ~ 2010）

年份 Year	五等分位所得差距倍数 Ratio of income share of highest 20% to that of lowest 20%			移转收支效果 Ratio difference		
	政府移转收支前 Without current transfers	加来自政府移转收入 Including current transfers from government	实际(目前) With current transfers	从政府移转收入 With current transfers from government	对政府移转支出 With current transfers to government	合计 With current transfers
	A	B	C	A - B	B - C	A - C
1980	4. 305	4. 265	4. 173	0. 040	0. 091	0. 131
1985	4. 635	4. 593	4. 498	0. 042	0. 095	0. 137
1990	5. 525	5. 299	5. 183	0. 226	0. 116	0. 342
1995	5. 934	5. 434	5. 340	0. 500	0. 094	0. 594
1996	6. 174	5. 491	5. 385	0. 683	0. 107	0. 790
1997	6. 249	5. 532	5. 407	0. 718	0. 124	0. 842
1998	6. 494	5. 655	5. 514	0. 839	0. 141	0. 980
1999	6. 468	5. 651	5. 502	0. 818	0. 148	0. 966
2000	6. 568	5. 688	5. 548	0. 880	0. 140	1. 020
2001	7. 667	6. 536	6. 391	1. 132	0. 145	1. 277
2002	7. 469	6. 293	6. 161	1. 176	0. 132	1. 308
2003	7. 319	6. 198	6. 075	1. 120	0. 123	1. 243
2004	7. 413	6. 173	6. 027	1. 240	0. 150	1. 390
2005	7. 447	6. 183	6. 036	1. 260	0. 150	1. 410
2006	7. 454	6. 160	6. 006	1. 294	0. 154	1. 448
2007	7. 523	6. 119	5. 981	1. 404	0. 138	1. 542
2008	7. 732	6. 203	6. 046	1. 529	0. 158	1. 687
2009	8. 219	6. 473	6. 343	1. 746	0. 130	1. 876
2010	7. 719	6. 301	6. 194	1. 417	0. 107	1. 524

资料来源：主计处家庭收支调查。

从上述的分析中，我们可以看出社会保障体系在所得再分配中所扮演的角色，越来越重要。特别是在20世纪90年代之后，各类社会保障体系逐渐开办以及完备的情况下。社会保障体系在所得再分配中扮演着一定的角色，使得所得差距恶化的情况能被有效地抑制。但是，在此，我们不应该忽略或低估政府移转支出对所得再分配的效果。实际上，政府移转支出依然对所得再分配有着正向的影响。

五　结论

虽然对于政府角色的大小，在不同的意识形态类型中，有着截然不同的意见以及分歧，但是共同的目标都是在维持可持续发展的公共秩序。其中的关键在于能够有效地建立市场交换规则并且能够缩小贫富差距，以维持公共秩序（Page and Simmons，2000：33－46）。当贫富差距扩大时，国家将会面对一个失序的、生产力低落、经济成长停滞的社会，就如同某些拉丁美洲国家一般（Iglesias，1998），随之而来的是国家治理的信心危机（crisis of confidence）（Page and Simmons，2000：2）。即使是强调效率优先的经济学者也同意，过大的贫富差距反而不利于经济成长，原因是低所得者在教育与健康方面的投资太少，资源配置遭到扭曲，长期下去将不利于生产力的提高。

不过，在众多有关社会不平等的相关文献中，主要为解决所得差距而进行研究。各研究所形成的普遍看法是台湾目前正面临贫富差距扩大的现象，且影响所及的不只是表面统计数据上所呈现的所得不均，单一客观的所得统计数据无法呈现心理层面的不安全感和个人生活机会的殊异化。特别是当金融海啸来袭之际，中产阶级以及中下阶层的人群，所面临的是经济景气衰退所带来的不安全感与不稳定感。不安全感（insecurity），此种主观意识或是主观社会福祉（subjective well-being），于国外已经引起学术界广泛的研究，传统过度重视客观指标，忽略了个人主观感受和客观指标之间的落差。同时像是Hacker（2005）或是Beck（1992）不论论及美国社会或是德国社会的情形，都会论及社会风险的主观意识。美国与德国社会在近二三十年来所得差距逐渐扩大，基尼系数或是大岛指数都显示了所得分配恶化的情形，不过他们同时也都指出在所得不均扩大的同时，个人的不安全也随之增加。传统充分就业的时代已然逝去，失业风险逐渐跨越阶级的界限，传统被视作稳定的中产阶级都面临着失业风险和其他社会风险冲击的不安全感。然而，对风险主观意识的研究，在台湾依然相当缺乏。未来除了客观的所得分配之外，主观意识的相关研究亦需被纳入。

实证上，不安全感、不稳定感和风险社会所体验到的新社会风险并不会平均地分布于社会各个阶层之中（Hacker，2005；Cooper，2008），社会中越为弱势的人群越容易遭到社会风险的冲击。贫富差距扩大的不公平主观意识和金融海啸袭击所导致的不安全感、不确定感逐渐地扩散到社会各个角落，这已经不单单是所得不均问题而已，背后更隐含着民众对政府的信心危机。因此，如何透过制度和政策的制度化与落实，解决社会大众所关心的贫富差距扩大的问题，绝对是政府的首要任务之一。

G.11

日本社会保障对收入分配差距的调节作用

吕学静　温 婷*

摘　要： 二战以后，日本社会保障制度对调节收入分配差距起了关键的作用，日本政府通过对各项社会保障制度的调整与改革，改善了初次收入分配不平等的现状，具体体现在养老保险、医疗保险、雇佣保险、护理保险、社会救济和儿童福利等社会保障制度对收入分配的调节。日本社会保障制度调节收入分配的特点体现在：以国家立法为基础健全社会保障法律制度，把社会保障制度作为调节收入分配的最重要的手段，社会保障制度层次分明实现全民覆盖，根据不同收入水平设计支付和负担比率注重公平。日本社会保障制度调节收入分配对我国的启示：逐步建立健全覆盖城乡全体国民的社会保障体系，加大对社会保障支出的投入，加强对社会保障资金的筹集，构建多层次社会保障体系，合理设计支付和负担比率，推进公共服务均等化。

关键词： 日本　社会保障　收入分配　经验　启示

社会保障调节收入分配，缩小差距的作用主要从两个方面来体现：一方面表现在社会保障的资金筹集过程中，另一方面表现在社会保障待遇的给付上。

一　日本工业化过程中收入分配差距的变化

日本收入分配的变化发展主要是由战前的不平等状态向战后的均等化方向发

* 吕学静，首都经济贸易大学社会保障研究中心；温婷，首都经济贸易大学硕士研究生。

展，尤其在战后的20世纪60年代和70年代，由于受到经济高速发展和石油危机的影响，日本收入分配差距扩大，但日本政府通过对制度的完善和改革，不但没有使日本收入分配的差距拉大，反而使其趋向均等化方向发展。

1. 战前、战后日本收入差距的变化状况

战前的日本是一个不平等的社会，当时有地主、雇农，还有以财阀为中心的大资本家的存在，随着工业化的发展，收入差距不断拉大。进入战争期间甚至还出现了独裁主义与帝国主义，使得日本经济过度集中，收入分配不均。战后初期，由于实施了农地改革、解散财阀、普及工会组织以及完善社会保障等措施，日本收入分配逐步向均等化发展。在这一过程中，日本经济学家对衡量战前收入分配不平等程度的基尼系数进行了推算，其中以大规聪幸、高松信清、沟口敏行、寺崎康博、南亮进、谷泽弘毅等人的研究最具代表性。表1是战前、战后日本基尼系数变动表，从表中可以看到战前、战后日本收入分配不平等程度的变化情况。

表1 战前、战后日本基尼系数的变动情况

年份＼代表人	大规聪幸、高松信清	南亮进、谷泽弘毅	Wada	沟口敏行、寺崎康博
1890	0.311			
1900	0.417			
1910	0.420			
1920	0.463	0.504		
1930	0.451	0.518		
1940	0.641	0.550		
1956			0.313	
1962			0.382	0.376
1968			0.380	0.349
1974				0.344
1980				0.337
1985				0.359
1990				0.372

资料来源：南亮进、小野旭：《战前日本的收入分配》，《经济研究》1987年第38期；沟口敏行：《日本收入分配的长期变动》，《经济研究》1986年第37期；Wada，R.（1975）：Impacts of Economic Growth on the Size Distribution of Income：The Postwar Experience of Japan。

对于战前的日本基尼系数，小野、渡部曾经利用税务统计进行了推算，大规聪幸、高松信清的推算则是将其进行修正后的结果。战前，日本的税务统计调查对象只限于纳税者，而纳税者只有高收入者，因此其样本也只有高收入者。战前，对于只以高收入者为样本的基尼系数基本上都超过0.4，我们可想而知当时的日本社会收入分配处于相当高的不平等状态。战后日本的基尼系数开始逐渐下降，到六七十年代，已降到0.3左右，并一直趋于均等化发展。

2. 20世纪60年代以后日本收入分配的状况

20世纪60年代是日本经济发展最旺盛的时期，开始显露出消费物价急速上升、经济收入差距扩大、社会资本严重不足等弊端。有关数据表明，国民生活水准上升的幅度与经济高速发展不成正比。为纠正重视经济增长忽视国民生活的偏差，日本政府开始调整财政政策，大力发展社会保障。1962~1965年，日本政府对社会保障投入的预算总额扩大了1.8倍。社会保障预算占财政预算总额的比例由1955年的7.6%提高到1965年的12.3%。这一时期，日本社会保障对收入分配起到了关键的作用。从这一时期开始，日本的社会保障政策从扶贫开始向防止贫困转变，逐步实现了国民皆保险、国民皆年金，直至1973年实现了更高水平的国民福利。1973年爆发了第一次世界性石油危机，日本经济受到了重大影响，财政出现赤字，日本政府通过调节税收和社保的财政紧缩政策，缓解了经济危机，使得国民收入分配的差距继续保持均衡状态。

二　日本社会保障制度的发展及其对收入差距的调节作用

（一）日本社会保障制度的发展

日本的社会保障制度始于20世纪20年代，但形成体系是二战之后。它是以1950年10月国会的社会保障制度审议会的通知为起点，通过逐步深化，在1961年终于实现“全民皆年金、皆保险”的制度。日本社会保障制度的历史大致经历了四个时期：一是二战后至1960年的“基础制度的完善期”；二是1961~1974年的“制度扩充期”；三是1975~1989年的“制度的调整和重组期”；四是1990年至今的“制度转型期”。经过了60多年的改革与发展，日本的社会保障制度已经形成了一个复杂而完备的体系（见表2）。社会保障制度在日本经济发展中占有越来越重要的作用，日本社会保障的支出占GDP的比重也逐年上升（见表3）。

表 2　日本社会保障制度体系

<table>
<tr><td rowspan="7">广义社会保障</td><td rowspan="5">狭义社会保障</td><td>社会救助</td><td>对生活保障线以下贫困者提供经济救助</td></tr>
<tr><td>社会保险</td><td>①养老保险：国民年金
厚生年金
各种共济组合年金
②医疗保险：国民健康保险
老人健康保险
退休老人医疗保险
③失业保险：一般失业保险
船员失业保险
④劳动者灾害补偿保险：一般灾害补偿保险
船员灾害补偿保险
国家地方公务员灾害补偿保险
⑤护理保险：第 1 号保险者 65 岁以上
第 2 号保险者 40 ~ 65 岁</td></tr>
<tr><td>社会福利</td><td>老人福利
残障人福利
精神病患者福利
儿童福利
女性福利</td></tr>
<tr><td>公共卫生医疗保障</td><td>①对结核病、传染病、精神病患者等提供的卫生医疗服务
②中年人保健、老人医疗保健服务</td></tr>
<tr><td>伤残军人、战争受害者福利</td><td>对伤残军人以及战争遗属的经济援助
对战争以及原子弹爆炸受害者提供的经济、医疗援助</td></tr>
<tr><td></td><td>住宅福利</td><td>公营住宅
老人住宅改建</td></tr>
<tr><td></td><td>再就业援助</td><td>职业介绍、再就业咨询、技能训练等</td></tr>
</table>

资料来源：佐藤进：《社会保障与社会福利的法律与政策》，诚信书房，1998，第 90 ~ 92 页。

表 3　社会保障支出占 GDP 的比重

单位：%

年度	合计占 GDP 比重	年度	合计占 GDP 比重
1965	5.98	1998	19.55
1970	5.77	1999	20.59
1975	9.49	2000	21.01
1980	12.15	2001	22.53
1985	13.69	2002	23.49
1990	13.61	2003	23.53
1991	13.59	2004	23.60
1992	14.71	2005	23.99
1993	15.55	2006	23.75
1994	16.34	2007	24.14
1995	17.54	2008	26.74
1996	17.77	2009	29.44
1997	18.16		

资料来源：国立社会保障·人口问题研究所，http：//www.ipss.go.jp/ss－cost/j/kyuhuhi－h21/4/h2.html。

（二）日本社会保障制度调节收入分配的效果

从二战以后到高速经济发展的20世纪60年代，再到如今的老龄化社会，日本政府通过采取财政手段不断改善日本收入分配的差距，提高日本收入再分配的效果，使得日本收入差距一直以来都趋于向均等化方向发展。日本社会保障制度对调节收入分配差距起了关键的作用，日本政府通过对各项社会保障制度的调整与改革，改善了初次收入分配不平等的现状，现在我们就从整体上来看日本社会保障制度是如何调节收入分配差距的。

日本的初次收入分配与再收入分配经过高速经济成长的60年代后逐渐趋于平等，石油危机后略呈不平等势头后又趋缓，进入80年代后两者均出现不平等化加剧。但是我们可以看到无论任何时期，再分配后的收入差距均小于初次分配收入差距，说明政府的再分配手段起到了调节收入差距的作用（见表4、图1）。

表4　1962～2008年日本收入差距的变化情况（基尼系数）

年份＼基尼系数	初次收入	再分配收入	年份＼基尼系数	初次收入	再分配收入
1962	0.39	0.344	1990	0.433	0.364
1967	0.375	0.328	1993	0.439	0.365
1972	0.354	0.314	1996	0.441	0.361
1975	0.375	0.346	1999	0.472	0.381
1978	0.365	0.338	2002	0.498	0.381
1981	0.349	0.314	2005	0.526	0.387
1984	0.398	0.343	2008	0.532	0.376
1987	0.405	0.338			

资料来源：国立社会保障·人口问题研究所，http://www.ipss.go.jp/ss-cost/j/kyuhuhi-h21/4/h2.html。

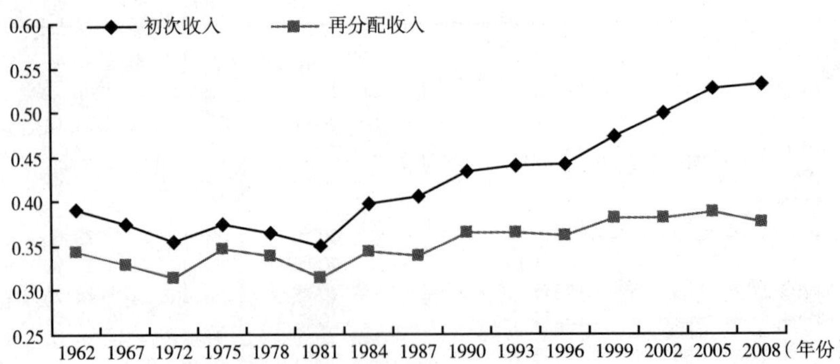

图1　1962～2008年日本收入差距的变化情况（基尼系数）

资料来源：根据表4的数据所制。

日本收入再分配的主要调节手段是社会保障和个人所得税（见图2），日本再分配对收入差距的改善程度，从图中可以看到社会保障对其改善作用效果非常明显，远远大于个人所得税的改善效果，尤其在近些年，由于日本政府又进行了一些根本性的税制改革，使得个人所得税的再分配效果不断降低，日本收入再分配几乎完全来源于社会保障。

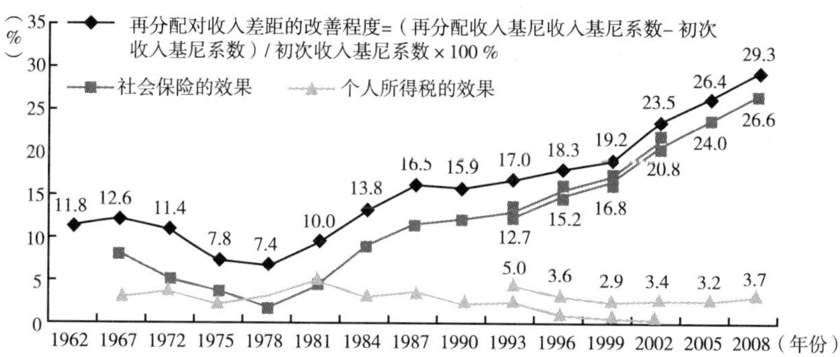

图2　收入再分配对收入差距的改善程度

资料来源：国立社会保障·人口问题研究所，http：//www. ipss. go. jp/ss－cost/j/kyuhuhi－h21/4/h2. html。

三　日本分项社会保障制度对收入分配的调节

从20世纪60年代日本建立“全民皆年金、皆保险”的社会保障制度后，日本政府通过对各项社会保障制度的调整与改革调节初次分配的收入差距，现在我们就从分项上看日本社会保障制度对收入分配的调节作用。

（一）日本养老保险对收入分配的调节

日本养老保险从上至下包括三个层次（见图3）：第一层次为国民年金，即基础养老保险，它强制全民必须加入；第二层次与收入相关联，即厚生年金，大中型私营企业的员工和公务员都必须加入。第一、第二层次的养老保险都由政府来运营并且带有强制色彩，因而被称为公共养老保险。第三层次的养老保险（厚生年金基金、新企业年金等企业年金）的可选择性比较强，企业或者个人可以自由选择加入，这一层次通常被称为非公共养老保险。我们就主要的年金制度分析其如何调节收入分配。

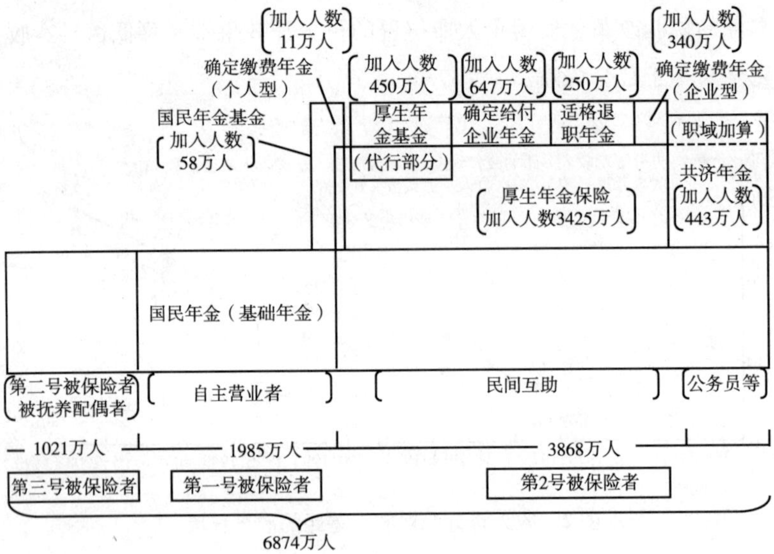

图 3　日本国民年金概况（2010 年 3 月末）

资料来源：厚生劳动年金局，http：//www. mhlw. go. jp/topics/nenkin/zaisei/01/01 －01. html。

1. 国民年金制度对收入分配的调节

国民年金本来是向那些被排除在工薪族养老保险制度以外的农民、自营业者（个体工商户）等人提供的公共年金。1959 年制定了《国民年金法》，并于 1961 年实施。1985 年《国民年金法》得到修改，规定从 1986 年 4 月开始，工薪族及其配偶也必须加入国民年金，从而使其成为全民共同的基础养老保险。截至 2010 年 3 月末，国民年金的参保人数为 6874 万人，同时有 2765 万人正领取着该项养老金。①

（1）国民年金制度的资金筹集

具有参保资格的人分为三类（见表 5）：20 ~ 60 岁的农民，个体工商户等

① 数据来源：厚生劳动年金局，http：//www. mhlw. go. jp/topics/nenkin/zaisei/01/01 －01. html。

（第一号被保险者）；厚生年金或共济年金制度的加入者（第二号被保险者）和第二号被保险者的配偶（第三号被保险者）。国民年金资金来源的2/3都来自第一号和第二号被保险者缴纳的保险费，另外1/3来源于国库补贴。第一号被保险者每月必须缴纳的保险费为14660日元（与个人收入无关）。如果在基础年金保险金以外每月另行缴纳附加保险金（月额400日元），在获得领取老龄基础年金资格后，可在基础年金以外领取附加年金。① 关于第二号被保险者，有关部门将每月从他们的工资中定期扣除的年金保险费的一部分用于支付国民年金保险费。虽然《国民年金法》规定所有的被保险者必须缴纳保险费，但是制定创始之初时已达到一定年龄的人可以不用缴纳保险费而享受由国库支出的老年福祉年金。另外，20岁以前伤病致残的人也可以得到保险费免除。

表5 日本国民年金制度的概况

国民年金	加入对象：	第一号被保险者：日本在住20岁以上60岁未满，第二号、第三号被保险者以外的所有的人 第二号被保险者：雇员加入年金保险者以及年金组合的加入者 第三号被保险者：20岁以上60岁未满，第二号被保险者的配偶
	经营主体	政府
	对象人数	6874万人（2010年3月末）
	财源　保险费	第一号被保险者：月额14660日元（基本保险费） 月额400日元（附加保险费） 第二号被保险者：从雇员的年金中扣除基础年金这一部分 第三号被保险者：从雇员的年金中扣除基础年金这一部分
	国库负担	基础年金总支出的1/2；事务费的全部等

资料来源：厚生劳动年金局，http://www.ipss.go.jp/ssj-db/ssj-db-top.asp。

（2）国民年金制度的给付

凡加入国民年金制度在25年以上，年龄在65岁以上的人均可领取到基础养老保险金，即国民年金。

其发放标准如下：国民年金金额（年度）=标准年金额（79.7万日元）×［（缴费月数+半免保险费的月数×2/3+全面保险费的月数×1/3）/（参保年

① 数据来源：《日本社会保障统计年报》（2009年），第160页。

数×12)]。因此，加入国民年金制度40年的人退休后可以每月拿到67000日元（最高金额）的养老金。

其中第一号被保险者若还缴纳了附加保险费的，可另外再领取每月（200日元×附加保险费交纳的月数）附加年金。①

残疾基础年金的给付金额，1级为99.01万日元+加算额，2级为79.21万日元+加算额（残疾者若有未满18岁的子女时，可获得子女加算）。

遗属基础年金的定额为每年79.21万日元，在这个基础上再加上所谓的子女加算额，两个子女之内，加算额为每人每年22.79万日元；三个子女之内，加算额为每人每年7.59万日元。

寡妇年金的给付：国民年金的第一号被保险者死亡后，如果本人及妻子的参加年数合起来超过25年并其婚姻关系在10年以上时，其妻子可在60~65岁的5年间领取寡妇年金，金额为本人基础年金的1/4。

死亡一次性补助金：参加国民年金保险3年以上，在取得年金资格之前死亡的人，其家属可领取一次性的给付，金额随本人缴纳保险金数量不同而异，一般在12万~32万日元之间。但是在获得遗属年金或寡妇年金的情况下，一次性补助金不另外发放。②

2. 厚生年金制度对收入分配的调节

厚生年金保险制度始于1942年创立的劳动者年金保险，1944年改名为厚生年金保险。现在它和国民年金一起被并称为日本公共年金制度的两大支柱。厚生年金作为第二层次的公共养老保险，与第一层次的国民年金的不同在于它是与个人的收入成正比的。截至2010年3月末，厚生年金的被保险者人数为3425万，同时共有1385万人领取厚生养老金。③

（1）厚生年金制度的资金筹集

原则上，正式员工在5人以上的事业单位都必须加入厚生年金保险。厚生年金的费用来源主要是保险费和保险基金的运营收益。2003年4月后以总收入为缴费基数，费率为标准月工资的13.58%，劳资双方各负担一半。值得注意的是

① 数据来源：《日本社会保障统计年报》（2009年），第160页。
② 资料来源：《日本社会保障统计年报》（2009年），第160页。
③ 数据来源：厚生劳动年金局网，http://www.mhlw.go.jp/topics/nenkin/zaisei/01/01-01.html。

这里的标准月工资不是指本人实际的月收入，而是指缴费月工资。缴费月工资是指厚生劳动省制定的从 9.8 万日元到 62 万日元的 30 个等级的标准月工资。① 征收保险费和计算养老金时，是根据参保人从雇主那里得到的全年的工资及奖金的合计计算出的月平均收入适用于 30 个等级中的某个等级的工资来计算的。比如，如果某参保人的月薪为 20 万日元，全年奖金为 84 万日元，则该参保人的缴费工资为 27 万日元属于的那个等级的标准月工资，而不是 27 万日元。

表 6　日本厚生年金制度的概况

厚生年金	加入对象：	民间的雇员
	经营主体	政府
	对象人数	3425 万人(2010 年 3 月末)
	财源　保险费	一般:本人月工资的 15.704%(其中本人及雇主各负担一半) 船员:本人月工资的 16.448%(其中本人及雇主各负担一半)
	国库负担	基础年金支出部分的 1/2;事务费的全部

资料来源：厚生劳动年金局，http：//www.ipss.go.jp/ssj－db/ssj　db　top.asp。

（2）厚生年金制度的给付

厚生年金制度的参保人同时自动地成为国民年金制度的参保人，其养老金由基础年金（国民年金）和老龄厚生年金两大部分组成。老龄厚生年金的领取资格中没有最低参保年数的限制，只要具备领取国民年金的资格（加入国民年金 25 年，年龄在 65 岁以上），即使参保只有一个月也可以领取老龄厚生年金。老龄厚生年金由与收入挂钩的年金和加额年金组成。

其发放标准如下：与收入挂钩的年金金额（年度）＝｛［平均标准月工资×（9.5/1000～7.125/1000）×参保期间的月数（2003 年 3 月以前）］＋［平均标准月工资×（7.308/1000～5.481/1000）×参保期间的月数（2003 年 4 月以后）］｝×养老金调整率。

加额年金是对那些加入厚生年金 20 年以上的人，对被其抚养的配偶或孩子所支付的年金。其配偶从 60 岁到 65 岁期间可以领取加额年金。65 岁以后可以领取到基础养老保险金（国民年金）。2002 年的平均厚生年金金额为每月 174839

① 资料来源：《日本社会保障统计年报》（2009 年），第 161 页。

日元（参保20年以上的领取者的基础年金加上老龄厚生年金的平均额）。

其他特殊情况下的厚生年金发放包括参保者在参保期间伤残时的“伤残厚生年金”以及参保者死亡时的“遗族年金”等。

伤残共分为三个等级，伤残程度越高，可领取的养老金越多。

遗属年金为标准额的3/4。配偶者也加入了厚生年金的情况下，有三种选择：全额自己的年金；亡夫标准年金的3/4；亡夫标准年金的2/3加上自己应有的年金半额。①

3. 共济年金制度对收入分配的调节

（1）共济年金制度的资金筹集

国家公务员共济组合、地方公务员共济组合、私立学校教职员共济的资金来源于单位、职员和国家。单位与职员各负担一半，国家公务员共济组合中单位与职员各负担7.577%，地方公务员共济组合中单位与职员各负担7.577%，私立学校教职员共济中单位与职员各负担6.115%。国库负担全部事务费和基础年金支出部分的1/2（见表7）。

表7　共济年金制度的概况

	国家公务员共济组合	地方公务员共济组合	私立学校教职员共济
加入对象	国家公务员、日本烟草、日本电信等管理人员	地方公务员	私立学校教职员
经营主体	各政府机关的共济组合	各地方公务员的共济组合（65个）	私立学校教职员共济组合
对象人数(2010年3月)	104万人	291万人	48万人
财源　保险费	15.154%（公私各负担一半）	15.154%（公私各负担一半）	12.230%（公私各负担一半）
国库负担	基础年金支出部分的1/2；事务费的全部	基础年金支出部分的1/2；事务费的全部（地方公共团体负担）	基础年金支出部分的1/2；事务费的一部分

资料来源：厚生劳动年金局，http：//www.ipss.go.jp/ssj－db/ssj－db－top.asp。

（2）共济年金制度的给付

国家公务员共济组合的给付包括老龄支付、残疾支付和遗属支付。

① 资料来源：《日本社会保障统计年报》（2009年），第161页。

老龄支付指退休共济养老金，它分为一般支付和特别支付。一般支付的条件是，在满 65 岁退休或退休后满 65 岁时，可获得支付，给付额根据标准报酬额减额支付。特别支付的条件是，在满 60 岁时退休，或在退休后满 60 岁时，可获得特别支付，特别支付的计算方法是：退休共济养老金额 + 加薪部分养老金额。

残疾支付包括残疾共济养老金和残疾一次性支付金。残疾共济养老金额是根据残疾程度计算的：

1 级退休共济养老金额 ×1.25 + 加薪部分养老金额

2 级退休共济养老金额 + 加薪部分养老金额

3 级退休共济养老金额（最低保障为 59.42 万日元）

残疾一次性支付金的支付条件参照残疾共济养老金（还没有达到残疾共济养老金的残疾程度），其计算方法为：

退休共济养老金额 ×2（最低保障为 118.84 万元）

遗属支付指遗属共济养老金，能够获得养老金顺序为：第一，配偶和子女；第二，父母；第三，孙子和孙女；第四，祖父母。计算金额为：退休共济养老金 ×3/4。

表 8 为日本工薪年金制度在 2010 年 3 月末的基本情况，从表中的抚养比例项我们可以看到工薪年金制度在不同的社会人群中实现互助、共济的作用。通过年金制度的调节，实现了代际之间、不同行业之间养老金的资金流动，从而调节社会不同年龄，不同行业之间的收入差距。

表 8　工薪族年金制度的基本情况（2010 年 3 月末）

	加入人数(1)（万人）	领取人数(2)（万人）	抚养比例 (1)/(2)	养老金平均月额(万日元)	2011 年 4 月保险费率(%)
厚生年金保险	3425	1385	2.47	16.5	16.058
国家公务员统筹年金	104	68	1.53	21.7	15.508
地方公务员统筹年金	291	182	1.60	22.5	15.508
私立学校教职员工年金	48	11	4.36	21.2	12.938
合　计	3868	1646	2.35	17.4	

资料来源：厚生劳动年金局，http://www.ipss.go.jp/ssj-db/ssj-db-top.asp。

4. 国民年金基金与企业年金对收入分配的调节

国民年金基金制度于 1991 年 4 月施行。截止到 2000 年年底，全国 47 个都道府县都建立了地域型国民年金基金，另外还有72个全国范围的职能型国民年金基金制度。2008年末国民年金基金的加入人数为61.5万，该制度主要以个体工商户为对象，向不满足于第一层次保险的人提供更高层次的养老保险，养老金的支付分无期与有期两种，另外金额也可以自主选择。国民年金基金制度享受税制优惠。保险费的免税上限为每月68000日元。此外，领取的养老金也是免税的。①

厚生年金基金是以大企业员工为对象于1966年开始实施的企业年金制度。而适格年金主要是以中小企业员工为对象于1962年导入的企业年金制度。两者主要的不同在于：厚生年金基金代管着一部分厚生年金（公共年金）的积累金，因而在税制上享受比较多的优惠，而适格年金由于没有代管的部分，必须缴纳1%的法人税和0.173%～0.207%的地方居民税。不过适格年金的操作比较简单，运用也比较灵活。厚生年金基金和适格年金都享受税制上的优惠：企业为员工缴纳的保险费可以作为损失金处理，不计入纳税范围。

2001年10月，日本的国会通过了《确定缴费年金法案》，2002年4月该法生效。确定缴费型企业年金导入的原因主要有两方面：一是日本终生雇用制度的逐渐瓦解和职业流动的增加，二是日本会计制度的国际化所带来的“时价会计基准”的推广使企业背负的中长期年金负债问题表面化。DC型企业年金允许建立个人账户，从而方便劳动者的职业流动。DC型企业年金把资金运营的责任从企业转向了个人，从而明确了企业的年金负担额，方便新会计制度的导入。

作为过渡期，政府允许厚生年金基金在两年半以内，适格年金在10年以内实现向DC型企业年金转移，允许设置企业型或个人型DC年金。

企业型DC年金主要面向工薪族。企业每月最多可为在职员工的账户上积累3.6万日元（企业没有提供DB型年金的情况下）或1.8万日元（企业另外设有DB型年金的情况下）。个人型年金主要是面向个体工商户等第一号被保险者。个人直接向国民基金联合会提出申请，每月的积累额与国民年金基金合计不得超过6.8万日元。工薪族不经由企业而加入个人型DC年金的情况下，每月最多可以累积1.5万日元。

---

① 数据来源：《日本社会保障简介》（2007年），第12～14页。

（二）日本医疗保险对收入分配的调节

日本的医疗保险制度于1922年4月根据《健康保险法》创立，1927年全面实行，到1961年已实行了全民皆有医疗保险。日本医疗保险制度主要分为两大类：一类为“职工医疗保险”，它主要包括七种：中小企业雇员健康保险、大企业雇员健康保险、企业日工健康保险、船员健康保险、国家公务员健康保险、地方公务员健康保险、私立学校教职员工健康保险。其中，以中小企业为对象的为政府掌管的健康保险，以大企业为对象的为组合（工会）掌管的健康保险。另一类为“地区保险”即国民健康保险（见图4）。

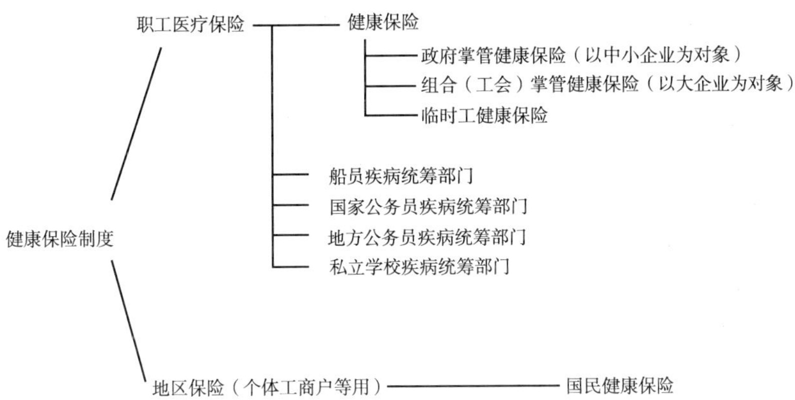

图4　日本医疗保险制度的结构图

资料来源：《日本社会保障简介》（2007年），第15页。

我们现在就几个主要的医疗保险制度分析如何调节收入分配。

1. 日本国民健康保险对收入分配的调节

国民健康保险制度主要面向农民、个体工商户、无业者等，由被保险者所居住的市町村提供保险服务。居住在日本半年以上的外国人也可以加入这项保险。《国民健康保险法》制定于1938年，1955年国库补助开始，1958年该法得到修正，被保险者的医疗负担被限定在五成以内。1961年实现了全民皆保险，1963年实现被保险者医疗费的三成负担制度。从1968年起被保险者的抚养家族也开始享受医疗费三成负担的待遇。1973年，《老人福祉法》得到修正。70岁以上被保险老人看病基本免费。1975年实行高额医疗费补助制度（相当于中国的大病统筹制度）。另外，住院、生育等特殊情况下的特别补助制度也相继创立。

国民健康保险费率根据个人和家庭的收入水平进行调整，但在市町村之间有一些差异。

由于人口的高龄化，过去国民健康保险的被保险者主要是农民和个体工商户，现在高龄退休无业人员和家庭增多了。由于被保险者中70岁以上的高龄者（包括从其他制度中退休下来的高龄者）比较多，国民健康保险的财政面临着严重的危机。1983年政府对老人医疗费负担结构进行了大幅度的改革，把老人医疗费平摊到各项制度上，从而减少了国民健康保险制度的老人医疗费负担。不过，由于老人的医疗费仍在不断上涨，国民健康保险的财政状况仍旧不容乐观（见表9）。

2. 日本健康保险对收入分配的调节

（1）政府掌管健康保险

政府掌管的健康保险制度是参保人数仅次于国民健康保险的第二大制度。它主要面向中小企业、事业单位的员工。法定的一般保险费率为个人平均标准工资（包括奖金）的8.2%（雇主与雇员各负担一半），但厚生省劳动大臣可经过社会保障审议会的审查，在6.6%～9.1%之间进行调整。

（2）组合（工会）掌管健康保险

组合（工会）掌管健康保险主业面向700人以上的大企业员工，施保者为各健康保险组合。被保险者的负担额为全部医疗费的三成（从2003年4月起），其被抚养家属的负担额也为医疗费的三成。截至2008年3月，用人单位与个人各负担3.242%和3.999%的保险费。国库负担事务费全额和保险金支出的部分。

（3）疾病统筹保险

疾病统筹保险制度分为面向船员或海员的船员疾病统筹保险，面向国家公务员的国家公务员统筹保险，面向地方公务员的地方公务员统筹保险以及面向私立学校员工的私立学校教职员统筹保险。

船员疾病统筹保险制度于1939年根据《船员保险法》设立，由国家充当施保者。2008年3月末，其保险费雇主与雇员各负担4.55%，国库负担保险金支出的部分金额。

表 9　日本医疗保险制度的概况

		健康保险			船员保险	国家公务员等共济组合	地方公务员等共济组合	私立学校教职员共济组合	国民健康保险		
		政府掌管健康保险	组合掌管健康保险	企业日工健康保险							
经营主体（2008 年 3 月末）		全国健康保险协会	各健康保险组合（1518 个）	全国健康保险协会	政府	政府部门的共济组合	地方公务员共济组合	私立学校教职员共济组合	市村町	各国民健康保险组合	市村町
加入人数 家族（千人）		19870 16488	15871 14989	11 7	63 95	1085 1324	2822 3286	490 365	46881	3843	8820
财	（本人） （雇主） 保险费	4. 10% 4. 10%	3. 242% 3. 999%	1 级 ~ 11 级日额 120 ~ 1010 日元 190 ~ 1630 日元 310 ~ 2640 日元	4. 55% 4. 55%	3. 05% ~ 5% 3. 05% ~ 5% （2009 年 9 月 1 日）	5. 03% 5. 03% （2009 年 9 月 1 日）	3. 78% 3. 78% （2009 年 4 月 1 日）	按户定额 2007 年为 164100 日元		
源	国库负担	事务费金额负担			保险金支出的补助	事务费的金额	事务费的金额（地方负担）	事务费的一部分	保险支出的 43%	保险金支出的 32% ~ 55%	无
		保险金支出的 13%	保险金支出的补助	保险金支出的 13%							

资料来源：《日本社会保障年报》（2009 年），第 158 ~ 159 页。

国家公务员统筹保险制度于 1948 年根据《国家公务员共济组合法》设立，由各中央政府机构的统筹工会（共济组合）充当施保者。2009 年 9 月 1 日，其保险费雇主与雇员各负担 3.05%，国库负担事务费全额。

地方公务员统筹保险制度于 1962 年根据《地方公务员共济组合法》设立，由各地方公共团体的统筹工会（共济组合）充当施保者。2009 年 9 月 1 日，其保险费雇主与雇员各负担 5.03%，国库负担事务费全额（地方负担）。

私立学校教职员统筹保险制度于 1953 年根据《私立学校教职员共济组合法》设立，由统一的统筹工会充当施保人。2009 年 4 月 1 日，其保险费雇主与雇员各负担 3.78%，国库负担事务费的一部分。

3. 医疗保险的给付（以健康保险为例）

由于日本医疗保险的给付情况非常细致，我们就以健康保险为例看看它是如何进行资金调节的。

（1）住院时伙食疗养费

被保险者在受理健康保险的医疗机关等处住院时，缴纳个人标准负担费之后，即可接受带伙食的住院治疗。标准负担额一般为一餐 260 日元，低所得者一餐 210 日元。

（2）巨额疗养费

如同一户在 12 个月内支付 4 次以上的巨额疗养费时，从第四次起超出 44400 日元（低收入者为 24600 元）的金额，可申请领取。

厚生大臣规定的疾病（血友病、必须进行人工透析的慢性肾不全），自己负担的金额超过 10000 日元时，其超出额可申请领取。

（3）运送费

被保险者因生病或受伤而行走困难时，需要运送到受理健康保险的医疗机关，并且已经支付运送费的场合，被认为当时可领取运送费。可领取金额按最经济的一般路线和方法计算出运送金额。

（4）分娩育儿一次性补贴金

被保险人或抚养人（即其配偶）怀孕四个月以上而生下小孩时（包括死产和流产），可领取这项费用。可领取金额为 35 万日元。①

① 数据来源：《日本社会保障统计年报》（2009 年），第 158 ~ 159 页。

（三）日本雇佣保险制度对收入分配的调节

1947 年，日本政府向国会提交的失业保险法案获得了通过，由此标志着日本失业保险制度的正式建立。1955 年，国会对失业保险法律进行了调整。1973 年第一次石油危机给日本的能源依赖型经济以沉重打击，原来失业保险制度的生活救助功能显得苍白无力。1974 年 12 月，日本国会通过了《雇佣保险法》，替代原有的《失业保险法》，使得制度的结构与功能发生了重大的转变。1984 年，日本失业保险法律又进行了调整：在失业保险金支付天数确定方面，将过去依据年龄大小改成依据年龄及被保险人参加保险时间长短，支付天数改为 90 ~ 300 天；对于已达到退休年龄的人，排除在失业保险适用范围之外。1995 年，建立了“连续就业补助”制度。1998 年，再度对失业保险进行了调整，创设了“教育训练补助”制度，并对因护理家人而中止工作的人，也支付“连续就业补助”，标准相当于本人工资的 25%（见表 11）。

雇佣保险制度主要由失业补助金和雇佣安定、能力开发以及雇佣福利三项事业组成。失业补助金是雇佣保险事业的“主业”，雇佣安定、能力开发以及雇佣福利三项是雇佣保险事业的“辅业”，即日本的雇佣保险制度由善后和预防两部分组成。雇佣保险受保者包括：一般雇佣者、短期雇佣者、高龄雇佣者和日雇佣者（见表 10）。

1. 日本雇佣保险资金的筹集

失业保险的保险费由用人单位和被保险人双方共同负担，以年工资的一定比例为基准。关于失业保险，由雇主和被保险人负担；而失业保险三事业由雇主负担。由表 10 中我们可以看到：

（1）一般行业，总负担比是 1.50%，其中雇主负担 0.9%（0.6% 用于失业等补助，0.3% 用于三事业部分），雇员负担 0.6%，用于失业补助部分。

（2）农林水产业、制酒业，总负担比是 1.7%，其中雇主负担 1.00%（0.7% 用于失业等补助，0.3% 用于三事业部分），雇员负担 0.7%，用于失业补助部分。

（3）建筑业，总负担比是 1.8%，其中雇主负担 1.10%（0.7% 用于失业等补助，0.4% 用于三事业部分），雇员负担 0.7%，用于失业补助部分。

表10 日本雇佣保险制度的概况

<table>
<tr><td rowspan="6">雇佣保险</td><td>法律</td><td colspan="4">《雇佣保险法》</td></tr>
<tr><td>加入对象</td><td>一般雇佣者</td><td>短期雇佣者</td><td>高龄雇佣者</td><td>日雇佣者</td></tr>
<tr><td>经营主体</td><td colspan="4">政府</td></tr>
<tr><td>对象人数</td><td colspan="4">3770万人(2008年)</td></tr>
<tr><td>财源 保险费</td><td colspan="4">(本人月工资的百分比)
一般:本人0.6%,雇主0.9%
(农林水产业、制酒业)本人0.7%,雇主1.00%
(建筑业)本人0.7%,雇主1.10%</td></tr>
<tr><td>国库负担</td><td colspan="4">求职保险支出的(1/4)×0.8
支出的(1/4)×0.8
继续雇佣支出的(1/8)×0.8</td></tr>
<tr><td rowspan="5">船员保险</td><td>法律</td><td colspan="4">《船员保险法》</td></tr>
<tr><td>加入对象</td><td colspan="4">船员</td></tr>
<tr><td>经营主体</td><td colspan="4">政府</td></tr>
<tr><td>对象人数</td><td colspan="4">48000人(2007年末)</td></tr>
<tr><td>财源保险费
国库负担</td><td colspan="4">本人月工资的2.0%,公私负担各半
保险支出1/4(赤字时增加到最大1/4)</td></tr>
</table>

资料来源:《日本社会保障统计年报》(2009年),第172~175页。

表11 企业破产、解雇等非自发性失业时的基本失业津贴发放天数

单位:天

年龄/参保年数	不满1年	1年以上5年以下	5年以上10年以下	10年以上20年以下	20年以上
未满30岁	90	90	120	180	—
30~40岁	90	90	180	210	240
41~44岁	90	90	180	240	270
45~59岁	90	180	240	270	330
60~65岁	90	150	180	210	240

资料来源:《日本社会保障统计年报》(2009年),第172~175页。

2. 日本雇佣保险的给付

从日本失业保险情况看,失业保险基金主要用于两方面开支:失业津贴和促进就业工程组成(见图5)。

失业或辞职的前一年参保6个月以上的被保险者,一旦失去工作可以领取到求职者津贴或再就业津贴等。不过领取失业救济之前,必须先去职业介绍所登记

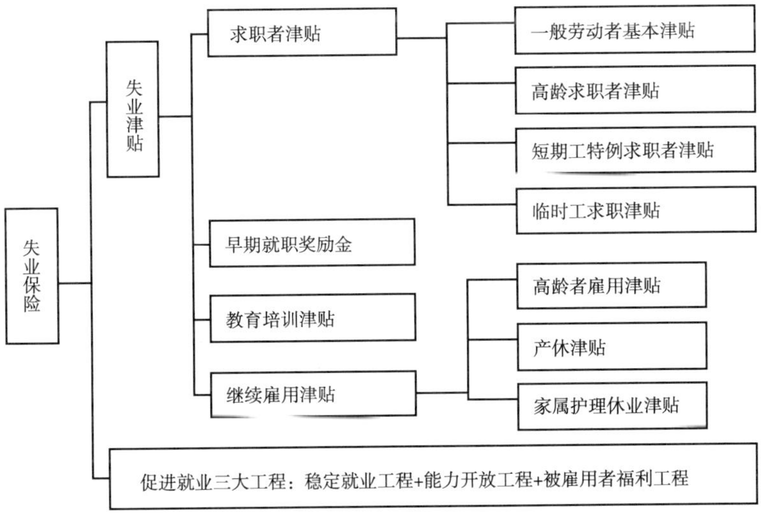

图5 失业保险制度结构图

资料来源：《日本社会保障简介》（2007年），第30页。

并接受相关的失业认定。

基本失业津贴原则上等于其失业前6个月的工资总额（不含奖金）除以180乘以50%～80%的系数。收入水平越低，系数越大。日薪不满2110日元的按2110日元的最低日薪计付。每天的失业津贴以年龄分段，最高为6495～7925日元，最低为1688日元。① 另外，非自发性离职或失业的基本失业津贴的发放天数依据离职或失业时的年龄，参保年数有所不同：参保年数越长、年龄越大可领取的天数越多。不过在自发性离职或失业的情况下，失业津贴发放天数比较短且不依年龄而变。离职或失业时的年龄在65岁以上的高龄者根据参保年限可以一次领取到30～50天的失业津贴：参加失业保险不足1年的高龄求职者可领取30天的求职津贴；参保年数一年以上的高龄求职者一律可领取50天的求职津贴（见表11、12、13）。

临时工只要在失业前的两个月里合计缴纳失业保险费达到26天以上即可以领取13～17天的求职津贴。其具体金额为1级临时工每天7500日元，2级临时工每天6200日元，3级临时工4100日元。缴费天数为26～31天的人可领取13天的

① 资料来源：《日本社会保障统计年报》（2009年），第172～175页。

表 12 自发性失业时的基本失业津贴发放天数

单位：天

年龄/参保年数	不满 5 年	5 年以上 10 年以下	10 年以上 20 年以下	20 年以上
全年龄	90	90	120	150

资料来源：《日本社会保障统计年报》（2009 年），第 172 ~ 175 页。

表 13 就业困难者

单位：天

<table>
<tr><td rowspan="2"></td><td colspan="5">被保险者期间</td></tr>
<tr><td>不满 1 年</td><td>1 年以上 5 年以下</td><td>5 年以上 10 年以下</td><td>10 年以上 20 年以下</td><td>20 年以上</td></tr>
<tr><td>不满 45 岁</td><td rowspan="2">150 天</td><td colspan="4">300 天</td></tr>
<tr><td>45 岁以上 65 岁以下</td><td colspan="4">360 天</td></tr>
</table>

资料来源：《日本社会保障统计年报》（2009 年），第 172 ~ 175 页。

临时工求职津贴；缴费天数为 32 天以上的人可领取的天数逐渐增加，直至 17 天的上限。

另外，为了鼓励失业的人尽快实现再就业，规定在可领取失业者津贴期间就职的人可以一次性领取到剩下的失业者津贴总额的 1/3。

（四）日本护理保险制度对收入分配的调节

1997 年 12 月《护理保险法》通过，2000 年 4 月护理保险制度开始实施。保险费的缴纳由被保险者和国库共同负担。其中第一号被保险者负担 20%，第二号被保险者负担 30%，国库负担 25%。被保险者的收入总共分为五个阶层：第一至第三阶层为本人或其家庭不用缴纳村民税的被保险者，其护理保险费为基准额（依据地域不同）乘以 0.5 ~ 1 的系数；第四阶层为本人的年收入在 250 万日元以下的被保险者，其护理保险费为基准额乘以 1.25 的系数；第五阶层为本人的年收入在 250 万日元以上的被保险者，其护理保险费为基准额乘以 1.5 的系数（见表 14、表 15）。

护理保险的支付对象有比较严格的规定。首先，只有由于衰老、疾病等自然原因而引发护理需要的第二号被保险者才有资格接受服务。交通事故等人为原因的情况下，原则上不能使用护理保险服务。但第一号被保险者不受此条件限制。

其次，接受护理服务之前，必须先经过专家的认定，委托经理人制定好详细的利用计划后，方能使用。最后，原则上每隔半年必须重新接受专家的认定。

表 14　护理保险制度被保险者的概况

	第一号被保险者	第二号被保险者
对象	65 岁以上的人	40 岁以上 60 岁以下的医疗保险加入者
受益对象	需要护理者、需要支援者	由于衰老、疾病等自然原因而引发护理需要的人
保险费征收	地方政府负责征收	保险机构负责与医疗保险费一同征收
保险费负担方式	保险费依收入阶层而异	工薪族健康保险：月标准工资 × 护理保险费率（全额由用人单位负担）

资料来源：《日本社会保障统计年报》（2009 年），第 178 页。

表 15　护理保险制度的概况

<table>
<tr><td colspan="3">经营主体</td><td colspan="2">市町村（地方自治体）</td></tr>
<tr><td colspan="3">对　　象</td><td colspan="2">一般国民</td></tr>
<tr><td colspan="3">对象人员（2008 年 3 月至今）</td><td>2751.2 万人（第一号被保险者）</td><td>4233 万人（第二号被保险者）</td></tr>
<tr><td rowspan="6">财
源</td><td colspan="2"></td><td>第一号被保险者（65 岁以上）</td><td>第二号被保险者（40～64 岁）</td></tr>
<tr><td colspan="2">保险费率</td><td>20%</td><td>30%</td></tr>
<tr><td colspan="2">国库负担</td><td colspan="2">25%</td></tr>
<tr><td rowspan="2">地方公共团体</td><td>都道府县</td><td colspan="2">12.5%</td></tr>
<tr><td>市町村</td><td colspan="2">12.5%</td></tr>
<tr><td colspan="2">自己负担</td><td colspan="2">10%</td></tr>
</table>

资料来源：《日本社会保障统计年报》（2009 年），第 178 页。

（五）社会救济和儿童福利对收入分配的调节

1. 生活保护制度对收入分配的调节

社会救济主要指生活保护制度。在日本接受生活保护之前必须经过严格的审查，即使真正接受了生活保护，还必须面临许多制约和监督。原则上，只有当倾其所有资产、劳动能力和亲戚资源以后，仍然不能取得维持最低生活水准的情况下，才能申请生活保护。具体而言，生活保护的内容主要分为以下八大类，根据具体情况给予一种或多种补助。

①生活扶助：主要指衣食住行方面的经济援助。

②教育扶助：被保护家庭的孩子接受义务教育时所需要的教科书和文具用品等的援助。主要是金钱援助，必要时可以是实物。

③住宅扶助：被保护家庭的住宅的修理、维持费用。主要是金钱援助，特殊情况下可以是实物。

④医疗费扶助：被保护家庭成员的医疗费、手术费、住院费等。

⑤护理扶助：被保护家庭中需要别人护理的人可以得到居家护理、护理用具的免费借贷、住宅的改造、住院护理等多种援助。

⑥分娩扶助：被保护家庭的女性在分娩前后可以得到所需物品的援助。

⑦就业扶助：被保护家庭的成员可以接受就业前的技能训练和求职中的物质资源援助以及个人开业时所需的资金、机器和材料的援助。

⑧丧葬扶助：被保护家庭的成员在死亡时可以得到与丧葬相关的费用补贴。

以上各种补助的发放标准分别制定，其中满足衣食等日常生活需求的生活扶助额发放标准，采用与一般国民的消费动向联动做相应调整的水准均衡方式。政府发放的生活保护费的计算公式如下：

扶助费金额 = 最低生活费 - 收入充当额

其中：

最低生活费 = 生活扶助 + 住宅扶助 + 教育扶助 + 护理扶助 + 医疗扶助
收入充当额 = 平均月收入 -（必要经费的实际支出 + 各种扣除）

被保护家庭的每月生活扶助标准金额根据一般国民消费水平的变动做相应的调整，1998 年的标准金额相当于一般家庭月消费支出的 69.6%。2000 年前生活扶助的标准金额都有小幅上调，2001 年和 2002 年没有变化，但在 2003 年和 2004 年由于一般国民的消费支出及物价有所下降，生活扶助的标准金额也作了调整（见表 16）。

表 16　生活扶助标准的变迁

单位：日元（每月金额），%

实施年度	1994	1995	1996	1997	1998	1999	2000～2002	2003	2004～2008
标准金额	155717	157274	158375	161859	163316	163806	163970	162490	162170
与上年比%	101.6	101	100.7	102.2	100.9	100.3	100.1	99.1	99.8

资料来源：厚生劳动年金局，http://www.ipss.go.jp/ssj-db/ssj-db-top.asp。

2. 日本儿童福利对家庭收入分配的影响

日本的儿童津贴制度于1971年设立，1972年1月开始实施。该制度旨在帮助解决有抚养儿童家庭的生活困难，以利于下一代的健康成长。其发放金额为每人每月5000日元（第一子和第二子），第三子以上每人每月1万日元。儿童津贴发放给监护并抚养小学毕业前的儿童的养育者。领取儿童津贴需要市町村的认定，并有一定的收入限制：只有家庭年收入在415万日元以下的家庭（4人家庭的情况下）才有资格领取儿童津贴。未满3岁的学前儿童津贴的费用由用人单位、中央政府和地方政府共同承担，3岁至小学三年级前（满9岁后的第一个年度末）的儿童津贴的费用由中央政府和地方政府共同负担（见表17）。

表17　儿童津贴费用的负担比例

	用人单位	中央政府	都道府县	市町村
未满3岁儿童的儿童津贴（工薪家庭）	70%	20%	5%	5%
未满3岁儿童的儿童津贴（非工薪家庭）		4/6	1/6	1/6
3岁至小学三年级儿童的儿童津贴		4/6	1/6	1/6

资料来源：《日本社会保障统计年报》（2009年），第176页。

通过以上对日本几项主要社会保障制度调节收入分配的分析，我们可以看到，日本通过社会救济、社会保险、社会福利等各项社会保障措施有效地调节了国民收入分配，通过养老保险、医疗保险等实现对代际、不同行业之间收入分配的有效调节；通过社会救济和社会福利对社会弱势群体、低收入者进行补助以缩小收入分配的差距。

四　日本社会保障制度调节收入分配差距的特点

（一）以国家立法为基础健全社会保障法律制度

纵观日本社会保障制度60多年来的发展史，我们可以看到，日本是一个注重依法治理社会的国家，每一项制度的出台，均有严格的法律依据和程序。1961年，日本实现了“全民皆年金、皆保险”的制度。虽然之后又对各项保险制度进行调整与修改，但是它有法律作为基础，为其之后短时间内完善社会保护体系的筹建发挥了巨大的推动和保证作用。

由于法律具有强制性，保证了社会各阶层人员能够及时缴纳社会保险费，保证了社会保障资金的流动性，从而促进社会保障调节收入分配功能的发挥。从各项社会保险的规定来看，日本的各项制度都有很细致的划分和标准，使得社会保障制度能够促进全民都积极参与，需要救济的人得到及时的帮助，保证各阶层人群享受到社会保障制度带来的普惠。

（二）把社会保障制度作为调节收入分配的最重要的手段

日本在调节收入分配差距中主要利用的是社会保障和个人所得税等手段，但是从图2（收入再分配对收入差距的改善程度）中可以看到，随着日本社会经济的发展，各项社会保障缩小经济差距的效果非常显著且在增加，特别是近些年来，日本收入再分配几乎完全来自于社会保障。1993 年，社会保障的改善度为 12.7%，个人所得税的改善度为 5%；2002 年，社会保障的改善度为 20.8%，个人所得税的改善度为 3.4%；2008 年，社会保障的改善度为 26.6%，个人所得税的改善度为 3.7%。社会保障的效果远远超过个人所得税的效果，一方面，日本进行了根本性的税制改革，实施了减免个人所得税的措施，使个人所得税的收入再分配效果不断降低；另一方面，主要是日本政府更加重视运用社会保障制度调节收入分配。其实将社会保障和税收对收入差距调节的特点进行比较的话，会发现社会保障比个人所得税具有明显的优势。个人所得税在税收阶段损害了富人的利益却没有使另外一部分穷人直接受益。而社会保障能够更好地调节社会各阶层之间的利益冲突。

（三）日本社会保障制度层次分明实现全民覆盖

从养老保险制度上看，第一层次即国民年金（也称基础年金），它要求全体社会成员必须缴纳，并且具有一定的强制性。这第一层次便将所有公民都纳入社会保障制度的行列中，通过保险金的缴纳与给付过程，使社会保障资金能够有效地实现代际之间、不同行业之间、不同地域之间的转移，这对提高社会底层人民的生活水平具有重要意义。全民的加入，提高了社会保障制度的效率，体现了一种社会化的互助。第二层次为厚生年金、共济年金等，第三层次为厚生年金基金、企业年金（具有选择性）。这样的制度层次鲜明，不但使社会保障覆盖所有公民，而且不同人群能够进行更好的选择和投入。

（四）根据不同收入水平设计支付和负担比率，注重公平

日本在社会保障金缴纳和给付上都特别注重公平，虽然实行的是全民共同负担，但同时又注意区分了不同收入阶层的支付能力。社会保险缴费率根据个人收入水平的高低而有所差别，高收入阶层缴纳金额相对较高，低收入阶层缴纳金额相对较低。对于低于一定收入水平的人甚至免缴社会保险费。如日本的年金制度，根据不同行业的人员进行不同层次的划分，分为一、二、三号被保险者，不同人群根据不同的需要决定是否要进行更高层次的厚生年金、企业年金等的缴费。这种制度的设计有效地提高了参保人的积极性。在缴费中，有些高龄、残障等弱势群体，可以不需缴费即可享受社会保障的给付。从医疗保险上来看，不同的种类分为不同的保险，虽然大致上分为健康保险和国民健康保险，但是健康保险还根据大企业、中小企业、公务员、临时工等进行了更多不同的划分。这样的社会保障制度设计，不但有效实现了资金的转移，而且帮助到更多需要帮助的人，有效地调节了社会的收入分配差距。

五　日本社会保障制度调节收入分配差距的启示

（一）逐步建立健全覆盖我国城乡全体国民的社会保障体系

从日本的发展历程中，可以看到，日本社会保障制度的建立都是以国家立法为基础的，各项社会保障制度都有明确细致的规定，法律具有强制性，使得日本的社会保障制度能够规范地运行。因此要健全我国社会保障的法律体系，逐步建立以《社会保险法》、《社会救助法》、《慈善法》等为指导的多层次社会保障制度，真正实现依法治国。社会保险全覆盖对提高劳动报酬和促使政府、企业与劳动者之间的利益分配格局趋向合理具有重大影响，值得全力推进。按照党的十七大和十七届五中全会精神，“十二五”期间，我国应当加快推进覆盖城乡居民的社会保障体系建设，将农民工、非公有制经济组织从业人员、灵活就业人员逐步纳入社会保险，使基本养老保险覆盖到城镇所有从业人员，基本医疗保险和医疗

救助覆盖到城镇所有从业人员和居民，失业保险和工伤保险覆盖到所有企事业单位及其从业人员，最低生活保障制度覆盖到城乡所有居民；全面解决体制转轨的历史遗留问题，全面落实关闭破产企业退休人员纳入城镇职工基本医疗保险的政策，将未参保集体企业职工等纳入基本养老保险制度。

（二）加大社会保障投入，加强对社会保障资金的筹集

一直以来，日本政府都重视对社会保障支出的投入，随着经济的发展，根据社会收入水平的变化，不断调整社会保障支出的投入资金。1965～2009年，日本的社会保障支出占GDP的比重一直处于上升趋势，从5.98%增加到29.44%，使得社会保障制度更好地发挥出调节社会收入分配的作用。因此，发挥社会保障对收入分配的正向调节作用，建立多元、稳定的资金筹措机制是关键。建立社会保障基金收支预算制度，调整财政支出结构，逐步增加社保预算支出比例，把花钱办实事与花钱买机制更好地结合起来，不断增强社会保障制度建设的资金支撑能力，“十二五”期间逐步提高社会保障支出占财政支出的比重，逐步将社会保障支出占财政支出的比重由目前的10%左右提高到15%～20%。

（三）构建多层次社会保障体系

逐步建立以国家保障为主的基本社会保险、完善以单位或企业为核心的企业年金制度、丰富各种形式的商业保险，并以新的家庭保障为补充，形成立体的、多层次的社会保障结构，满足社会成员的各种保障需要。因此，政府应提供与全国水平大致相同的基本社会保险，并以税收优惠、法规引导、制度约束、运行监督等方式促进商业保障、单位保障制度的发展；政府应在新的经济、社会、文化背景下，加强国家对家庭保障的积极干预，并结合我国传统文化中的家庭观、伦理观，培育家庭保障的新方式，发挥其对社会保障体系的特殊作用。完善社会保障体系的多层次内容，即社会保险、社会救助、医疗保健、社会福利、社会教育事业等相结合的社会保障。不同社会成员群体应享有在基本社会保险的基础上选择不同的社会保障计划的权利。由于我国社会成员收入差距和收入形式的差异较大，在基本社会保险基础上应该鼓励发展社会保障的特色形式。如针对流动性较强的非正规企业员工，可以制定一个利益比较平衡的、社保账户可以与员工一起流动、个人账户具有较高流动性的机制等。

（四）合理设计支付和负担比率，逐步缩小不同阶层的收入差距

日本社会保障制度对不同人群的支付和负担比率进行了详细的规定，且根据经济发展水平的变化，不同人群负担的比率也在发生变化，有效地调节了不同人群之间的收入差距。因此我国应该尽快建立健全综合型的社会救助制度、提高覆盖全民的医疗保障制度的保障水平，并尽快建立覆盖城乡居民的养老保障制度。具体来说，继续提高企业退休人员基本养老金待遇，并研究建立与经济发展、工资增长、物价水平相联系的正常调整机制；推动制定实施城镇居民养老保障政策，大力发展职业年金、企业年金等补充养老保险制度；推动医疗保险实行门诊统筹，把多发病、常见病的诊疗纳入基本医疗保险支付范围，稳步提高职工医保的报销水平和最高支付限额等。扩大失业保险基金支付范围，并建立预防、补偿、康复三位一体的工伤保险体系；将贫困线标准提高到 20 世纪末的国际标准，即人均每天生活支出不低于 1 美元，争取 2020 年与现行国际最低标准 1.25 美元接轨。

（五）推进公共服务均等化

只有基本公共服务普惠城乡居民，社会财富的公平性才能得到更为充分的体现，它同时也是政府公共资源得到合理配置的重要标志。党的十七届五中全会明确提出，要完善保障和改善民生的制度安排，推进基本公共服务均等化，努力推进包括基础教育、就业服务、福利事业、住房保障、公共卫生、公共文化事业等在内的基本公共服务的均等化进程，改善目前公共服务中存在着的城乡之间、区域之间、群体之间的非均衡和不协调的弊端，关注农民工、城乡低收入人群共享公共服务。

G.12

拉美社会保障制度的减贫功能*

郑秉文** 等

摘　要： 本文试图考察两个问题：一是在对时间序列数据的考察中看到拉丁美洲地区一个特有的社会经济现象，即“增长性贫困”；二是以拉美“增长性贫困”现象为分析对象，对社会保障制度的反贫困作用进行研究和比较。本文的考察角度主要是社会保障制度与反贫困之间的相关性问题，即从拉美、欧盟和美国等经济体社会保障制度减贫效果的比较研究中考察拉美国家社保制度的减贫幅度和减贫系数，以此来说明拉美社保制度对其“增长性贫困”负有相当的、相应的责任。

关键词： 拉丁美洲　社会保障　收入分配　减贫

本文试图考察两个问题：一是在对时间序列数据的考察中看到拉丁美洲地区一个特有的社会经济现象，即“增长性贫困”，二是以拉美“增长性贫困”现象为分析对象，对社会保障制度的反贫困作用进行研究和比较。本文的考察角度主要是社会保障制度与反贫困之间的相关性问题，即从拉美、欧盟和美国等经济体社会保障制度减贫效果的比较研究中考察拉美国家社会保障制度的减贫幅度和减贫系数，以此来说明拉美社会保障制度对其“增长性贫困”负有相当的、相应的责任。

一　拉美“增长性贫困”问题

（一）拉美“增长性贫困”的表现

世界银行前首席经济学家弗朗索瓦·布吉尼翁曾说，“经济增长对于减贫至

* 本文为郑秉文发表于《拉丁美洲研究》2009 年增刊的文章《拉美“增长性贫困”与社会保障的减贫功能——国际比较的背景》。根据皮书编写要求，郑秉文教授的学生张占力同志进行了适当删改。

** 郑秉文，中国社会科学院拉丁美洲研究所。

关重要”，但统计显示，世界各地区的减贫效果与其经济增长并非完全呈正相关，例如，撒哈拉以南非洲 2000～2009 年的 GDP 年均增长 5.1%，超过拉丁美洲和加勒比海地区的3.8%，但贫困率却居高不下，以2002 年为例，撒哈拉以南非洲的贫困率高达44%（3 亿人口），拉美地区的贫困率同为44%。①

在过去的近 30 年里，拉美和非洲是世界上贫困率最高的地区，也是“增长性贫困”最典型的地区。“增长性贫困”在拉美的表现主要是：经济呈低速增长态势的同时贫困率日益上升。可用以下两组数据予以描述。

第一，拉美近30 年来经济增长率平均虽呈正值，但贫困率却逐渐上升。1981～1990 年拉美地区经济年均增长 1.2%②，1991～2000 年为 1.1%，2000～2006 年平均为 1.8%。③ 同时贫困率居高不下，总体呈上升趋势：1980 年贫困率高达 40.5%，1990 年为 48.3%，1997 年为 43.5%，1999 年为 43.8%，2002 年为 44.0%。④ 此后随着经济好转贫困率逐渐降低，2007 年降为 34.1%，2008 年为 33%。⑤

第二，贫困人口绝对数量直线上升趋势。1980 年拉美贫困人口总量为 1.36 亿人，1990 年升至 2.00 亿人，1997 年 2.04 亿人，1999 年 2.11 亿人，2002 年 2.21 亿人；2006 年拉美贫困人口的绝对数量比 1980 年多出近 7000 万人，此后贫困人口也呈现下降趋势，2007 年为 1.84 亿人，2010 年为 1.8 亿人。⑥ 在贫困人口增加的同时，赤贫人口的绝对数量也呈上升趋势，1980 年拉美赤贫人口为 6200 万人，2002 年升至 9740 万人。⑦ 而同期全世界赤贫人口的总数量呈下降趋势：1980 年是 14 亿人，到 2000 年则下降到 12 亿人。⑧

---

① 这些数据分别引自 WB（2011）World Development Indicators. ECLAC（2004），*Social Panorama of Latin America 2002－2003*，Santiago，Chile，United Nations Publication。

② 苏振兴：《增长、分配与社会分化——对拉美国家社会贫富分化问题的考察》，《拉丁美洲研究》2005 年第 1 期。

③ ECLAC（May 2008），*Social Panorama of Latin America 2007*，Santiago，Chile，United Nations Publication，table 1.1，p. 50。

④ ECLAC（May 2008），*Social Panorama of Latin America 2007*，Santiago，Chile，United Nations Publication，table 1.2，p. 52.

⑤ ECLAC，*Social Panorama of Latin America 2010*，figure I.1，p. 43.

⑥ ECLAC，*Social Panorama of Latin America 2010*，figure I.1，p. 43.

⑦ 上述数据引自 ECLAC（2004），*Social Panorama of Latin America 2002～2003*，Santiago，Chile，United Nations Publication，pp. 54－56。

⑧ World Bank，*Globalization，Growth，and Poverty：Building an Inclusive World Economy*，Oxford University Press，2002，pp. 7－8.

（二）拉美“增长性贫困”的四个特征

首先，贫困人口增量空间分布呈畸形趋势。拉美贫困人口增量在城乡间分布极不均匀，呈现出畸形发展态势。城市贫困人口数量直线上升，而农村贫困人口变化不大：1980 年农村贫困人口是 7300 万人，2002 年升至 7480 万人；与此同时，城市贫困人口数量却从 1980 年的 6290 万人激增到 2002 年的 1.47 亿人，翻了一番多，几乎所有贫困人口的增量都在城市。

其次，贫困人口增量空间畸形分布导致“绝对贫困化”的“城市病”。在某种意义上现代化进程就是城镇化或非农化的进程。在拉美现代化进程中，其“城市病”表现为，随着农民转化为市民，农村贫困人口不断转化为城市贫困人口，甚至导致城市“赤贫化”，形成财富增长与贫困恶化并存的二元结构，反差巨大：农村赤贫人口从 1980 年的 3990 万人增加到 2002 年的 4580 万人，但城市同期从 2250 万人激增到 5160 万人，整整翻了一番多，赤贫人口增量几乎完全涌向城市；从占比上看，1980 年城市赤贫人口为 10.6%，2002 年则是 13.5%。

再次，两极分化加剧，这也是“城市病”的另一个表现。拉美城市人口的两极分化和收入不公成为世界之最。在世界上 7 组国家的基尼系数中，拉美地区最高，是 57.10%，其次由高往低分别是撒哈拉以南非洲 45.41%，东亚与亚太地区 43.14%，中东北非地区 37.82%，OECD 国家 34.00%，南亚 32.56%，最低的地区是中东欧地区 32.27%。[①]

最后，城市治安条件恶化，社会不稳定因素增加。由于两极分化等原因，民众对经济改革和现行政策表现出强烈不满，对政府不信任情绪不断增加，在 20 世纪 90 年代拉美社会矛盾日益尖锐，社会运动空前活跃，社会冲突再次进入高潮期[②]，民众和某些社会阶层对国家体制有组织地进行反抗，甚至导致社会动荡。

（三）拉美“增长性贫困”的“3% 拐点假说”

一般来说，增长可促进减贫，与贫困率呈负相关。但在考察拉美增长与贫困

---

① 上述数据主要引自下述两本书：ECLAC（2004），*Social Panorama of Latin America 2002 - 2003*，Santiago，Chile，United Nations Publication，pp. 54 - 93；ECLAC（March 2006），*Shaping the Future of Social Protection：Access，Financing and Solidarity*，ECLAC，UN，p. 24。

② 许多学者对拉美社会矛盾和冲突进行了较为深入的介绍和分析，如参见袁东振《对拉美国家社会冲突的初步分析》，《拉丁美洲研究》2005 年第 6 期。

时会发现，当增长低于3%时，减贫的作用很不明显，贫困率与增长率同时上升，出现“增长性贫困”现象。例如，1990~1999年拉美19个主要国家年均增长1.56%①，同时，该地区贫困率也持续攀升。但当超过3%时贫困率曲线就开始下降，减贫效果明显，以下两个事例可予以验证。

第一，自1980年以来，拉美“增长性贫困”现象首次出现“拐点”是在2004年。进入21世纪以来，2003年增长首次超过3%，于是，2004年成为“拐点”，贫困率从2002年的44.0%下降到2004年的42.0%。由于2003~2007年这5年每年增长率都超过了3%，是20世纪70年代以来最高的时期②，贫困率便每年呈下降趋势：2005年为39.0%（首次低于1980年40.5%的水平），2006年为36.5%③，2007年继续下降到34.1%④。贫困人口数量相应下降，2004年为2.17亿人，2006年为2.05亿人，2008年为1.83亿人，2010年为1.77亿人⑤。

第二，智利案例也同样支持“3%拐点”假说。联合国千年发展目标的八项指标中，拉美国家首要的是到2015年将赤贫人数减半（与1990年相比）。在2003年拉美贫困率最高的年份里（见图1），智利在拉美33国里第一个实现千年发展目标，成为贫困人口比重第二低的国家（第一是乌拉圭），贫困人口从1990年的38.6%降至2003年的18.8%，赤贫人口从12.9%下降到4.7%。除其他条件外，增长是一个重要条件，1990~1999年间，拉美地区只有智利始终保持高于3%的增速，达到4.79%。

由1980~2008年近30年的数据来看，拉美增长的“减贫拐点”在3%左右。这对实现联合国千年发展目标和防止出现“增长性贫困”，都至关重要。

---

① ECLAC (2004), *Social Panorama of Latin America 2002 - 2003*, Santiago, Chile, United Nations Publication. figure II.8, p.23, figure I.1, p.24.

② ECLAC (2008), *Social Panorama of Latin America 2008 - Briefing Paper*, Santiago, Chile, United Nations Publication, p.6.

③ ECLAC (May 2008), *Social Panorama of Latin America 2007*, Santiago, Chile, United Nations Publication, table 1.2, p.52.

④ ECLAC (2008), *Social Panorama of Latin America 2008 - Briefing Paper*, Santiago, Chile, United Nations Publication, p.9.

⑤ ECLAC (2011), *Social Panorama of Latin America 2011 - Briefing Paper*, Santiago, Chile, United Nations Publication, p.11.

由于2004年以来拉美连续保持3%以上的增长率，其贫困率连年下降，2008年降到33.2%，与2003年的44.3%相比下降了11.1个百分点，脱贫人口达4000多万人；对此，拉美经委会称其为“增长效应”①。

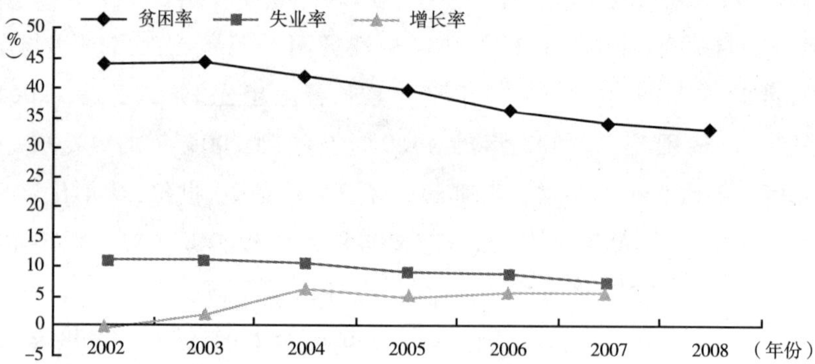

图1　2002～2008年拉美增长率、失业率和贫困率

资料来源：作者根据历年ECLAC（Social Panorama of Latin America）数据汇总。

（四）拉美“增长性贫困”的理论解释

1. 增长可以减贫

在索罗—斯旺模型下，只要生产要素自由流动，随着经济的增长，经济发展不平衡的差距就会缩小，增长在空间上就会趋同，无论起点如何，经济最终将向一平衡路径收敛。换言之，无论贫富差距有多大，或者资源分配多么不合理（假定富裕群体占有全部资本，贫困群体除劳动力外一无所有），经济增长的稳态只与k的系数相关。索罗—斯旺模型说明，拉美减贫的一个前提就是首先要增长，增长是拉美各国面临的首要任务，没有增长，减贫将更为困难。这是索罗—斯旺模型对缓解和防止拉美“增长性贫困”的第一个解释。

① 这里使用的是拉美经委会历年Social Panorama of Latin America的数据，其中，2008年贫困率为预测数。OECD的测算与此稍有出入，例如，拉美经委会给出的2007年贫困率是34.1%，而OECD测算的结果则是35.1%（当然OECD是基于19国的数据，见经济合作与发展组织发展中心《2009年拉丁美洲经济展望》，世界知识出版社，2009，第50页，表1.2）。

2. 增长可与收入分配不公并存

增长并不能必然解决经济中的贫困悬殊问题。假定资本和劳动是同质的，或假定只有一种投入，那么，在贫富悬殊的经济形态中，富裕群体要比贫困群体多占有投入 K_0。由于富裕群体比贫困群体多占有的投入存量也会随投入存量 K 以同样的增长率扩大，因此，随着经济增长，贫富悬殊将会不断扩大。

从图 2 中可看出，由于富裕群体比贫困群体多拥有一个 K_0 的初始优势（贫富差距），当经济以 g 速度增长时，这种差距会进一步扩大；或说富裕群体拥有比贫困群体更高的储蓄率，因此，富裕群体的增长将会偏离稳态位置相对更远，这种情况下，富裕群体的经济成分将比贫困群体的经济成分增长得更快，发展到一定程度将会演变成贫富悬殊。1961 ~ 1981 年拉美地区 GDP 年均增长率 5.59%，即使包括 1981 ~ 1990 年这 10 年衰退期，1961 ~ 1990 年的 GDP 年均增

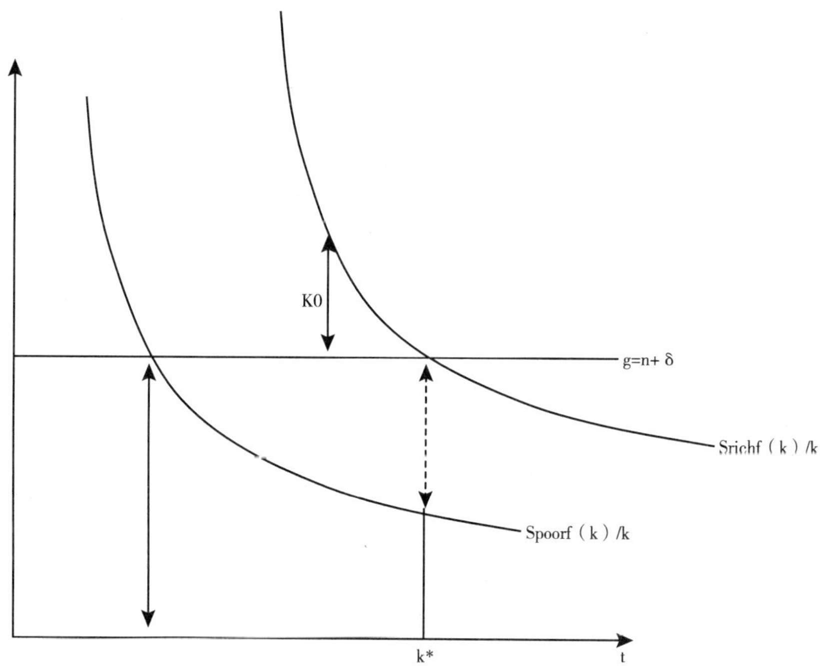

图 2　经济增长中的贫困问题

资料来源：〔美〕罗伯特 J. 巴罗、哈维尔·萨拉伊马丁《经济增长》，何晖、刘明兴译，中国社会科学出版社，2000。

长率也高达4.10%[①]，增长速度也是较高的，至少可以说，1961～1981年是拉美历史上经济增长最好的时期，但同期拉美地区基尼系数也是非常高的。例如，10个主要国家的基尼系数，除阿根廷为0.44外，其余9国都在0.48～0.66之间，同期处于贫困线以下的家庭占家庭总数的40%，处于极端贫困的占19%[②]。与拉美其他国家相比，智利的基尼系数排位较高，在拉美18国里，巴西的基尼系数为0.64位居第一，是拉美唯一一个超过0.6的国家，其他依次为阿根廷、洪都拉斯、尼加拉瓜、哥伦比亚、巴拿马、玻利维亚、智利、多米尼加、危地马拉、萨尔瓦多、秘鲁、墨西哥、厄瓜多尔、巴拉圭、委内瑞拉、哥斯达黎加和乌拉圭，其中后三个国家低于0.5。这里要强调的是，智利在18国中排列第八，为0.55[③]。智利案例也显示，增长可与分配不公并存。

3. 分配不公会降低增长对减贫的弹性

一般情况下，基尼系数小于0.3被认为是收入差距小，超过0.6被认为是收入差距大。如果假定洛伦茨曲线没有变化，贫困对增长偏弹性也呈现类似的降低趋势，但不趋向于零。这就引出了第三个解释：分配越不公，减贫就越困难；只要增长可以通过收入分配提高收入和消费水平，减贫就会获得推动力，如同《公平与发展：世界银行发展报告2006》所指出的，收入差距越大，减贫的增长弹性就越小；如果初始收入差距较小，同样幅度的增长对减贫的效果要大得多。[④] 在假定人均收入水平恒等不变的条件下，收入分配越不公，贫困率指数就越高，或者说年均贫困变化率与年均收入增长率之间存在一定的负相关，增长较快的国家减贫效果要比增长较慢的国家更为明显。或者说，在经济增长中如果基尼系数得以下降，通常就比增长中性时的减贫效果要明显得多。当基尼系数上升时，减贫弹性的绝对值就会降低。当然，上述新古典经济学的第二个解释告诉我们，这一事实也不应被过分夸大。

① 苏振兴：《对拉美国家经济改革的回顾与评估》，《拉美研究》2008年第4期。

② 以上数据和普雷维什引语引自苏振兴《拉美国家经济社会危机频发并非发展的一般规律》，《中国经贸导刊》2006年第11期。

③ ECLAC（2004），*Social Panorama of Latin America 2002－2003*，Santiago，Chile，United Nations Publication，figure I. 10.

④ 世界银行：《公平与发展：世界银行发展报告2006》（概述），The World Bank，Washington，D. C. 2005（中文版），第9页。

二　拉美与欧美社会保障制度调节收入分配作用的比较

（一）欧美增长率低于3%：贫困率却比拉美低1倍多

贫困是一个世界性难题，减贫是所有国家都面临的一个任务，包括高收入国家。如果说东亚新兴市场近30年来减贫效果较好主要得益于高速增长，那么当我们把目光转向欧美时就会发现，在过去的1/4世纪里，欧盟平均增长率并不比拉美国家好多少，例如，欧盟成员国1984～1993年增长率是2.1%，1994～2003年是2.3%，① 2004～2008年是2.44%②。

尽管欧洲增长率也很低，几乎从未超过3%，但是其贫困发生率指数却整体比拉美地区低1倍还多，例如2003年欧盟25国平均贫困率是16%（2007年亦为16%），③ 虽然各国存在差异，但较少有超过20%的。

美国与拉美相比也同样显示出巨大反差：1984～1993年和1994～2003年美国经济增长率均为2.3%，2004～2008年为2.38%。④ 以2002年为例，其增长率仅为0.9%，⑤ 但据美国人口统计局的调查统计，其2002年贫困率仅为12.1%，比欧洲还要低。⑥

（二）失业率和社会支出对减贫效果的影响

在拉美，影响增长的减贫效果和弹性的诱因显然是多方面的，比如，较高的失业率，拉美的失业率1990年以来一直在7%以上。根据阿瑟·奥肯的经验研究，在增长率与失业率（就业）之间存在一种稳定的关系，这就是“奥肯定

① IMF, *World Economic Outlook: Recessions and Recoveries*, IMF, April 2002, p. 162, table 4.

② IMF, *World Economic Outlook: Rebalancing Growth*, IMF, April 2010, p. 156, table A2.

③ European Commission, Joint Report on Social Protection and Social Inclusion 2009, Luxembourg: Office for Official Publications of the European Communities. April 2009. p. 17.

④ IMF, *World Economic Outlook: Rebalancing Growth*, IMF, April 2010, p. 156, table A2.

⑤ IMF, *World Economic Outlook: Recessions and Recoveries*, IMF, April 2002, p. 162, table 4.

⑥ U. S. Census Bureau, *Revision Current Population Survey, 2003 Annual and Social Economic Supplement*, table 5: Percent of People in Poverty by Definition of Income and Selected Characteristics 2002 (Revised). 这个数据不包括资本所得。如包括税后资本所得，贫困率为11.6%。

律”。虽然人们常常用“奥肯定律”来论证和解释增长与就业之间的相互促进关系，但该定律在使用某些国家数据并对其进行检验时可能会得出不太适用的结论，不过在拉美是基本适用的。

在拉美，失业率的第二个表现是波动性比较大。从图 3 中可看出，1990 年以来失业率在 7% ~11% 之间波动，并可形象地看到增长与失业这两条曲线波动的相关：当经济增长爬高时，失业率立即走低；当失业率攀升时，增长率必然处于谷底。以具体国家来说明，阿根廷 2008 年人均 GDP 较之于 2002 年增长约 5.7%，同期失业率则由 19.7% 下降至 7.9% 。[①] 这种负相关是即时的、稳定的，这与下面谈到的公共支出具有一定的时滞性有很大不同。

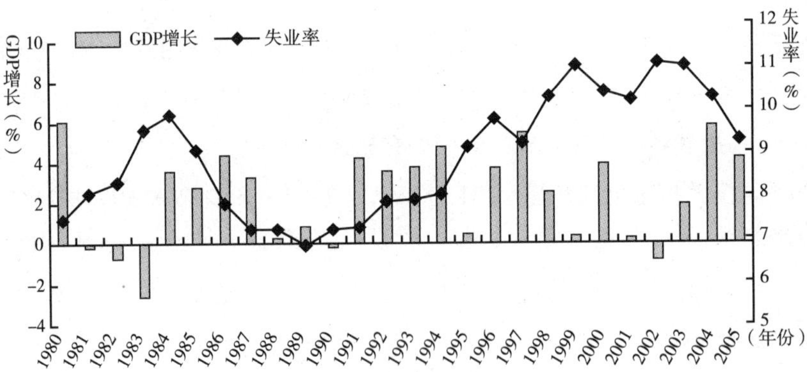

图 3　拉美的增长率与失业率

资料来源：ECLAC, *Shaping the Future of Social Protection: Access, Financing and Solidarity*, ECLAC, UN, March 2006. p. 53, figure II. 5。

减贫效果一般与失业率呈负相关。研究证明（见图 4），对减贫具有明显作用的五个因素中，就业排列第一，其次是婚姻状况、教育、家庭规模和现金福利等；其中，就业发挥的作用几乎等于其他四个因素的总和，即 42% 。居高不下的、波动明显的失业率将不利于减贫，于是拉美“增长性贫困”与失业率便自然相伴相随。

实践证明，转移支付对减贫作用明显。在拉美，智利的转移支付较高，相应的减贫效果也较好。转移支付可分为“社会支出”和“总公共支出”。

① IMF, *World Economic Outlook: Rebalancing Growth*, IMF, April 2010, p. 219, table A1.

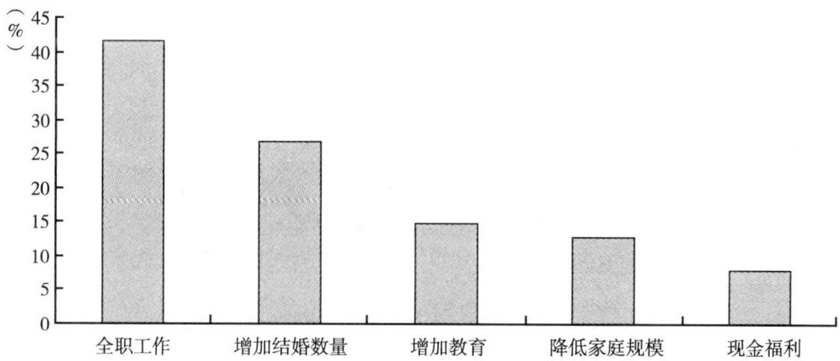

图4　五个要素对减贫贡献率的比较

说明：五个因素合计不是100%，原文即如此　　作者注。

资料来源：Isabel Sawhill, Testimony Before the Subcommittee on Income Security and Family Support of the House Committee on Ways and Means, April 26, 2007. http://waysandmeans.house.gov/hearings.asp? formmode = view&id = 5814。

智利的社会支出始终高于拉美地区的平均水平，并不断提高，从1990年的占GDP的11.7%提高到2000年的16.0%，但在2007~2008年下降至约13%的水平①。

另外，其他拉美国家转移支付的“顺周期性”明显，经济景气时社会支出便随之扩大，反之就缩小，这个规律可从图5中看出。智利表现较好。这里可用“伸缩性”来衡量转移支付的顺周期情形。伸缩性分为“社会支出伸缩性”和“总公共支出伸缩性”，前者除以后者为“比率伸缩性”。如果“比率伸缩性”大于1，就说明顺周期性比较强，反之则弱。拉美国家的比率伸缩性都很高，都大于1。但相比之下，智利为1.27，与其他国家相比较低，最高的是秘鲁，为2.36。②

由于拉美社会支出的顺周期性，所以，其反周期的作用受到较大影响，从图5可看出，社会投资的拐点一般都滞后于增长拐点1年左右。从主观上这可解释为是决策者对经济增长拐点预期高估的结果，在客观上，反贫困的周期作用和力度受到了削弱。

---

① ECLAC, *Social Panorama of Latin America*, 2010, p. 29, figure 13.

② ECLAC, *Shaping the Future of Social Protection: Access, Financing and Solidarity*, ECLAC, UN, March, 2006, p. 64.

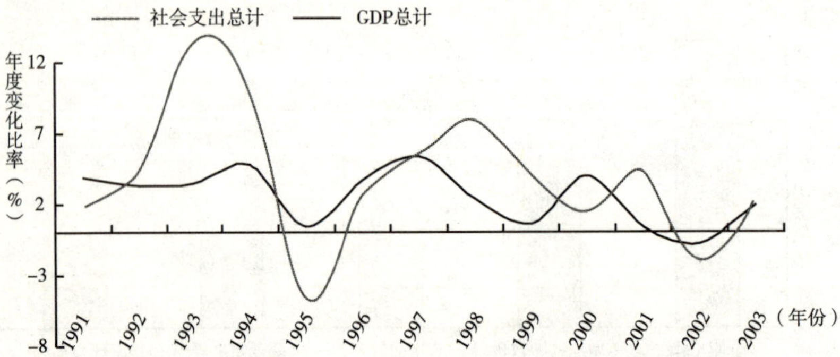

图5　拉美20国GDP增长与社会支出趋势变化

资料来源：ECLAC，*Shaping the Future of Social Protection*：*Access*，*Financing and Solidarity*，UN，ECLAC，March 2006，p. 63，figure II. 10。

（三）社保制度与应对金融危机

拉美地区福利制度的起源和进程最早可追溯到殖民时代。在拉美富裕国家，1810年前后智利为退伍军人建立了历史上第一个养老金制度；乌拉圭首次社会福利立法是在1903～1907年和1911～1915年；阿根廷于1921年首次签署社会保障立法；巴西最早于1923年即建立了铁路工人养老金制度。在次富裕国家，哥斯达黎加于1941年建立社会保障基金，该基金的项目包括覆盖全民的养老保险、医疗保险、生育保险。①

拉美社保体系历史悠久，源远流长，发展成熟，水平较高，首次立法不仅不比欧洲发源地晚多少，甚至比美国1935年首次立法还要早，比东亚国家至少要早半个世纪以上。但是，各国社会保障制度在应对经济危机方面的表现却很不相同。比如，阿根廷在一个世纪以前曾经是世界上最富裕的国家之一，也是最早建立社保制度的国家之一，但是其社保制度在应对经济危机方面的作用并不突出。从表1可以看出，阿根廷2001年危机期间，GDP负增长和制造业工人工资下降幅度仅次于印度尼西亚，排名第二，但在汇率波动、失业率、贫困率等方面则名

① 以上国别福利制度的历史资料和数据引自：Alex Segura-Ubiergo，*The Political Economy of the Welfare State in Latin America*：*Globalization*，*Democracy*，*and Development*. Cambridge University Press，2007，pp. 54－66。

列前茅，居于首位。此外，就阿根廷2001年和1998年两次危机相比，2001年受到的影响远比1998年那次更为严重。由于危机期间财政收入骤减，社会救助规模受到大量削减，使贫困群体陷入极度贫困的谷底，社会不稳定因素增加。社会支出的减少也基本符合拉美“顺周期”的特征，其结果自然是贫困率恶化。在表1列出的7国中，阿根廷失业率最高，严重影响了职工及其家庭收入，对家庭成员多和赡养率较高的“大家庭”影响更大。例如，在陷入绝对贫困线以下的家庭中，其家庭成员数平均为4.9人，陷入贫困线以下的家庭成员数量为4.0人，非贫困线的家庭成员数为2.7人。①

表1　阿根廷2002年危机后果与其他国家危机的比较

国家		危机发生年份	GDP增长率	汇率	失业率	男性工资增长率	危机后贫困率	贫困率变化
东亚危机	印度尼西亚	1998	-13.1	70.9	5.4	-44.0	13.8	20.3
	韩　国	1998	-6.7	32.1	6.8	-9.8	7.6	64.4
	马来西亚	1998	-7.4	28.3	3.2	-2.7	10.4	21.2
	泰　国	1997	-1.4	19.2	3.7	-6.3	12.9	24.0
拉美危机	阿根廷	1998	-2.8	0.0	16.2	-1.9	27.6	22.8
	阿根廷	2001	-10.9	210.0	17.8	-21.9	57.5	50.1
	墨西哥	1995	-6.2	47.4	5.7	-18.5	53.3	23.7
俄罗斯		1998/1999	-4.9	60.6	13.3	—	—	—

资料来源：*Poverty Reduction and Economic Management of Latin America and the Caribbean Region*，UN，Argentina-Crisis and Poverty 2003 - A Poverty Assessment，Volume I：Main Report，July 24，2003，p.2，table1.1。

（四）社保制度减贫效果的国际比较

除上面论述的社会支出具有顺周期性和“奥肯定律”描述的失业等因素以外，影响减贫的因素还有很多，但我们认为初次分配具有决定性的意义。二次分配是对初次分配的校正。如果初次分配严重不公，相差悬殊，二次分配的校正效果就显得微不足道。如果说经济政策对初次分配具有较大影响，那么社会政策就

① *Poverty Reduction and Economic Management of Latin America and the Caribbean Region*，UN，Argentina-Crisis and Poverty 2003 - A Poverty Assessment，Volume I：Main Report，July 24，2003，p.8.

是二次分配的一个工具。如果社会政策不当，增长难以对减贫作出贡献，穷人不能从增长中受益。

作为二次分配的社会政策，包括人力资源、生产性资产、公民权利，甚至教育等诸多方面。家庭收入分配不公反映了教育、资本、就业机会和融资等方面的不平等，容易形成恶性循环：贫困家庭的子女进入市场的机会和获取这些资产的机会少得多，进而形成“贫困锁定”。社会保障制度作为二次分配的一个工具，对初次分配具有相当的校正功能，在其他条件不变的情况下，社保制度对减贫发挥的作用非常重要。

欧洲国家转移支出与贫困率数据显示，社会保障对降低贫困率是有作用的。据欧盟官方报告，2003 年欧盟 25 国平均贫困率为 16%，假设没有社保制度的话，将高达 42%，[①] 欧洲社保制度使贫困率降低了整整 26 个百分点，其基尼系数平均仅为 0.29。

在发达国家中，美国是公认的收入分配差距较大的国家，基尼系数是 0.38，大致相当于欧盟成员国中基尼系数最高的葡萄牙（0.39）[②]。基于此，我们转向考察美国社保制度对贫困率的校正作用。据美国商务部下属的人口统计局 2006 年的数据，美国 2005 年贫困率为 12.7%，剔除社会保障的话将达到 18.9%。[③] 从图 6 可以看出，在社保制度校正下，1959 ~ 2007 年美国贫困率曲线呈下降趋势，从 1959 年的 23% 下降到 2007 年的 12.5%，2007 年贫困人口总数为 3739 万人。

美国社保制度使贫困率降低了 6 个百分点。但社保制度的各个项目对不同目标群体的减贫程度不同。以 2005 年美国家庭贫困率 11.4% 为例（即 18 岁以下和 18 ~ 64 岁的人口），如果没有社保制度这个指数就将为 16.6%。65 岁以上的老年贫困率为 8.1%，但如果没有社保制度就将达 38.6%。很显然，美国缴费型社会保障制度“美国联邦养老、遗属与残障保险制度”（OASDI）

---

① European Commission, *Joint Report on Social Protection and Social Inclusion 2006*, Luxembourg: Office for Official Publications of the European Communities. April 2006. p. 116.

② 国别基尼系数引自世界银行《公平与发展：2006 年世界发展报告》，清华大学出版社，第 280 ~ 281 页，表 A2。欧盟平均基尼系数为作者计算得出的。

③ U.S. Census Bureau, *Current Population Survey*, 2005 and 2006 Annual Social and Economic Supplements, table A-2.

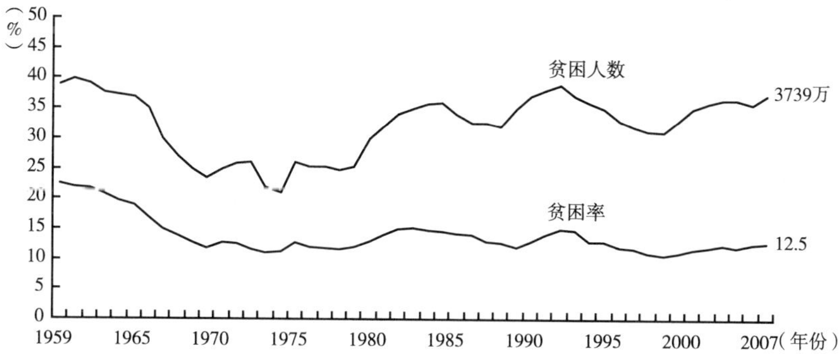

图6　美国2007年贫困率比1959年大约减少一半

资料来源：Carmen DeNavas-Walt，Bernadette D. Proctor，Jessica C. Smith，"Income，Pverty，and Health Insurance Coverage in the United States：2007"，*Current Population Reports*，*Consumer Income*，US. Census Bureau，Issued August 2008，p. 12。

的减贫效果异常出色，1935年美国在建立这个制度时，老年（65岁以上）贫困率高达70%。[①]

以上是美国缴费型保障制度的情况。美国非缴费型家计调查式的制度主要有三个，即《临时紧急家庭援助法》（TANF）、《收入支持保障法》（SSI）和食品券制度，这三项转移支付项目大约使贫困率降低了1个百分点[②]。此外，非缴费型家计调查式制度还有住宅补贴、营养补贴、工作家庭的税收信贷等。缴费型保障制度减贫贡献率在4个百分点左右，非缴费型保障制度在1~2个百分点。

面对欧美贫困率在社保介入前后的巨大差距，人们会产生疑问，欧美使用的贫困率测量口径与社保制度项目内容是否完全一致？是否具有不可比性？

先考察美国贫困率测量办法及其社保减贫的主要支付项目情况。

对美国贫困线的标准的争论主要集中在贫困率的测量和标准的设定方面，演变到今天成为贫困线门槛制度。目前美国官方贫困率的测量办法是设立48个门槛。如果一个家庭的收入达到其中任何一个门槛均被认为在贫困线以下。这些门槛各州标准一样，不存在地域差别，每年根据CPI指数进行调整和公布。48个

① 以上数据均引自U. S. Census Bureau，*Current Population Survey*，2005 and 2006 Annual Social and Economic Supplements，table A-2. 个别数据是作者据此剥离和计算得出的。

② US. Census Bureu，*The Effect of Taxes and Transfers on Income and Poverty in the Unite States*，2005-Comsumer Income. Issued March 2007，p. 4.

门槛指税前现金收入，不包括资本所得和非现金补贴，例如公共住房、医疗救助和食品券等。这个测量办法简单易懂，具有较高的透明度和可操作性。

经过加权平均处理之后，美国贫困率的测量办法可简化为如下 9 组数据，这在实际操作中更便于测量：1 人户年收入在 10590 美元以下，2 人户 13540 美元，3 人户 16530 美元，4 人户 21203 美元，5 人户 25080 美元，6 人户 28323 美元，7 人户 32233 美元，8 人户 35816 美元，9 人及以上户为 42739 美元。

美国民间智库普遍认为①，目前这种测量办法没有将一些实际收入计算在内，建议在将家庭可支配收入计入的基础上，再加上食品券、住房补贴和能源补贴等，并认为这样更贴近实际。

再来看欧盟贫困率测量标准及其对社保减贫的解释。欧盟官方给出的“贫困发生率”的概念是指，相当于各国中等收入水平 60% 以下的可支配收入水平线；所谓“相当于中等收入水平”的概念是指家庭全部可支配收入，并考虑到了家庭规模、构成等因素，还把年龄分为四组，并考虑到性别因素。需指出的是，与美国“假定没有社会保障制度情况下”的概念相比较，欧盟的“社会现金转移支付之前的贫困发生率”概念不包括所有现金社会转移支付，但却包括退休金和遗属津贴。② 根据欧盟的这个定义，我们只要将其加入“现金社会转移支付之前的贫困发生率”就与美国“假定没有社会保障制度情况”一致了。经测算，将养老金加入之后，欧盟的贫困率便降到 26%，而不是 42%！

最后看拉美贫困率的统计口径。本文使用的拉美贫困率数据全部引自经委会。联合国拉美经委会对拉美“贫困率”的测量方法和标准设定与欧盟完全一样，也是采用了“相对贫困”测量法。③ 既然拉美和欧盟在测量口径上没有差

① Arloc Sherman and Isaac Shapiro, “Social Security Lists 13 Million Seniors above the Poverty Line: A Stat-by-State Analysis, Working Paper, Center on Budget and Policy”, *Priorities*, February 24, 2005.

② European Commission, Joint Report on Social Protection and Social Inclusion 2006, Luxembourg: Office for Official Publications of the European Communities. April 2006. pp. 141 – 142, Annex 1. A.

③ 参见如下两份报告，经济合作与发展组织发展中心《2009 年拉丁美洲经济展望》，世界知识出版社，2009，第 49 页。ECLAC（Dec. 2006），*Social Panorama of Latin America 2006* (*Preliminary version*), Santiago, Chile, United Nations Publication, p. 14.

别，拉美和欧盟之间贫困率差距如此之大，就足以说明拉美社保制度减贫功能确实存在问题，而且与拉美各国初始贫困状况相关：拉美没有一个国家的贫困率低于26%，而欧盟没有一个国家超过21%。

在对上述测量口径进行辨析之后，我们便可得出结论，拉美、欧盟、美国的贫困率口径具有可比性。

表2列出了拉美与欧盟、美国社保制度存在前后贫困率的比较。① 拉美社保制度目前的减贫幅度为35.4%，减贫系数为26.2%，均远远小于欧美，在其他条件不变的情况下，其中原因之一应是覆盖面较小。但如果覆盖面达到"基本应保尽保"，即扩大到90%的话（就业人口），减贫幅度可再提高1倍左右，对初始贫困率（即"如果没有社保制度"）来说，拉美社保减贫幅度将总体可达150%左右，减贫系数总体可达60%左右，均远远高于欧美。

表2　拉美与美国、欧盟社会保障制度减贫的比较

单位：%

地区	欧盟（2003年）	美国（2005年）	拉美（2003年）	假定拉美社保制度达到90%（就业人口）覆盖率
如果没有社保制度	26.0	18.9	60.0	60
目前有社保制度	16.0	12.7	44.3	(24)
减贫幅度	62.5	48.8	35.4	(150)
减贫系数	38.5	32.8	26.2	(60)

资料来源：作者根据前文引述的欧盟和美国官方资料数据制作，其中"减贫幅度"和"减贫系数"由作者测算得出，第3列第2行数据由作者估算，第4列数据由作者据此推算得出。

尽管欧盟和拉美均使用"相对贫困"的测算方法，但即使拉美社保覆盖率提高到欧盟的程度甚至是100%，其贫困率也将高达22%左右，还是高于欧盟。除其他因素以外，这显然与拉美的初次分配有较大关系。从这个角度看，二次分配的校正毕竟有限，重要的还是初次分配。

① 该表第3列第2行数据是作者根据拉美社保覆盖率和欧盟与拉美在社保制度前后的基尼系数等因素（OECD的测算显示，欧洲的税收转移支付使基尼系数下降了9个基点，而拉美却不到2个，见经济合作与发展组织发展中心《2009年拉丁美洲经济展望》，第10页。但基尼系数与贫困率还是两回事儿，因为前者与税制有关）估算出来的，这里没有考虑到人口变化、增长和通胀等其他因素，仅是一个静态的估算，供读者参考。

三 拉美社保制度调节收入差距作用不足的原因分析

在导致拉美“增长性贫困”的诸多因素中，社保制度的因素难以排除在外，覆盖率狭窄将负有主要责任。20 世纪 80 年代拉美十几个国家私有化改革后，覆盖率出现萎缩态势。总体来看，覆盖面仅 40% 左右。在拉美，未参保人群多为弱势群体或女性，这也使弱势群体处于不利处境，“福利改进”难以获得，况且拉美增长本来就很有限。于是，据此测量的、采用“欧盟方式”的“贫困率”提高与经济低速增长伴生就成为必然。虽然东亚等其他一些新兴市场经济体社保覆盖率也不高，有的甚至更低（如中国），但之所以没有“增长性贫困”，首先得益于高速增长。如果高速增长期结束，在社保制度覆盖面没有显著扩大的前提下，极有可能出现“增长性贫困”。拉美社保覆盖面狭窄与 80 年代以来社保私有化改革有较大关系，与社保融资模式和文化传统习惯的适应性也存在一定的相关性。① 下文讨论的是拉美社保覆盖面狭窄的诸多表现及其内生动因。

（一）社保制度覆盖面狭窄不利于防止“增长性贫困”

1. “缴费型”社会保险制度覆盖率逐年下降

据统计，拉美地区有 40% 的家庭处于贫困线以下，他们没有参加任何基本社会保险，人口总数高达 2 亿以上。② 以智利为代表的一些拉美国家从 1981 年开始对传统的 DB 型现收现付社保制度进行了私有化改革，引入个人账户，将社保资金交由私营的养老金管理公司投资运营。私有化改革后社保基金投资收益率较好，绝大部分国家财务可持续性得以根本改善，财政负担基本消除。

尽管拉美地区社保私有化改革基本解决了财务问题，但在覆盖率上却明显降

① 关于拉美社保私有化改革后与其文化传统的适应性探讨，详见郑秉文等《中国与拉美社会保障比较：传统文化与制度安排——提高覆盖率的角度》（与 J. 威廉姆森、E. 卡尔沃合著，《拉美研究》2009 年第 1 期）。

② ECLAC, *Shaping the Future of Social Protection: Access, Financing and Solidarity*, ECLAC, UN, March 2006, p. 22.

低：除哥伦比亚外，绝大部分国家覆盖率出现了下降的趋势，拉美地区 70 岁以上的老年群体平均每 10 人中只有 4 人直接获有养老金收入。①

表 3 拉美社会保障覆盖率（支付缴费的参保人口比例）

国家	国家全部合计	城镇全部	农村全部	城镇正规部门	领工薪的城镇非正规部门	没有工薪的城镇非正规部门	男性全部	女性全部
阿根廷	—	56.0	—	68.5	22.7	—	59.0	52.5
玻利维亚	14.5	21.2	4.6	42.8	6.8	10.4	13.8	15.4
巴西	47.8	54.3	17.4	78.3	34.4	17.1	48.4	47.0
智利	64.9	67.0	48.8	81.6	50.8	20.7	66.6	62.1
哥斯达黎加	65.3	68.2	60.5	87.7	43.3	35.0	68.5	59.3
厄瓜多尔	—	32.2	—	57.4	12.8	10.9	32.4	32.0
萨尔瓦多	32.9	43.4	14.5	78.5	10.9	11.0	30.9	35.9
危地马拉	17.8	31.1	8.5	63.6	10.0	0.3	18.4	16.7
墨西哥	55.1	64.8	30.8	81.9	25.5	—	52.9	59.1
尼加拉瓜	18.3	25.1	7.6	53.8	7.4	1.3	16.3	21.9
巴拿马	53.8	66.6	29.3	88.4	36.5	26.4	48.6	63.4
巴拉圭	13.5	20.2	5.0	48.9	4.1	0.8	13.1	14.2
秘鲁	13.0	18.7	2.6	43.8	3.8	3.2	15.0	10.4
多米尼加	44.7	48.0	32.7	52.6	14.8	—	43.4	46.6
乌拉圭	—	63.8	—	88.2	43.9	24.7	63.6	64.0
委内瑞拉	61.5	—	—	75.5	19.9	—	58.0	67.1
拉美平均	38.7	45.4	21.9	68.2	21.7	13.5	40.6	41.7

资料来源：ECLAC，*Shaping the Future of Social Protection*：*Access*，*Financing and Solidarity*，ECLAC，UN，March 2006，p. 45.，table II. I。

1990 年以来，阿根廷、玻利维亚、巴西、智利、哥斯达黎加、厄瓜多尔、萨尔瓦多、墨西哥和尼加拉瓜 9 国缴费型社保制度覆盖率不断下降。由于经济增长缓慢和劳动力市场不适应等原因，正规部门就业率开始下降，失业率一直徘徊在 7% ~12% 之间，工资增长率年均仅为 2%，这影响了个人的缴费能力，导致参保人数不断下降，覆盖面缩小。② 正规部门的社保覆盖率下降、不断膨胀的非

① ECLAC，*Shaping the Future of Social Protection*：*Access*，*Financing and Solidarity*，ECLAC，UN，March 2006，pp. 110，122. 这里还包括那些参保人死亡之后其配偶领取养老金的遗属。

② ECLAC，*Shaping the Future of Social Protection*：*Access*，*Financing and Solidarity*，UN，ECLAC，March 2006，p. 52.

正规部门难以参保，这是拉美社保制度面临的双重挑战。①

由于统计口径的原因，学者的估算结果更差：拉美 10 个私有化改革国家的覆盖率从改革前的 38% 下降到 2004 年的 26.3%，其中阿根廷、多米尼加和秘鲁下降了一半左右（见表 4）。②

表 4　2006 年拉美 10 国私有化改革前后覆盖率比较趋势

单位：%

国　家	改革前的覆盖面		2006 年的覆盖面	
	改革前年份	缴费者	参保成员	缴费者
阿 根 廷	1994	50	63.8	25.7
玻利维亚	1996	12	26.7	13.3
智　　利	1980	64	112.6	58.0
哥伦比亚	1993	32	33.3	17.3
哥斯达黎加	2000	53	79.2	52.0
萨尔瓦多	1996	26	49.1	18.4
墨 西 哥	1997	37	84.2	31.0
秘　　鲁	1993	31	31.5	11.0
多米尼加	2000	30	36.0	18.9
乌 拉 圭	1997	73	45.3	26.0
平　　均	—	38	—	26.3

资料来源：OECD，Latin American Economic Outlook 2008，OECD Development Centre，OECD 2007，p. 70。

总言之，1990～2002 年拉美所有缴费型保险制度（养老和医疗等）覆盖率均呈现出下降趋势（见图 7）：城镇工人从 56% 下降到 48%，农村工人从 34% 降到 30%；城镇非正规部门就业人员下降幅度更大，从 35% 降到 20%；城镇女性和男性工人均呈下降趋势，男性从 57% 降到 49%，女性从 54% 降到 47%。相比之下，公共部门下降幅度较小，仅为两个百分点（从 87% 降到 85%）。

至于失业保险，其覆盖率比养老保险还要小，拉美只有几个国家建立了失业保险，如阿根廷、委内瑞拉、巴西、智利、厄瓜多尔、墨西哥和乌拉圭等；即使在这些国家，失业保险的覆盖率也仅限于正规部门；此外，它们的融资方式也不尽一致，很不稳定，例如，乌拉圭失业保险属于非缴费型项目，阿根廷和巴西仅

① Mesa-Lago，Carmelo，“Assessing the World Bank Report：Keeping the Promise”，*International Social Security Review*，July 2005，Vol. 58. No. 2－3. pp. 97－117.

② Mesa-Lago，Carmelo，“Private and Public Pension Systems Compared：An Evaluation of the Latin American Experience”，*Review of Political Economy*，2006，vol. 18，issue 3，pp. 317－334.

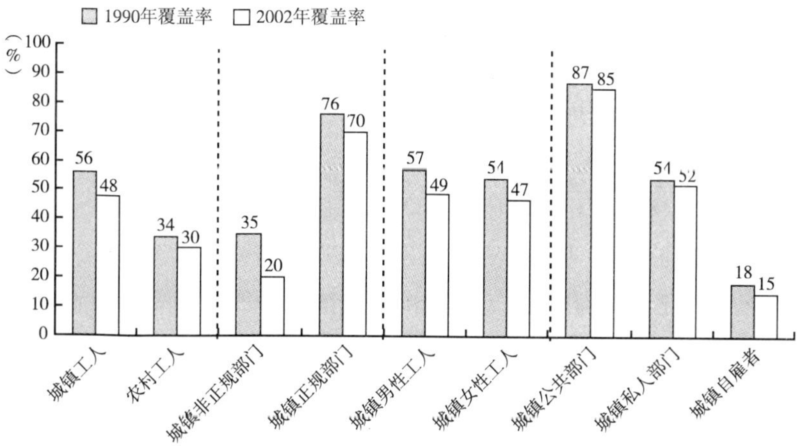

图 7　1990 ~ 2002 年拉美 9 国缴费型社保制度覆盖率

资料来源：ECLAC，*Shaping the Future of Social Protection*：*Access*，*Financing and Solidarity*，ECLAC，UN，March 2006，p51，figure II. 4。

由雇主单方缴费，其他国家是雇主和雇员双方缴费，但总体看，它们几乎都收不抵支，成为财务负担。

2. 医疗健康保险制度覆盖率低

首先，医疗保险制度覆盖率低于国际劳工组织的标准。

拉美 19 国的卫生医疗主要由三个部门构成：公共卫生服务、社会医疗保险和私人保险。2000 ~ 2004 年，覆盖率最高的国家有 5 个，覆盖率为 86% ~ 100%。两个最发达的国家墨西哥和巴拿马是全民覆盖的。还有 3 个国家的覆盖率为 66% ~ 73%，5 个国家在 57% ~ 68%。

2000 ~ 2004 年，拉美社会医疗保险的参保人数约为 2. 48 亿，占总人口的 53%，医保覆盖率低于国际劳工组织规定的 75% 的“最低标准”。尽管如此，拉美的医保覆盖率从 1980 年的 61% 提高到了 1990 年的 64%，在 2000 ~ 2004 年又回落到 53%，也就是说，拉美大约 5900 万人或 11. 5% 的人口是购买商业医保的。①

其次，公共医疗卫生覆盖面很不平衡。

① 上述资料引自：Mesa-Lago，Carmelo，“The Extension of Healthcare Coverage and Protection in relation to the Labour Market：Problems and Policies in Latin America”，*International Social Security Review*，January - March 2007. Vol. 60，No. 1，table 3。

儿童免疫接种和专业卫生技术人员为妇女生育接生的比重是衡量一国公共医疗卫生覆盖率的重要指标。1 岁儿童接种的比重在发展中国家的平均水平是 75%，拉美是 93%，高于世界 77% 的平均水平，甚至还高于 OECD 92% 的平均水平；再以专业卫生技术人员接生为例，2003 年发展中国家的平均水平是 59%，最不发达国家是 34%，而拉美则高达 82%，高于世界 62% 的平均水平，仅次于 OECD 99% 的平均水平。但是，拉美国别之间差距很大，如危地马拉由专业卫生人员接生的比重平均只有 35%，而多米尼加则高达 95%。同时国内两极分化也十分明显，如按五分法统计，危地马拉最贫困组只有 10%，最富裕组则高达 90%；秘鲁最贫困组为 15%，最富裕组为 98%（见图 8）。

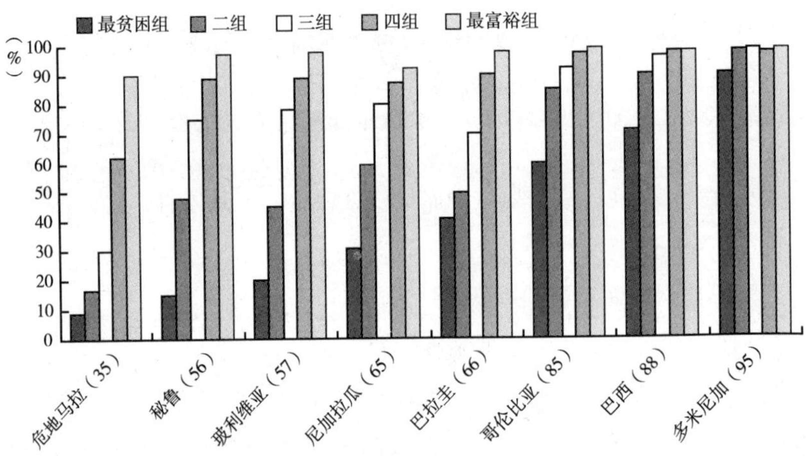

图 8　2002 年拉美 8 国专业卫生技术人员为妇女分娩接生的数量

资料来源：ECLAC，*Shaping the Future of Social Protection*：*Access*，*Financing and Solidarity*，ECLAC，UN，March 2006，p. 79，Figure III. 1。

（二）缴费型社保制度缴费率过高而替代率过低

1. 私有化改革后工人缴费率过高

私有化改革后，劳资双方缴费结构发生重大变化，加重了工人的生活负担，降低了当前消费能力。第一，有些国家或是完全免除了雇主的缴费义务（如玻利维亚、智利和秘鲁三国），或是降低了雇主的费率（如阿根廷和乌拉圭，它们是混合型，只向公共养老制度缴费）；第二，有 6 个国家提高了雇员的费率（玻利维亚、哥伦比亚、萨尔瓦多、尼加拉瓜、秘鲁和多米尼加)，只有3个国家同时提高了雇员和雇主双方的费率；第三，据统计，在所有私有化改革的国家，工人缴费占缴费总额的65%，而雇主只占24.5%（余下的10.3%在3个国家里由国家承担)。①

免除雇主缴费义务的做法完全违背了国际劳工组织制定的“最低标准”，该标准规定工人缴费不得超过总缴费的50%。私有化改革后，拉美国家社保制度个人缴费的设计结构没有考虑到个人的负担能力问题，过分地“照顾”企业主，本来应由企业主承担的义务转嫁给工人，不但抑制了工人当前的消费能力和生活水平，而且更不利于减贫。

2. 过高的缴费率导致遵缴率过低

国际经验反复证明，一国社保缴费率过高，必将导致遵缴率降低。虽然拉美私有化改革理论上讲能够激励参保，提高遵缴率。但事实上，过高的缴费率导致逃费现象普遍，遵缴率始终处于下滑态势。② 表5是1998～2004年每年12月份的实际遵缴率，它说明，拉美10个私有化改革国家的遵缴率平均水平是逐年下降的，从1998年的57.9%下降到2004年的40.7%，其中降幅最大的萨尔瓦多，达1/3。

表5　拉美10国社保私有化改革后遵缴率表

单位：%

国　家	1998年	1999年	2000年	2001年	2002年	2003年	2004年
阿根廷	48.9	44.3	39.1	29.0	33.2	35.2	35.4
玻利维亚	—	—	—	47.0	46.9	39.0	44.9
智　利	52.8	53.4	50.9	53.7	51.0	51.9	50.4
哥伦比亚	—	51.6	48.5	48.7	47.6	48.7	39.0
哥斯达黎加	—	—	—	—	—	73.1	68.1
多米尼加	—	—	—	—	—	58.5	49.8
萨尔瓦多	67.2	63.7	55.2	53.2	47.6	46.3	41.9
墨西哥	63.4	60.2	57.9	44.7	41.7	39.3	38.8
秘　鲁	45.6	45.7	41.7	41.2	39.4	41.9	39.9
乌拉圭	67.4	58.7	53.9	53.2	45.1	52.7	52.5
平　均	57.9	55.5	51.0	43.5	42.1	42.3	40.7

资料来源：Mesa-Lago, Carmelo, Private and Public Pension Systems Compared: an Evaluation of the Latin American Experience, *Review of Political Economy*, 2006, vol. 18, issue 3, table. 4。

① Mesa-Lago, Carmelo, “Private and Public Pension Systems Compared: An Evaluation of the Latin American Experience”, *Review of Political Economy*, 2006, vol. 18, issue 3, p. 317－334. Table 4.

② Gill, I. S., Packard, T. & Yermo, J. (2005) *Keeping the Promise of Social Security in Latin America* Palo Alto, Cal.: Stanford University Press and World Bank.

3. 较低的缴费密度导致较低的替代率

遵缴率下降必然导致缴费密度下降，而缴费密度下降必然导致未来退休收入替代率下降，进而影响老年人的生活水平。理论上讲，新制度实行积累制，待遇计发方式采取DC制，缴费激励应远远大于旧制度；但事实上，在经济增长疲软和工薪增长有限等外部条件下，实际缴费能力和缴费意愿不足，导致较低的缴费密度；而缴费密度对替代率水平具有直接的影响，密度越大，替代率越高，反之则越低。

拉美私有化改革后，制度特性要求较高的遵缴率和足够的缴费密度，这是DC型养老制度的一个基本要求。但在就业多样化与非正规部门不断扩大的趋势下，灵活就业人员、自雇者和小工商业者等群体的就业不稳定和不确定性使断保现象普遍，虽然名义上是参保者，但并不能保证连续缴费，于是遵缴率低下便成必然。遵缴率较低就意味着缴费密度不足，缴费密度不足就意味着退休金水平较低。

以墨西哥为例（见图9），只有当参保人缴费额达到最低工资标准的5倍时其养老金替代率才能达到52.9%，这个标准的养老金只相当于最低工资的2.7倍和城镇贫困线的2.3倍。如此低的制度预期不能激励和吸引参保人积极缴费，费率较高的经济负担又导致其缴费意愿低下，进而导致缴费密度较小，最终导致养老金水平较低。于是，这样的制度便形成恶性锁定。

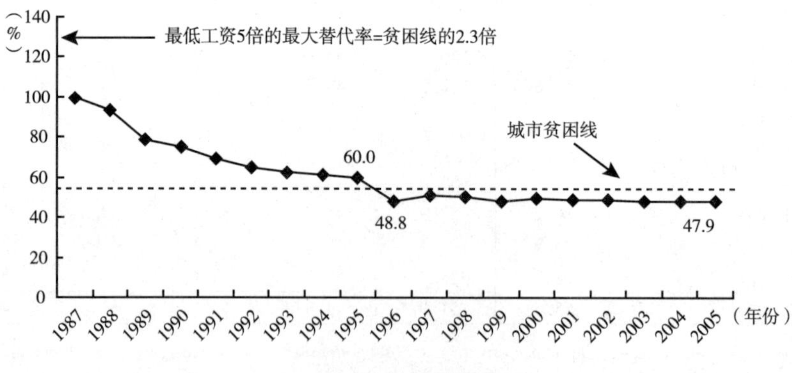

图9　1987～2005年墨西哥实际最低工资的变化
（1987年1月等于100）

资料来源：Alberto Valencia Armas（2005）*Social Security and Population Aging in Mexico*：*Analysis of the Individual Account Retirement Pension System*. figure14。该论文是笔者2007年随中国社会科学院代表团访问墨西哥时由该文作者赠与。

4. 低替代率使女性和老年人等弱势群体首先陷入贫困

由于生育和照顾老人子女等原因，女性的缴费密度和替代率普遍低于男性，成为贫困发生率较高的一个群体。

以智利社保制度为例。2002 年智利女工个人账户的资金积累总额只是男性的 32% ~46%，男性替代率是 81% ~86%，而女性只有52% ~57%。[①] 改革后缴费密度的“门槛”要高于改革前传统 DB 型制度下获取养老金权利的门槛，这就意味着在当前 DC 型制度下，女性等弱势群体获取的养老金质量比以前差了。

由于收入缺乏充足性，老年人成为拉美贫困敏感度较高的一个群体。虽然老年人退休收入不高，但他们仍常常要帮助其子女，这种家庭内部代际转移在拉美成为一个独特的社会现象，极易诱发老年贫困。据统计，70% 以上的老年人居住在一个几代人合居的大家庭里，单独居住的仅为 10%（在发达国家是 25%）。这些老年人就成为这些合居家庭的一个主要收入来源，城镇合居的家庭中大约有 1/3 属于这种情况，在这些家庭里，老年人退休金占家庭收入的 1/2 强，其中，在委内瑞拉占家庭收入的 17%，墨西哥是 19%，智利是 39%，玻利维亚是 46%；在农村这个比重更高，巴拿马是 28%，阿根廷是68%。[②]

（三）非缴费型社保支出结构不利于社会凝聚

前面讨论了缴费型社保制度支出，下面对拉美地区非缴费型社保制度支出状况做一简单分析。

1. 非缴费型基本养老金的减贫作用及其不同模式下的成本比较

在世界范围内，实行社保私有化改革的国家主要集中在拉美地区。而 DC 型积累制社保制度再分配功能较差，且由于拉美地区改革后的制度替代率较低，所以，引入和建立一支资金来自于一般税收的非缴费型社保支柱就显得异常重要，它可以弥补缴费型制度再分配能力较差的缺陷。

---

① Mesa-Lago, Carmelo, “Private and Public Pension Systems Compared: An Evaluation of the Latin American Experience”, *Review of Political Economy*, 2006, vol. 18, issue 3, p. 317 -334.

② ECLAC (2000), *Social Panorama of Latin America 1999 - 2000*, (LC/G. 2068 - P), Santiago, Chile, United Nations Publication, Sales No. E. 00. II. G. 18.

非缴费型社保项目也被称为国家基本养老金（或称“社会养老金”、“国民年金”等），对防止“增长性贫困”具有不可替代的积极作用。考虑到财政约束，将非缴费型养老计划控制在一个合理与财力可以承受的成本之内是非常可行的。根据世界各国的实践，基本养老金可分为“普享式”和“目标定位式”两种。所谓普享式是指津贴水平设定在一国贫困线上，或固定在某个年龄段、或某个特定的群体上；所谓“目标定位式”是指将津贴“瞄准”陷入贫困的老年人，即瞄准某个群体里经过家计调查之后的某个特定人群。如果在拉美地区普遍引入一个非缴费型的基本养老金，不管是普享式的还是目标定位式的，其贫困率均可降低 18 个百分点（从 38% 降至 20%），即贫困率下降一半左右（在不考虑老年人与子女合住并资助子女的情况下，见图 10）。

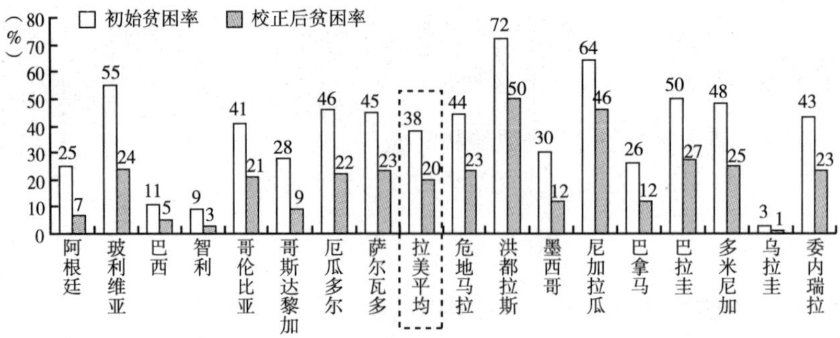

图 10　社保制度对老年贫困率的影响

资料来源：ECLAC，*Shaping the Future of Social Protection：Access，Financing and Solidarity*，ECLAC，UN，March 2006，p. 132，Box IV. 8。

尽管普享型与补救型社会社保模式的减贫效果完全相同，两种方案的减贫率都是 18 个百分点，但其成本却大相径庭（见图 11）。如拉美地区采取补救型模式，其最低平均成本仅为 GDP 的 0.9%，而普享型模式则高达 2.2%。

即使在目标定位式里，不同国家之间的成本收益也是不一样的。从图 11 中我们可以看出，拉美 17 个国家平均成本收益是 0.05，即每进行相当于 GDP 0.05% 的转移支付便可降低 1 个百分点的老年贫困率。

但据统计，在 20 个拉美国家里，只有阿根廷、巴西、智利、哥斯达黎加、

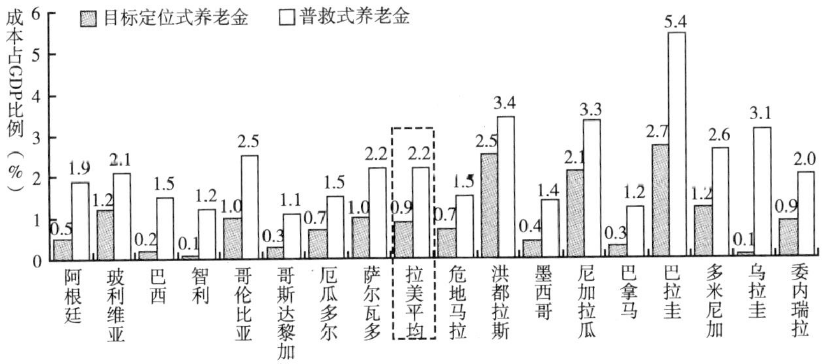

图 11 目标定位式养老金与普享式养老金成本的比较

资料来源：ECLAC，*Shaping the Future of Social Protection*：*Access*，*Financing and Solidarity*，ECLAC，UN，March 2006，p. 132，Box. IV. 8。

古巴和乌拉圭 6 个国家建立了非缴费型的救助制度。① 从这个意义上说，如果将其作为“大社保”的一个组成部分，拉美国家的私有化改革进程还没有结束，还有很大的改革和发展空间，以弥补目前第一支柱的缺陷。从拉美财政约束情况看，目标定位式的制度成本要低一些，效果也较好，应该成为拉美地区的首选。

2. 社保支出结构不合理将导致社会排斥

如上所述，拉美地区来自于一般税收的非缴费型社保项目不足，支出有限。虽然近 15 年来拉美各国社会支出幅度占 GDP 的比重增加较快，但还存在许多问题。

一是各国差距较大，规模较小。虽然 20 世纪 90 年代以来平均支出大幅提高，从占 GDP 的 12. 8% 平均提高到 15. 1% 左右，但与发达国家相比，还存在较大发展空间。

二是支出结构不尽合理。住房支出并没有提高，甚至还有下降；此外，公共卫生的支出也呈下降趋势。

三是再分配效应与世界各国相比没有什么太大差别。据统计，社会支出对家庭主要收入提高了 17%，如按五分法来测算，其中对收入最低的 20% 家庭提高了 86%，是全部家庭的 5 倍，是收入最高的 20% 家庭的 10 倍。上述

① Mesa-Lago，Carmelo，“Private and Public Pension Systems Compared：An Evaluation of the Latin American Experience”，*Review of Political Economy*，2006，vol. 18，issue 3，pp. 317 - 334.

社会支出的再分配效应基本与世界其他国家或地区的测算统计结果是一致的。①

健康服务支出是减贫的另一个重要指标。虽然在GDP占比上拉美略高于世界平均水平，以2002年为例，世界健康服务支出平均占GDP的6.2%，OECD和高收入国家为8.9%，拉美33国为6.6%；但是，在支出绝对数上则存在较大差距，世界平均为640美元（2002年PPP价格），OECD和高收入国家为2514美元，而拉美只有438美元；从支出结构看，公共支出与医保合计的世界平均水平为58.2%（其中前者为45.2%，后者为13.0%），私人支出为41.9%，OECD和高收入国家公共支出与医保合计为72.5%，私人支出27.5%，但是，拉美的公共支出与医保支出合计为最低，是54.7%（前者为40.8%，后者为13.9%），私人支出为最多，是45.3%；而在私人支出中，个人支出的世界平均水平为35%，OECD和高收入国家仅为20%，拉美33国则高达37%。②

上述分析充分说明，拉美地区的社会支出或非缴费型社保支出在结构、规模、重点扶持项目等方面，都存在一些需要改进的地方，否则，将不利于有效控制社会排斥，不利于加强社会凝聚力。

四　拉美社保制度面临的挑战与未来发展

（一）拉美社保私有化改革后的制度缺陷

除文化传统等因素外，对拉美社保制度的“局内人”来说，遵缴率和替代率的“双低局面”使大约1/3“局内人”的社保制度徒有虚名，成为“增长性贫困”的“间接牺牲品”：在理论上他们被覆盖进来，但在事实上却成为“基本没有覆盖进来”的“隐性人口”；对制度外的“局外人”来说，由于制度可获性较差，制度覆盖面难以扩大，致使一多半就业人口被“裸露”在市场和生存风

① 以上数据引自ECLAC, *Shaping the Future of Social Protection: Access, Financing and Solidarity*, ECLAC, UN, March 2006. pp. 60－61, figure II. 7.

② 上述资料引自：Mesa-Lago, Carmelo, “The Extension of Healthcare Coverage and Protection in relation to the Labour Market: Problems and Policies in Latin America”, *International Social Security Review*, January－March 2007. Vol. 60, No. 1。

险之中，成为“增长性贫困”的“直接牺牲品”和没能覆盖进来的“显性人口”。

显性与隐性两部分合计构成了拉美社保“半覆盖”的后果，又助推了“增长性贫困”的产生。拉美社保制度的运行轨迹说明，覆盖面狭窄是由制度连环缺陷造成的，最终陷入DC型积累制的“社保陷阱”。在这种情况下，如果增长低于3%，“增长性贫困”就将不可克服。

（二）拉美式社保制度的“半覆盖化”

本文的分析旨在阐释，“增长性贫困”固然由诸多因素导致，但是，我们不得不认识到，一国之社保制度的覆盖面如不能尽快扩大，以适应经济增长的需要和满足社会发展的要求，在其他条件既定时，“增长性贫困”便与其相随相伴。实践已经证明，此次美国次贷危机导致的世界金融危机已使“半覆盖”社保制度下经济体的脆弱性暴露无遗。

覆盖面狭小是社保制度的一种“非常状态”。拉美二十几年来始终处于这种“非常状态”，不能说它在政治上是成功的。一国之社保覆盖面如长期不能扩大到应保尽保的程度，即使财务上是可持续的，设计上是严谨的，但只要绝大部分“局内人”不能从中分享到增长的好处，一大半“局外人”长期纳入不进来，全国将近一半人口生活在贫困线以下，这种“非常状态”就有可能演变成政治风险。一国之社保制度覆盖面在既定时间表内应达到应保尽保，这才是一个制度的“正常状态”，这既是社保制度的本质特征，也是目标所在，还是检验一国社保制度政治可持续性的一个重要标尺。

要想实现和达到应保尽保的制度目标，路径大约有二：或是一开始就建立起一个全国统一的制度（如美国1935年社保立法），或是通过“人皆社保，满眼碎片”（如法国）的路径来实现。美国式路径的统一社保制度建立至今，几乎没有引发过全国范围的群体性事件的记录，相反却成为弱势群体的一个生命线。至于法国式路径，“满眼碎片”在半个多世纪之后早已演变成“满目疮痍”：虽然实现了应保尽保，但却陷入“社保陷阱”，由社保制度引发的不稳定甚至社会动荡年复一年，日甚一日。二者之优劣不言自明。

如果说存在实现应保尽保的“第三条道路”的话，英国可能算是一个：先碎片后整合。由于历史发展阶段的原因，英国继受了碎片化的制度遗产，在

1946 年成功地对其进行了整合。

在“第三条道路”中，私有化改革的“智利模式”或称“拉美模式”也应载入史册，它影响了拉美和世界：这个模式一举解决了历史上始终没有解决的社保财务困境，这是一个创举。如果能通过整合原有碎片和建立统一制度的途径，从“半覆盖”向“全覆盖”过渡，进而解决“一个制度、全部覆盖”的问题，那必将成为社保历史上一座里程碑。

但是，如果“拉美式”路径迟迟不能从“半覆盖”向“全覆盖”迈进，这个制度的目标将始终遥遥无期，社会将会失去耐心，政府将会失去信心，久而久之，拉美式“半覆盖”社保制度与法国式的“碎片化”社保制度就将同样面临命运的挑战：前者的“合法性”将提到议事日程，后者的“稳定性”（指引发社会骚乱）将必然受到严重质疑。

由此看来，社保制度的支付能力问题是个“经济问题”，社保制度的覆盖面问题则是个“社会问题”，二者均有可能导致“政治问题”。历史悠久的传统的 DB 型现收现付制在欧洲基本解决了覆盖面问题，但却没有解决好支付能力问题，由此从 20 世纪 90 年代以来导致一系列改革；私有化历史只有二十几年的拉美社保制度创造性地建立起一个崭新的制度模式，基本解决了支付能力问题，但却面临着覆盖面问题的严峻挑战；在建立时间上居中的美国社保制度对二者兼而顾之，目前来看运行正常。

（三）拉美社保制度的持续改革

阿根廷社保制度国有化立法案可被视为拉美式“半覆盖”社保制度“合法性”的一次革命。社保覆盖率狭小的“非常状态”与欧美几近全覆盖的“正常状态”社保制度之间形成的巨大反差，是导致阿根廷“半覆盖”社保制度合法性危机的一个基本动因。

其实，拉美私有化社保制度合法性危机早在几年前就已经在厄瓜多尔发生了。

厄瓜多尔社保制度建立于 1928 年，同样面临着许多问题：如覆盖面太窄、养老制度收不抵支、财政补贴不堪重负、制度成碎片化状态、管理效率低下、行政管理成本很高、制度透明度差、城乡居民制度分割、工人和农民的待遇差距较大等。由于上述困难，2001 年年底，厄瓜多尔政府对其进行私有化改革，由于改革方案在没有经过社会各界充分讨论和论证的情况下就匆忙提交给议会，并获得批准，但这却为日后私有化改革流产埋下了伏笔。

厄瓜多尔从2001年社保改革以来一直处于“社保大辩论”之中，但出于维持社会稳定的需要，改革后最急迫的是尽快恢复和提高退休金水平，厄政府为此便利用财政转移大幅度提高退休金水平，次年即2002年就超过了以往20世纪90年代任何年份的水平，2003年就高达185美元，是90年代的2倍；财政包袱甚至比改革前还要沉重，制度财务可持续性问题没有得到任何改善。而与此同时，改革措施不配套，覆盖面没有扩大，受益人范围很小，并且绝大部分属于中等收入或高收入家庭，社会矛盾不但没有得到解决，反而有所激化。①

2007年1月，“左派”科雷亚政府上台后立即宣布将尽快召开制宪大会，实行“宪法革命”，讨论制定厄瓜多尔历史上第20部宪法。新政府认为，厄瓜多尔贫困人口占全国总人口的60%，社保制度没有发挥作用，提出了与2001年改革方案完全相反的思路，即取消个人账户，恢复社保制度国有化。2008年7月厄瓜多尔制宪大会通过了新宪法之后，便标志着厄瓜多尔社保私有化改革在法律意义上的寿终正寝。

厄瓜多尔社保制度私有化改革流产了，阿根廷私有化改革国有化了。拉美私有化社保制度面临挑战。当然，利益集团的博弈、政治家的较量等可能在相当程度上左右着未来社保制度改革的走向和命运，但是，决定拉美这个社保模式前途的真正因素终将在于拉美社保制度覆盖面能否尽快体现其社保制度的本来功能，将绝大多数就业人口纳入进来。

① 以上关于厄瓜多尔的资料数据引自 Rofman，Rafael（2003）“The Pension System” en Fretes-Cibils，V.，Giugale，M. y Lopez-Calix，J. Ecuador. *An Economic and Social Agenda in the New Millennium*. The World Bank，Washington，DC。

G.13

参考文献

〔日〕国立社会保障人口问题研究所:《日本社会保障统计年报》,2009。

〔日〕国立社会保障人口问题研究所:《日本社会保障统计年鉴》,2009。

〔日〕国立社会保障人口问题研究所:《日本社会保障支付》,2009。

〔日〕厚生劳动年金局:《公共养老金制度》,2010 年 3 月。

〔日〕厚生劳动年金局:《厚生劳动白皮书》,2009。

〔英〕波兰尼:《大转型:我们时代的政治与经济起源》,浙江人民出版社,2007。

〔英〕尼古拉斯·巴尔:《福利国家经济学》,中国劳动社会保障出版社,2002。

何立新、佐腾宏:《不同视角下的中国养老保险制度与收入再分配——基于年度分配和终身收入的经验分析》,《世界经济文汇》2008 年第 5 期。

白凤森:《对拉美失业问题的再认识》,《拉丁美洲研究》2000 年第 5 期。

白重恩、钱震杰:《谁在挤占居民的收入——中国国民收入分配格局分析》,《中国社会科学》2009 年第 5 期。

彭宅文:《我国的医疗保险个人账户:历史、问题与前景》,《社会保障研究》2008 年第 1 期。

马斌:《日本社会保障制度及其对中国的启示》,《学习与借鉴》1996 年第 1 期。

马永堂:《完善失业保险促进就业功能》,《中国劳动》2006 年第 1 期。

穆怀中:《国民财富与社会保障收入再分配》,中国劳动社会保障出版社,2003。

穆怀中:《社会保障国际比较》(第二版),中国劳动社会保障出版社,2007。

冯英、杨慧源编著《外国的失业保障》,中国社会出版社,2008。

〔日〕大前研一：《M型社会：中产阶级消失的危机与商机》，刘锦秀、江裕真译，台北商周出版社，2006。

丁元竹：《界定基本社会保障均等化的几个问题》，《行政管理改革》2010年第3期。

田庆丰、李小芳、李中琳：《新型农村合作医疗的受益公平性研究》，《医学与哲学》2006年第8期。

李稻葵、何梦杰、刘霖林：《我国现阶段初次分配中劳动收入下降分析》，《经济理论与经济管理》2010年第2期。

李稻葵、刘霖林、王红领：《GDP中劳动报酬占GDP份额演变的U型规律》，《经济研究》2009年第1期。

李克强：《不断深化医改，推动建立符合国情惠及全民的医药卫生体制》，《求是》2011年第22期。

李箐：《日本个人所得税与社会保障对缩小收入差距的影响》，《各国税收纵横》，2009。

李实等主编《中国居民收入分配研究Ⅲ》，北京师范大学出版社，2008。

李汉林：《中国单位社会》，上海人民出版社，2004。

李亚青、申曙光：《论建立社会医疗保险筹资的长效机制——基于社会公平的价值理念》，《中国卫生经济》2011年第6期。

李扬、殷剑峰：《中国高储蓄率问题探究》，《经济研究》2007年第6期。

李运华：《中国社会保险制度之公平性缺失问题研究》，《江淮论坛》2006年第1期。

刘彤华：《我国社会保障制度促进收入分配公平作用探析》，《经济研究导刊》2010年第2期。

刘纪新：《拉美国家社会政策调整评析》，《拉丁美洲研究》2005年第3期。

刘晓强：《欧洲医疗保健改革对公平性的影响》，《国外医学》卫生经济分册1998年第15卷。

刘志英：《社会保障与贫富差距研究》，中国劳动社会保障出版社，2006。

刘昌黎：《现代日本经济概论》，东北财政大学出版社，2002。

刘莎：《我国社会保障制度再分配作用的非均衡分析》，《安徽商贸职业技术学院学报》2010年第1期。

刘瑞文：《产业结构对国内就业与所得分配的影响》，《经济论文丛刊》2001年第29（2）期。

刘乐山、鲁昕：《日本调节收入差距的财政措施及启示》，《经济纵横》2007年第3期。

刘乐山：《基于财政视角的中国收入分配差距调节研究》，博士学位论文，2006。

林国明：《到国家主义之路：路径依赖与全民健保组织体制的形成》，《台湾社会学》2003年第5期。

林金源：《家庭结构变化对台湾所得分配及经济福利分配的影响》，《人文及社会科学集刊》1997年第9（4）期。

林金源、朱云鹏：《移转所得对台湾所得分配的影响》，《人文及社会科学集刊》2003年第15（3）期。

林万亿：《台湾的社会福利：历史经验与制度分析》，台北五南图书公司，2006。

梁君林、蔡慧、宋言奇：《中国养老保险隐性债务显性化研究》，《中国人口科学》2010年第5期。

高霖宇：《社会保障对收入分配的调节效应研究》，经济科学出版社，2009。

高国顺：《强化基层医疗卫生机构基础作用　提高基本医疗卫生服务可及性》，《卫生经济研究》2010年第2期。

谷成、李俊毅：《城乡收入分配差距的扩大与我国社会保障制度的整合》，《东北财经大学学报》2004年第4期。

顾昕：《全球性医疗体制改革的大趋势》，《中国社会科学》2005年第6期。

郭彦卿：《社会保障：公平与效率如何权衡——中国古代收入分配思想的现代价值思考》，《求实》2009年第1期。

国家统计局社会和科技统计司《中国社会统计年鉴2010》，中国统计出版社，2010。

何平、华迎放：《灵活就业群体的社会保险》，《中国劳动》2005年第11期。

何立新：《中国城镇养老保险改革中的收入分配效应》，《经济研究》2007年第3期。

何志达、孔令琪：《我国社会医疗保险公平性的研究》，《中国商界》2009年第 9 期。

何文炯、徐林荣、傅可昂、刘晓婷、杨一心：《基本医疗保险“系统老龄化”及其对策研究》，《中国人口科学》2009 年第 2 期。

何文炯：《“十二五”社会保障主题：增强公平性和科学性》，《社会保障研究》2011 年第 1 卷，中国劳动社会保障出版社，2011。

何文炯：《病有所医及其实现途径》，2008 年 11 月 17 日《光明日报》。

何文炯：《从“制度全覆盖”走向“人员全覆盖”——社会医疗保险需要解决三大问题》，《中国医疗保险》，2010 年第 1 期。

海韵：《分配制约医保公平　医保调节分配关系》，《中国医疗保险》2010 年第 11 期。

华生：《劳动者报酬占 GDP 比重低被严重误读——中国收入分配问题研究报告之二》，2010 年 10 月 14 日《中国证券报》。

华迎放：《灵活就业群体的社会保障》，《中国劳动保障》2005 年第 6 期。

洪明皇、郑清霞：《第二所得者对家户经济的贡献及所得分配的影响》，发表于台湾社会福利学会 2008 年年会暨“新世纪社会保障制度的建构与创新：跨时变迁与跨国比较”国际学术研讨会，嘉义，2008。

黄丞、刘欣：《基本医疗保险适度水平相关研究综述和启示》，《系统工程理论方法应用》2004 年第 4 期。

吉尔伯特：《社会福利的目标定位》，中国劳动与社会保障出版社，2004。

金凤、任苒：《新型农村合作医疗实施后卫生服务可及性和医疗负担的公平性研究》，《中国卫生经济》2007 年第 1 期。

金彩虹：《中国医疗保障制度的收入再分配调节机制研究》，《经济体制改革》2005 年第 6 期。

经济合作与发展组织发展中心《2009 年拉丁美洲经济展望》，世界知识出版社，2009。

景天魁：《中国社会保障的理念基础》，《吉林大学社会科学学报》2003 年第 5 期。

〔日〕橘木俊招：《日本的贫富差距——从收入与资产进行分析》，丁红卫译，商务印书馆，2003。

谢中兴、江永裕：《劳动能力分配、生产可分割性与国际分工》，《经济论文丛刊》2005年第33（3）期。

向书坚：《中国收入分配格局研究》，中国财政经济出版社，2000。

薛承泰：《台湾是个M型社会吗?》，国政研究报告，http://www.npf.org.tw/particle-3076-2.html.

赵萌萌：《我国失业保险金给付标准合理性研究》，《经济问题探索》2011年第3期。

赵建国、杨燕绥：《中国社会保障体系的整合发展与重构》，《劳动保障世界》2010年第1期。

张鹭鹭：《区域内医院医疗资源配置公平性研究》，《中华医院管理》2000年第5期。

张展新：《劳动力市场的产业分割与劳动人口流动》，《中国人口科学》2004年第2期。

张车伟、张士斌：《中国初次收入分配格局的变动与问题——以劳动报酬占GDP份额为视角》，《中国人口科学》2010年第5期。

郑秉文、房连泉：《阿根廷私有化社保制度"国有化再改革"的过程、内容与动因》，《拉丁美洲研究》2009年第2期。

郑功成：《中国社会保障制度变迁与评估》，中国人民大学出版社，2002。

郑功成：《社会保障——调节收入分配的基本制度保障》，《中国党政干部论坛》2010年第6期。

郑功成：《中国社会保障改革与发展战略——理念、目标与行动方案》，人民出版社，2008。

中华人民共和国国家统计局《中国统计年鉴》（2005~2011），中国统计出版社。

〔日〕中原弘二等：《现代日本的社会保障》，杨河清等译，中国劳动社会保障出版社，2005。

仇雨临：《人口老龄化对医疗保险制度的挑战及对策思考》，《北京科技大学学报》（社会科学版）2005年第1期。

陈坤铭、杨书菲：《国际贸易对相对工资之影响——以中国大陆贸易自由化为例》，《中国大陆研究》2005年第48（2）期。

陈华、张梅林：《基于公平的包容性增长：科学内涵、约束条件及路径选择》，《理论学习》2011 年第 1 期。

世界银行：《2006 年世界发展报告：公平与发展》，清华大学出版社，2006。

申曙光、彭浩然：《全民医保的实现路径——基于公平视角的思考》，《中国人民大学学报》2009 年第 2 期。

申曙光、孙健、刘巧、周坚：《新型农村合作医疗制度公平性研究——以广东省为例》，《人口与经济》2009 年第 5 期。

申曙光、孙健：《论社会保障发展中的七大关系——基于社会公平的视角》，《学习与探索》2009 年第 4 期。

申曙光、彭浩然：《中国养老保险隐性债务问题研究》，中山大学出版社，2009。

申曙光：《构建和谐社会与发展社会保障事业》，《社会保障研究》2005 年第 1 期。

沈洁：《日本社会保障制度的发展》，中国劳动社会保障出版社，2004。

曹添旺、陈建良、陈隆华：《国际化对台湾制造业男性工资差异之影响》[J]，《人文及社会科学集刊》2006 年第 18（2）期。

曹添旺、张植榕：《台湾家庭高低所得阶层属性分布与所得分配》，《国家科学委员会研究汇刊：人文及社会科学》2000 年第 10（3）期。

曹添旺、陈建良：《台湾所得分配恶化成因之探讨》，发表于“M 型社会的新贫现象与福利措施”研讨会，台中，2008。

曹世文：《参保人群老龄化与基本医疗保险基金平衡关系研究》，浙江大学硕士学位论文，2008。

苏振兴：《增长、分配与社会分化——对拉美国家社会贫富分化问题的考察》，《拉丁美洲研究》2005 年第 1 期。

〔日〕速水佑次郎：《发展经济学——从贫困到富裕》，李周译，社会科学文献出版社，2003。

孙健忠：《台湾社会津贴实施经验的初步分析》，《社会政策与社会工作学刊》2000 年第四卷第二期。

孙健忠：《台湾社会救助制度实施与建构之研究》，台北时英出版社，2002。

宋世斌、申曙光主编《社会保险精算》，中国劳动社会保障出版社，2007。

吕建德：《从福利国家到竞争式国家：全球化与福利国家的危机》，《台湾社会学》2001 年第 2 期。

吕学静：《修改〈失业保险条例〉的核心任务之我见》，www. people. com. cn，2011，3。

吕学静：《中国失业保险制度发展战略研究》，郑功成主编《中国社会保障改革与发展战略（总论卷）》，人民日报出版社，2011。

吕学静：《失业保险应该发挥在保障失业人员基本生活、促进就业和预防失业上的功能》[Z]，http：//sybx. jms. gov. cn，2011，9。

吕学静编著《现代各国社会保障制度》，中国劳动和社会保障出版社，2006。

吕朝贤：《社会救助问题：政策目的、贫穷的定义与测量》，《人文及社会科学集刊》1999 年第十一卷第二期。

杨思斌：《我国社会保障制度的公平原则及其实现途径》，《当代世界与社会主义》2007 年第 5 期。

乌日图：《医疗保障制度国际比较》，化学工业出版社，2003。

吴成丕：《中国医疗保险制度改革中的公平性研究——以威海为例》，《经济研究》2003 年第 6 期。

武继兵：《就业与收入分配的关系》，《职业杂志》2001 年第 1 期。

王天夫、李博柏：《平等主义国家理想与区隔主义官僚体系：一个社会分层结构的新模型》，《社会》2008 年第 5 期。

王利军：《世界各国社会保障制度改革及其对我国的启示》，《经济经纬》2004 年第 2 期。

王晓军、康博威：《我国社会养老保险制度的收入再分配效应分析》，《统计研究》2009 年第 11 期。

王晓军：《中国社会养老保险的省区差距分析》，《人口研究》2006 年第 3 期。

王绍光：《大转型：1980 年代以来中国的双向运动》，《中国社会科学》2008 年第 1 期。

王永慈：《我国所得分配变动及因应对策之研究》，台北“行政院”经济建设委员会，2007。

鱼敏、樊世斌、李凤琴、陆皓：《论我国医疗保障制度改革的评价研究》，

《中国卫生事业管理》2002 年第 7 期。

约翰·罗尔斯：《正义论》，中国社会科学出版社，1988。

袁东振：《对拉美国家社会冲突的初步分析》，《拉丁美洲研究》2005 年第 6 期。

罗长远、张军：《经济发展中的劳动收入占比：基于中国产业数据的实证研究》，《中国社会科学》2009 年第 4 期。

Aldersen, A. S. and Nielsen, F. (2002). "Globalization and the Great U-Turn: Inequality Trends in 16 OECD Countries". *American Journal of Sociology*, 107: 1244 - 1299.

Baumol, W. (1967). "The Macroeconomics of Unbalanced Growth". *American Economic Review*, 57 (3): 415 - 426.

Beck. U. (1992). *Risk Society: Towards a New Modernity*. London: Sage.

Brady, D. (2006). "Structural Theory and Relative Poverty in Rich Western Democracies, 1969 - 2000". *Research in Social Stratification and Mobility*, 24: 153 - 175.

Cooper, M. (2008). "The Inequality of Security: Winners and losers in the Risk Society". *Human Relations*, 61 (9): 1229 - 1258.

D. Gale Johnson (1954), "The Functional Distribution of Income in the United States, 1850 - 1952". *The Review of Economics and Statistics*, 36 (2): 175 - 182.

E. Phelps Brown, and E. Hart (1952), "The Share of Wages in National Income". *The Economic Journal*. 62 (246): 253 - 277.

ECLAC (2000), *Social Panorama of Latin America 1999 - 2000*, Santiago, Chile, United Nations Publication.

ECLAC (2004), *Social Panorama of Latin America 2002 - 2003*, Santiago, Chile, United Nations Publication.

ECLAC (2008), *Social Panorama of Latin America 2008 - Briefing Paper*, Santiago, Chile, United Nations Publication.

Esping-Andersen, G. (1990). *The Three Worlds of Welfare Capitalism*. Cambridge: Polity Press.

Esping-Andersen, G. (2005). "Inequality of Incomes and Opportunities", in

Giddens, A. and Diamond, P. (2005) (ed.), *The New Egalitarianism*, pp. 8 – 38. Cambridge: Politiy.

Esping-Andersen, G. (2007). "Sociological Explanations of Changing Income Distributions". *American Behavioral Scientist*, 50 (5): 639 – 658.

Gill, I. S., Packard, T. & Yermo, J. (2005). *Keeping the Promise of Social Security in Latin America.* Palo Alto, Cal.: Stanford University Press and World Bank.

Gollin, D. (2002), "Getting Income Shares Right". *Journal of Political Economy*, 110 (2): 458 – 475.

Gustafsson, B. and Johansson, M. (1999). "In search of Smoking Guns: What Makes Income Inequality Vary over Time in Different Countries?". *American Sociological Review*, 64 (4): 585 – 605.

Hacker, J. S. (2006). *The Great Risk Shift: The Assault on American Jobs, Families, Health Care, and Retirement and How You Can Fight Back.* New York: Oxford University Press.

Iglesias, E. (1998). "Income Distribution and Sustainable Growth: A Latin American perspective", in Tanzi, V. and Chu, K. – Y. (1998) (ed.), *Income Distribution and High-Quality Growth*, pp. 5 – 20. Cambridge: The MIT Press.

Iversen, T. (2005). *Capitalism, Democracy, and Welfare.* New York: Cambridge University Press.

Iversen, T. and Wren, A. (1998). "Equality, Employment, and Budgetary Restraint: The Trilemma of the Service Economy". *World Politics*, 50 (4): 507 – 546.

Jeffrey D. Sachs (2005). *The End of Poverty: Economic Possibilities for Our Time.* The Penguin Press, New York.

Keynes John M. (1939), "Relative Movements of Real Wages and Output". *Economic Journal.* March, pp. 34 – 51.

Mesa-Lago, Carmelo (2006), "Private and Public Pension Systems Compared: an Evaluation of the Latin American Experience", *Review of Political Economy*, vol. 18, issue 3, pp. 317 – 334.

Nicholas Kaldor (1961), "Capital Accumulation and Economic Growth", in

F. A. Lutz and D. C. Hague, eds., *The Theory of Capital*. New York: St. Martin Press.

OECD (2007), *Latin American Economic Outlook* 2008, OECD Development Centre, OECD.

Page, B. I. And Simmons, J. R. (2000). *What Government Can Do: Dealing with Poverty and Inequality*. Chicago: The University of Chicago Press.

Richard B. Saltman, Reinhard Busse, Josep Figueras. *Social Health Insurance Systems in Western Europe*, [M]. 中国劳动社会保障出版社, 2009。

Szelenyi, Ivan (1978), "Social Inequalities in State Socialist Redistributive Economies." *International Journal of Comparative Sociology* 19: 63 - 87.

Visser, J. (2002). "The First Part-time Economy in the World: A Model to be Followed". *Journal of European Social Policy*, 12 (1): 23 - 42.

WHO (2005). *The World Health Report 2005: Make Every Mother and Child count*. Washington, DC.

Carmen DeNavas-Walt, Bernadette D. Proctor, Jessica C. Smith (2008). Income, Poverty, and Health Insurance Coverage in the United States: 2007. Current Population Reports, Consumer Income, US. Census Bureau, Issued August.

U. S. Census Bureau (2002). *Revision Current Population Survey, 2003 Annual and Social Economic Supplement*, Table 5: Percent of People in Poverty by Definition of Income and Selected Characteristics (Revised).

EU (18 Feb. 2000). *The Lisbon European Council - An Agenda of Economic and Social Renewal for Europe*. Brussels.

IMF (April 2002)., *World Economic Outlook: Recessions and Recoveries*, IMF.

UN (July 24, 2003). Poverty Reduction and Economic Management of Latin America and the Caribbean Region, Argentina-Crisis and Poverty 2003 - A Poverty Assessment, Volume I: Main Report, UN.

Chen, Shaohua and Martin Ravallion (June 2004), How Have the World's Poorest Fared Since the Early 1980? World Bank Policy Research Working Paper 3341.

Aremas de Mesa, A., J. Behrman and D. Bravo (August, 2004).

Characteristics and Determinants of the Density of Contributions in a Private Social security system, Document presented at the 2004 Annual Meeting of the Sociedad de Economistas de Chile (SECHI).

Mesa-Lago, Carmelo (July 2005). "Assessing the World Bank Report: Keeping the Promise". *International Social Security Review*. Vol. 58. No. 2 – 3, pp. 97 – 117.

ECLAC (Sep. 2005), *Social Panorama of Latin America 2004*, Santiago, Chile, United Nations Publication.

ECLAC (March 2006), *Shaping the Future of Social Protection: Access, Financing and Solidarity*, ECLAC, UN,.

ECLAC (Dec. 2006), *Social Panorama of Latin America 2006 (Preliminary version)*, Santiago, Chile, United Nations Publication.

Mesa-Lago, Carmelo (January-March 2007). "The Extension of Healthcare Coverage and Protection in relation to the Labour Market: Problems and Policies in Latin America". *International Social Security Review*. Vol. 60, No. 1, pp. 3 – 31.

Greenberg, Mark, Indivar Dutta-Gupta, Elisa Minoff (April 2007). *From Poverty To Prosperity: A National Strategy to Cut Poverty in Half*. Report and recommendations of the Center for American Progress Task Force on Poverty, Center for American Progress.

Harry Anthony Patrinos, Emmanuel Skoufias, Trine Lunde (May 2007). *Indigenous Peoples in Latin America: Economic Opportunities and social Networks*. World Bank Policy Research Working Paper 4227 (WPS4227), World Bank.

ECLAC (May 2008), *Social Panorama of Latin America 2007*, Santiago, Chile, United Nations Publication.

Arloc Sherman and Isaac Shapiro (February 24, . 2005). Social Security Lists 13 Million Seniors above the Poverty Line: A Stat-by-State Analysis. Working Paper, Center on Budget and Policy, Priorities.

G.14 后　记

收入差距扩大、收入分配不公等问题是当前中国的热点话题，也是一个国家在工业化、城市化、市场化乃至现代化进程中难以逾越和不容回避的重大理论和现实问题之一。西方发达国家收入分配状况已经实现了从逐步扩大到趋于缩小的“倒 U”形曲线，中国仍在这个转变过程之中。值得深思的一个问题是，如果没有政府建立起调节收入差距的各种调控措施，包括税收、社会保障等措施，一个国家在现代化过程中是难以自发实现收入差距从扩大到缩小的转变的。也就是说，一个国家收入差距状况的改变，绝不是自然而然的一个自发过程，而是必须依赖于政府宏观调控措施的积极干预。建立并不断完善现代社会保障体系就是政府积极干预政策的重要内容。社会保障制度从建立初衷到运行机制，都应该发挥调节收入分配、缩小收入差距的作用。这已经从发达国家的历史经验中得到证明。但是，由于近年来中国收入差距急剧扩大，人们怀疑中国社会保障制度并没有发挥好上述作用。这是社会保障制度本身的问题，还是目前中国社会保障制度不完善造成的，需要在理论上加以说明，并且需要用实证材料加以验证。否则，人们难免把社会保障制度的不完善等同于社会保障制度本身的运行机理，丧失发展和健全社会保障体系的信心。这也是我们把本期主题确定为“社会保障与收入再分配”的主要原因。在中国社会科学院重大国情调研项目支持下，参与研究的专家学者和调研者，围绕主题收集国内外的理论研究和实证材料，用数据支撑自己的研究结论。

2012 年版《中国社会保障发展报告》是“社会保障绿皮书”的第 5 本。根据出版者社会科学文献出版社的建议，自本期开始我们增设了“社会保障绿皮书”的编辑委员会和编辑部。全国人大常委中国社会科学院学部委员陈佳贵研究员和郑功成教授应邀担任编辑委员会主任，编辑委员会委员主要来源于中国社会科学院劳动社会保障研究中心的各位理事及“社会保障 30 人论坛”的各位干事。编辑部同志主要来源于中国社会科学院人口所、社会学所及中国人民大学劳动人事学院等单位。本书之所以能够如期编辑出版，得益于各位作者、各位编委、编辑部各位同志的支持尤其是单大圣同志的努力；同时得益于社会科学文献出版社责任编辑范迎女士一如既往的大力支持。在此，谨对参与调查研究的各位同事、同学表示衷心的感谢，对资助项目研究和成果出版的各个机构及有关同志表示衷心的感谢。

王延中

2012 年 7 月 31 日

法律声明